suhrkamp taschenbuch
wissenschaft 276

Günther Grewendorf, geb. 1946, ist Privatdozent für Linguistik an der Freien Universität Berlin.

Buchveröffentlichungen: *Linguistik und Philosophie* (Hrsg. mit G. Meggle, 1974); *Sprache und Ethik* (Hrsg. mit G. Meggle, 1974); *Argumentation und Interpretation* (1975).

Die von J. L. Austin entwickelte und von J. R. Searle fortgeführte Sprechakttheorie hat der sprachwissenschaftlichen Tradition eine neue Dimension in der Beschreibung sprachlicher Äußerungen eröffnet. Die Tatsache, daß mit sprachlichen Äußerungen Handlungen vollzogen werden, verlangt eine Klärung des Zusammenhangs zwischen dem Vollzug dieser Handlungen und der Bedeutung der dazu verwendeten sprachlichen Ausdrucksmittel. Eine Theorie kommunikativen Handelns ist dazu ebenso nötig wie eine Bedeutungstheorie, die sich den empirischen Gegebenheiten der gesprochenen Sprache nicht verschließt.

Sprechakttheorie und Semantik

Herausgegeben von
Günther Grewendorf

Suhrkamp

suhrkamp taschenbuch wissenschaft 276
Erste Auflage 1979
© Suhrkamp Verlag Frankfurt am Main 1979
Suhrkamp Taschenbuch Verlag
Alle Rechte vorbehalten, insbesondere das
des öffentlichen Vortrags, der Übertragung
durch Rundfunk und Fernsehen
sowie der Übersetzung, auch einzelner Teile
Satz: Georg Wagner, Nördlingen
Druck: Nomos Verlagsgesellschaft, Baden-Baden
Printed in Germany
Umschlag nach Entwürfen von
Willy Fleckhaus und Rolf Staudt

CIP-Kurztitelaufnahme der Deutschen Bibliothek
Sprechakttheorie und Semantik / hrsg. von Günther Grewendorf.
– 1. Aufl. – Frankfurt am Main: Suhrkamp, 1979.
(Suhrkamp-Taschenbücher Wissenschaft; 276)
ISBN 3-518-07876-3
NE: Grewendorf, Günther [Hrsg.]

Inhalt

(IV) Sprechakttheorie und Grammatik

Einleitung des Herausgebers

Es ist das Verdienst der von J. L. Austin entwickelten und von J. R. Searle fortgeführten Sprechakttheorie, den Handlungscharakter sprachlicher Äußerungen dargestellt und die Art sprachlichen Handlungsvollzugs systematisch rekonstruiert zu haben. Der Einfluß dieser Theorie erstreckt sich auf fast alle Formen analytischer Reflexion über Sprache. Der angelsächsischen Philosophie der normalen Sprache etwa lieferte sie ein neues methodisches Instrumentarium für die Behandlung philosophischer Probleme; der Linguistik eröffnete sie eine neue Dimension in der Beschreibung sprachlicher Äußerungen; der Kommunikationstheorie vermittelte sie theoretische Kategorien für die Analyse kommunikativer Interaktionen.

Austin hat drei Aspekte unterschieden, unter denen sich sprachliche Äußerungen als Handlungen verstehen lassen: Daß man mit einer Äußerung einen *lokutionären Akt* vollzieht, heißt, daß man mit wohlgeformten Ausdrücken einer Sprache über etwas spricht und über das, worüber man spricht, etwas Bestimmtes sagt; daß man mit dieser Äußerung einen *illokutionären Akt* vollzieht, heißt, daß das mit dem lokutionären Akt Gesagte eine bestimmte kommunikative Funktion (z. B. als Aufforderung, Bitte, Warnung, Versprechen etc.) erhält; einen *perlokutionären Akt* schließlich (z. B. jmd. überreden) vollzieht man, wenn man mit einer Äußerung bestimmte kausale Effekte beim Hörer erzielt. Searle hat – am Beispiel des Versprechens – die notwendigen und hinreichenden Bedingungen für den Vollzug illokutionärer Akte spezifiziert.

Ein zentrales, insbesondere den Sprachwissenschaftler interessierendes Problem der sprechakttheoretischen Diskussion ist die Frage nach dem Zusammenhang zwischen dem Vollzug illokutionärer Akte und der Bedeutung der dazu verwendeten sprachlichen Ausdrucksmittel. Diese Frage kann allerdings in zweifacher Weise verstanden werden:

(1) Was ist unter der Bedeutung eines sprachlichen Ausdrucks im Unterschied zu seiner illokutionären Rolle zu verstehen?

(2) In welchem Maße hängt es von der Bedeutung eines sprachli-

chen Ausdrucks ab, welchen illokutionären Akt man mit der Äußerung dieses Ausdrucks vollzieht?

Die Beantwortung der Frage (2) setzt die Beantwortung von (1) voraus. Von *Sprachphilosophen* sind zu Frage (2) u. a. die folgenden Positionen vertreten worden:

– welche illokutionäre Rolle eine Äußerung hat, hängt *u. a.* davon ab, welche Bedeutung sie hat. (Austin)

– Welche illokutionäre Rolle eine Äußerung hat, hängt *allein* davon ab, welche Bedeutung sie hat. (Searle, Hare)

– Es gibt keinen Aspekt von Äußerungen, der sich im Unterschied zu ihrer Bedeutung als illokutionäre Rolle bezeichnen ließe. (L. J. Cohen)

Die sprachphilosophische Diskussion von Frage (2) hat sich im großen und ganzen als Streit um Worte erwiesen; sie erfolgt weitgehend ohne vorangehende Klärung von (1). Die Unfruchtbarkeit dieser sprachphilosophischen Diskussion ist insofern nicht verwunderlich, als der Sprachphilosoph hier seinen Gegenstand verfehlt hat. Frage (2) zu beantworten ist nämlich Sache des *Linguisten*, der einzelsprachliche Realisierungen von Sprechakten untersucht; Aufgabe des Sprachphilosophen ist es, diesem mit der Beantwortung von (1) das begriffliche Instrumentarium hierfür zu liefern. Inwieweit haben sich die Linguisten bisher um Frage (2) gekümmert?

Daß sprachliche Äußerungen im Hinblick auf die Situationen, in denen sie gemacht werden, als spezifische Handlungen interpretiert werden müssen, ist dank der philosophischen Sprechakttheorie zum Allgemeingut sprachwissenschaftlicher Erkenntnis avanciert. Unklarheit und Uneinigkeit herrscht allerdings über die handlungs- und sprachtheoretischen Implikationen dieses Erkenntniszuwachses. Zum einen beharrt man auf der engen bedeutungstheoretischen Konzeption der sprachwissenschaftlichen Tradition, wonach sich die Linguistik mit der Form und Bedeutung von Sätzen zu befassen habe, Sprechhandlungen jedoch als situationsbezogene Verwendungen derselben keinen systematischen sprachwissenschaftlichen Untersuchungsgegenstand abgäben. Zum anderen gelangt man zu der Auffassung, daß es zur Bedeutung von Sätzen zu rechnen sei, daß man mit ihnen Sprechhandlungen vollziehen kann; vor dem Hintergrund der Sprechakttheorie bildet sich daher ein konkurrierender Bedeutungsbegriff aus, der semantisch (bzgl. der sprachlichen Realisierungen) und pragmatisch (bzgl. der Äußerungskontexte) orientiert sein soll.

Diese beiden Auffassungen kennzeichnen einen Grundlagenstreit der Sprachwissenschaft. Zum einen versteht man die Sprachtheorie als eigenständigen Komplex gegenüber einer Theorie der sozialen Interaktion, in deren Zuständigkeitsbereich die Aufgabe verlegt wird, die Strukturen sprachlicher – als spezieller Formen kommunikativer – Handlungen zu erfassen; zum anderen wird die Sprachtheorie pragmatisch zu fundieren versucht und somit als Teilbereich einer allgemeinen Handlungstheorie begriffen. Seinen Ausgangspunkt hat dieser Grundlagenstreit in unterschiedlichen Antworten auf die obige Frage (1). Der Bereich einer sprachwissenschaftlichen Sprechakttheorie bestimmt sich daher danach, wie die philosophische Sprechakttheorie diese Frage beantwortet.

Die in diesem Band enthaltenen Beiträge von Sprachphilosophen und Linguisten bemühen sich um eine Klärung der Fragen (1) und (2). Sie zeigen die sprachtheoretischen Implikationen unterschiedlicher Antworten auf bzw. führen – auf der Grundlage entsprechender Implikationen – Ansätze für eine sprachwissenschaftliche Integration der Sprechakttheorie vor. Der Abschnitt *Kommunikation und Bedeutung* enthält Beiträge, die sich mit den bedeutungstheoretischen Grundlagen der Sprechakttheorie befassen und sprachtheoretische Konsequenzen entsprechender bedeutungstheoretischer Hypothesen aufzeigen. In dem Abschnitt *Zur Semantik explizit performativer Äußerungen* finden sich Untersuchungen zur Klasse jener Äußerungen, deren Handlungscharakter in den sprachlichen Ausdrucksmitteln selbst explizit zutage tritt. Diese Klasse von Äußerungen bildet daher sowohl für die Bedeutungstheorie als auch für die linguistische Sprachbeschreibung die Kategorie, bei der sich die »pragmatische Gretchenfrage« am deutlichsten stellt. In dem Abschnitt *Klassifikation und Identifikation von Sprechakten* sind Beiträge zusammengestellt, die Voraussetzungen und Probleme einer sprachwissenschaftlichen Sprechaktanalyse thematisieren bzw. Beispiele für eine solche Analyse vorführen. Die Untersuchungen in dem Abschnitt *Sprechakttheorie und Grammatik* demonstrieren, daß und wie die Handlungsdimension von Sprache in die grammatische Analyse sprachlicher Ausdrücke einzugehen hat.

(I) Kommunikation und Bedeutung

Georg Meggle
Eine kommunikative Handlung verstehen

0 Aufgaben einer allgemeinen Kommunikationstheorie

Kommunizieren heißt, in einer bestimmten Weise handeln. Kommunikationstheorien sind spezielle Handlungstheorien. Dabei ist
– wie bei Handlungstheorien generell – zunächst zwischen den
beiden folgenden Arten von Kommunikationstheorien zu unterscheiden: *Empirische* Kommunikationstheorien untersuchen, wie
sich die in (bestimmten) Kommunikationssituationen Beteiligten

– als Individuen, als Träger bestimmter Rollen, als Angehörige bestimmter Klassen oder Kulturen – *tatsächlich verhalten*; *normative* Kommunikationstheorien untersuchen, wie man sich – z. B. um das menschliche Zusammenleben möglichst herrschaftsfrei zu gestalten – in (bestimmten) Kommunikationssituationen *verhalten sollte*. Was unter *Kommunikation* zu verstehen ist, wird dabei in den empirischen und normativen Kommunikationstheorien bereits mehr oder weniger vorausgesetzt. Eben diese Voraussetzung ist jedoch alles andere als unproblematisch. Ihre explizite Klärung ist die primäre Aufgabe einer *allgemeinen* Kommunikationstheorie.

Die entwickeltste Form einer allgemeinen Kommunikationstheorie wäre eine *Logik der Kommunikation*, die eine Symbolsprache K (mit Ausdrücken für die wichtigsten Kommunikationsbegriffe) aufzubauen und einen Interpretationsbegriff für K anzugeben hätte, mit dem sich kommunikationslogisch gültige Schlüsse auszeichnen lassen. Von einer derartigen Logik sind wir jedoch noch meilenweit entfernt. Man kann aber im groben angeben, welche Stationen auf dem Weg zu einer Logik der Kommunikation zu durchlaufen wären: Ich will in § 0.1 kurz erläutern, welche Begriffe eine allgemeine Kommunikationstheorie hauptsächlich zu explizieren hat. Dadurch soll zugleich klargestellt werden, in welchem weiteren Rahmen die nachfolgenden Untersuchungen zum Begriff des Verstehens einer kommunikativen Handlung zu sehen sind.

0.1 Grundgedanken

Eine allgemeine Kommunikationstheorie hat als erstes die Frage zu beantworten: Wann stellt ein von einer Person S zu einem bestimmten Zeitpunkt t gezeigtes (also: ein *konkretes*) *Verhalten* vom Typ f einen *Kommunikationsversuch* (eine kommunikative Handlung i. w. S.) dar? *Erfolgreiche Kommunikation* (bzw. eine kommunikative Handlung i. e. S.) läßt sich dann trivialerweise als ein Kommunikationsversuch bestimmen, der sein Ziel (in der von S gedachten Weise) erreicht.

Welche Bedingungen für eine *erfolgreiche* Kommunikation wesentlich sind, ist natürlich bereits bei der Bestimmung des Begriffs des Kommunikations*versuchs* mitzuberücksichtigen: Denn jeder Kommunikationsversuch wird auf die Realisierung eben dieser

Bedingungen abzielen. Die wichtigste derartige Bedingung ist zweifelsohne, daß diejenige Person H, an die der jeweilige Kommunikationsversuch gerichtet ist, eben diesen Kommunikationsversuch auch wirklich versteht.[1] Ganz gleich also, wie der Begriff des Kommunikationsversuchs des näheren bestimmt wird, man wird jedenfalls davon auszugehen haben, daß eine solche Bestimmung nur dann *adäquat* ist, wenn sie der folgenden *Reflexivitätsbedingung* (RB) genügt:

(RB)   Ein von S gezeigtes Verhalten f ist nur dann ein an H gerichteter Kommunikationsversuch, wenn S will – und auch glaubt –, daß von seiten Hs sein (Verhalten f als ein) Kommunikationsversuch *verstanden* wird.

Um entscheiden zu können, ob ein Explikationsvorschlag für »Kommunikationsversuch« adäquat ist, muß nun bereits klar sein, was unter dem *Verstehen einer kommunikativen Handlung* (i. w. S.) zu verstehen ist. Eben diesen Begriff möchte ich in der vorliegenden Arbeit als einen speziellen Fall des *Verstehens einer Handlung* (vgl. hierzu *Meggle* (1978)) zu explizieren versuchen.

Diese zunächst zu bestimmenden Kommunikationsbegriffe sind nun höchst allgemein: Sie enthalten keine Festlegungen darüber, welche *Gründe* S für seine (ihm wegen (RB) zu unterstellende) Annahme hat, daß H seinen Kommunikationsversuch verstehen wird, und auch keine Festlegungen darüber, welche *Gründe* H für seine (für eine erfolgreiche Kommunikation notwendige) Annahme hat, daß S sein Verhalten so und so verstanden wissen will. *Speziellere Kommunikationsbegriffe* ergeben sich nun, wenn man auf eben derartige Gründe Bezug nimmt.

Die wichtigsten derartigen Gründe ergeben sich aus dem Bestehen *kommunikativer Konventionen für* bestimmte *Handlungsweisen*. Vollzieht S nun eine konkrete Handlung, für die in der gegebenen Situation eine bestimmte kommunikative Konvention einschlägig ist, so wird er davon ausgehen können, daß H (falls dieser zu der Gruppe gehört, in die die Konvention gilt) seine Handlung als eine kommunikative Handlung von der Art verstehen wird, als welche der Vollzug dieser Handlung der einschlägigen Konvention zufolge gilt. Ist erst einmal geklärt, was unter *kommunikativen Konventionen* zu verstehen ist, so läßt sich davon ausgehend auch bestimmen, was es heißt, daß S H mit einem konkreten Verhalten etwas *auf konventionelle Weise zu kommunizieren versucht* bzw. daß ein derartiger Kommunikationsversuch erfolgreich ist, wie auch, daß H einen derartigen Kommunikationsversuch versteht.

Nun kann es aber auch sein, daß S zwar ein Verhalten zeigt, für welches in der betreffenden Situation eine kommunikative Konvention einschlägig ist, S mit seinem Verhalten aber gerade etwas zu kommunizieren versucht, was von der entsprechenden Konvention nicht gedeckt ist bzw. dieser geradezu widerspricht (Ironie). Um damit rechnen zu können, von H dennoch verstanden zu werden, muß S in einem solchen Fall davon ausgehen, daß H nicht nur die einschlägige kommunikative Konvention kennt, sondern darüber hinaus auch noch über ein bestimmtes Hintergrundwissen verfügt, das ihm das Verhalten von S in diesem speziellen Fall verständlich macht. In diesem Zusammenhang dürften dann die von *Grice* so genannten allgemeinen *Konversationsprinzipien* eine wesentliche Rolle spielen.

Von kommunikativen Konventionen ausgehend, lassen sich schließlich *Sprachkonventionen* bestimmen, durch die sprachlichen Ausdrücken als den Produkten von Handlungsweisen *Bedeutungen* zugeordnet werden, wodurch sich dann auch spezielle Begriffe der sprachlichen Kommunikation als Sonderfälle der zu Beginn erwähnten allgemeinen Kommunikationsbegriffe bestimmen lassen.

Ausgehend von den Ideen von *Grice, Lewis* und *v. Kutschera* habe ich dieses Programm im Rahmen meiner *Handlungstheoretischen Semantik* weiterzuentwickeln versucht.

0.2 Vorklärungen: Begriff der Absicht

Man kann in einem ganz alltäglichen und umfassenden (d. h. insbesondere, in einem noch nicht auf konventionalisiertes Handeln eingeschränkten) Sinne sagen, daß wir eine von X vollzogene Handlung f dann verstehen, wenn wir die *Absicht* kennen, *mit* der X f tut, d. h., wenn wir wissen, welches Ziel X mit f verfolgt und welche Rolle der Vollzug von f den Annahmen von X zufolge bei der Realisierung dieses Ziels spielt. Wir verstehen die von X vollzogene Handlung f, indem wir f-Tun von X in einen derartigen »voluntativ-kognitiven Komplex« (so von *Wright* in *Erklären und Verstehen*) einbetten. Bei kommunikativen Handlungen ist dies nicht anders; bei ihnen ist lediglich die Struktur dieses voluntativ-kognitiven Komplexes erheblich komplizierter.

Ehe nun in § 1 die logische Struktur *kommunikativer Absichten* – und eben diese Absichten muß man kennen, um behaupten zu können, daß man kommunikative Handlungen verstanden hat – expliziert werden soll, möchte ich in aller Kürze erläutern, von welchem *allgemeinen Begriff der Absicht* ich in den folgenden Untersuchungen ausgehen möchte. Dabei soll hier dieser allgemeine Absichtsbegriff lediglich eingeführt werden; Argumente für seine Adäquatheit habe ich bereits in *Meggle* (1978) vorgebracht.

Ich verwende die folgenden *Abkürzungen:*

I(X,f,A) für: X beabsichtigt mit f-Tun zu erreichen, daß A
f(X) für: X zeigt ein Verhalten der Art f
T(X,f) für: X tut f (bzw.: X vollzieht eine Handlung der Art f)
P(X,A) für: X will, daß A
G(X,A) für: X glaubt, daß A

Als einen ersten (gleich noch zu modifizierenden) Ansatz schlage ich vor:

D1: I(X,f,A) := T(X,f)∧P(X,A)∧G(X,A≡T(X,f))
X beabsichtigt mit f-Tun zu erreichen, daß A *gdw.* X f tut, will, daß A, und glaubt, daß A genau dann, wenn er f tut

In dieser (vorläufigen) Festlegung wird deutlich, welche Begriffe bei einer präziseren Bestimmung des hier verwendeten Absichtsbegriffs des weiteren zu explizieren sind. Daß *X f tut,* d. h. T(X,f), soll heißen, daß X ein Verhalten der Art f zeigt (kurz:f(X)) und daß dieses von ihm gezeigte (konkrete) Verhalten eine *Handlung* ist. Was letzteres heißt, wäre im Rahmen einer *Handlungslogik*[2] näher zu bestimmen; im Rahmen dieser Arbeit verwenden wir T(X,f) als einen nicht weiter charakterisierten Grundbegriff, für den wir lediglich fordern wollen, daß das Prinzip

P1: T(X,f)⊃G(X,T(X,f))
Tut X f, so glaubt X auch, daß er f tut

erfüllt ist. Den durch G(X,A) ausgedrückten Begriff dessen, daß *X glaubt, daß A,* lesen wir im Sinne des sogenannten *starken* (rationalen) *Glaubens,* d. h. wir lesen G(X,A) so, daß dadurch ausgedrückt wird, daß sich X praktisch sicher ist (fest davon überzeugt ist), daß A der Fall ist. Dieser (einfachste) Glaubensbegriff wird im Rahmen der *epistemischen Logik* expliziert.[3] P(X,A) schließlich deuten wir im Sinne des folgenden Prinzips:

P2: P(X,A) ist wahr gdw. alle von X für optimal (und für möglich) gehaltene Zustände solche sind, in denen A gilt

Dieses Prinzip besagt, daß X in einer jeden Situation nur das für ihn selbst seiner Meinung nach jeweils *Bestmögliche* – und nicht nur irgend etwas Positives – will. Die Konsequenzen dieses Prinzips werden in der *Wollenslogik* expliziert.[4] Wir wollen hier nur festhalten, daß X nach P2 nur dann wollen kann, daß ein Zustand A eintritt, wenn X der Überzeugung ist, daß A tatsächlich realisierbar ist – eine Forderung, die schließlich zu dem (nur prima facie kontraintuitiv scheinenden) Prinzip P3 führt:[5]

P3: G(X,A)⊃P(X,A)
   Ist X davon überzeugt, daß A, so will er auch, daß A

Lesen wir nun D1 im Sinne dieser Festlegungen, so ist die Bedingung P(X,A) überflüssig.[6] Wir können daher einfacher festlegen:

D1.1: I(X,f,A) := T(X,f)∧G(X,A≡T(X,f))
   X tut f mit der Absicht, zu erreichen, daß A, *gdw.* X f tut und X glaubt, daß A genau dann, wenn er f tut

Nun haben wir jedoch einen Punkt bisher noch nicht berücksichtigt: Die Frage nach der *Absicht,* mit der X f getan hat, ist eine spezielle Form der Frage, *aus welchen* (subjektiven) *Gründen* – und das heißt nach D1.1 und P3 soviel wie: aufgrund welcher Überzeugungen und Präferenzen – X f getan hat. Nun wäre es aber unsinnig, wenn man – wie dies D1.1 mit P1 impliziert – zu den Gründen, die X für sein f-Tun hat, auch die Tatsache zu rechnen hätte, daß X bereits weiß, daß er f tut: Weiß ich zum Zeitpunkt t, daß ich (zu t) f tue, so kann dieses Wissen für mich kein Grund sein, (zu t) f zu tun. Um dieser Überlegung gerecht zu werden, definieren wir daher neu:

D2: I(X,f,A) := T(X,f)∧G°(X,A≡T(X,f))

wobei T(X,f) nun für ein Tun zum Zeitpunkt t und G° für einen Glauben zum Zeitpunkt t° steht, so daß D2 wie folgt zu lesen ist:

> X tut (zu t) f mit der Absicht, zu erreichen, daß A, *gdw.*
> X (zu t) f tut, und X (zu t°) glaubt, daß A genau dann, wenn er (zu t) f tut

Dabei ist t° ein (in der Regel wohl: unmittelbar) vor t liegender Zeitpunkt derart, daß sich die Überzeugungen (und damit wegen P3 auch die Präferenzen) von X beim Übergang von t° zu t *höchstens* insofern ändern, als X in t f tut – und damit wegen P1 auch weiß, daß er f tut. Die Gründe, die X für sein f-Tun zu t hat, wenn er f mit einer bestimmten Absicht tut, sind also seine Überzeugungen (und Präferenzen) zu t°. Dabei können wir stets voraussetzen, daß gilt:

P4: $T(X,f) \supset P^{\circ}(X,T(X,f))$
   Tut X (zu t) f, so wollte X (zu t°) auch, daß er f tut

D. h. wir betrachten Handlungen, mit deren Vollzug jemand eine bestimmte Absicht verfolgt, nicht nur als Handlungen, die der Betreffende (wegen P1) *wissentlich* tut, sondern auch als Handlungen, die er *willentlich* tut.

1 Kommunikatives Handeln

Kommunikatives Handeln i. w. S. (d. h. Kommunikations*versuche*) können wir nun als einen speziellen Fall dessen bestimmen, daß jemand etwas mit einer bestimmten Absicht tut.

   Da ich in dieser Arbeit primär Begriffe des *Verstehens* eines kommunikativen Handelns diskutieren möchte, werde ich in § 1.1 nur sehr kurz skizzieren, wie sich von dem in § 0.2 eingeführten Absichtsbegriff ausgehend ein brauchbarer Grundbegriff des kommunikativen Handelns i. w. S. explizieren läßt. (Daß der so explizierte Begriff auch adäquat ist, versuche ich in *Meggle* (1979a) zu zeigen.) In § 1.2 gehe ich dann ausführlicher auf die Probleme einer Verallgemeinerung dieses Grundbegriffs ein. In § 1.2.1 fasse ich zu diesem Zweck die in der epistemischen Logik erzielten Resultate darüber zusammen, unter welchen Voraussetzungen in Glaubenskontexte hineinquantifiziert werden darf.[7] In § 1.2.2 erörtere ich unter Voraussetzung dieser Resultate, welche speziellen Probleme sich bei einer Bestimmung allgemeinerer Begriffe des kommunikativen Handelns ergeben: Diese Probleme werden uns bei der Diskussion von Begriffen des *Verstehens* kommunikativen Handelns – d. h. in den § 2 bis 4 – wiederholt begegnen.

1.1 Kommunikationsversuch / Grundbegriff

Eine allgemeine Kommunikationstheorie hat, wie in § 0.1 bereits betont, als erstes zu explizieren, was es heißt (bzw. sinnvollerweise heißen könnte/sollte), daß eine Person S mit einem konkreten Verhalten der Art f zum Zeitpunkt t einen an eine Person H gerichteten Kommunikationsversuch unternimmt. Dabei ist dieser Begriff zunächst ganz allgemein zu bestimmen: Insbesondere soll bei diesem ersten Schritt also *nicht* bereits vorausgesetzt werden, daß die Verhaltensweise f eine (nach Ansicht von S auch H bekannte) feste Bedeutung besitzt. Einen solchen *allgemeinen Begriff des Kommunikationsversuchs* hat *Grice* in (1957) zu bestimmen versucht. *Grice* sieht es als das mit einem jeden Kommunikationsversuch von S verfolgte primäre Ziel an, daß H eine Handlung r tut – wobei er unter einer Handlung etwas versteht, was der Betreffende auch unterlassen könnte.

Daß das von S zu t gezeigte Verhalten f ein an H gerichteter Kommunikationsversuch mit dem (primären) Ziel ist, daß H r tut – symbolisch KV(S,H,f,r) – läßt sich nach *Grice* (in einer bereits korrigierten Form) wie folgt explizieren: KV(S,H,f,r) ist wahr *gdw.* S (zu t) mit dem Tun von f zu erreichen beabsichtigt, daß a) H r tut, und daß b) H erkennt, daß S (a) beabsichtigt, und c) S zudem glaubt, daß (a) aufgrund von (b) eintritt.

Der *Grice*sche Vorschlag läßt sich mit Hilfe der in § 0.2 eingeführten Begriffe (in bereits vereinfachter Form) wie folgt präzisieren:

D_3: KV(S,H,f,r) := T(S,f)
$$\wedge G^\circ(S,T(S,f) \supset G'(H,I(S,f,T'(H,r))))$$
$$\wedge G^\circ(S,T'(H,r) \equiv G'(H,I(S,f,T'(H,r))))$$

Das von S zu t gezeigte Verhalten f ist ein an H gerichteter Kommunikationsversuch mit dem (primären) Ziel, daß H r tut, *gdw.* S zu t f tut, S zu t° glaubt, daß dann, wenn er zu t f tut, H zu (einem nach t liegenden Zeitpunkt) t′ erkennen wird, daß S mit dem Tun von f zu t zu erreichen beabsichtigt, daß H zu t′ r tut, und S zu t° glaubt, daß H zu t′ r tun wird gdw. H zu t′ erkennt, daß S mit dem Tun von f zu t zu erreichen beabsichtigt, daß H zu t′ r tut

Dieser Vorschlag ist jedoch inadäquat: Er erfüllt nicht die bereits in § 0.1 formulierte *Reflexivitätsbedingung*, wonach man von einem von S mit f an H gerichteten Kommunikationsversuch (insbesondere) nur dann reden kann, wenn S mit f zu erreichen beabsichtigt, daß H die von S mit f verfolgten kommunikativen Absichten erkennt. In D_3 ist lediglich gefordert, daß H die Absicht $I(S,f,T′(H,r))$ erkennen soll. Daß H auch *diese* kommunikative Absicht, d. h. $I(S,f,G′(H,I(S,f,T′(H,r))))$, erkennen soll – ist in D_3 bereits nicht mehr enthalten.

Akzeptiert man die in D_3 enthaltene *Grice*esche Grundidee *und* die Reflexivitätsbedingung, so ergibt sich das folgende *Adäquatheitskriterium:*

(AK) $KV(S,H,f,r) \equiv T(S,f)$
$\qquad \wedge G°(S,T(S,f) \supset G′(H,KV(S,H,f,r)))$
$\qquad \wedge G°(S,T′(H,r) \equiv G′(H,KV(S,H,f,r)))$

Als *Definition* wäre dieses Kriterium natürlich eindeutig zirkulär und daher unbrauchbar. Man kann jedoch zeigen, daß das Kriterium (AK) zu einer brauchbaren Definition *führt*. Setzen wir

D_4: a) $KV_1(S,H,f,r) := I(S,f,T′(H,r))$
$\qquad$ b) $KV_{n+1}(S,H,f,r) := I(S,f,G′(H,KV_n(S,H,f,r)))$
$\qquad$ c) $KV^*(S,H,f,r) := \bigwedge n KV_n(S,H,f,r)$

so läßt sich beweisen (s. *Meggle* (1979a) Anhang), daß $KV^*(S,H,f,r)$ das Kriterium (AK) erfüllt. Wir können daher definieren:

D_5: $KV(S,H,f,r) := T(S,f)$
$\qquad\qquad \wedge G°(S,T(S,f) \supset G′(H,KV^*(S,H,f,r)))$
$\qquad\qquad \wedge G°(S,T′(H,r) \equiv G′(H,KV^*(S,H,f,r)))$

Für den speziellen Fall, daß S mit seinem Kommunikationsversuch das (primäre) Ziel verfolgt, daß H glaubt, daß der Sachverhalt p besteht – symbolisch $KV(S,H,f,p)$, wofür wir auch sagen wollen, daß S mit f H *anzuzeigen beabsichtigt, daß* p – erhalten wir somit mit $KV_1(S,H,f,p) := I(S,f,G′(H,p))$ etc.:

D5.1: $KV(S,H,f,p) := T(S,f)$
$$\wedge G^\circ(S,T(S,f) \supset G'(H,KV^*(S,H,f,p)))$$
$$\wedge G^\circ(S,G'(H,p) \equiv G'(H,KV^*(S,H,f,p)))$$

Da wir $KV^*(S,H,f,p)$ als formale Präzisierung dessen ansehen können, daß (i) S mit f zu erreichen beabsichtigt, daß H glaubt, daß p, und (ii) S H dabei *völlig offen wissen lassen* will, daß er diese Absicht hat, läßt sich die Explikation D5.1 umgangssprachlich wie folgt wiedergeben:

> S beabsichtigt mit f, H anzuzeigen, daß p gdw. S f tut, S glaubt, daß H dann, wenn er f tut, (i) und (ii) erkennen wird, und S glaubt, daß H genau dann glauben wird, daß p, wenn H (i) und (ii) erkennt.

Aus Einfachheitsgründen werde ich mich in der folgenden Diskussion stets nur auf den in D5.1 definierten Kommunikationsbegriff beziehen. Die von mir eingeführten Verstehensbegriffe lassen sich jedoch leicht für den in D5 definierten allgemeinen Kommunikationsbegriff erweitern.

1.2 Kommunikationsversuch / Allgemeinere Begriffe

In der eben skizzierten Explikation des Kommunikationsbegriffs $KV(S,H,f,p)$ – »S beabsichtigt mit f H anzuzeigen, daß p« – habe ich S,H,f und p als gegeben betrachtet. Davon soll nun abstrahiert werden: Es sollen nun auch solche Begriffe von Kommunikationsversuchen (wie auch weitere mit Hilfe dieser Begriffe zu definierende Kommunikations-Verstehens-Begriffe) bestimmt werden, in denen nicht bereits vorausgesetzt wird, daß bereits bekannt ist, *wer* die betreffenden (wirklichen wie vermeintlichen) Kommunikationspartner sind bzw. *was* der jeweilige kommunikativ Handelnde anzuzeigen versucht bzw. *womit* er seinen Kommunikationsversuch unternimmt.

Bestimmungen von allgemeineren Begriffen von Kommunikationsversuchen (kurz: KV-Begriffen), in denen von S,H,f bzw. p abstrahiert wird, sind nicht unproblematisch. Formal drücken sich derartige von $KV(S,H,f,p)$ ausgehende Abstraktionen in Form von *Quantifikationen über* (als Sprecher bzw. Hörer fungierende) *Personen* bzw. *Handlungen* bzw. *Propositionen* (Sachverhalte) aus. Wie sich in D5.1 zeigt, kommen in $KV(S,H,f,p)$

derartige Entitäten im Bereich von Glaubensannahmen (des Sprechers) vor.

Quantifikationen in Glaubenskontexte sind nun aber – wenn man die entsprechenden Ausdrücke, die bei einer Quantifikation durch eine Variable ersetzt werden, nicht als *Standardnamen*, d. h. als Namen, die in sämtlichen denkbaren Umständen (in allen möglichen Welten) dasselbe bezeichnen, auffaßt – nur unter bestimmten Voraussetzungen legitim. Diese Voraussetzungen sollen nun kurz angegeben werden.

1.2.1 Vorklärungen: Quantifikationsvoraussetzungen[8]

Generell ist zwischen *de dicto* und *de re Formulierungen* von Glaubensaussagen bzw. zwischen einem durch diese Formulierungen ausgedrückten *de dicto* und *de re Glauben* zu unterscheiden. Aussagen von der Form

(1)   a glaubt, daß b die Eigenschaft φ hat

drücken einen de dicto Glauben von a aus, Aussagen von der Form

(2)   a glaubt von dem b, daß er die Eigenschaft φ hat

dagegen einen de re Glauben von a. Der Unterschied: Angenommen, es gilt

(3)   b=b'

so kann man zwar von (2) auf

(2.1)   a glaubt von dem b', daß er die Eigenschaft φ hat

schließen, aber *nicht* von (1) auf

(1.1)   a glaubt, daß b' die Eigenschaft φ hat

Der singuläre Term b kommt, wie *Quine* diesen Unterschied ausdrückt, in (2), aber nicht in (1), referentiell *transparent* vor.[9]

Diesem Unterschied zwischen de dicto und de re Formulierungen ist auch bei der *formalen* Darstellung von Glaubenssätzen Rechnung zu tragen. Wir legen daher fest, daß der Ausdruck

(1*)   G(a,φ(b))

i.f. – sofern nicht anders vermerkt – stets nur in dem durch (1) ausgedrückten *de dicto* Sinne zu lesen ist; die *de re* Konstruktion

23

(2) dagegen geben wir – einem Vorschlag *Hintikkas* folgend[10] – formal durch

(2*)   Vx(x=b∧G(a,φ(x)))

wieder. Daß durch diesen Ausdruck die Formulierung (2) adäquat wiedergegeben wird, ergibt sich daraus, daß (i) wir quantifizierte Glaubenssätze stets als *de re* Aussagen lesen und (ii) in (2*) ausgedrückt wird, daß eines der Dinge, *von* denen a glaubt, daß es die Eigenschaft φ hat, b ist.

Quantifikationen über transparent vorkommende singuläre Terme stellen kein Problem dar: Der Schluß von der *de re* Formulierung (2) auf die *de re* Formulierung

(3)   a glaubt von jemandem, daß er die Eigenschaft φ hat

bzw. (der entsprechende formale Schluß) von (2*) auf die – wie eben gerade betont, ebenfalls im *de re* Sinne zu lesende – Formulierung

(3*)   VxG(a,φ(x))

gilt ohne jede Einschränkung.

Probleme treten lediglich bei einer *Quantifikation über nicht transparent vorkommende singuläre Terme* auf. Im Gegensatz zu dem eben genannten Schluß gilt nämlich der Schluß von den *de dicto* Formulierungen (1) bzw. (1*) auf die *de re* Formulierungen (3) bzw. (3*) *nicht uneingeschränkt.* Dieser Schluß ist dann und nur dann legitim, wenn auch die als *Quantifikations-Voraussetzung* zu bezeichnende Bedingung

(QV) VxG(a,x=b)
        Es gibt jemand, von dem a glaubt, daß er b ist

erfüllt ist. Ähnliches gilt für den Schluß von den *de dicto* Formulierungen (1) bzw. (1*) auf die gegenüber (3) bzw. (3*) stärkere *de re* Formulierung (2*): Dieser Schluß ist dann und nur dann legitim, wenn auch die gegenüber (QV) stärkere *Voraussetzung*

(QV*)Vx(x=b∧G(a,x=b)) d. h.: VxW(a,x=b)
        a weiß von dem b, daß er b ist

erfüllt ist.

Diese Unterscheidungen und Voraussetzungen gilt es also zu beachten, wenn man von KV(S,H,f,p) ausgehend zu einer brauchbaren Bestimmung allgemeinerer KV-Begriffe kommen will, in denen von den singulären Termen S,H,f bzw. p abstrahiert wird. Wir müssen uns daher insbesondere fragen, ob die im Definiens von KV(S,H,f,p) enthaltenen Glaubensbedingungen bezüglich S und H im de re oder im de dicto Sinne zu verstehen sind.[11]

Bezüglich S ist die Entscheidung klar: Die in solchen informellen Wendungen wie

(R)   S glaubt, daß H, falls er *seine* Handlung f bemerkt, diese als einen von *ihm* an H gerichteten Kommunikationsversuch des Inhalts, daß p, versteht

ausgedrückte *Selbstreflexivität* der Sprechererwartungen erfordert bereits, daß diese Erwartungen stets im Sinne eines *de re* (d. h. hier: den S selbst betreffenden) Glaubens verstanden werden. Formal ist (R) also wie folgt wiederzugeben:

(R.1) $Vx(x=S \wedge G°(x,G'(H,T(x,f)) \supset G'(H,KV(x,H,f,p)))))$

Da S in (R.1) transparent vorkommt, ist die von S abstrahierende Generalisierung unproblematisch:

(R.2) $VxG°(x,G'(H,T(x,f)) \supset G'(H,KV(x,H,f,p))))$
Es gibt jemand, der glaubt, daß H, falls er seine Handlung f bemerkt etc.

Es wäre falsch, wenn man (R) anstelle von (R.1) durch das stärkere

(R.3) $Vx(x=S \wedge G°(x,x=S \wedge (G'(H,T(x,f)) \supset G'(H,KV(x,H,f,p))))))$

wiedergeben würde. In KV(S,H,f,p) ist S ein Ausdruck, mit dem *wir* uns auf den betreffenden Sprecher beziehen. Der Sprecher selbst braucht jedoch nicht zu wissen, daß dieser Ausdruck auf ihn selbst zutrifft. Ist Herr Maier z. B. diejenige Person, die in der letzten Lottoziehung das große Los gezogen hat (=S), so können wir einen von Herrn Maier unternommenen Kommunikationsversuch auch dann als einen von S unternommenen Kommunikationsversuch bezeichnen, wenn Herr Maier selbst noch nicht weiß, daß er das große Los gezogen hat. Wir dürfen also für KV(S,H,f,p) nicht allgemein fordern, daß

(R.4) $Vx(x=S \wedge G°(S,x=S))$
    S weiß von sich, daß er S ist

gelten soll.

Bezüglich der *Interpretation von H* in KV(S,H,f,p) sind zwei Fälle zu unterscheiden, je nachdem, ob man annimmt, daß der betreffende Sprecher S eine feste Meinung darüber hat, *wer* der betreffende Hörer H ist, oder nicht, d. h. je nachdem, ob man annimmt, daß die für S und H spezifizierte Quantifikations-Voraussetzung

(QV.1) $VyG°(S,y=H)$
    Es gibt jemand, von dem S glaubt, daß er H ist (S glaubt zu wissen, wer H ist)

erfüllt ist oder nicht. An einem Beispiel verdeutlicht:

(B-1) S findet zum wiederholten Male seinen Parkplatz von einem fremden Auto besetzt vor und klemmt daraufhin an dessen Windschutzscheibe einen Zettel, auf dem er dem Fahrer (=H) ankündigt, daß er beim nächsten Mal die Polizei holen werde

Glaubt S den Fahrer zu kennen, ist (QV.1) erfüllt; ist es nicht der Fall, daß es jemanden gibt, den S für den Fahrer des betreffenden Autos hält, gilt (QV.1) nicht. Beidemal kann man jedoch sagen, daß ein an den Fahrer des betreffenden Autos gerichteter Kommunikationsversuch vorliegt.

Sei Ψ_p nun diejenige komplexe Eigenschaft, die H nach Meinung von S besitzen muß, damit wir das von S gezeigte Verhalten zu Recht als einen an H gerichteten Kommunikationsversuch des Inhalts, daß p, im Sinne unserer bisherigen Explikation betrachten können,[12] so sind aufgrund der eben getroffenen Unterscheidung (zunächst einmal) die beiden folgenden Lesarten von KV(S,H,f,p) auseinanderzuhalten:

(A.1) $T(S,f) \wedge VyG°(S,y=H \wedge \Psi_p(y))$
    S tut f und glaubt von einer Person, daß sie H ist und die Eigenschaft Ψ_p hat

(B.1) $T(S,f) \wedge G°(S,\Psi_p(H))$
       S tut f und glaubt, daß H die Eigenschaft Ψ_p hat

wobei (B.1) aus (A.1) generell folgt, während die Umkehrung nur unter der Voraussetzung (QV.1) gilt.

Für den Fall, daß S keine feste Meinung darüber hat, wer H ist (die Quantifikations-Voraussetzung (QV.1) also nicht erfüllt ist), läßt sich von der *de dicto* Lesart (B.1) ausgehend ein von H abstrahierender allgemeinerer KV-Begriff korrekt nur wie folgt bestimmen:

D6: $KV_B(S,f,p) := Vx(x=S \wedge T(x,f) \wedge G°(x, Vy\Psi_p(y)))$
       Die von S vollzogene Handlung f ist – im Sinne von B – ein (nicht notwendigerweise an irgendeinen bestimmten Adressaten gerichteter) Kommunikationsversuch des Inhalts, daß p, gdw. S mit f beabsichtigt, irgend jemandem (ihm evtl. ganz Unbekannten) anzuzeigen, daß p

Ein Beispiel für einen derartigen Kommunikationsversuch wäre:

(B-2) S, der auf eine abgelegene Insel verschlagen wurde, schickt eine Flaschenpost los, in der Überzeugung, daß sie von irgend jemandem aufgefischt werden wird etc.

Ein interessanterer (weil für eine weitere Verdeutlichung der logischen Struktur von KV-Begriffen fruchtbarerer) Begriff eines Kommunikationsversuchs ergibt sich jedoch, wenn man von dem (normalerweise auch vorliegenden) Fall ausgeht, in dem S zumindest zu wissen *glaubt,* wer diejenige Person ist, an die sein Kommunikationsversuch gerichtet ist, von dem Fall also, in dem die Bedingung

(A.1) $T(S,f) \wedge VyG°(S, y=H \wedge \Psi_p(y))$

und damit auch die Quantifikations-Voraussetzung

(QV.1) $VyG°(S, y=H)$

erfüllt ist.

Bezüglich Situationen dieser Art ist nun zu unterscheiden, ob S mit der in (QV.1) ausgedrückten *de re* Annahme recht hat, diejenige Person, die von S für H gehalten wird, also *tatsächlich* H ist, oder nicht. D. h., es ist zu unterscheiden, ob außer der Bedingung (A.1) auch die stärkere Bedingung

(A.1*) $T(S,f) \wedge Vy(y = H \wedge G°(S, y = H \wedge \Psi_p(y)))$

und damit auch die gegenüber (QV.1) stärkere Bedingung

(QV.1*)$Vy(y = H \wedge G°(S, y = H))$ d. h.: $VyW°(S, y = H)$
        S weiß von H, daß er H ist

erfüllt ist oder nicht.

Ein Beispiel für eine Situation, in der zwar (A.1) bzw. (QV.1), aber nicht (A.1*) bzw. (QV.1*) gelten:

(B-3) S ruft beim Präsidenten an und gibt, da er glaubt, den Präsidenten selbst am Apparat zu haben, eine nur für diesen bestimmte Meldung durch – während in Wirklichkeit nur der Sekretär des Präsidenten am Apparat ist.

Wie dieses Beispiel zeigt, müssen wir (in derartigen Fällen) zwischen dem *tatsächlichen Adressaten* H und dem *eigentlich gemeinten Adressaten* H′ eines Kommunikationsversuchs unterscheiden: In der Situation (B-3) hält S die Person, die das Gespräch entgegennimmt, d. h. den Sekretär des Präsidenten, *fälschlicherweise* für den Präsidenten selbst. Die Meldung war zwar nur für den Präsidenten bestimmt, tatsächlicher Adressat war jedoch dessen Sekretär.

Um auch derartige Fälle zu erfassen, in denen H ≠ H′, hätte also ein umfassender Ansatz nicht von der vierstelligen Relation KV(S,H,f,p), sondern von der fünfstelligen Relation KV(S,H,H′,f,p) auszugehen, die wie folgt zu bestimmen wäre:

D7: $KV(S,H,H′,f,p) := VxVy(x = S \wedge y = H$
          $\wedge T(x,f)$
          $\wedge G°(x, T(x,f) \supset G′(y, KV*(x,y,f,p)))$
          $\wedge G°(x, G′(y,p) \equiv G′(y, KV*(x,y,f,p)))$
          $\wedge G°(x, y = H′))$

Ein von S (zu t) mit f nach Meinung von S an H′ gerichteter (d. h. eigentlich für H′ bestimmter) Kommunikationsversuch des Inhalts, daß p, ist (in Wirklichkeit) an H gerichtet *gdw.* (a) S (zu t) f tut und es eine Person H gibt, so daß (b) S (zu t°) von dieser Person glaubt, daß sie unter der Bedingung, daß er (zu t) f tut, (zu t′) erkennen wird, daß er sie mit f völlig offen wissen lassen will, daß er mit f zu erreichen beabsichtigt, daß sie (zu t′) glaubt, daß p, und (c) S von dieser Person (zu t°) glaubt, daß sie genau dann, wenn er (zu

t) f tut, (zu t′) tatsächlich glauben wird, daß p, und (d) S von dieser Person (zu t°) glaubt, daß sie H′ ist

Es genügte nicht, wenn ein auf völlige Allgemeinheit bedachter Ansatz lediglich von einer vierstelligen Relation KV(S,H,f,p) im Sinne von

(A.1.1) $VxVy(x=S \wedge T(x,f) \wedge y=H \wedge G°(x,\Psi_p(y)))$

ausgehen würde, einem Ansatz also, in dem *nur* der tatsächliche Adressat und nicht auch der eigentlich gemeinte Adressat berücksichtigt würde: Ein derartiger Ansatz wäre nicht imstande, gewisse speziellere Kommunikationsbegriffe (z. B. »erfolgreiche Kommunikation«) durch Rekurs auf KV(S,H,f,p) zu bestimmen. Zu diesem Zweck erweist sich auch der Bezug auf den eigentlich gemeinten Adressaten als notwendig.[13]

Hingegen bedeutet es keine wesentliche Beschränkung der Allgemeinheit der i. f. noch zu untersuchenden Kommunikationsbegriffe, wenn wir unsere Überlegungen nun auf solche Fälle einschränken, in denen H=H′, der von S mit seinem Kommunikationsversuch eigentlich gemeinte Adressat und der tatsächliche Adressat seines Kommunikationsversuches also ein und dieselbe Person ist, auf Fälle also, in denen außer (A.1) und (A.1.1) auch

(A.1*) $VxVy(x=S \wedge T(x,f) \wedge y=H \wedge G°(x,y=H \wedge \Psi_p(y)))$

gilt. Die mit der Forderung (A.1*) einhergehende Einschränkung betrifft ohnehin nur den Ausgangsbegriff KV(S,H,H′,f,p), nicht jedoch diejenigen Begriffe, in denen von H (bzw. H′) abstrahiert wird. Diejenigen Generalisierungen der in KV(S,H,H′,f,p) enthaltenen Bedingungen

(a) $Vx(x=S \wedge Vy(y=H \wedge G°(x,\Psi_p(y))))$

und

(b) $Vx(x=S \wedge VyG°(x,y=H′ \wedge \Psi_p(y)))$,

in denen von H bzw. H′ abstrahiert wird, d. h.

(a.1) $Vx(x=S \wedge VyVz(y=z \wedge G°(x,\Psi_p(y)))$

und

(b.1) $Vx(x=S \wedge VyG°(x,Vz(y=z) \wedge \Psi_p(y)))$

sind beide jeweils mit

(c) $Vx(x=S \land VyG^\circ(x,\Psi_p(y)))$

logisch äquivalent.[14]

Da wir i. f. also stets voraussetzen, daß $H=H'$, können wir den unseren weiteren Explikationsversuchen zugrunde gelegten Begriff KV(S,H,f,p) durch die – eine Quantifikation über Kommunikationspartner, kommunikative Handlung wie Kommunikationsinhalt legitimierende – Bestimmung D8 wie folgt *neu* bestimmen:

D8: $KV(S,H,f,p) := VxVy(x=S \land y=H$
$\qquad\qquad\qquad \land T(x,f)$
$\qquad\qquad\qquad \land G^\circ(x,T(x,f) \supset G'(y,KV^*(x,y,f,p)))$
$\qquad\qquad\qquad \land G^\circ(x,G'(y,p) \equiv G'(y,KV^*(x,y,f,p)))$
$\qquad\qquad\qquad \land G^\circ(x,y=H))$

Aufgrund dieser Bestimmung können wir also KV(S,H,f,p) als eine Relation ansehen, die zwischen zwei Personen, einer (zu einem bestimmten Zeitpunkt t von einer dieser Personen vollzogenen) Handlung und einem bestimmten Sachverhalt besteht – und zwar unabhängig davon, wie diese Personen, diese Handlung und dieser Sachverhalt beschrieben werden.

Von dem in D8 explizierten Begriff KV(S,H,f,p) ausgehend lassen sich nun allgemeinere KV-Begriffe in einfacher Weise durch Abstraktion von S bzw. H bzw. f bzw. p bestimmen. Dabei legen wir – entsprechendes gilt auch für die Verallgemeinerung später noch zu diskutierender Begriffe – eine *zweisortige Sprache* zugrunde: Wir verwenden S,H,f,p sowohl als (metasprachliche Mitteilungszeichen für) *singuläre Terme* (Namen wie Kennzeichnungen) für Personen bzw. Handlungstypen bzw. Propositionen als auch als *Variable* für derartige Entitäten. Als Variable werden diese Ausdrücke dann verwendet, wenn sie durch einen Quantor gebunden werden.

D8.1: $KV(S,H,f) := Vp\ KV(S,H,f,p)$
        Eine von S zu t vollzogene Handlung f ist ein an H gerichteter Kommunikationsversuch gdw. es einen Sachverhalt p gibt, so daß S mit f beabsichtigt, H anzuzeigen, daß p[15]

D8.2: $KV(S,f,p) := VH\ KV(S,H,f,p)$
        Eine von S vollzogene Handlung f ist ein *an eine be-*

stimmte Person gerichteter Kommunikationsversuch des Inhalts, daß p, gdw. es eine Person H gibt, der S mit f anzuzeigen beabsichtigt, daß p[16]

D8.3: KV(S,f) := VHVp KV(S,H,f,p)

Eine von S vollzogene Handlung f ist ein Kommunikationsversuch gdw. es eine Person H und einen Sachverhalt p gibt, so daß S mit f H anzuzeigen beabsichtigt, daß p

D8.4: KV(S,p) := VHVf KV(S,H,f,p)

Zu t liegt ein von S unternommener Kommunikationsversuch des Inhalts, daß p, vor gdw. es eine von S zu t vollzogene Handlung f und eine Person H gibt, so daß S mit f H anzuzeigen beabsichtigt, daß p

D8.5: KV(H,f,p) := VS KV(S,H,f,p)

Eine zu t vollzogene Handlung f ist ein an H gerichteter Kommunikationsversuch des Inhalts, daß p, gdw. es eine Person S gibt, die zu t mit f H anzuzeigen beabsichtigt, daß p

D8.6: KV(H,f) := VSVp KV(S,H,f,p)

Eine zu t vollzogene Handlung f ist ein an H gerichteter Kommunikationsversuch[16a]

D8.7: KV(H,p) := VSVf KV(S,H,f,p)

An H wird zu t ein Kommunikationsversuch des Inhalts, daß p, gerichtet

D8.8: KV(f,p) := VSVH KV(S,H,f,p)

Eine zu t vollzogene Handlung ist ein Kommunikationsversuch des Inhalts, daß p

Als *allgemeinste* derartige KV-Begriffe ergeben sich somit:

D8.9: KV(S) := VHVfVp KV(S,H,f,p)

S unternimmt zu t einen Kommunikationsversuch bzw.: S ist zu t ein *kommunikativ Handelnder*

D8.10: KV(H) := VSVfVp KV(S,H,f,p)

An H wird zu t ein Kommunikationsversuch gerichtet bzw.: H ist zu t (tatsächlicher und eigentlich gemeinter) *Adressat eines Kommunikationsversuchs*

D8.11: KV(p) := VSVHVf KV(S,H,f,p)
Zu t liegt ein Kommunikationsversuch des Inhalts, daß p,
vor; bzw.: p ist zu t ein *Kommunikationsinhalt*

D8.12: KV(f) := VSVHVp KV(S,H,f,p)
Eine zu t vollzogene Handlung f ist ein Kommunikationsversuch; bzw.: eine zu t vollzogene Handlung f ist
eine *kommunikative Handlung i. w. S.*

2 Ein Verhalten als eine kommunikative Handlung verstehen

Nachdem wir also verstanden haben, was es heißt, daß jemand
einen Kommunikationsversuch unternimmt, wollen wir uns nun
ansehen, was es heißt, daß jemand ein Verhalten *als* einen Kommunikationsversuch versteht (auffaßt/ansieht/begreift/interpre-
tiert etc.). Dabei soll auch geklärt werden, was es heißt, daß
jemand ein Verhalten zu Recht bzw. fälschlicherweise als einen
Kommunikationsversuch versteht.

2.1 Grundbegriffe

Zur Verdeutlichung des von uns zunächst zu explizierenden
Begriffs ein etwas ausführlicheres Beispiel:
(B-4) Y geht nachts durch die finsteren Gassen der Vorstadt nach

> Hause. Es ist ihm nicht so ganz wohl dabei, war doch in
> der Zeitung in den letzten Tagen wiederholt von Raub-
> überfällen in dieser Gegend die Rede, die, wie er sich
> erinnert, hauptsächlich auf das Konto zweier Rocker – die
> sich selbst »Jack the Flipper« (ein auffallend großer Bur-
> sche) und »El Kabone« nennen – gehen sollen. Plötzlich
> sieht Y eine lange Gestalt vor sich auftauchen – und als
> diese auch noch zu pfeifen anfängt, hat Y keinen Zweifel
> mehr: Das ist der lange ›Jack the Flipper‹, der dem gewiß
> auch gleich auftauchenden ›El Kabone‹ anzeigt, daß es
> Arbeit gibt

Ganz gleich, ob nun Y mit seinen Befürchtungen recht hatte oder
ob es sich bei der langen Gestalt nur um den Studenten Max
Xerxes (X) handelte, der es beim Auftauchen von Y selbst mit der
Angst zu tun bekommen hatte – es steht jedenfalls fest, daß Y den

Pfiff der vor ihm plötzlich auftauchenden Person *als* einen von ›Jack the Flipper‹ (S) an ›El Kabone‹ (H) gerichteten Kommunikationsversuch versteht. Allgemein werden wir also zwischen der Person X, die tatsächlich f tut, und derjenigen (vielleicht nur in der Einbildung von Y existierenden) Person S zu unterscheiden haben, für die X von Y gehalten wird. Als Ausgangspunkt einer weiteren Bestimmung dessen, was es heißen soll, daß jemand eine Handlung als eine kommunikative Handlung versteht, legen wir daher fest:

D9: $U^+(Y,f(X),KV(S,H,f,p)) := Vx(x=X \wedge f(x) \wedge$
$G^+(Y,x=S \wedge KV(x,H,f,p)))$

Y versteht (zu t^+) ein von X (zu t) gezeigtes Verhalten der Art f *als* einen von S an H gerichteten Kommunikationsversuch des Inhalts, daß p, gdw. X (zu t) ein Verhalten der Art f zeigt, und Y (zu t^+) glaubt, dieses Verhalten f sei ein von S an H gerichteter Kommunikationsversuch des Inhalts, daß p

Dabei soll t^+ der Zeitpunkt sein, zu dem Y das von X (zu t) gezeigte Verhalten f bemerkt. Drücken wir die zeitliche Ordnungsrelation »später als« mit Hilfe von $>$ aus, so soll also $\neg\,(t > t^+)$ gelten. Bezüglich t′ (Zeitpunkt, zu dem H, wie S – zumindest nach Meinung von Y – glaubt, erkennt, daß ›S‹ f tut) legen wir t^+ keine Beschränkungen auf. Schreibt etwa, um einen Fall zu nehmen, in dem X=S und T(S,f) tatsächlich ein Kommunikationsversuch KV(S,H,f,p) ist, die Person S der Person H einen Brief, so kann dieser Brief von Y vor, gleichzeitig mit oder nach dem Zeitpunkt gelesen werden, zu dem H (wie S glaubt) diesen Brief in die Hände bekommt und liest.

Es genügte nicht, wenn man statt des Definiens von D9 lediglich die schwächere Bedingung

(1) $Vx(x=X \wedge f(x) \wedge VyG^+(Y,y=S \wedge KV(y,H,f,p)))$

fordern würde. Diese Bedingung wäre nämlich bereits dann erfüllt, wenn – wie in (B-5) – eine Situation der durch

(2) $Vx(x=X \wedge f(x) \wedge Vy(y=X' \wedge X \neq X' \wedge T(y,f) \wedge$
$G^+(Y,y=S \wedge KV(y,H,f,p))))$

beschriebenen Art vorliegt:

(B-5) Y lehnt sich aus dem Fenster, um einen kurzen Blick auf die Straße zu tun. Er bekommt mit, wie Herr Huber (H) aus der Tür des Nachbarhauses auf die Straße tritt und – noch in der Tür stehend – einem offensichtlich gerade vom Fußballstadion kommenden Jungen (X'), den Y für Hubers Sohn Stefan (S) hält, entgegenruft: »Na, wia ham de 6oer gschpuit?« – worauf X' ein betrübtes »Verlorn!« über die Straße ruft. Was Y dabei nicht mitbekommen konnte: Hubers Nachbar, Herr Xerox (X), der, nachdem er das fragliche Spiel am Radio verfolgt hatte, ebenfalls gerade dabei ist wegzugehen, glaubt, Hubers Frage habe ihm gegolten und ruft daher (was Y nicht hören kann) seinem gerade aus der Tür auf die Straße tretenden Nachbarn ebenfalls (wie X') betrübt »Verlorn!« nach

Nun gilt zwar in (B-5) sowohl f(X) als auch f(X') – Herr Xerox wie der vom Fußballspiel kommende Junge rufen beide (zum gleichen Zeitpunkt) »Verlorn!« –, so daß man durchaus sagen kann, daß Y in dieser Situation ein Vorkommnis des *sowohl von X als auch von X'* zum Zeitpunkt t gezeigten Verhaltens f als einen von dem Nachbarjungen Stefan (S) an dessen Vater (H) gerichteten Kommunikationsversuch des Inhalts, daß die 6oer verloren haben, auffaßt. Aber das heißt nicht, daß man deshalb auch sagen könnte, daß Y in dieser Situation *sowohl das von X als auch das von X'* gezeigte *konkrete Verhalten* vom Typ f als einen derartigen Kommunikationsversuch auffaßt. Nur der von dem jungen Fußballfan X' gemachte Zuruf wird von Y als eine an H gerichtete kommunikative Handlung verstanden – daß auch Herr Xerox Herrn Huber »Verlorn!« zugerufen hat, wurde von Y nicht einmal bemerkt. Würden wir nun $U^+(Y,f(X),KV(S,H,f,p))$ lediglich durch (1) definieren, so müßten wir in der Situation (B-5), da in ihr sogar die gegenüber (1) stärkere Bedingung (2) erfüllt ist, auch behaupten, daß Y den (von ihm gar nicht gehörten) Zuruf von Herrn Xerox als einen von dem Nachbarjungen S an dessen Vater H gerichteten Kommunikationsversuch versteht. Um diesen Unsinn auszuschalten, ist also $U^+(Y,f(X), KV(S,H,f,p))$ nicht durch (1), sondern durch das entsprechend stärkere Definiens von D9 zu explizieren. Nur konkrete Handlungen können als kommunikative Handlungen verstanden werden.

Je nachdem, ob nun das von X gezeigte und von Y als ein von S an H gerichteter Kommunikationsversuch des Inhalts, daß p, verstandene konkrete Verhalten vom Typ f tatsächlich ein derartiger Kommunikationsversuch ist oder nicht, ist zu unterscheiden, ob Y dieses Verhalten f *zu Recht* oder *fälschlicherweise* als einen derartigen Kommunikationsversuch versteht. Von der Bestimmung D9 ausgehend lassen sich die entsprechenden Begriffe (zunächst) wie folgt definieren:

D10: $ZU^+(Y,f(X), KV(S,H,f,p))$:=
$U^+(Y,f(X),KV(S,H,f,p)) \wedge X=S \wedge KV(X,H,f,p)$
Y versteht (zu t^+) ein von X (zu t) gezeigtes Verhalten vom Typ f *zu Recht* als einen von S an H gerichteten Kommunikationsversuch des Inhalts, daß p, gdw. Y (zu t^+) das von X (zu t) gezeigte Verhalten f als einen von S an H gerichteten Kommunikationsversuch des Inhalts, daß p, versteht, X derselbe ist wie S, und X mit f H anzuzeigen versucht, daß p

D11: $FU^+(Y,f(X),KV(S,H,f,p))$:=
$U^+(Y,f(X),KV(S,H,f,p)) \wedge \neg(X=S \wedge KV(X,H,f,p))$
Y versteht (zu t^+) ein von X (zu t) gezeigtes Verhalten vom Typ f *fälschlicherweise* als einen von S an H gerichteten Kommunikationsversuch des Inhalts, daß p, gdw. Y (zu t^+) das von X (zu t) gezeigte Verhalten f als einen von S an H gerichteten Kommunikationsversuch des Inhalts, daß p, versteht, S jedoch eine andere Person ist als X oder (sollte X=S) f von X kein derartiger Kommunikationsversuch ist

Es genügte nicht, wenn man statt des Definiens von D10 die schwächere Bedingung

(3) $U^+(Y,f(X),KV(S,H,f,p)) \wedge KV(S,H,f,p)$

forderte, da in diesem Fall X, von dem Y glaubt, daß er mit seinem Verhalten f H anzuzeigen versucht, daß p, einen derartigen Kommunikationsversuch in Wirklichkeit gar nicht zu unternommen haben bräuchte. (3) zufolge genügte es für $ZU^+(Y,f(X),KV(S,H,f,p))$, wenn nicht X, sondern diejenige Person, für die X von Y gehalten wird, einen derartigen Kommunikationsversuch unternimmt. Wenn in unserem Beispiel (B-4) etwa die dem Y aus dem Dunkel entgegenkommende und plötzlich zu pfeifen beginnende Gestalt nicht, wie Y befürchtet, ›Jack the Flipper‹ (S), sondern nur der selbst recht ängstliche und beim Auftauchen von Y sich selber Mut zupfeifende Student Max

Xerxes (X) ist, dann könnte man bei einer nur von (3) ausgehenden Bestimmung schon dann sagen, daß Y das Pfeifen von Max Xerxes *zu Recht* als einen von ›Jack the Flipper‹ an ›El Kabone‹ gerichteten Kommunikationsversuch des Inhalts, daß ›es Arbeit gibt‹ verstanden hat, wenn (zur selben Zeit) ›Jack the Flipper‹ auf einem seiner Streifzüge tatsächlich seinem ›Mitarbeiter‹ ›El Kabone‹ mit einem Pfiff etwas derartiges zu verstehen geben möchte. Solche Fälle schalten wir also durch die Forderung $X = S$ aus.

Inadäquat wäre es auch, wenn man statt des Definiens von D11 die stärkeren Bedingungen

(4) $U^+(Y,f(X),KV(S,H,f,p)) \wedge \neg KV(X,H,f,p)$

bzw.

(5) $U^+(Y,f(X),KV(S,H,f,p)) \wedge \neg KV(S,H,f,p)$

ansetzen würde. Daß die Person X bzw. (falls es sie überhaupt gibt) die Person S zum Zeitpunkt t H *nicht* anzuzeigen versucht, daß p, ist zwar *hinreichend* dafür, daß die in

(6) $Vx(x = X \wedge G^+(Y,KV(x,H,f,p)))$

ausgedrückte de re Annahme von Y bezüglich X bzw. die in

(7) $G^+(Y,KV(S,H,f,p))$

ausgedrückte de dicto Annahme von Y bezüglich S falsch ist; für $FU^+(Y,f(X),KV(S,H,f,p))$ ist aber weder $\neg KV(X,H,f,p)$ noch $\neg KV(S,H,f,p)$ *keineswegs notwendig*. Ist nämlich X nicht die Person S (so es sie überhaupt gibt), für die X von Y zu t^+ gehalten wird, so spielt es gar keine Rolle mehr, ob X tatsächlich H anzuzeigen versucht, daß p, oder ob S dies versucht oder ob dieser Versuch gar von beiden unternommen wird – daß Y den X *fälschlicherweise für S hält,* genügt bereits für die Behauptung, daß er das von X zu t gezeigte Verhalten f zu t^+ *fälschlicherweise als einen von S* unternommenen Kommunikationsversuch ansieht. Notwendig für $FU^+(Y,f(X),KV(S,H,f,p))$ ist $\neg KV(X,H,f,p)$ bzw. $\neg KV(S,H,f,p)$ also nur dann, wenn Y den X zu Recht für S hält, d. h. wenn $X = S$.

Ehe nun auf der Grundlage der in D9, D10 und D11 formulierten (vorläufigen) Explikationen *allgemeinere Begriffe* des ein Verhalten (zu Recht/fälschlicherweise) als Eine-kommunikative-

Handlung-Verstehens bestimmt werden, in denen von X,S,H bzw. p abstrahiert wird, ist wiederum – analog zu den in § 1.1 angestellten Überlegungen – zu fragen, in welchem Sinne die in diesen Explikationen enthaltenen Glaubensbedingungen des näheren gelesen werden sollen.

2.1.1 Die (tatsächlich) handelnde Person X

In $U^+(Y,f(X),KV(S,H,f,p))$ wie in $ZU^+(Y,f(X),KV(S,H,f,p))$ als auch in $FU^+(Y,f(X),KV(S,H,f,p))$ ist X stets ein Ausdruck, mit dem *wir* uns auf die Person beziehen, die das betreffende konkrete Verhalten vom Typ f zeigt. Die Person Y, die das von X gezeigte Verhalten f (zu Recht oder fälschlicherweise) als einen Kommunikationsversuch der und der Art versteht, braucht von X nicht zu wissen, daß er X ist: Für jeden der drei genannten Begriffe ist jeweils nur die Bedingung

(8) $Vx(x=X \wedge G^+(Y,x=S))$
     Y glaubt von X, daß er S ist,

nicht jedoch die stärkere Bedingung

(9) $Vx(x=X \wedge G^+(Y,x=X \wedge X=S))$
     Y weiß von X, daß er X ist, und glaubt, daß X=S

gefordert.[17]

2.1.2 Der (vermeintliche) Sprecher S

Daß Y ein von X gezeigtes Verhalten f (zu Recht/fälschlicherweise) als einen von S unternommenen Kommunikationsversuch versteht, besagt D9 (D10/D11) zufolge u. a., daß Y den X *für S hält:*
Es gilt jeweils

(A.2) $Vx(x=X \wedge T(x,f) \wedge G^+(Y,x=S \wedge KV(x,H,f,p)))$

womit jeweils auch die Quantifikations-Voraussetzung

(QV.2) $VxG^+(Y,x=S))$

erfüllt ist. Obgleich also S in (A.2) nicht transparent vorkommt, läßt sich wegen (QV.2) ein z. B. gegenüber $U^+(Y,f(X),KV(S,H,f,p))$ allgemeinerer Begriff, bei dem *nur* davon abstrahiert wird, für wen Y den X hält, (von D9 ausgehend) dennoch in einfacher Weise (zunächst) wie folgt bestimmen:

D9.4: $U^+(Y,f(X),KV(H,f,p)) :=$
$Vx(x=X\wedge f(x)\wedge G^+(Y,KV(x,H,f,p)))$
Y versteht (zu t^+) ein von X (zu t) gezeigtes Verhalten f als einen an H gerichteten Kommunikationsversuch des Inhalts, daß p, gdw. X (zu t) das Verhalten f zeigt und Y (zu t^+) von X glaubt, daß er mit f H anzuzeigen beabsichtigt, daß p

Bei dieser Generalisierung (Existenzquantifikation über S) verschwindet also der in (A.2) ausgedrückte Unterschied zwischen der Person X, *von der* Y *glaubt,* daß sie den betreffenden Kommunikationsversuch unternimmt, und der (eventuell gar nicht existierenden[18]) ›Person‹, *für die* X *von* Y *gehalten* wird.

2.1.3 Der (vermeintliche) Adressat H

Hinsichtlich des Vorkommens von H in $U^+(Y,f(X),KV(S,H,f,p))$ sind – analog zu den in § 1.1 für KV(S,H,f,p) getroffenen Unterscheidungen – zwei Fälle auseinanderzuhalten, je nachdem, ob man annimmt, daß diejenige Person, die ein bestimmtes Verhalten als einen an H gerichteten Kommunikationsversuch versteht, eine (feste) Meinung darüber hat, *wer* H ist, oder nicht, d. h. je nachdem, ob man annimmt, daß die für Y und H spezifizierte Quantifikations-Voraussetzung

(QV.3) $VyG^+(Y,y=H)$
Es gibt jemand, von dem Y glaubt, daß er H ist (Y glaubt zu wissen, wer H ist)

erfüllt ist oder nicht. Findet Y z. B. ein Schreiben, auf dem »An den Vorsitzenden der RAF« steht, und gibt es eine bestimmte Person, von der Y zumindest zu wissen *glaubt,* daß sie der Vorsitzende der RAF ist, so ist (QV.3) erfüllt, andernfalls nicht. Beidemal wird man jedoch sagen können, daß Y das Schreiben *als* einen (genauer: als das Produkt eines) *an* den Vorsitzenden der RAF gerichteten Kommunikationsversuch(s) versteht.

Aufgrund dieser Unterscheidung sind (zunächst einmal) die beiden folgenden Lesarten der in $U^+(Y,f(X),KV(S,H,f,p))$ enthaltenen Glaubensannahmen von Y auseinanderzuhalten:

(A.3) $VyG^+(Y,y=H\wedge KV(S,y,f,p))$
Y glaubt von einer Person, daß sie H ist und daß ihr S mit
f anzuzeigen beabsichtigt, daß p

(B.3) $G^+(Y,KV(S,H,f,p))$
Y glaubt, daß H von S mit f anzuzeigen versucht wird,
daß p

wobei (B.3) aus (A.3) folgt, während die Umkehrung nur unter
der Voraussetzung (QV.3) gilt.

Ist (QV.3) nicht erfüllt, so läßt sich von der *de dicto* Lesart (B.3)
ausgehend ein von H abstrahierender allgemeinerer Begriff des
Verstehens einer Handlung als einer kommunikativen Handlung
nur wie folgt korrekt bestimmen:

D9.2': $U_B^+(Y,f(X),KV(S,f,p)) :=$
$Vx(x=X\wedge f(x)\wedge G^+(Y,x=S\wedge VyKV(x,y,f,p)))$
Y versteht (zu t^+) – im Sinne von B – ein von X (zu t)
gezeigtes Verhalten f als einen von S unternommenen
Kommunikationsversuch des Inhalts, daß p, gdw. X das
Verhalten f zeigt, und Y von X, den er für S hält, glaubt,
daß er jemandem mit f anzuzeigen beabsichtigt, daß p

Ein Beispiel für einen derartigen Fall wäre:

(B-6)   Y, der neben einem Mädchenpensionat wohnt, hört – wie
jeden Tag um diese Zeit –, einen klapprigen VW vorfah-
ren, und wie er das dreimalige Hupen hört, da ›weiß‹ er:
Das ist Jimmi Brahms, der wieder irgendeine seiner
Freundinnen ins Kino abholt

Ein interessanterer (weil weitere Unterscheidungen umfassender) Begriff ergibt sich jedoch, wenn wir von solchen Fällen
ausgehen, in denen (QV.3) erfüllt ist, Y also zumindest zu wissen
glaubt, *welche* der zahlreichen Freundinnen von Jimmi Brahms
heute dran ist.

Bezüglich Situationen dieser Art ist wieder zu unterscheiden, ob
Y mit der in (QV.3) ausgedrückten *de re* Annahme recht hat,
diejenige Person, die von Y für H gehalten wird, also tatsächlich
H ist, oder nicht. Zu unterscheiden ist also, ob außer der Bedingung (A.3) auch die stärkere Bedingung

(A.3*) $Vy(y=H\wedge G^+(Y,y=H\wedge KV(S,y,f,p)))$

und damit auch die gegenüber (QV.3) stärkere Bedingung

(QV.3*) $Vy(y=H \wedge G^+(Y,y=H))$ d. h. $VyW^+(Y,y=H)$
           Y weiß von H, daß sie H ist

erfüllt ist oder nicht.

Ein Beispiel für eine Situation, in der zwar (A.3) bzw. (QV.3), aber nicht (A.3*) bzw. (QV.3*) erfüllt ist:

(B-7)   – wie (B-6), aber: Y glaubt, daß das Hupen heute jener
          Kleinen mit den langen Zöpfen gilt, die, wie Y zu wissen
          glaubt, Bürgermeister Schlehmihls Tochter (H) – *in Wirk-
          lichkeit* jedoch ›nur‹ Jimmi Brahmsens Schwester (H') – ist

Würde man nun auch diesen Unterschied zwischen H und H' bei der Bestimmung eines umfassenden Begriffs des Eine-Handlung-als-eine-kommunikative-Handlung-Verstehens berücksichtigen wollen, so hätte man nicht von der sechsstelligen Relation $U^+(Y,f(X),KV(S,H,f,p))$, sondern von der siebenstelligen Relation $U^+(Y,f(X),H',KV(S,H,f,p))$ auszugehen, die wie folgt zu bestimmen wäre:

D9': $U^+(Y,f(X),H',KV(S,H,f,p)) :=$
        $VxVy(x=X \wedge f(x) \wedge y=H' \wedge G^+(Y,x=S \wedge y=H \wedge KV$
        $(x,y,f,p)))$
        Y versteht (zu t^+) ein von X (zu t) gezeigtes Verhalten
        f als einen an eine bestimmte, von ihm für H gehaltene
        Person, die (in Wirklichkeit) H' ist, gerichteten Kommu-
        nikationsversuch des Inhalts, daß p, gdw. X (zu t) das
        Verhalten f zeigt, und es eine von Y (zu t^+) für H gehal-
        tene Person H' gibt, so daß Y (zu t^+) von dem von
        X gezeigten Verhalten f glaubt, es sei ein von S an diese
        Person gerichteter Kommunikationsversuch des Inhalts,
        daß p

Bezüglich der Situation (B-7) kann man also sagen: Y versteht das Hupen des VW-Fahrers (X) als einen von J. Brahms (S) an die Kleine mit den langen Zöpfen, d. h. an J. Brahms Schwester (H'), die Y für Bürgermeister Schlehmihls Tochter (H) hält, gerichteten Kommunikationsversuch des Inhalts, daß es Zeit ins Kino ist.

Es bedeutet nun keine wesentliche Einschränkung der Allgemeinheit der i. f. noch zu untersuchenden Kommunikationsbegriffe, wenn wir nur solche Fälle betrachten, in denen H=H', Brahms Schwester also z. B. zugleich Schlehmihls Tochter ist:

Für den Fall, in dem Y f von X *zu Recht* als KV(S,H,f,p) versteht, gilt H=H' ohnehin; versteht Y f von X *fälschlicherweise* als einen solchen Kommunikationsversuch, läßt sich auch bei einem wie bisher von D9 ausgehenden Ansatz zwischen H und H' unterscheiden. Zudem – man vgl. § 1.1 – betrifft die mit der Forderung H=H' einhergehende Beschränkung wieder nur den Ausgangsbegriff $U^+(Y,f(X),H',KV(S,H,f,p))$, nicht jedoch die von diesem Begriff ausgehenden Verallgemeinerungen, in denen von H bzw. H' abstrahiert wird.

Wir können somit den unseren weiteren Explikationsversuchen zugrunde gelegten Begriff $U^+(Y,f(X),KV(S,H,f,p))$ in der folgenden – eine Quantifikation über X,S,H und p legitimierenden – Weise *neu* bestimmen:

D9: $U^+(Y,f(X),KV(S,H,f,p)) :=$
     $VxVy(x=X \land f(x) \land y=H \land G^0(Y,x=S \land y=$
     $H \land KV(x,y,f,p)))$

wobei das Definiens von D9 mit

(14) $U^+(Y,f(X),H',KV(S,H,f,p)) \land H=H'$

äquivalent ist.

Entsprechend können wir von D9 ausgehend auch die *speziellen* Fälle des Eine-Handlung-als-eine-kommunikative-Handlung-Verstehens wie folgt neu festlegen:

D10: $ZU^+(Y,f(X),KV(S,H,f,p)) :=$
      $VxVy(x=X \land f(x) \land y=H \land G^+(Y,x=S \land y=$
      $H \land KV(x,y,f,p)) \land X=S \land KV(x,y,f,p))$
      Y versteht (zu t^+) ein von X (zu t) gezeigtes Verhalten f *zu Recht* als einen von S an H gerichteten Kommunikationsversuch des Inhalts, daß p

D11: $FU^+(Y,f(X),KV(S,H,f,p)) :=$
      $VxVy(x=X \land f(x) \land y=H \land G^+(Y,x=S \land y=$
      $H \land KV(x,y,f,p)) \land \neg(X=S \land KV(x,y,f,p)))$
      Y versteht (zu t^+) ein von X (zu t) gezeigtes Verhalten f *fälschlicherweise* als einen von S an H gerichteten Kommunikationsversuch des Inhalts, daß p

Um einem vielleicht naheliegenden Mißverständnis des in D9 definierten Begriffs $U^+(Y,f(X),KV(S,H,f,p))$ vorzubeugen, sei auf folgendes hingewiesen: Durch die in D9 enthaltene Forderung

(A.3.1) $Vy(y=H \wedge G^+(Y,y=H))$

haben wir festgelegt, daß die Person, von der Y glaubt, daß sie H ist, tatsächlich H ist, weshalb auch

(15) $Vy(y=H)$
  Es gibt (die Person) H

gilt. Dies besagt jedoch für $U^+(Y,f(X),KV(S,H,f,p))$ *nicht*, daß H nun *tatsächlich*, wie Y *glaubt*, *Adressat* eines von X (bzw. nach Meinung von Y: von S) unternommenen Kommunikationsversuchs ist: X (bzw. S) selbst braucht gar nicht zu wissen, daß es H überhaupt gibt. Es ist in (B-7) durchaus möglich, daß der vor dem Pensionat hupende VW-Fahrer (sei dieser nun tatsächlich J. Brahms oder nicht) überhaupt keine Ahnung davon hat, daß Bürgermeister Schlehmihl überhaupt eine Tochter hat – das dreimalige Hupen des VW-Fahrers von Y aber dennoch als ein von J. Brahms an Bürgermeister Schlehmihls Tochter gerichteter Kommunikationsversuch verstanden wird:
Aus $U^+(Y,f(X),KV(S,H,f,p))$ folgt zwar

(16) $Vx(x=X \wedge G^+(Y,VyW(x,y=H)))$
  Y glaubt (zu t^+) von X, daß er (zu t) weiß, wer H ist

und somit auch

(17) $Vx(x=X \wedge G^+(Y,W(x,Vy(y=H))))$
  Y glaubt von X, daß er weiß, daß es H gibt

es folgt jedoch *weder*

(18) $VyW(X,y=H)$
  X weiß, wer H ist

noch auch nur das schwächere

(19) $G(X,Vy(y=H))$
  X glaubt, daß es H gibt

Daß (19) *nicht* zu gelten braucht, ist eine Konsequenz der (auch in D9 ausgedrückten) Tatsache, daß man auch dann sagen kann, daß Y ein von X gezeigtes Verhalten f *als* einen Kommunikationsversuch (der und der Art) versteht, wenn f von X *kein* (derartiger)

Kommunikationsversuch ist, Y f von X also *fälschlicherweise* als einen (derartigen) Kommunikationsversuch versteht. Es ist in (B-7) mit $U^+(Y,f(X),KV(S,H,f,p))$ durchaus verträglich, daß der VW-Fahrer gar nicht J. Brahms ist und mit seinem Hupen auch gar nicht irgend jemandem irgend etwas anzuzeigen beabsichtigt, sondern nur eben mal ausprobiert, ob die Hupe noch funktioniert. D. h. es gilt zwar

(20) $U^+(Y,f(X),KV(S,H,f,p))\supset f(X)$

aber es gilt nicht:

(21) $U^+(Y,f(X),KV(S,H,f,p))\supset KV(f)$

insbesondere also auch nicht

(22) $U^+(Y,f(X),KV(S,H,f,p))\supset KV(S,H,f,p)$

Letzteres gilt nur für $ZU^+(Y,f(X),KV(S,H,f,p))$. Und nur in diesem Fall ist auch (19) erfüllt.

Bei der Bestimmung eines von $ZU^+(Y,f(X),KV(S,H,f,p))$ ausgehenden allgemeineren Begriffs $ZU^+(Y,f(X),KV(S,f,p))$, bei dem *von H abstrahiert* wird, ist zu beachten, daß nur die Bedingung

(23) $Vx(x=X\wedge VyG^+(Y,x=S\wedge KV(x,y,f,p))\wedge$
$\quad X=S\wedge VzKV(x,z,f,p))$

d. h. also

(24) $VxVy(x=X\wedge G^+(Y,x=S\wedge KV(x,y,f,p))\wedge$
$\quad X=S\wedge KV(x,f,p))$

nicht jedoch die stärkere Bedingung

(25) $VxVy(x=X\wedge G^+(Y,x=S\wedge KV(x,y,f,p))\wedge$
$\quad X=S\wedge KV(x,y,f,p))$

zu gelten braucht: Diejenige Person, von der Y *glaubt,* daß der von S mit f unternommene Kommunikationsversuch an sie gerichtet ist, braucht *nicht* diejenige Person zu sein, an die der von S mit f unternommene Kommunikationsversuch *tatsächlich* gerichtet ist. Entsprechend ist für einen von $FU^+(Y,f(X),KV(S,H,f,p))$ ausgehenden allgemeineren Begriff $FU^+(Y,f(X),KV(S,f,p))$ in dem von H abstrahiert wird, nicht die Bedingung

43

(26) $VxVy(x=X \land f(x) \land G^+(Y,x=S \land KV(x,y,f,p)) \land$
$\quad \neg(X=S \land KV(x,y,f,p)))$

sondern die stärkere Bedingung

(27) $VxVy(x=X \land f(x) \land G^+(Y,x=S \land KV(x,y,f,p)) \land$
$\quad \neg(X=S \land VzKV(x,z,f,p)))$

d. h. also

(28) $VxVy(x=X \land f(x) \land G^+(Y,x=S \land KV(x,y,f,p)) \land$
$\quad \neg(X=S \land KV(x,f,p)))$

anzusetzen.

2.1.4 Der (vermeintliche) Kommunikationsinhalt p

Nachdem nun klar ist, wie sich von $U^+(Y,f(X),KV(S,H,f,p))$
ausgehend allgemeinere Begriffe gewinnen lassen, in denen von
X bzw. S bzw. H abstrahiert wird, müssen wir uns noch fragen,
wie eine von dem (vermeintlichen) Kommunikationsinhalt des
dem X von Y zugeschriebenen Kommunikationsversuchs abstrahierende Generalisierung auszusehen hat. Wie das Beispiel

(B-8) Y wird von Herrn Huber (H) mit dem Auto mit in die
Stadt genommen. Beim Warten vor einer Ampel sehen sie
einen älteren Herrn, Herrn Sieda (S), aus einem Geschäft
kommen. H hupt kurz, kann aber, da die Ampel auf Grün
schaltet, nicht halten. Herr S, durch das Hupen von H auf
diesen aufmerksam geworden, winkt diesem zu und macht
dann einige Gesten, mit denen Y nichts Rechtes anzufangen weiß: S führt mit dem Zeigefinger mehrere kreisförmi-
ge Bewegungen aus und hält sich dann kurz die geschlosse-
ne rechte Hand an sein rechtes Ohr. Auf die Frage, ob
H denn verstanden habe, was ihm (H) S mit seinen Gesten
sagen wollte, gibt H dem Y zur Antwort, daß ihm (H) S zu
verstehen geben wollte, daß er doch wieder mal bei ihm
anrufen solle

zeigt, ist es durchaus möglich, daß Y ein bestimmtes Verhalten *als*
einen von S an H gerichteten Kommunikationsversuch versteht,
auch wenn er *nicht* versteht, *was* S mit diesem Verhalten H anzuzeigen versucht. Es wäre daher falsch, wenn man die von dem
Kommunikationsinhalt p abstrahierende Generalisierung von
$U^+(Y,f(X),KV(S,H,f,p))$ durch

44

(29) $VpU^+(Y,f(X),KV(S,H,f,p))$

d. h. also durch

(30) $VxVy(x=X\wedge f(x)\wedge y=H\wedge VpG^+(Y,x=S\wedge y=H\wedge KV$
$(x,y,f,p)))$

wiedergeben würde. Jeder Kommunikationsversuch hat zwar einen bestimmten Inhalt, aber man braucht, um ein Verhalten *als einen Kommunikationsversuch verstehen* zu können, nicht zu wissen, *worin* dieser Inhalt besteht. Es genügt die Annahme, *daß* es einen bestimmten (Y vielleicht noch nicht bekannten) Sachverhalt gibt, dessen Vorliegen S mit f H anzuzeigen beabsichtigt. Wir dürfen also für eine von dem Kommunikationsinhalt abstrahierende Generalisierung nicht (30), sondern nur die *schwächere* Bedingung

(31) $VxVy(x=X\wedge f(x)\wedge y=H\wedge G^+(Y,x=S\wedge y=$
$H\wedge VpKV(x,y,f,p)))$

d. h. also

(32) $VxVy(x=X\wedge f(x)\wedge y=H\wedge G^+(Y,x=S\wedge y=H\wedge KV(x,y,f)))$

fordern.

2.2 Verallgemeinerungen

Von den in § 2.1 explizierten Begriffen ausgehend lassen sich – analog zu den in § 1.2.2 unterschiedenen KV-Begriffen – eine ganze Reihe allgemeinerer Begriffe dessen, daß jemand ein Verhalten (zu Recht/fälschlicherweise) als eine kommunikative Handlung i. w. S. versteht, gewinnen. Ich führe von diesen zahlreichen Abstraktionsmöglichkeiten nur diejenigen an, die im folgenden noch eine Rolle spielen werden:

D9.1: $U^+(Y,f(X),KV(S,H,f)) :=$
       $VxVy(x=X\wedge f(x)\wedge y=H\wedge G^+(Y,x=S\wedge y=$
       $H\wedge KV(x,y,f)))$
       Y versteht ein Verhalten f von X als einen von S an
       H gerichteten Kommunikationsversuch

D9.2: $U^+(Y,f(X),KV(f,p)) :=VxVy(x=$
       $X\wedge f(x)\wedge G^+(Y,KV(x,y,f,p)))$

Y versteht ein Verhalten f von X als einen Kommunikationsversuch des Inhalts, daß p

D9.3: $U^+(Y,f(X),KV(f)) :=$
VSVHU$^+$(Y,f(X),KV(S,H,f))
Y versteht ein Verhalten f von X als einen Kommunikationsversuch bzw. als eine kommunikative Handlung i. w. S.

D10.1: $ZU^+(Y,f(X),KV(S,f,p)) :=$
VxVy(x=X∧G$^+$(Y,x=S∧KV(x,y,f,p))∧X=
S∧KV(x,f,p))
Y versteht ein Verhalten f von X zu Recht als einen von S unternommenen Kommunikationsversuch des Inhalts, daß p

D10.2: $ZU^+(Y,f(X),KV(S,f)) :=$
VxVy(x=X∧G$^+$(Y,x=S∧KV(x,y,f))∧X=S∧KV(x,f))
Y versteht ein Verhalten f von X zu Recht als einen von S unternommenen Kommunikationsversuch

D10.3: $ZU^+(Y,f(X),KV(H,f)) :=$
VxVy(x=X∧y=H∧G$^+$(Y,y=H∧KV(x,y,f))∧
KV(x,y,f))
Y versteht ein Verhalten f von X zu Recht als einen an H gerichteten Kommunikationsversuch

D10.4: $ZU^+(Y,f(X),KV(f,p)) :=$
VxVy(x=X∧G$^+$(Y,KV(x,y,f,p))∧KV(x,y,f,p))
Y versteht ein Verhalten f von X zu Recht als einen Kommunikationsversuch des Inhalts, daß p

D10.5: $ZU^+(Y,f(X),KV(f) :=$
VxVy(x=X∧G$^+$(Y,KV(x,y,f))∧KV(x,f))
Y versteht ein Verhalten f von X zu Recht als eine kommunikative Handlung i. w. S.

D11.1: $FU^+(Y,f(X),KV(f)) :=$
VxVy(x=X∧f(x)∧G$^+$(Y,KV(x,y,f))∧¬KV(x,f))
Y versteht ein Verhalten f von X fälschlicherweise als eine kommunikative Handlung i. w. S.

3 Eine kommunikative Handlung verstehen

Nachdem geklärt ist, was es heißt, daß jemand ein Verhalten (zu Recht) *als* eine kommunikative Handlung i. w. S. *versteht*, können wir nun auch erklären, was es heißt, daß jemand eine kommunikative Handlung *versteht*.

3.1 Grundbegriffe

Vergegenwärtigen wir uns nochmals die Situation (B-8) S. 44. In dieser Situation hatte Y zwar gleich erkannt, daß die von Herrn Sieda (S) ausgeführten Gesten einen an Herrn Huber (H) gerichteten Kommunikationsversuch darstellen – d. h. Y hatte Herrn Siedas Gesten *zu Recht als* einen Kommunikationsversuch *verstanden;* Y wußte jedoch zunächst nicht, *was* Herr Sieda mit seinen Gesten Herrn Huber zu verstehen geben wollte. Erst als Y gesagt bekam, daß Herr Sieda ihm (H) zu verstehen geben wollte, daß er (H) ihn (S) doch wieder mal anrufen solle, erst dann hatte Y die von S vollzogene kommunikative Handlung auch *verstanden.*

Geben wir einen Sachverhalt der Art, daß Y (zu t^+) die von S (zu t) vollzogene kommunikative Handlung f versteht, in symbolischer Schreibweise mit Hilfe des Satzschemas $U^+(Y,KV(S,f))$ wieder, so wird man also zwar allgemein fordern müssen, daß sowohl

(1) $U^+(Y,KV(S,f)) \supset KV(S,f)$

als auch

(2) $U^+(Y,KV(S,f)) \supset U^+(Y,f(X),KV(f))$

und somit

(3) $U^+(Y,KV(S,f)) \supset ZU^+(Y,f(S),KV(f))$
     Y *versteht* (zu t^+) die von S (zu t) vollzogene kommunikative Handlung f *nur dann, wenn* Y (zu t) das von S (zu t) gezeigte Verhalten f *zu Recht als* eine kommunikative Handlung *versteht*

zu gelten hat; wie die Situation (B-8) zeigt, reicht jedoch die Tatsache, daß Y die von S vollzogene Handlung f zu Recht als eine kommunikative Handlung versteht, nicht hin, um auch sagen zu können, daß Y die von S vollzogene kommunikative Handlung f versteht. Es gilt also *nicht:*

(4) $U^+(Y,KV(S,f)\equiv ZU^+(Y,f(S),KV(f))$

Es ist für das Verstehen einer kommunikativen Handlung vielmehr wesentlich, daß man (auch) weiß, *was* mit ihr angezeigt werden soll: Man hat eine kommunikative Handlung erst dann verstanden, wenn man den betreffenden *Kommunikationsinhalt* kennt. Wir werden also neben (3) auch fordern müssen, daß auch

(5) $U^+(Y,KV(S,f))\supset\bigwedge p(KV(S,f,p)\supset U^+(Y,f(S),KV(f,p)))$

> Y versteht (zu t^+) die von S (zu t) vollzogene kommunikative Handlung f nur dann, wenn für alle Sachverhalte p, deren Vorliegen S (zu t) mit f anzeigen beabsichtigt, gilt, daß sie (zu t^+) von Y als Inhalt des von S mit f unternommenen Kommunikationsversuchs verstanden werden

gilt.

Einen *nur* auf den Kommunikationsinhalt des betreffenden Kommunikationsversuchs bezogenen Verstehensbegriff können wir somit (zunächst) wie folgt bestimmen:

D12.1′: $U^+(Y,KV(S,f) := ZU^+(Y,f(S),KV(f))\wedge$
$\bigwedge p(KV(S,f,p)\supset U^+(Y,f(S), KV(f,p)))$

> Y versteht (zu t) die von S (zu t) vollzogene kommunikative Handlung f gdw. Y (zu t) das von S (zu t) gezeigte Verhalten f zu Recht als eine kommunikative Handlung versteht und für alle Sachverhalte p, die S (zu t) mit f anzeigen beabsichtigt, gilt, daß sie (zu t^+) von Y als Inhalt des von S mit f unternommenen Kommunikationsversuchs verstanden werden

Daß sich der so charakterisierte Verstehensbegriff nur auf den Kommunikations*inhalt* bezieht, besagt insbesondere, daß die verstehende Person Y von der den betreffenden Kommunikationsversuch unternehmenden Person S nicht zu wissen braucht, daß sie S ist; d. h. es ist nicht gefordert, daß

(6) $Vx(x=S\wedge G^+(Y,x=S\wedge KV(x,f)))$

gilt: Daß in der Situation (B-8) Y auch weiß, daß der ältere Herr, der auf das Hupen von Herrn Huber hin in einer bestimmten Weise zu gestikulieren beginnt, Herr Sieda ist, spielt (D12.1′ wie dem normalen Sprachgebrauch zufolge) dafür, ob Y den von Herrn Sieda mit seinen Gesten unternommenen Kommunikationsversuch versteht, keine Rolle. Wir fordern für $U^+(Y,KV(S,f))$ lediglich

(7) $Vx(x=S \land G^+(Y,KV(x,f)))$

> Y glaubt von S, daß er mit dem Tun von f einen Kommunikationsversuch unternimmt

Aus diesem Grund haben wir auch nur die Forderung (3) und *nicht* die stärkere Forderung

(8) $U^\circ(Y,KV(S,f)) \supset ZU^+(Y,f(S),KV(S,f))$

erhoben, aus der sich mit D10.2 unmittelbar (6) ergeben hätte.

Was wir eben für S festgestellt haben, gilt nun aber – sofern es um die Bestimmung eines nur auf den jeweiligen Kommunikations*inhalt* bezogenen Verstehensbegriffs geht – auch bezüglich des *Adressaten H*. Ob Y einen von S mit f an H gerichteten Kommunikationsversuch versteht, hängt (in diesem Sinne) nicht davon ab, ob Y von derjenigen Person, an die dieser Kommunikationsversuch gerichtet ist (H), auch *weiß, wer* sie ist. Y braucht in (B-8) von dem Autofahrer (Huber), der ihn mit in die Stadt genommen hat und an den, wie er weiß, der von S unternommene Kommunikationsversuch gerichtet ist, nicht zu wissen, daß er Herr Huber ist; um von Y sagen zu können, daß er den von Herrn Sieda an Herrn *Huber* gerichteten Kommunikationsversuch verstanden hat, genügt es, daß *wir* von dem Adressaten dieses Kommunikationsversuchs wissen, daß er Herr *Huber* ist.

Geben wir einen Sachverhalt der Art, daß Y (zu t^+) eine von S (zu t) an H gerichtete kommunikative Handlung f versteht, symbolisch durch $U^+(Y,KV(S,H,f))$ wieder, so wird man für $U^+(Y,KV(S,H,f))$ also nicht

(9) $VxVy(x=S \land y=H \land G^+(Y,y=H \land KV(x,y,f))$

> Y weiß von H, daß er H ist, und glaubt von S, daß er H mit f etwas anzuzeigen versucht

und somit auch nicht

(10) $ZU^+(Y,f(S),KV(H,f))$

sondern lediglich die schwächere Bedingung

(11) $VxVy(x=S \land y=H \land G^+(Y,KV(x,y,f)))$

49

Es gibt H, so daß Y von S glaubt, daß er H mit f etwas anzuzeigen versucht

und somit – wie für $U^+(Y,KV(S,f))$ – lediglich

(12) $ZU^+(Y,f(S),KV(f))$

fordern.

Nachdem nun klar ist, wie die bei der Bestimmung eines auf den Kommunikationsinhalt bezogenen Verstehensbegriffs zu fordernden Glaubensbedingungen bezüglich S und H zu lesen sind, können wir $U^+(Y,KV(S,H,f))$ wie folgt festlegen:[19]

D12: $U^+(Y,KV(S,H,f)) :=$
   $VxVy(x=S\wedge y=H\wedge W^+(Y,KV(x,y,f))\wedge$
   $\bigwedge p(KV(x,y,f,p)\supset W^+(Y,KV(x,y,f,p))))$
   Y versteht (zu t^+) die von S (zu t) an H gerichtete
   kommunikative Handlung f gdw. Y (zu t^+) von S und
   H weiß, daß ersterer letzterem (zu t) mit f etwas anzuzeigen versucht, und Y weiß, *was* S mit f H anzuzeigen
   versucht

Für den (bisher stets angenommenen) Fall, daß der von S mit f unternommene Kommunikationsversuch nur an einen *einzigen Adressaten* gerichtet ist, läßt sich dann der (oben lediglich vorläufig charakterisierte) Begriff $U^+(Y,KV(S,f))$ präziser wie folgt bestimmen:

D12.1: $U^+(Y,KV(S,f)) := VH\ U^+(Y,KV(S,H,f))$
   Y versteht (zu t^+) die von S (zu t) vollzogene kommunikative Handlung f gdw. Y (zu t^+) von S und einer
   bestimmten Person weiß, daß ersterer letzterer (zu t) mit
   f etwas anzuzeigen versucht, und Y weiß, *was* S mit
   f dieser Person anzuzeigen versucht

Ein *engerer* Begriff des Verstehens einer kommunikativen Handlung würde sich ergeben, wenn man nicht nur fordert, daß Y den Inhalt des betreffenden Kommunikationsversuchs kennt, sondern darüber hinaus auch noch verlangt, daß Y von den betreffenden Personen S und H weiß, wer sie sind, genauer, wenn man neben den Bedingungen (7) und (11) auch die jeweils stärkeren Bedingungen (6) und (9) fordert. Man erhielte somit die Bestimmung:[20]

D13: $U_e^+(Y,KV(S,H,f)) :=$
$U^+(Y,KV(S,H,f)) \wedge U^+(Y,f(S),KV(S,H,f))$
Y versteht (zu t^+) im engeren Sinne die von S (zu t) an H gerichtete kommunikative Handlung f gdw. Y (zu t^+) die von S (zu t) an H gerichtete kommunikative Handlung f versteht und f von S *als* einen von S an H gerichteten Kommunikationsversuch versteht

Ist KV(S,f) an einen einzigen Adressaten gerichtet, erhält man dann einen allgemeineren Begriff wiederum wie folgt:

D13.1: $U_e^+(Y,KV(S,f)) := VH\ U_e^+(Y,KV(S,H,f))$
Y versteht (zu t) i. e. S. die von S (zu t) vollzogene kommunikative Handlung gdw. Y (zu t) diese kommunikative Handlung versteht und von S weiß, daß er S ist

Derartige engere Begriffe des Verstehens einer kommunikativen Handlung könnten insbesondere in den Fällen eine sinnvolle Verwendung besitzen, in denen S und H singuläre Terme sind, die deutlich machen, in welchem *sozialen Rollenverhältnis* (z. B. *Vorgesetzter* versus *Untergebener*) die beiden Kommunikationspartner zueinander stehen. Ist z. B. in der Welt von (B-8) der freundliche ältere Herr Sieda (S) der Leiter der deutschen Abteilung des CIA (=S'), und ist Herr Huber (H) der Regensburger Agent dieser Firma (=H'), so wird man mitunter erst dann sagen wollen, daß Y die von S' an H' gerichtete kommunikative Handlung verstanden hat, wenn Y von den gerade miteinander kommunizierenden Herren auch weiß, wer (im Sinne von S' bzw. H') sie sind.

3.2 Verwandte Begriffe und Unterscheidungen

Man kann der in § 3.1 enthaltenen Explikation zufolge nur dann von Y sagen, daß er einen von S unternommenen Kommunikationsversuch verstanden hat, wenn er den *Inhalt* dieses Kommunikationsversuchs kennt. Dabei ist in der Bestimmung D12 für $U^+(Y,KV(S,H,f))$ bereits berücksichtigt, daß man jemandem mit ein und derselben Handlung *verschiedene* Dinge anzeigen (und daher auch: anzuzeigen beabsichtigen) kann. Daß Y *den* Inhalt eines von S mit f an H gerichteten Kommunikationsversuchs kennt, besagt nun aber nach D12 nichts anderes, als daß Y von *allen* Sachverhalten, deren Vorliegen S mit f H anzuzeigen beabsichtigt, weiß, daß sie S mit f H anzuzeigen beabsichtigt. Will man daher außer $U^+(Y,KV(S,H,f))$ auch noch ausdrücken, daß Y die von S an H gerichtete kommunikative Handlung f nur *teilweise,* d. h. nur bezüglich bestimmter derartiger Sachverhalte versteht, so wird man zu diesem Zweck auf *speziellere Verstehensbegriffe* zurückzugreifen haben.

Will man sagen, daß Y den von S mit f an H gerichteten Kommunikationsversuch *bezüglich* (des Teilinhalts) *p* versteht – kurz: $U^+(Y,KV(S,H,f),p)$ –, so liegt es nahe, eine derartige Aussage so zu präzisieren, daß die folgende Äquivalenz tautologisch ist:

(14) $U^+(Y,KV(S,H,f),p) \equiv$
$KV(S,H,f,p) \wedge U^+(Y,f(S),KV(f,p))$

Y *versteht* (zu t*) den von S (zu t) mit f an H gerichteten Kommunikationsversuch *bezüglich* p gdw. das von S (zu t) gezeigte Verhalten f tatsächlich ein an H gerichteter Kommunikationsversuch (auch) des Inhalts, daß p, ist, und Y (zu t*) das Verhalten f von S (zu Recht) *als* einen Kommunikationsversuch des Inhalts, daß p, versteht

Der von H abstrahierende allgemeinere Fall, daß Y einen von S mit f unternommenen Kommunikationsversuch *bezüglich p* versteht, entspricht daher einfach:

(15) $ZU^+(Y,f(S),KV(f,p))$

Y versteht (zu t^+) ein von S (zu t) gezeigtes Verhalten f *zu Recht als* einen Kommunikationsversuch des Inhalts, daß p

Wenn wir ausdrücken wollen, daß Y einen Kommunikationsversuch (zumindest) *bezüglich bestimmter Inhalte versteht,* genügen also die bereits in § 2 eingeführten Begriffe des Ein-Verhalten-*als*-eine-kommunikative-Handlung-(der und der Art)-Verstehens. Begriffe dessen, daß Y einen von S mit f unternommenen Kommunikationsversuch zumindest bzw. nur teilweise bzw. überhaupt nicht versteht, lassen sich von den in § 2 eingeführten Begriffen ausgehend in genauer Entsprechung zu den in *Meggle* (1978) § 3 definierten Begriffen des Eine-intentionale-Handlung-zumindest-bzw.-nur-teilweise-bzw.-überhaupt-nicht-Verstehens bestimmen.

Der in § 3.1 (in Form von D12.1) präzisierte Begriff des Verstehens einer von der Person S vollzogenen kommunikativen Handlung ist – insbesondere bezüglich ›des Adressaten‹ – mit Idealisierungen verbunden, die eine gewisse Beschränkung der Allgemeinheit des so präzisierten Verstehensbegriffs beinhalten. Obgleich es sich bei einem weiteren Aufbau einer allgemeinen Kommunikationstheorie aus Einfachheitsgründen empfehlen wird, zunächst von dem in § 3.1 formulierten Verstehensbegriff auszugehen (eine Strategie, der auch in § 4 gefolgt wird), möchte ich in diesem Absatz doch nochmals hervorheben, mit Hilfe welcher Abschwächungsmöglichkeiten sich von dem obigen Ansatz her allgemeinere Begriffe des Verstehens einer kommunikativen Handlung (und damit verwandte Begriffe) leicht gewinnen lassen.

Zunächst ein Überblick über die bisher vorgenommenen Idealisierungen: In § 1.1 hatte ich den Ausgangsbegriff KV(S,H,f,p) so bestimmt, daß

(A.1*) $Vy(y=H \wedge G°(S,y=H \wedge \Psi_p(y)))$[21]

S weiß (zu t) von H, daß er H ist und die Eigenschaft Ψ_p besitzt

und somit auch die Bedingung

(A.1) $VyG°(S,y=H \wedge \Psi_p(y))$

S glaubt (zu t) von einer bestimmten Person, daß sie H ist und die Eigenschaft Ψ_p besitzt,

erfüllt ist. Für $U^+(Y,f(S),KV(S,H,f))$ hatte ich in § 2.1 gefordert, daß

(A.3*) $Vy(y=H \wedge G^+(Y,y=H \wedge VxKV(x,y,f)))$

Y weiß (zu t^+) von H, daß er H ist und Adressat eines (zu t) mit f unternommenen Kommunikationsversuchs ist

und somit auch die Bedingung

(A.3) $VyG^+(Y,y=H \wedge VxKV(x,y,f))$

Y glaubt (zu t^+) von einer bestimmten Person, daß sie H ist und Adressat eines mit f unternommenen Kommunikationsversuchs ist erfüllt ist. Und $U^+(Y,KV(S,H,f))$ hatte ich in § 3.1 so bestimmt, daß die Bedingung

(A.4) $Vy(y=H\wedge G^+(Y,VxKV(x,y,f)))$
        Y glaubt (zu t^+) von H, daß er Adressat eines (zu t) mit
        f unternommenen Kommunikationsversuchs ist

erfüllt ist.

Allgemeinere Begriffe des Verstehens (eines Verhaltens als) einer kommunikativen Handlung ergeben sich, wenn wir statt der Bedingungen (A.1*) bzw. (A.3*) nur die schwächeren Bedingungen (A.1) bzw. (A.3) fordern. *Wiederum allgemeinere* Begriffe erhielten wir schließlich, wenn wir statt der in (A.1) bzw. (A.3) bzw. (A.4) formulierten *de re* Annahmen nur die aus ihnen folgenden *de dicto* Annahmen

(A.1-d) $G°(S,Vy(y=H\wedge\Psi_p(y)))$,
        S glaubt (zu $t°$), daß H die Eigenschaft Ψ_p besitzt

(A.3-d) $G^+(Y,Vy(y=H\wedge VxKV(x,y,f)))$ $(=A.4.-d)$
        Y glaubt (zu t^+), daß H Adressat eines (zu t) mit
        f unternommenen Kommunikationsversuchs ist

fordern würden, wobei sich die Forderung (A.3-d) auch noch zu der Bedingung

(A.3.1-d) $G^+(Y,VxG°(x,Vy\Psi_p(y)))$
        Y glaubt (zu t^+), daß es jemanden gibt, der (zu $t°$)
        glaubt, daß es jemanden mit der Eigenschaft Ψ_p gibt

abschwächen läßt.

Als *allgemeinsten Begriff* dessen, daß jemand eine von S vollzogene *Handlung* f *als* eine *kommunikative Handlung versteht*, erhielten wir somit:

D9.3′: $U^+(Y,f(S),KV(f)) :=$
        $Vx(x=S\wedge f(x)\wedge G^+(Y,T(x,f)\wedge G°(x,Vy Vp\Psi_p(y))))$
        Y versteht (zu t^+) das von S (zu t) gezeigte Verhalten f als
        eine kommunikative Handlung gdw. S (zu t) das Verhal-
        ten f zeigt, und Y (zu t^+) glaubt, daß dieses Verhalten
        eine Handlung ist und von S glaubt, daß er irgend
        jemandem irgend etwas mit f anzuzeigen beabsichtigt

Im Unterschied zu dem in D9.3 bestimmten Begriff braucht Y D9.3′ zufolge für $U^+(Y,f(S),KV(f))$ also weder von einer bestimmten Person anzunehmen, daß sie Adressat eines, wie Y glaubt, von S mit f unternommenen Kommunikationsversuchs ist, noch braucht Y auch nur zu glauben, daß es die ›Person‹, an die, wie Y glaubt, ›dieser Kommunikationsversuch‹ eigentlich gerichtet ist, tatsächlich gibt. Es genügt, wenn Y von S glaubt, daß *dieser* glaubt, daß es den eigentlich gemeinten Adressaten seines ›Kommunikationsversuchs‹ gibt. Ein Beispiel:

(B-9) Y beobachtet während seines Morgenspaziergangs, wie

ein älterer Herr (S), mitten auf einer großen Wiese stehend, mehrmals hintereinander die Hände zum Himmel streckt und dann mühsam, die Knie durchgedrückt, mit den Fingerspitzen den Boden zu berühren sucht (wie *wir* annehmen würden: im Rahmen seines morgendlichen Trimm-Dich-Programms Rumpfbeugen macht).

In der Situation (B-9) ist es D9.3′ zufolge *auch dann* möglich, *daß* Y die von S ausgeführten Bewegungen *als* einen an einen in seinem Raumschiff über der Erde schwebenden Marsmenschen gerichteten *Kommunikationsversuch* des Inhalts, daß die betreffende Wiese ein hervorragender Landeplatz für Raumfahrzeuge ist, *versteht,* wenn Y selbst nie und nimmer glaubt, daß es Marsmenschen gibt: Es genügt, wenn er S für jemanden hält, der an die Existenz der grünen Männchen glaubt.

Als *allgemeinsten Begriff* dessen, daß jemand eine von S vollzogene *kommunikative Handlung* versteht, würden wir schließlich – ausgehend von dem in D6 in § 1.2.2 S. 27 definierten Begriff $KV_B(S,f,p)$ – erhalten:

D12.1″: $U^+(Y,KV(S,f)) :=$
$Vx(x=S \wedge W^+(Y,VpKV_B(x,f,p)) \wedge \bigwedge p(KV_B(x,f,p) \supset$
$W^+(Y,KV_B(x,f,p))))$
Y versteht (zu t^+) die von S (zu t) vollzogene kommunikative Handlung f gdw. Y (zu t^+) von S weiß, daß sein f-Tun (zu t) ein Kommunikationsversuch (im Sinne von D6) ist und Y weiß, was mit diesem Kommunikationsversuch angezeigt werden soll

Sollte also z. B. der in (B-9) erwähnte ältere Herr S mit seinen mitten auf der besagten Wiese ausgeführten Bewegungen tatsächlich einem (wie er glaubt) über ihm schwebenden Marsmenschen (im Sinne von D6) anzeigen wollen, daß diese Wiese ein guter

Landeplatz für Raumfahrzeuge ist, so genügte es, um (im Sinne von D12.1'') davon reden zu können, daß Y diesen Kommunikationsversuch auch verstanden hat, wenn Y von S erkennt, daß dieser *glaubt, daß es jemanden gibt, der* auf die von ihm ausgeführten Bewegungen hin erkennt, daß er ihn mit diesen Bewegungen völlig offen wissen lassen will, daß er die Absicht verfolgt, (auch) ihn glauben zu machen, daß diese Wiese ein guter Landeplatz für Raumfahrzeuge ist, *und der* genau dann, wenn er dies erkennt, auch tatsächlich glauben wird, daß diese Wiese ein guter Raumfahrzeug-Landeplatz ist. Y braucht von keiner bestimmten Person (sei diese nun ein Marsmensch oder nicht) zu glauben, daß sie Adressat des betreffenden Kommunikationsversuchs ist; und Y braucht nicht zu glauben, daß es jemanden gibt, der Adressat dieses Kommunikationsversuchs ist; und schließlich braucht Y von S auch nicht zu wissen, daß dieser an die Existenz von Marsmenschen glaubt.

4 Erfolgreiche Kommunikation

Kommunikative Handlungen i. w. S. sind spezielle Fälle von Handlungen, mit denen der betreffende Handelnde etwas Bestimmtes auf eine bestimmte Art und Weise zu erreichen beabsichtigt. Ein von X mit f unternommener Kommunikationsversuch ist eine durch den Absichtsbegriff $I(X,f,A)$ – s. § 0.1 – charakterisierbare Handlung. Ich bestimme nun zunächst allgemein, was es heißen soll, daß ein durch $I(X,f,A)$ ausgedrückter Versuch erfolgreich ist und grenze dann diese Bestimmung für den speziellen Fall von Kommunikationsversuchen entsprechend ein.

4.1 Vorklärungen: Absicht und Erfolg

Zunächst könnte man vielleicht versucht sein, den Sachverhalt, daß ein Versuch $I(X,f,A)$ zum Erfolg führt – symbolisch: $IE(X,f,A)$ – einfach wie folgt zu charakterisieren:

D13': $IE(X,f,A) := I(X,f,A) \land A$

    Ein von X mit f unternommener Versuch, zu erreichen, daß A, ist erfolgreich *gdw.* X mit f zu erreichen beabsichtigt, daß A, und A[22] so daß also aufgrund der Definition D2 von I(X,f,A) das folgende Theorem gelten würde:

(1) $IE(X,f,A) \equiv T(X,f) \wedge G^\circ(X, A \equiv T(X,f)) \wedge A$

Ein von X mit f unternommener Versuch, zu erreichen, daß A, ist erfolgreich gdw. Y (zu t) f tut, X (zu t°) glaubt, daß A (zu einem nach t liegenden Zeitpunkt) genau dann realisiert ist, wenn er (zu t) f tut, und A (zu dem betreffenden späteren Zeitpunkt) tatsächlich realisiert ist

Wie (1) deutlich macht, wäre die Bestimmung D13′ jedoch viel zu weit: Wenn z. B. Spassky seinen Gegner Kortschnoj dadurch aus der Fassung zu bringen versucht, daß er eine für ein Weltmeisterschaftsturnier äußerst ungewöhnliche Eröffnung wählt, so wird man gewiß nicht schon dann sagen können, daß ihm dieser Versuch geglückt ist, wenn Kortschnoj zum fraglichen Zeitpunkt tatsächlich die Fassung verliert. Es könnte ja sein, daß er überhaupt nicht deswegen aus der Fassung gerät, weil Spassky die ausgefallene Eröffnung gewählt hat (vielleicht hat er gerade damit insgeheim sogar gerechnet); was Kortschnoj maßlos irritiert, ist vielmehr, daß sich Spassky eine Sonnenbrille mit extrem dunklen Gläsern aufsetzt und er somit dessen Augen nicht mehr sehen kann. Um mit Recht sagen zu können, daß Spasskys Versuch, Kortschnoj durch die gewählte Eröffnung (und nicht etwa durch das Aufsetzen der Sonnenbrille) aus der Fassung zu bringen, geglückt ist, muß Kortschnoj also nicht nur tatsächlich aus der Fassung kommen – daß dem so ist, muß sich zudem gerade daraus ergeben, daß Spassky die für ein Weltmeisterschaftsturnier so ungewöhnliche Eröffnung wählt. Allgemein wird man daher zumindest fordern müssen:[23]

D13: $IE(X,f,A) := I(X,f,A) \wedge (A \equiv T(X,f))$

Ein von X mit f unternommener Versuch, zu erreichen, daß A, ist erfolgreich gdw. X diesen Versuch unternimmt, und A (zu dem betreffenden späteren Zeitpunkt) tatsächlich genau dann realisiert ist, wenn X f tut

Es gilt daher das Theorem:

(2) $IE(X,f,A) \equiv T(X,f) \wedge G^\circ(X, A \equiv T(X,f)) \wedge (A \equiv T(X,f))$

Ein von X mit f unternommener Versuch, zu erreichen, daß A, ist erfolgreich gdw. X f tut, glaubt, daß A genau dann realisiert ist, wenn er f tut, und X mit dieser Annahme recht hat

Wichtig ist hier insbesondere, daß die beiden folgenden Theoreme gelten:

(3) $IE(X,f,A) \supset A$

und

(4) $IE(X,f,A) \supset (\neg T(X,f) \supset \neg A)$

Dabei ist, da bei $IE(X,f,A)$ trivialerweise $T(X,f)$ gilt, der Nachsatz von (4) ein Irrealis: A wäre nicht realisiert, wenn X nicht die Handlung f vollzogen hätte.

4.2 Erfolgreiche Kommunikation / Grundbegriff

Von dem in D13 formulierten Gedanken ausgehend, ist ein entsprechender Begriff des erfolgreichen Kommunizierens (S und H seien zunächst wiederum Standardnamen) einfach wie folgt zu bestimmen:

D14: $KE(S,H,f,p) := KV(S,H,f,p)$
$\wedge G'(H,KV(S,H,f,p))$
$\wedge (G'(H,p) \equiv G'(H,KV(S,H,f,p)))$

Ein von S mit f (zu t) an H gerichteter Kommunikationsversuch des Inhalts, daß p, ist (zu t') erfolgreich *gdw.* S (zu t) das Verhalten f zeigt, dieses Verhalten ein an H gerichteter Kommunikationsversuch des Inhalts, daß p, ist, H (zu t') diesen Kommunikationsversuch erkennt und H (zu t') genau dann glaubt, daß p, wenn er (zu t') den von S an ihn gerichteten Kommunikationsversuch erkennt

4.4 Verallgemeinerung

Machen wir uns nun von der Beschränkung, wonach S und H als Standardnamen aufzufassen sind, frei, so liegt – von der Definition D8 für $KV(S,H,f,p)$ von S. 30 ausgehend – für $KE(S,H,f,p)$ die folgende Bestimmung nahe:

D14*: $KE(S,H,f,p) := VxVy(x=S \wedge y=H \wedge KV(x,y,f,p)$
$\wedge G°(x,y=H)$

$$\wedge G'(y, KV(x,y,f,p))$$
$$\wedge(G'(y,p)\equiv G'(y, KV(x,y,f,p))))$$

Die in D14* enthaltene Bedingung

(5) KE(S,H,f,p)⊃Vy(y=H∧G°(S,y=H))

Ein von S mit f an H gerichteter Kommunikationsversuch des Inhalts, daß p, ist nur dann erfolgreich, wenn diejenige Person, von der S glaubt, daß sie H ist, tatsächlich H ist

ist deshalb erforderlich, weil durch die Bedingung

(6) KE(S,H,f,p)⊃Vy(y=H∧KV(x,y,f,p))

Ein von S mit f an H gerichteter (und für diesen auch bestimmter) Kommunikationsversuch des Inhalts, daß p, ist nur dann erfolgreich, wenn der von S unternommene Kommunikationsversuch tatsächlich an H gerichtet ist

alleine nicht ausgedrückt würde, daß die Person H nicht nur der tatsächliche, sondern auch der *eigentlich gemeinte Adressat* des von S unternommenen Kommunikationsversuch ist. (Vgl. hierzu § 1.1) Bei einer die Bedingung (5) nicht enthaltenden Bestimmung von KE(S,H,f,p) würde daher der triviale Satz

(7) KE(S,H,f,p)⊃KV(S,H,f,p)

Nur tatsächlich unternommene Kommunikationsversuche können erfolgreich sein

nicht gelten.

Andererseits wäre es aber falsch, wenn man KE(S,H,f,p) auch für die Fälle, in denen S und H nicht als Standardnamen anzusehen sind, einfach durch D14 charakterisieren würde: Um einen von S für den H bestimmten Kommunikationsversuch als geglückt betrachten zu können, ist lediglich erforderlich, daß H in der Tat aufgrund der von ihm in t gemachten Annahmen durch das Bemerken von T(S,f) in t' zu bestimmten Annahmen kommt – man wird dafür im allgemeinen nicht auch noch fordern, daß H von S zu wissen hat, daß er S ist, noch, daß er von sich selbst zu wissen hat, daß er H ist:

(B-10) Der größte Intrigant am Hofe des jüngst verstorbenen Dalai Lama (=S) weiß (was keine Kunst ist, hat er es doch durch seine eigenen Intrigen so bewerkstelligen können), daß der jüngste Sohn der armen Witwe Mirja der kommende Dalai Lama sein wird, und nun, da die Sache beschlossen ist, eilt er zu Mirja und teilt dieser mit, daß beim nächsten Vollmond die sieben Weisen des Hofes zu ihr auf Besuch kommen werden.

Man wird auch dann sagen, daß der von S an die Mutter des künftigen Dalai Lama (H) gerichtete Kommunikationsversuch des Inhalts, daß die sieben Weisen zu ihr auf Besuch kommen werden, geglückt ist – sie also insbesondere glaubt, daß die sieben Weisen zu ihr kommen werden –, wenn Mirja weder von dem Überbringer dieser Nachricht weiß, daß er der größte Intrigant am Hofe ist, noch von sich selbst weiß, daß sie die Mutter des künftigen Dalai Lama ist.

Von $D14^*$ ausgehend lassen sich nun durch Abstraktion davon, *wer* die (tatsächlichen) Kommunikationspartner sind bzw. *was* der Sprecher anzeigt bzw. *womit* er es anzeigt, *allgemeinere Begriffe erfolgreicher Kommunikation* naheliegenderweise wie folgt bestimmen:

$D14.1$: $KE(S,H,f) :=$
   $KV(S,H,f) \wedge \bigwedge p(KV(S,H,f,p) \supset KE(S,H,f,p))$
   Ein von S (zu t) mit f an H gerichteter Kommunikations-
   versuch ist (zu t′) erfolgreich gdw. f von S ein (zu t) an
   H gerichteter Kommunikationsversuch ist und, falls
   p Inhalt dieses Kommunikationsversuchs ist, der von
   S mit f an H gerichtete Kommunikationsversuch dieses
   Inhalts (zu t′) erfolgreich ist

und schließlich

$D14.N$: $KE(S,f) := VHKE(S,H,f)$
   Ein von S (zu t) gezeigtes Verhalten ist eine (zu t′)
   erfolgreiche kommunikative Handlung bzw. eine kommunikative Handlung i. e. S.

Wiederum allgemeinere Begriffe würde man erhalten, wenn man sich bei der Bestimmung von KE-Begriffen, in denen von H abstrahiert wird, nicht an dem in D8 S. 30 definierten Begriff $KV(S,H,f,p)$, sondern an dem bereits auf S. 27 in D6 charakteri-sierten allgemeineren Begriff $KV_B(S,H,f,p)$ orientieren würde.

Kommunikative Handlungen sind Handlungen, die *nur* dann *erfolgreich* sind, wenn sie von der Person (bzw. Personengruppe), an die sie gerichtet sind, *verstanden* werden. Diesem – bereits in § 0.1 betonten – Grundgedanken unseres Ansatzes entspricht nun das folgende Theorem:

(8) KE(S,H,f)⊃U′(H,KV(S,H,f))

Ein von S (zu t) mit f an H gerichteter Kommunikationsversuch ist (zu t′)) nur dann erfolgreich, wenn H (zu t′) den von S mit f an ihn gerichteten Kommunikationsversuch versteht

Insbesondere gilt also auch das Theorem:

(9) KE(S,H,f,p)⊃U′(H,KV(S,H,f,),p)

Ein von S (zu t) mit f an H gerichteter Kommunikationsversuch des Inhalts, daß p, ist (zu t′) nur dann erfolgreich, wenn H (zu t′) den von S mit f an ihn gerichteten Kommunikationsversuch bezüglich des Inhalts, daß p, versteht

Wir wollen nun überprüfen, welche Bedingungen erfüllt sein müssen, damit diese Theoreme auch in der umgekehrten Richtung gelten. Dabei gehen wir der Einfachheit wegen zunächst von dem auf einen speziellen Kommunikationsinhalt p relativen Verstehensbegriff U′(Y,KV(S,H,f),p) aus. Die Frage ist also: Welche Bedingungen müssen zu U′(H,KV(S,H,f),p) hinzukommen, um von einem Kommunikationserfolg KE(S,H,f,p) reden zu können?

 Daß die Behauptung

(10) U′(H,KV(S,H,f),p)⊃KE(S,H,f,p)

nicht allgemein gilt, ist offensichtlich: Es kann sein – und kommt ja auch oft (manchmal auch zum Glück) vor –, daß H zwar versteht, daß S ihm zu verstehen geben möchte, daß p der Fall ist, H aber trotzdem (in gewissen Fällen sogar gerade deshalb) *nicht* glaubt, daß p. Es gilt zwar in Entsprechung zu

(3) IE(X,f,A)⊃A

die Bedingung

(11) $KE(S,H,f,p) \supset G'(H,p)$

Ein von S mit f an H gerichteter Kommunikationsversuch des Inhalts, daß p, ist nur dann (zu t′) erfolgreich, wenn H (zu t′) glaubt, daß p

aber es gilt eben *nicht* allgemein:

(12) $U'(H,KV(S,H,f),p) \supset G'(H,p)$

Wenn H (zu t′) den von S mit f an ihn gerichteten Kommunikationsversuch bezüglich p versteht, so glaubt H (zu t′) auch, daß p

(12) gilt jedoch *unter gewissen Voraussetzungen:* Glaubt etwa H, daß ihm S mit f nicht anzuzeigen versuchen würde, daß p, wenn S nicht selbst glaubte, daß p, d. h. glaubt H insbesondere, daß ihn S mit seinem Kommunikationsversuch bezüglich p *nicht täuschen will* – d. h. gilt die Voraussetzung

(N1) $G'(H,KV(S,H,f,p) \supset G(S,p))$

– und glaubt H in der betreffenden Situation, in der er erkennt, daß KV(S,H,f,p), daß dann, wenn S selbst glaubt, daß p, p auch tatsächlich der Fall ist, d. h. glaubt H in dieser Situation insbesondere, daß sich S selbst bezüglich p *nicht irrt* – d. h. gilt die Voraussetzung

(N2) $G'(H,G(S,p) \supset p)$

– dann gilt *allgemein:*

(13) $(N1) \wedge (N2) \supset (KE(S,H,f,p) \equiv U'(H,KV(S,H,f),p))$

Unterstellt H dem S bezüglich p keine Täuschungsabsichten und glaubt H von S, daß dieser sich, falls er p für wahr hält, darin nicht irrt, dann ist der von S mit f an H gerichtete Kommunikationsversuch des Inhalts, daß p, genau dann erfolgreich, wenn H diesen Kommunikationsversuch bezüglich p versteht

Sieht man nun die Erfüllung von (N1) und (N2) als charakteristisch für sogenannte *normale* Kommunikationssituationen an, dann kann man also sagen: Die Behauptung

(14) $KE(S,H,f,p) \equiv U'(H,KV(S,H,f),p)$

Ein von S mit f an H gerichteter Kommunikationsversuch

des Inhalts, daß p, ist erfolgreich *gdw*. H diesen Kommunikationsversuch bezüglich p versteht

gilt zwar *nicht allgemein,* man kann *jedoch* annehmen, daß sie
normalerweise zutrifft.

Gehen wir nun nicht mehr von dem auf einen bestimmten Kommunikationsinhalt p relativen Verstehensbegriff
$U^\circ(Y,KV(S,H,f),p)$ aus, sondern von dem den gesamten jeweiligen Inhalt einer kommunikativen Handlung erfassenden Verstehensbegriff $U^\circ(Y,KV(S,H,f))$, dann sind die eben diskutierten
Zusammenhänge wie folgt auszudrücken:

(15) $KE(S,H,f) \supset U'(H,KV(S,H,f)) \wedge$
$\quad\quad\quad \wedge p(KV(S,H,f,p) \supset G'(H,p))$

    Ein von S (zu t) mit f an H gerichteter Kommunikationsver-
    such ist (zu t') erfolgreich *gdw*. H (zu t') diesen Kommuni-
    kationsversuch versteht und von dem Inhalt dieses Kommu-
    nikationsversuchs (zu t' tatsächlich in der von S intendierten
    Weise) glaubt, daß er zutrifft

Sind (N1) und (N2) bezüglich des betreffenden Kommunika-
tionsinhalts erfüllt, so wird man *unter dieser Voraussetzung* sagen
können:

(16) $KE(S,H,f) \equiv U'(H,KV(S,H,f))$

    Ein von S mit f an H gerichteter Kommunikationsversuch ist
    erfolgreich gdw. H diesen Kommunikationsversuch versteht

Daß ein Kommunikationsversuch von dem betreffenden Adressaten verstanden wird, ist also *stets* eine *notwendige* Bedingung
für den Erfolg dieses Versuchs – und ist, falls der Adressat dem in
kommunikativer Absicht Handelnden weder einen Täuschungs-
versuch noch einen Irrtum unterstellt (d. h. also *normalerweise*)
auch *hinreichend,* um die kommunikative Handlung glücken zu
lassen.

1 Für die Verdeutlichung der Grundstruktur von Kommunikationsbegriffen genügt es, wenn man kommunikative Handlungen mit nur *einem* Adressaten betrachtet.

2 Die Grundzüge einer solchen Logik sind entwickelt in *v. Kutschera* (1979).

3 Eine konzise Einführung findet sich in *v. Kutschera* (1976), Kp. 4.

4 Hierzu vor allem *v. Kutschera* (1979).

5 Vgl. hierzu *Meggle* (1978), S. 240, Anm. 6.

6 Gilt T(X,f), so mit P1 auch G(X,T,(X,f)), nach D1 daher G(X,A), mit P3 daher auch P(X,A).

7 Daß mir diese Voraussetzungen wirklich klargeworden sind, verdanke ich zahlreichen Café-Diskussionen mit meinem Kollegen *Wolfgang Lenzen*; zu § 1.2.1 vgl. für eine detaillierte Erörterung dessen Arbeiten (1978) und (1979).

8 Zu einer ausführlicheren Diskussion dieser Voraussetzungen vgl. *v. Kutschera*, (1976), und *Lenzen* (1978) und (1979).

9 *Quine* (1966).

10 *Hintikka* (1962).

11 Eine Quantifikation über Handlungen und Propositionen sehe ich hier als unproblematisch an.

12 D. h. es soll – falls S und H Standardnamen sind – gelten:
$$G^\circ(S,\Psi_p(H))\equiv G^\circ(S,T(S,f)\supset G'(H,KV^*(S,H,f,p)))\wedge$$
$$G^\circ(S,G'(H,p)\equiv G'(H,KV^*(S,H,f,p)))$$

13 So wird man z. B. (s. § 4) sagen wollen, daß ein von S mit f unternommener Kommunikationsversuch des Inhalts, daß p, genau dann erfolgreich (geglückt) ist, wenn der von S *eigentlich gemeinte Adressat* H' tatsächlich in der von S gewünschten Weise zu der Überzeugung, daß p, kommt. Daß der *tatsächliche* (aber nicht eigentlich gemeinte) *Adressat* H auf diese Weise zu der Überzeugung, daß p, kommt, reicht für einen *Erfolg* des betreffenden Kommunikationsversuchs gewiß nicht hin. Bezüglich der erwähnten Situation (B-3) etwa wird man nicht behaupten können, daß der von S (eigentlich) an den Präsidenten gerichtete Kommunikationsversuch geglückt ist, wenn statt dem Präsidenten nur dessen Sekretär (der tatsächliche Adressat) die betreffende (nur für den Präsidenten bestimmte) Nachricht erhält und dieser sie dann für zutreffend erachtet. Daß nun der Bezug auf H' auch bereits für eine adäquate Bestimmung von KV(S,H,f,p) notwendig ist – und nicht nur, wie gerade gezeigt, für eine adäquate Bestimmung eines den Erfolg von KV(S,H,f,p) ausdrückenden Begriffs (den wir i. f. durch KE(S,H,f,p) wiedergeben) –, dies ergibt sich mit Hilfe der gewiß berechtigten Forderung, wonach man nur dann von einem von S unternommenen Kommunikationsversuch reden kann, wenn S glaubt, daß sein Versuch erfolgreich sein wird.

14 Die Sätze
(1) $VyVz(y=z\wedge G^\circ(a,\varphi(y)))$
(2) $VyG^\circ(a,Vz(y=z)\wedge\varphi(y)))$
sind mit
(3) $VyG^\circ(a,\varphi(y))$
logisch äquivalent, da
(4) $\bigwedge yVz(z=y)$
gilt, Satz (3) also (1) impliziert, und wegen
(5) $G^\circ(a,\bigwedge yVz(z=y))$
mit (3) auch (2) gelten muß; die Umkehrungen ergeben sich analog.

15 Wo Mißverständnisse ausgeschlossen sind, lasse ich i. f. den Bezug auf den Zeitpunkt t unerwähnt.

16 Da ohnehin klar ist, daß die hier und i. f. explizierten Kommunikationsbegriffe den auf S. 29 eingeführten Beschränkungen unterliegen, lasse ich i. f. die unterstrichene Wendung unerwähnt.

16a Das entsprechende Definiens kann der Leser i. f. leicht selbst ergänzen.

17 Selbst für $ZU^+(Y,f(X), KV(S,H,f,p))$ gilt nur die Bedingung

(10) $Vx(x=X \land X=S \land G^+(Y,x=S))$

nicht jedoch die stärkere Bedingung

(11) $Vx(x=X \land X=S \land G^+(Y,x=X \land X=S))$

Diese Bedingung – und damit auch (9) – wäre nur dann erfüllt, wenn außer $ZU^+(Y,f(X),KV(S,H,f,p))$ auch noch $ZU^+(Y,f(X),KV(X,H,f,p))$ gelten würde. Wie diese Überlegung deutlich macht, müssen wir also stets zwischen den beiden folgenden Fällen unterscheiden:

(a) $ZU^+(Y,f(X),KV(S,H,f,p))$

(b) $ZU^+(Y,f(X),KV(X,H,f,p)) \land X=S$

wobei weder (a) aus (b) folgt, noch umgekehrt. Angenommen, in der Welt von (B-4) sei der Rocker ›Jack the Flipper‹ niemand anders als der Student Max Xerxes (d. h. $X=S$). Dann folgt daraus, daß Y das Pfeifen von Xerxes zu Recht als einen von ›Jack the Flipper‹ unternommenen Kommunikationsversuch versteht, eben trotzdem *nicht*, daß er das Pfeifen von Xerxes (zu Recht) als einen von Xerxes unternommenen Kommunikationsversuch versteht. Dies würde nur dann folgen, wenn Y auch wüßte, daß $X=S$. Und auch wenn Y in (B-4) das Pfeifen von ›Jack the Flipper‹ zu Recht als einen von ›Jack the Flipper‹ unternommenen Kommunikationsversuch verstehen sollte, so folgt daraus *nicht*, daß er dieses Pfeifen auch (zu Recht) als einen von Xerxes unternommenen Kommunikationsversuch versteht. Auch dies würde nur dann folgen, wenn Y wüßte, daß $X=S$. Nur unter der Voraussetzung (11) sind daher (a) und (b) äquivalent.

18 Aus $U^+(Y,f(X), KV(S,H,f,p))$ folgt nach D9 lediglich

(12) $Vx(x=X)$
       Es gibt (die Person) X

nicht jedoch

(13) $Vx(x=S)$
       Es gibt (die Person) S

Man kann also auch dann sagen, daß $U^+(Y,f(X),KV(S,H,f,p))$, wenn Y von der Person X lediglich *glaubt*, sie sei S, es eine Person S in Wirklichkeit aber gar nicht gibt. Es genügt z. B., wenn in (B-4) ›Jack the Flipper‹ nur in der ängstlichen *Vorstellung*welt von Y ›existiert‹.

19 Das Definiens von D12 ist mit der folgenden Bedingung äquivalent:

(13) $VxVy(x=S \land y=H \land ZU^+(Y,f(x),KV(f)) \land KV(x,y,f) \land$
       $\land p(KV(x,y,f,p) \supset ZU^+(Y,f(x),KV(f,p))))$

20 Das Definiens von D13 ist mit der folgenden Bedingung äquivalent:

(14) $VxVy(x=S \land y=H \land W^+(Y,x=S \land y=H \land KV(x,y,f)) \land$
       $\land p(KV(x,y,f,p) \supset W^+(Y,KV(x,y,f,p))))$

21 Zu der Eigenschaft Ψ_p s. oben S. 26 und Anm. 12.

22 Man beachte, daß A für einen Sachverhalt steht, der von dem Zeitpunkt t (zu dem X f tut) aus betrachtet in der Zukunft liegt.

23 Diese Explikation ist natürlich nur sehr grob. Genauer wäre der Gehalt von IE(X,f,A) mit – in der *Konditionallogik* zu präzisierenden – Konditionaltermini wiederzugeben. Zur Konditionallogik s. *v. Kutschera* (1976), Kp. 3.

Bibliographie

Grice, H. P., (1957), *Meaning*, The Philosophical Review, 66, 1957, S. 377-388; dtsch. in Meggle (1979b).

Grice, H. P., (1969), *Utterer's Meaning and Intentions*, The Philosophical Review, 78, S. 147-177; dtsch. in Meggle (1979b).

Hintikka, J., (1962), *Knowledge and Belief: An Introduction into the Logic of the Two Notions*, Ithaca, N.Y.

v. Kutschera, F., (1976), *Einführung in die intensionale Semantik*, Berlin–New York.

v. Kutschera, F., (1979), *Grundbegriffe der Handlungslogik*, erscheint Lenk, H. (Hrsg.), *Handlungstheorie – interdisziplinär*, Bd. I, München.

Lenzen, W., (1979a) *Recent Work in Epistemic Logic.* Acta Philosophica Fennica, 30, Heft 1.

Lenzen, W., (1979b), *Glauben, Wissen und Wahrscheinlichkeit – Eine Einführung in die epistemische Logik.*

Lewis, D., (1969), *Convention*, Cambridge/Mass.; dtsch. *Konventionen*, Berlin 1975.

Meggle, G., (1978), *Eine Handlung verstehen*, in: Apel, K. O. / Manningen, J./ Tuomela, R. (Hrsg.); *Neue Versuche über Erklären und Verstehen*, Frankfurt.

Meggle, G. (1979a), *Allgemeine Theorie der Kommunikation*, Berlin–New York.

Meggle, G. (Hrsg.), (1979b), *Handlung, Kommunikation, Bedeutung*, Frankfurt.

Meggle, G. (1980), *Handlungstheoretische Semantik*, Berlin–New York.

Quine, W. v. O., (1966) *The Ways of Paradox*, New York; vor allem: *Quantifiers and Propositional Attitudes.*

v. Wright, G. H., (1971), *Explanation and Understanding*, London; dtsch. *Erklären und Verstehen*, Frankfurt 1974.

Andreas Kemmerling
Was Grice mit »Meinen« meint°

Eine Sprache ist ein System, mit dessen Elementen sprachlich kommuniziert werden kann. Sprachliche Kommunikation ist eine Form der Kommunikation, die sich u. a. durch zwei Merkmale auszeichnet: sie ist eine Form rationaler Kommunikation, und es werden sprachliche Mittel benutzt.

Sprachliche Mittel sind dadurch gekennzeichnet, daß sie zu einer Sprache gehören und ihre Bedeutung – soweit sie eine haben – arbiträr (oder auch nicht-natürlich oder konventional) ist. Grob gesagt heißt das: zwischen einem sprachlichen Mittel und seiner Bedeutung besteht kein – sei's auch nur naturgesetzlich – zwingender Zusammenhang. Etwas, das arbiträre Bedeutung hat, nennen wir ein arbiträres Zeichen; etwas, das Bedeutung hat und kein arbiträres Zeichen ist, nennen wir ein natürliches Zeichen.[1]

Rationale Kommunikation liegt vor, wenn ein rationaler Kommunikator (mittels eines Mittels x) einen Adressaten zu einer Reaktion zu bewegen versucht, die er für unter der rationalen Kontrolle des Adressaten stehend hält, und wenn der rationale Adressat (angesichts von x) diese Reaktion zeigt, weil x für ihn ein Grund ist, diese Reaktion zu zeigen.

Gemäß den beiden oben angegebenen Merkmalen ist sprachliche Kommunikation typischerweise rationale Kommunikation mit arbiträren Zeichen. Wir sagen nun, daß jemand mit dem, was er tut oder sagt, etwas *meint*, falls er die den Kommunikator betreffenden Bedingungen rationaler Kommunikation erfüllt, und das von ihm benutzte Mittel ein arbiträres Zeichen ist.[2] Um genau diesen Begriff des Meinens geht es Grice in seiner Analyse des Meinensbegriffs.

Ein drittes Merkmal sprachlicher Kommunikation ist, daß sie konventional geregelt ist. Ein viertes, daß Äußerungen im Verlauf sprachlicher Kommunikation als der Vollzug einer gewissen Sorte von Handlungen (»illokutionäre Akte«) aufgefaßt werden können. Zum Zusammenhang von Meinen mit diesen beiden Merkmalen nur so viel: Ich nehme an, daß der hier rekonstruierte

Gricesche Meinensbegriff und der an anderer Stelle[3] rekonstruierte Lewissche Konventionsbegriff die Grundlage für eine Theorie sprachlicher Kommunikation bilden, die den begrifflichen Rahmen für eine befriedigende Sprechakttheorie absteckt. Beim Umgang mit diesen beiden Ingredienzen innerhalb einer Sprechakttheorie besteht einige Freiheit. Je nach Gusto und Temperament lassen sich hier mehr intentionalistisch und mehr konventionalistisch gewürzte Süppchen kochen, die letztlich sich doch nur in winzigen Nuancen voneinander zu unterscheiden brauchen. Purismus scheint demnach nicht geboten; ich selbst neige mal der einen, mal der andern Richtung zu. Hinsichtlich der Frage etwa, wodurch illokutionäre Rollen im wesentlichen charakterisiert und voneinander unterschieden sind, halte ich es mit den Konventionalisten:[4] durch die konventionalen Konsequenzen von Äußerungen mit der jeweiligen Rolle. Was hingegen die Frage nach dem Kriterium dafür angeht, welcher illokutionäre Akt mit einer gegebenen Äußerung vollzogen worden ist, ziehe ich einen gemäßigt intentionalistischen Standpunkt vor: das Kriterium ist das vom Sprecher klar erkennbar Gemeinte, soweit es einen in der Äußerungssituation möglichen illokutionären Akt bestimmt.[5] – Eine fundierte Antwort auf solche Fragen setzt allerdings eine Theorie der sprachlichen Kommunikation voraus. Solange die nicht in Sicht ist, können wir nicht sicher sein, daß zwischen sprechakttheoretischem Intentionalismus und Konventionalismus überhaupt ein interessanter Unterschied in der Sache besteht und nicht nur ein oberflächlicher in der Hervorhebung verschiedener Aspekte bei der Darstellung der Sache. Ja, so lange ist nicht einmal auszuschließen, daß die Doktrin von der »illokutionär/perlokutionär«-Unterscheidung sich als unhaltbar oder sprachphilosophisch belanglos erweist.

Das Merkmal sprachlicher Kommunikation, dem von Philosophen das meiste Interesse entgegengebracht wird, ist die eigenständige Bedeutungshaftigkeit der benutzten Mittel. Ein im Verlauf sprachlicher Kommunikation geäußerter Satz hat ja unabhängig davon Bedeutung, daß und was in einem besonderen Fall mit ihm kommuniziert wird. Das heißt: Sätze – oder allgemeiner: vollständige Kommunikationseinheiten – haben sprachliche Bedeutung (oder wörtliche Bedeutung, falls sie in geeigneter Weise intern strukturiert sind). Eine von Philosophen vieldiskutierte Frage ist, ob bzw. was die Gricesche Analyse von »Meinen« zur

Erläuterung des Begriffs der sprachlichen Bedeutung beiträgt.[6] Eine Antwort auf diese Frage ist unter anderem deshalb so schwierig, weil ihr eine falsche Voraussetzung unterliegt: es gibt nicht *einen* Begriff der sprachlichen Bedeutung, um den es allen Teilnehmern dieser Diskussion geht. Die verschiedenen involvierten Bedeutungsbegriffe auseinanderzuhalten und das Durcheinander von epistemologischen und systematischen Fragen zu entwirren, würde eine eigenständige Arbeit von beträchtlichem Umfang verlangen. Allerdings will ich nicht verhehlen, daß ich die »Kritik« von zwei der namhaftesten Gegner des Griceschen Programms (der Rückführung des Bedeutungsbegriffs auf den des Meinens) für blanken und platten Dogmatismus halte. Chomsky behauptet schlicht, sprachliche Bedeutung habe mit Griceschem Meinen nichts zu tun; nach Davidson (1973, 315; 1974, 311 f.) endet die Durchführung des Griceschen Programms notgedrungen in einem Überprüfungszirkel, da Sprache sich ebensowenig auf Denken zurückführen lasse, wie Denken auf Sprache.[7] Keine dieser Behauptungen erfreut sich der Stützung durch ein Argument.

Im folgenden werde ich auf die Frage nach der Durchführbarkeit des Griceschen Programms nicht weiter eingehen, sondern eine Rekonstruktion des unabhängig davon interessanten Begriffs »Meinen« entwickeln, die das Schädliche bisheriger Analysen beseitigt, das Unwesentliche kenntlich macht und das Wesentliche beibehält. In dieser Rekonstruktion nenne ich

> solche Bedingungen, die den Witz und Reiz der Griceschen Analyse ausmachen, den *Kern* der Analyse;
> solche Bedingungen, die garantieren, daß die Erfüllung des Kerns in (vom Kommunikator beabsichtigter) rationaler Kommunikation besteht, das *Beiwerk;* und
> solche Bedingungen, die zusätzlich noch gewisse Formen verschlagenen Meinens (und damit gemeinhin als Gegenbeispiele betrachtete Fälle) ausschließen, die *Peripherie.*

In diesen Bedingungen ist der in der Diskussion um die Gricesche Analyse ausschweifend gebrauchte Absichtsbegriff zugunsten der Begriffe des Glaubens und Wünschens eliminiert. Diese Reduktion auf die Grundbegriffe der Theorie rationalen Handelns hat unter anderem den Vorzug größerer Differenziertheit und Durchschaubarkeit: die Forderungen sind damit feiner dosierbar und der rationale Aspekt der Analyse ist leichter erkennbar. Die ursprüngliche Analyse von Grice und erst recht ihre Modifikation durch Schiffer erweisen sich dadurch als zu restriktiv.

Kern und Beiwerk ergeben gemeinsam, daß – wenn ein Kommunikator mit x etwas meint – es für ihn Gründe gibt (genauer gesagt: einen praktischen Schluß mit der Konklusion), x zu benutzen. Diese Gründe bestehen in seiner Überzeugung, daß es für den Adressaten Gründe gibt, angesichts von x in der vom Kommunikator gewünschten Weise zu reagieren. (Hier bestehen zwei Möglichkeiten: Wenn die gewünschte Reaktion in einer Überzeugung des Adressaten besteht, so gibt es seitens des Adressaten einen – induktiven oder deduktiven – Schluß, der ihn zu dieser Überzeugung führt; besteht die gewünschte Reaktion in einer Handlung, so gibt es seitens des Adressaten einen praktischen Schluß, der ihn zu dieser Handlung führt.) Wenn der Kommunikator rational ist und den Adressaten zumindest hinsichtlich der gewünschten Reaktion für rational hält (was schon im Kern steckt), wird er x also deshalb äußern, weil er glaubt, daß der Adressat auf Grund von x die gewünschte Reaktion zeigen wird.

Bevor ich nun zur Sache komme, möchte ich schließlich noch vorausschicken, daß ich in voller Absicht verhindert habe, daß die hier vorgelegte Rekonstruktion der Griceschen Analyse einen Zirkel, etwa der Art

> Wer irgendwomit etwas meint, will (glaubt, beabsichtigt usw.), daß der Adressat bemerkt (glaubt, erkennt usw.), daß er damit etwas meint.

ergibt. (Allerdings lasse ich – als faktisch möglich – zu, daß jemand etwas meint und irgendwarum auch noch will, daß dies bemerkt wird.) Ich halte jede Form von Explikationszirkeln für ein Indiz der Schwäche der Explikation, auch wenn es für solche Zirkel wohlklingende Bezeichnungen gibt.[7a]

I. Ursprüngliche Analyse und Gegenbeispiele

Grice (1957) hat folgende Explikation des Begriffs des Etwas-mit-einer-Äußerung-Meinens vorgeschlagen:

Ein Äußerer S *meint* etwas damit, daß er x äußert gdw. er x in der Absicht äußert, daß

(1) der Adressat A eine bestimmte Reaktion r zeigen möge;
(2) A erkennen möge, daß S beabsichtigt, daß A r zeigen möge; und
(3) A zumindest teilweise deshalb r zeigen möge, weil seine in (2) erwähnte Erkenntnis für ihn ein Grund ist, r zu zeigen.

Die S im Explikans zugeschriebenen Absichten kürzen wir fürs folgende aus Gründen der Bequemlichkeit und Überschaubarkeit *informal* so ab:

(1) $I_S(r_A)$
(2) $I_S(B_A(I_S(r_A)))$
(3) $I_S(g_A)$,

wobei »$I_S(—)$« zu lesen ist als »S tut x mit der Absicht, daß —« und »$B_A(—)$« als »A glaubt (bzw. gelangt zu der Überzeugung), daß —«; »r_A« steht für den Sachverhalt, daß A r zeigt und »g_A« für den, daß die Überzeugung, daß $I_S(r_A)$, mit zu As Grund gehört, r zu zeigen.

In der Diskussion um diese Explikation wurde eingewandt, daß die Erfüllung der Bedingungen (1)-(3) des Explikans noch nicht hinreichend sei, um von jemandem, der etwas äußert, zu sagen, er meine etwas mit seiner Äußerung. Vier Gegenbeispiele sind vorgelegt worden, um diesen Einwand zu stützen. Zwei davon – das von Strawson und das erste von Schiffer – hat Grice (1969) akzeptiert; die anderen beiden – das von Searle und das zweite von Schiffer – hat er mit unterschiedlichen Argumenten zurückgewiesen. Searles Beispiel lassen wir hier beiseite, da es – falls es überhaupt ein Gegenbeispiel ist – eines derselben Art ist wie die anderen.

1. Das Gegenbeispiel von Strawson
[in der von Grice (1969) angegebenen Version Stampes]

Der Angestellte S spielt gegen seinen Chef A Bridge. S möchte sich bei A einscheißern, indem er A zu verstehen gibt, daß ihm daran gelegen ist, A gewinnen zu lassen; er möchte A erkennen lassen, daß er exzellente Karten hat und daß A besser nicht höher reizt. Allerdings möchte er A keinen zu aufdringlich deutlichen Wink geben. S hat nun folgenden Plan:
Wenn ich gute Karten habe, lächele ich, und zwar so, daß das

Lächeln beinahe wie ein spontaner Ausdruck der Freude über ein gutes Blatt aussieht. Es soll aber erkennbar sein, daß es in Wirklichkeit kein spontanes Lächeln dieser Art ist, sondern nur der Versuch der Imitation solch eines Lächelns. A wird angesichts dieses Lächelns folgende Überlegung anstellen:

S lächelt wie jemand, der sich spontan über gute Karten freut. Aber das ist kein spontanes Lächeln. Was will S damit erreichen? Er wird folgendes im Sinn haben:

Ich soll das Lächeln für einen Ausdruck spontaner Freude über gute Karten halten und *deshalb* glauben, daß S gute Karten hat.

Aber das Lächeln ist nicht spontan. Allerdings wird S mich nicht hinters Licht führen wollen. Also nehme ich an, daß S gute Karten hat, und reize nicht höher; aber nicht, weil ich – *wie er beabsichtigt* – sein Lächeln für spontan halte, sondern weil ich – *entgegen seinen Absichten* – erkannt habe, was es mit dem Lächeln wirklich auf sich hat. (S will mich also gewinnen lassen; aber nicht, um sich bei mir einzuscheißern – denn sonst würde er ja wollen, daß ich merke, daß er mich gewinnen lassen will. Etwas für seinen Chef tun, ohne sich damit bei ihm lieb Kind machen zu wollen: das ist etwas, das ich an einem Angestellten sehr schätze.)

Wie sich leicht ersehen läßt, hat S – wenn er gemäß seinem Plan lächelt – die Absichten (1)-(3), wobei »r_A« für den Sachverhalt steht, daß A glaubt, daß S gute Karten hat. Dennoch hat S mit seinem Lächeln nichts im Sinne von Grice gemeint. – Was diesen Fall zu einem Gegenbeispiel macht, hängt offensichtlich damit zusammen, daß S über die Absichten (1)-(3) hinaus noch eine weitere Absicht hat: nämlich die, daß A zu einer falschen Annahme über die Absichten von S gelangen möge. (Diese von S gewünschte falsche Annahme seitens A ist in der obigen Darstellung hervorgehoben.)

Was die einschlägigen Absichten von S in diesem Fall angeht, so treffen die folgenden Feststellungen zu:

(1') S beabsichtigt, daß A nicht höher reizt;

(2') S beabsichtigt, daß A erkennt, daß S beabsichtigt, daß A nicht höher reizt;

(3') S beabsichtigt, daß A deshalb nicht höher reizt, weil As erwähnte Erkenntnis für ihn ein Grund ist, nicht höher zu reizen;

(4_1) S beabsichtigt, daß A zu der (irrigen) Annahme gelangt, daß
S beabsichtigt, daß A zu der (irrigen) Annahme gelangt, daß
S nicht beabsichtigt, daß A nicht höher reizt;

(4_2) S beabsichtigt, daß A zu der (irrigen) Annahme gelangt, daß
S beabsichtigt, daß A nicht erkennt, daß S beabsichtigt, daß
A nicht höher reizt;

(4_3) S beabsichtigt, daß A zu der (irrigen) Annahme gelangt, daß
S nicht beabsichtigt, daß A erkennt, daß S beabsichtigt, daß
A nicht höher reizt;

(4_4) S beabsichtigt, daß A nicht erkennt, daß S beabsichtigt, daß
A erkennt, daß S beabsichtigt, daß A nicht höher reizt;

(4_5) S beabsichtigt nicht, daß A erkennt, daß S beabsichtigt, daß
A erkennt, daß S beabsichtigt, daß A nicht höher reizt.

Allgemein gesagt, und in den oben eingeführten Kürzeln gefaßt,
treffen auf S in diesem Beispiel neben (1)-(3) auch noch die
Feststellungen (4_1)-(4_5) zu.

$$ (4_0) \quad I_S(B_A(I_S(B_A(I_S(\neg r_A))))) $$
$$ (4_1) \quad I_S(B_A(I_S(B_A(\neg I_S(r_A))))) $$
$$ (4_2) \quad I_S(B_A(I_S(\neg B_A(I_S(r_A))))) $$
$$ (4_3) \quad I_S(B_A(\neg I_S(B_A(I_S(r_A))))) $$
$$ (4_4) \quad I_S(\neg B_A(I_S(B_A(I_S(r_A))))) $$
$$ (4_5) \quad \neg I_S(B_A(I_S(B_A(I_S(r_A))))) $$

Jede Feststellung mit niedrigerem Index impliziert logisch alle
Feststellungen mit höherem Index, aber sie wird von keiner von
ihnen – und auch nicht von allen zusammen – impliziert. Die
Frage ist nun, welche dieser Feststellungen *konstitutiv für den
Gegenbeispielscharakter* (kontaminiert zu: ein *Konter*) gegen die
Explikation von Grice ist.[8] – Wichtig ist hier zunächst, daß die
schwächste der aufgeführten Feststellungen – nämlich (4_5) – kein
solcher Konter ist. Sie besagt nur, daß S eine gewisse Absicht
nicht hat; und das reicht nicht aus, um ein Konter zu sein. Denn
sonst wären alle Beispiele, die Grice (1957) fürs Meinen angeführt
hat, *schon allein deswegen* Fälle, in denen nichts gemeint wird,
weil (4_5) auf sie zutrifft. Das geschilderte Beispiel ist aber nicht
deswegen ein Gegenbeispiel, weil S irgendeine über (1)-(3) hin-
ausgehende Absicht nicht hat, sondern deshalb, weil er solche
Absichten hat: nämlich gewisse Irreführungs- und Verheimlichungsabsichten. (4_5) ist jedoch völlig vereinbar damit, daß S solcherlei »schlimme« Absichten nicht hat. Deshalb ist (4_5) kein

Konter gegen die Explikation. – Angesichts dieses Umstands ist es überraschend, daß man die Explikation dadurch vor Gegenbeispielen des geschilderten Typs rettete, daß man zum Explikans die Negation von (4_5), nämlich

(4) $I_S(B_A(I_S(B_A(I_S(r_A)))))$,

hinzunahm. (4) ist eine überflüssig starke Forderung, um Gegenbeispiele wie das geschilderte auszuschalten. Diese Forderung ist so stark, daß sie sämtliche Prototypen für Fälle, in denen etwas gemeint wird, wie Grice (1957) sie vorgestellt hat, zu Fällen werden läßt, in denen nichts gemeint wird.

2. Schiffers erstes Gegenbeispiel
[in der von Grice (1969) angegebenen Fassung]

S möchte A loswerden. A ist sehr habgierig, besitzt aber auch einen gewissen Stolz. S wirft nun, demonstrativ absichtlich, einen 20 DM-Schein unter As Augen aus dem Fenster. Er möchte, daß A nun folgende Überlegung anstellt:

S hat den Geldschein aus dem Fenster geworfen. Er weiß, daß ich den Pfennig ehre. Und er hat das Geld so erkennbar absichtlich aus dem Fenster geworfen (und nicht so getan, als sei es ihm aus der Hand geflattert, oder so), daß es klar ist, daß er damit etwas erreichen will. Sicherlich will er mich lossein und hat folgenden Plan:

Er will, daß ich gehe, um dem Geld hinterherzulaufen.
Aber ich werde mich nicht so weit erniedrigen, daß ich dem Geld hinterherlaufe. Allerdings werde ich gehen; wenn auch nicht aus dem *Grund, den S mir mit dem Geld zu geben beabsichtigt,* sondern weil ich seine Absicht bemerkt habe, mich loszuwerden. Und ich kann schon gar nicht bleiben, wo er seine Absicht, mich loszuwerden, so beleidigend deutlich gemacht hat.

Wenn er nun den Geldschein aus dem Fenster wirft, erfüllt S alle bislang aufgestellten Bedingungen dafür, daß er damit etwas meint. (»g_A« steht hier für den Sachverhalt, daß A deshalb weggeht, weil er bemerkt, daß S will, daß er weggeht.) Die Konter-Kandidaten gegen die um (4) erweiterte Explikation von Grice sind in diesem Fall:

(5_0) $I_S(B_A(I_S(\neg g_A)))$
(5_1) $I_S(B_A(\neg I_S(g_A)))$

(5_2) $I_S(\neg B_A(I_S(g_A)))$
(5_3) $\neg I_S(B_A(I_S(g_A)))$

Die logischen Beziehungen zwischen diesen Sätzen sind so, daß jeder mit niedrigerem Index alle Sätze mit höherem Index impliziert und von keinem dieser implizierten Sätze – und auch nicht von allen zusammen – impliziert wird. Auch hier ist (5_3) kein Konter gegen die ursprüngliche, und auch nicht gegen die um (4) erweiterte, Explikation von Grice. Was im vorigen Fall zu (4_5) gesagt worden ist, entspricht dem, was hier zu (5_3) zu sagen ist.

Dennoch wurde auch hier wiederum die unnötig starke Negation von (5_3),

(5) $I_S(B_A(I_S(g_A)))$,

zu den Explikans-Bedingungen (1)-(4) hinzugenommen, um die Explikation vor Gegenbeispielen dieses Typs zu schützen.

3. Schiffers zweites Gegenbeispiel

S möchte A loswerden. Er singt das Lied »(It's a long way to) Tipperary« in so grauenhafter Weise, daß A bemerken soll, daß S ihn lossein will. Er tut dies auch ganz deutlich absichtlich, damit A auch mitbekommt, daß er dies bemerken soll. Weiterhin möchte er auch, daß As Erkenntnis, daß S A lossein will, für A den Grund liefert, wegzugehen. Zusätzlich hat er auch noch die Absicht, daß A folgendes denkt:

S will, daß ich denke, er wolle mich mit seinem ekelhaften Gegröle wegjagen. Aber in Wirklichkeit will er, daß ich deshalb gehe, weil ich bemerke, daß er mich lossein will.

Hier wünscht also S nicht, daß A eine falsche Überzeugung über Ss Absicht, daß g_A, hat (wie dies im vorangegangenen Gegenbeispiel der Fall war); vielmehr hat S die Absicht, daß A fälschlicherweise glaubt, daß dem so sei. – Die Konter-Kandidaten in diesem Fall:

(6_0) $I_S(B_A(I_S(B_A(I_S(\neg g_A)))))$
(6_1) $I_S(B_A(I_S(B_A(\neg I_S(g_A)))))$
(6_2) $I_S(B_A(I_S(\neg B_A(I_S(g_A)))))$
(6_3) $I_S(B_A(\neg I_S(B_A(I_S(g_A)))))$
(6_4) $I_S(\neg B_A(I_S(B_A(I_S(g_A)))))$
(6_5) $\neg I_S(B_A(I_S(B_A(I_S(g_A)))))$

Wiederum impliziert jeder Satz mit niedrigerem Index alle Sätze mit höherem, und wird von keinem dieser Sätze – und auch nicht von allen zusammen – impliziert. Auch hier ist der schwächste Satz – (6_5) – kein Konter, weder gegen die ursprüngliche Explikation noch gegen eine ihrer bisherigen Erweiterungen. Was im vorletzten Fall zu (4_5) gesagt worden ist, entspricht dem, was hier zu (6_5) zu sagen ist. Dennoch wurde auch hier wiederum die unnötig starke Negation von (6_5), nämlich

(6) $I_S(B_A(I_S(B_A(I_S(g_A)))))$,

von Schiffer als Zusatz zu den bisherigen Explikans-Bedingungen vorgeschlagen, um die Explikation vor Gegenbeispielen dieses Typs zu schützen.

II. Wie kommt man mit den Gegenbeispielen zu Rande?

Hier sollen nun die folgenden Positionen diskutiert werden, die man in Reaktion auf die vorgelegten (und noch drohenden) Gegenbeispiele einnehmen kann.[9]

(a)   Die »Jetzt-ist's-aber-genug«-Position
(b)   Die »Mal-sehen-ob-noch-was-kommt«-Position
(c)   Die »Es-kommt-halt-auf-den-Einzelfall-an«-Position
(d)   Die »Jetzt-wird-geklotzt-und-nicht-gekleckert«-Position

Grice (1969) liebäugelt mit den Positionen (a), (b) und (c), um schließlich tentativ eine falsche Version der im nächsten Abschnitt geschilderten Position zu vertreten. Ein entschiedener Vertreter von (d) und erklärter Gegner von (a), (b) und (c) ist Schiffer.

1. *Zu (a)*. – Es fällt ins Auge, daß Schiffers zweites Gegenbeispiel recht blutarm ist; im Grunde ist es nur das Gerippe eines Gegenbeispiels. Grice bemerkt dazu: »Aber sobald man versucht, der Beschreibung die Details zu geben, wird das Beispiel verwirrend. Wie soll A auf den Gedanken kommen, S wolle ihn glauben machen, daß S ihn mit dem Singen loswerden will?« Grice erwägt eine Antwort auf diese Frage; sie führt allerdings zu dem Ergebnis, daß A überhaupt nichts mit dem Gesinge anfangen kann und folglich auch keinen Anlaß hat, gerade auf die von S gewünschte (falsche) Annahme zu verfallen. »... man kann nicht Ergebnisse zu erreichen beabsichtigen, die man für unerreichbar hält; und

solche Absichten, wie sie zur Kommunikation gehören, können überhaupt nur verwirklicht werden, wenn die Adressaten der Kommunikation oder der Beinahe-Kommunikation unter den gegebenen Umständen in der Lage sind, gewisse Dinge zu denken und gewisse Schlüsse zu ziehen (Grice, 1969, 158).« Grice meint nun, daß spätestens die durch Schiffers zweites Gegenbeispiel anscheinend erforderlich gemachte Absicht (6) Gedankengänge von S und A erfordert, die »undurchführbar schwierig« seien; somit könne S nicht die Absichten haben, die er haben müßte (oder wenigstens haben können müßte), damit die Hinzunahme von (6) oder noch weiterer Bedingungen zum Explikans nötig wäre.

Viele wahre Prämissen führen hier zu einer falschen Konklusion. Was an den Argumenten, die Grice hier vorlegt, richtig ist, und wie man dem Rechnung tragen kann, ohne die falsche Konklusion zu akzeptieren, werden wir später erörtern. Zunächst soll erst einmal gezeigt werden, daß die Konklusion tatsächlich falsch ist.

Die Konklusion besagt, daß nicht nur Schiffers zweites Gegenbeispiel in Wirklichkeit keines sei, sondern auch kein waschechtes Gegenbeispiel dieses Typs gefunden werden könne, weil niemand die Absicht (6_0) haben könne. Dies könne niemand, weil niemand von irgend jemand anderem annehmen könne, daß er eine Absicht des Typs (5_0) hinter irgendeiner Äußerung vermutet. – Nun gilt es, vorsichtig zu sein: Die Konklusion folgte nicht einmal dann, wenn es tatsächlich so wäre, daß niemand hinter irgendeiner Äußerung eine Absicht des Typs (5_0) vermuten kann. Denn wenn dem so wäre (wie ihm sicherlich nicht ist), so könnte es immer noch jemanden geben, der fälschlicherweise glaubt, daß dem nicht so ist. Und der hätte dann das Zeug dazu, die Absicht (6_0) zu haben. (Es ist hier wichtig zu beachten, daß Absichten zwar Überzeugungen, nicht aber deren Richtigkeit oder Berechtigtsein implizieren.) Wessen bedarf es nun, um anzunehmen, daß einer nicht nur das Zeug zu dieser Absicht hat, sondern gar einmal die Absicht selbst? Erstens eines Gegenübers, das er – ob nun zutreffend oder fälschlich – für fähig hält, eine Absicht des Typs (5_0) hinter einer Äußerung zu vermuten; zweitens einer Situation und einer Äußerung, die er – ob nun zutreffend oder fälschlich – für geeignet hält, um dieses Gegenüber auf die verschlungenen Pfade des Gedankengangs zu locken, dessen Zwischenstationen die Überzeugungen, daß (1), (2), (3) und (5_0), sind, und der schließlich in der Reaktion r mündet; und zu guter Letzt bedarf es und er passender Motive dafür, dieses Gegenüber gerade auf jenen Gedankengang zu schicken.

Am wenigsten Schwierigkeiten dürfte die Befriedigung des letzten Bedürfnisses bereiten: Es reicht ja das Motiv, die Griceschen Argumente gegen die Möglichkeit solch eines Gegenbeispiels zu widerlegen. Nicht sonderlich schwierig scheint es auch, jemanden zu finden, der von irgend jemand anderem annimmt, daß er fähig ist, eine Absicht vom Typ (5_0) hinter einer geeigneten, und unter geeigneten Umständen gemachten, Äußerung zu vermuten. (Schiffer sollte so jemand sein, oder er sollte wenigstens von jemandem denken, daß der so jemand ist, sonst hätte man Grund zu bezweifeln, daß er selbst sein zweites Gegenbeispiel für ein echtes Gegenbeispiel hält.) Schwierigkeiten dürfte allein die Erfüllung der zweiten Voraussetzung bereiten, aber auch sie sind nicht irgendwie prinzipieller Art. Vielmehr müßte man nur zwei eingeschworene Gegner der Griceschen Konklusion (den mißtrauischen, und versierten Irreführungsabsichtsmutmaßer, A und den arglistigen, und ausgebufften Absichtsmutmaßungsirreführer, S) zusammenführen und ihnen lange genug Gelegenheit geben, ein Gegenbeispiel vom Typ des zweiten Schifferschen zu produzieren. Die beiden könnten sich zum Beispiel explizit darauf einigen – so schwer ihnen das auch angesichts ihrer Kommunikationsgebrechen fallen mag –, daß S mit jeder halbwegs geeigneten Äußerung gegenüber A in jeder halbwegs geeigneten Situation versuchen wird, passende Absichten vom Typ (1)-(5) und (6_0) zu verfolgen – während A sich unentwegt anstrengt, angesichts solcher Äußerungen die passende Überzeugung, daß (1)-(3) und (5_0), zu gewinnen. Dann wäre der Boden für S bereitet, um die genannten Absichten zu haben, und es scheint durch nichts ausgeschlossen, daß es sich schließlich einmal so fügt, daß er sie wirklich hat.

Natürlich wäre das kein schöner Weg, um zu dem Gegenbeispiel zu kommen, aber es wäre ein Weg.[10] Und allein darauf kommt es hier an. Denn dieser Weg, ob schön oder nicht, zeigt, daß Grices Behauptung falsch ist, es sei *unmöglich*, daß jemals ein Gegenbeispiel vom Typ des zweiten Schifferschen geliefert wird. Unmöglichkeitsbehauptungen sind genauso – wenn auch nicht genauso schön – durch die Darlegung entferntester Möglichkeiten widerlegt wie durch Verweis auf augenfällige Tatsächlichkeiten.

2. *Zu (b)*. – Ein Vertreter dieser Position ist natürlich noch nicht durch das eben Dargelegte widerlegt; er bestreitet ja nicht, daß Gegenbeispiele möglich sind. Er besteht, in aller Bescheidenheit, nur darauf, seine Analyse immer *so lange* in dem Zustand zu belassen, in dem sie noch nicht durch ein waschechtes Gegenbeispiel widerlegt ist, *bis* so ein Gegenbeispiel tatsächlich vorgelegt wird. Für den Fall, daß es vorgelegt wird, ist er jeweils gerne bereit, das Analysans um eine weitere Sprecherabsicht zu bereichern. Wer so vorgeht, würde vielleicht jede neu hinzuzunehmende Sprecherabsicht als Ausdruck und Erfordernis philosophischen Fortschritts begrüßen. (»Im Jahre 1957 waren erst drei fürs Meinen wesentliche Absichten entdeckt, 1964 bereits vier, und bis zum heutigen Tag sind schon sechs nachgewiesen worden.«)

Was diese Position unbefriedigend macht, ist der Umstand, daß man im voraus die Menge der möglichen neuen »Entdeckungen« (d. h. die Menge der weiteren, möglicherweise in die Analyse aufzunehmenden Sprecherabsichten) und die Form des jeweiligen »Nachweisverfahrens« (d. h. die Form des Gegenbeispiels, das die bisherigen Absichten jeweils als nicht hinreichend erweist) genau angeben kann. Aus diesem Grunde kann man sagen, daß ein Vertreter von Position (b) darauf verzichtet, die Analyse gegen drohende Widerlegungen vorhersehbarer Art zu wappnen. Im Grunde verzichtet er damit auch auf den Anspruch, überhaupt eine Begriffsanalyse zu liefern, und bescheidet sich damit, eine Liste der (anscheinend) als notwendig nachgewiesenen Bedingungen zu führen.

Wird dennoch behauptet, die bisher (anscheinend) als notwendig nachgewiesenen Bedingungen seien zusammengenommen auch hinreichend fürs Meinen, so geschieht dies völlig ad hoc. Denn für diese Behauptung spricht ausschließlich, daß sie noch nicht widerlegt worden ist. Und wenn nichts anderes für eine Behauptung spricht als der Umstand, daß sie noch nicht widerlegt worden ist, dann spricht nicht einmal der für sie.

Position (b) vertreten heißt also sich mit (möglicherweise fortwährend neuen) ad hoc-Analysen bescheiden oder den Analyse-Anspruch aufgeben. Beide Möglichkeiten, die einander natürlich nicht ausschließen,[11] sind unbefriedigend und deshalb ist es auch (b).

3. *Zu (c)*. – Ein Vertreter von (c) behauptet, es sei von Fall zu Fall verschieden, wieviele (und welche) Absichten ein Sprecher haben muß, um mit seiner Äußerung etwas zu meinen.[12] Und zwar hänge dies von Faktoren wie der Art der erwünschten Reaktion, den Äußerungsumständen, der Intelligenz des Sprechers und den Annahmen des Sprechers über die Intelligenz des Adressaten ab.

Diese Position ist eine Verschlimmbesserung von (a); mit ihr wird nicht behauptet, niemand könne eine so-und-so verzwickte Absicht haben. Andererseits soll vermieden werden, daß man von jedem Sprecher bei jeder Gelegenheit unabsehbar viele und zunehmend verzwicktere Absichten verlangt, damit er mit seiner sei's auch noch so harmlosen Äußerung etwas meint. Der Grundgedanke hinter dieser Position ist vermutlich der folgende: Nicht jeder könnte bei jeder Gelegenheit auf einen so komplizierten Plan verfallen wie etwa den von S in dem Gegenbeispiel, das die Einführung der fünften Sprecherabsicht motiviert hat. Deshalb braucht man auch nicht für jeden Fall, in dem ein beliebiger Sprecher etwas mit seiner Äußerung meint, die fünfte Sprecherabsicht zu fordern. – Dieser Grundgedanke ist plausibel; nicht aber die Art, wie ihm mit (c) Rechnung getragen wird. Denn statt daraus den Schluß zu ziehen, daß die fünfte Sprecherabsicht nun offenbar doch keine notwendige Bedingung fürs Meinen ist, und nach einer anderen Bedingung Ausschau zu halten, die das entsprechende Gegenbeispiel ausschließt, gibt der Vertreter von (c) die Hoffnung auf eine einheitliche Analyse des Begriffs »Meinen« auf.

Daß dies voreilig ist, und (c) somit unbefriedigend, zeigt sich daran, daß es eine einheitliche Analyse des Meinesbegriffs gibt, die mit dem erwähnten Grundgedanken vereinbar ist. Solch eine Analyse wird in dieser Arbeit vorgestellt werden.

4. *Zu (d)*. – Ein Vertreter dieser Position fordert auf die eine oder andere Weise,[13] daß der Sprecher unendlich viele Absichten einer gewissen Art haben muß, um etwas zu meinen. Es ist klar, daß alle möglichen Gegenbeispiele der geschilderten Art ausgeschlossen werden, wenn dem Sprecher im Analysans alle Absichten etwa der folgenden, unendlich langen Sequenz zugeschrieben werden:

$I_S(r_A)$
$I_S(g_A)$
$I_S(B_A(I_S(r_A)))$

$$I_S(B_A(I_S(g_A)))$$
$$I_S(B_A(I_S(B_A(I_S(r_A)))))$$
$$I_S(B_A(I_S(B_A(I_S(g_A)))))$$
$$I_S(B_A(I_S(B_A(I_S(B_A(I_S(r_A)))))))$$
$$I_S(B_A(I_S(B_A(I_S(B_A(I_S(g_A)))))))$$
$$\vdots$$

Weniger klar ist, ob man jemals jemandem alle diese Absichten zuschreiben kann. Welche Berechtigung hätte man dafür? Der Ausschluß aller möglichen Gegenbeispiele ist, für sich genommen, noch keine Berechtigung für diesen Schritt, solange nicht nachgewiesen ist, daß dieser Ausschluß nicht anders erreicht werden kann. Da solch ein Nachweis fehlt, bedarf es also anderer Gründe, um die Berechtigung von (d) zu zeigen. Ich kenne keine solchen Gründe, aber wohl welche, die gegen (d) sprechen. Sie werden in den Abschnitten IV und V dargelegt. Zunächst soll aber erst einmal gezeigt werden, daß man die Gegenbeispiele auch mit entschieden bescheideneren Mitteln loswerden kann.

III. Wie man mit den Gegenbeispielen zu Rande kommt

Der Grundgedanke wurde schon von Grice (1969, 159) benutzt, dort allerdings unbefriedigend vage – wiewohl noch so klar, daß erkennbar falsch – ausgeführt. Er erwägt dort, mögliche Gegenbeispiele »durch die Forderung, daß S eine gewisse Art von Absicht oder Absichtsbündeln *nicht* hat«, auszuschließen. Er setzt fort: »Mögliche Gegenbeispiele der Art, mit der wir es hier zu tun haben, enthalten allesamt die Darstellung einer Situation, in der S beabsichtigt, daß A – in dem Gedankengang, über den er zu seiner Reaktion gelangen soll – *sowohl* auf irgendein ›Folgerungs-Element‹ (eine Prämisse oder einen Schritt in der Folgerung) E baut, *als auch* denkt, daß S beabsichtigt, daß A *nicht* auf E baut. Warum solche möglichen Gegenbeispiele dann nicht mit einer einzigen Klausel ausschließen, mit der untersagt wird, daß S eine komplexe Absicht dieser Art hat?«

Vage ist dieser Vorschlag[14] insofern, als die Form von E unbestimmt bleibt, und somit auch, was genau ausgeschlossen werden soll. Daß der Vorschlag zu schwach ist, läßt sich leicht an folgendem Beispiel einsehen. E sei $I_S(r_A)$; der Vorschlag verbietet nun, daß sowohl (2) als auch (4_2) gilt:

(2) $I_S(B_A(I_S(r_A)))$
(4_2) $I_S(B_A(I_S(\neg B_A(I_S(r_A)))))$

Der Vorschlag läßt aber wohl zu, daß neben (2) auch noch die beiden Konterkandidaten (4_3) und (4_4) gelten:

(4_3) $I_S(B_A(\neg I_S(B_A(I_S(r_A)))))$
(4_4) $I_S(\neg B_A(I_S(B_A(I_S(r_A)))))$

Doch auch (4_3) gehört ausgeschlossen, wie das folgende Gegenbeispiel zeigt, in dem (4_2)-(4_0) nicht erfüllt sind, und das insofern schwächer ist als das von Strawson und Stampe. S möchte, daß A – der noch spät in der Nacht nebenan am Schreibtisch sitzt – seine Arbeit unterbricht und zu ihr ins Schlafzimmer kommt. Da sie weiß, daß er bestenfalls mürrisch antwortet, falls sie ihn ruft, überlegt sie sich etwas anderes. Sie beginnt, vernehmlich zu stöhnen und zu seufzen, als ob sie von einem schlimmen Alptraum geplagt würde, und rechnet darauf, daß er sich folgendes überlegt:

> »Das ist kein echtes Seufzen und Stöhnen; das kann es auch gar nicht sein, denn ich habe ja gerade gehört, daß sie sich ihre Nase geputzt hat (und sie putzt sich sicherlich nicht im Schlaf die Nase). Offensichtlich will sie, daß ich nach ihr schaue. Aber *sie will offenbar nicht, daß ich merke, daß sie will, daß ich zu ihr komme.* (Sonst würde sie mich ja einfach rufen.) Andererseits ist es ihr wohl auch nicht gerade besonders wichtig, daß ich nicht dahinterkomme, daß sie mich mit dem Seufzen und Stöhnen zum Kommen bewegen will. (Sonst hätte sie sich nicht ihre Nase geputzt, oder sie hätte es ganz leise getan, oder sie hätte danach etwas mehr Zeit verstreichen lassen.) Na ja, Hauptsache ist, daß sie mich bei sich haben will; also geh ich mal zu ihr.«

Wenn S nun seufzt und stöhnt, so meint sie damit sicherlich nichts im Sinne von Grice, obwohl sie die Bedingungen (1)-(3) und die Negation von (4_0)-(4_2) erfüllt. Denn sie will ja, daß A sich auf die oben hervorgehobene falsche Überzeugung verläßt – und das heißt, daß (4_3) erfüllt ist. Somit sollte wenigstens (4_3) verboten werden.

(4_5) zu verbieten und somit (4) zu verlangen, ist – nach dem, was im vorletzten Abschnitt dargelegt wurde – eine unnötig starke Restriktion, um solcherlei Gegenbeispiele auszuschließen. Wie steht es nun mit (4_4)? Mit (4_4) wird S bloß eine Verheimlichungsabsicht zugeschrieben, und nicht eine Irreführungsabsicht, wie dies bei (4_0)-(4_3) der Fall ist. Dies macht zweifelsohne einen wesentlichen Unterschied, und in der Tat ist (mir) kein Gegenbeispiel bekannt, das nur die Wahrheit von (4_4) voraussetzt, ohne daß auch ein stärkerer Konter auf es zutrifft. Trotzdem gibt es zwei – sei's auch selbst gemeinsam nicht zwingende – Gründe, (4_4) auszuschließen. Erstens scheint es nicht im Geiste der Griceschen Explikation zu sein, Verheimlichungsabsichten zuzulassen; mit den Worten Schiffers: »Wenn S etwas damit meinen soll, daß er x äußert, dann müssen alle dafür notwendigen Absichten ganz und gar freiliegen (»must be out in the open«); es darf keine Möglichkeit ›versteckter‹ Absichten geben . . .«.[15] Zweitens werden durch den Ausschluß von (4_4) alle weiteren Feststellungen ausgeschlossen, die S ebenfalls gewisse Verheimlichungsabsichten zuschreiben und durch (4_3) noch nicht ausgeschlossen sind, und zwar:[16]

(4_6) $I_S(\neg B_A(\neg I_S(B_A(I_S(\neg r_A)))))$
(4_7) $I_S(\neg B_A(\neg I_S(\neg B_A(\neg I_S(\neg r_A)))))$
(4_8) $I_S(\neg B_A(\neg I_S(B_A(\neg I_S(r_A)))))$
(4_9) $I_S(\neg B_A(I_S(\neg B_A(I_S(\neg r_A)))))$
(4_{10}) $I_S(\neg B_A(\neg I_S(\neg B_A(I_S(r_A)))))$
(4_{11}) $I_S(\neg B_A(I_S(B_A(\neg I_S(\neg r_A)))))$
(4_{12}) $I_S(\neg B_A(I_S(\neg B_A(\neg I_S(r_A)))))$

Zwischen diesen Sätzen und (4_4) bestehen die folgenden Folgerungsverhältnisse (der Pfeil steht für »impliziert logisch«):

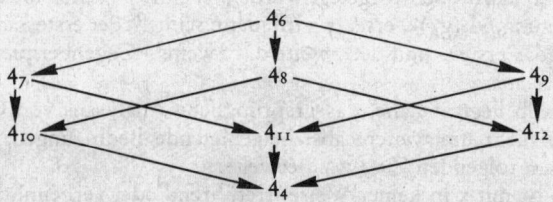

Die Negation von (4_4) schließt also nicht nur die fragwürdige Absicht aus, das Erfülltsein von Bedingung (2) zu verheimlichen, sondern auch alle anderen, nicht weniger fragwürdigen Verheimlichungsabsichten.

Diese beiden Argumente für den Ausschluß von (4_4) sind zwar nicht zwingend; da dieser Umstand aber das einzige Argument gegen den Ausschluß darstellt, haben wir gute Gründe, (4_4) auszuschließen. – Wir sagen nun, daß S mit dem Vollzug der Handlung x gegenüber A *in keiner Weise irreführend oder verheimlichend* in bezug auf p ist, wenn (und nur dann, wenn) für p und alle rein affirmativen Grice-Sätze zu p gilt, daß S nicht wünscht (und somit erst recht nicht mit x beabsichtigt), daß A irgendeinen dieser Sätze nicht glaubt; und es gilt:

1. $I_S(B_A(p))$ ist ein *rein affirmativer Grice-Satz* zu p;
2. wenn s solch ein Satz ist, dann ist auch $I_S(B_A(s))$ einer; und
3. nichts sonst ist ein rein affirmativer Grice-Satz zu p.

Aus diesen beiden Definitionen folgt, daß – falls S mit seinem Vollzug von x gegenüber A in keiner Weise irreführend oder verheimlichend in bezug auf p ist – folgende unendlich lange Satzfolge wahr ist:

$$\neg I_S(\neg B_A(p))$$
$$\neg I_S(\neg B_A(I_S(B_A(p))))$$
$$\neg I_S(\neg B_A(I_S(B_A(I_S(B_A(p))))))$$
$$\vdots$$

Diese Sätze haben eine geeignete Form und – wenigstens im Vergleich zu der von Klotzern favorisierten Folge – einen geeignet harmlosen Inhalt, um alle bekannten und möglicherweise noch drohenden Gegenbeispiele des sattsam bekannten Typs auszuschließen. Wenn »p« durch die erste Bedingung des Griceschen Analysans, »$I_S(r_A)$« ersetzt wird, blockiert der zweite Satz dieser Folge solche Gegenbeispiele, wie sie von Strawson, Stampe und mir selbst oben vorgelegt wurden. Wenn »p« durch die dritte Bedingung, »$I_S(g_A)$«, ersetzt wird, dann schließt der erste Satz der Folge das erste – und der zweite das zweite – Gegenbeispiel von Schiffer aus.

Deshalb liegt es nahe, das ursprüngliche Analysans von Grice (1957) nicht um weitere absichtsgebietende Bedingungen, sondern um folgenden Zusatz zu erweitern:

(4*) S ist mit x in keiner Weise irreführend oder verheimlichend gegenüber A in bezug darauf, daß er die Bedingungen (1)-(3) erfüllt.[17]

Der springende Punkt und wesentliche Vorzug hieran ist die Lockerheit der Restriktion: sie ist ja damit vereinbar, daß S beliebig viele von den beim Klotzen verlangten hochstufigen Absichten *nicht* hat. Aber selbst so ist das immer noch zu streng, wie sich leicht einsehen läßt. Gemäß diesem Vorschlag kann es sein, daß

(a) $\neg I_S(B_A(I_S(B_A(I_S(B_A(I_S(r_A)))))))$.

Leider ist (4*) nun aber nicht damit vereinbar, daß einer der beiden folgenden Sätze wahr ist.[18]

(b) $I_S(B_A(\neg I_S(B_A(I_S(B_A(I_S(B_A(I_S(r_A)))))))))$

(c) $I_S(\neg B_A(I_S(B_A(I_S(B_A(I_S(B_A(I_S(r_A)))))))))$

Nehmen wir nun einmal an, daß (a) wahr ist, S also eine gewisse Absicht nicht hat. Dann beschreibt (b) keine Irreführungsabsicht, und (c) keine Verheimlichungsabsicht; beide Sätze besagen dann vielmehr, daß S die völlig ehrenwerte Absicht hat, A möge zu der richtigen Überzeugung gelangen, daß (a) der Fall ist, bzw. nicht die falsche Überzeugung hegen, die Negation von (a) sei der Fall.

Mit (4*) werden also auch völlig harmlose Absichten ausgeschlossen. Und dies ist so, weil »$I_S(\neg B_A(\text{———}))$« unabhängig davon verboten wird, ob die Leerstelle durch etwas Wahres oder etwas Falsches ersetzt wird. Aber ob es sich um eine ausschließenswerte Irreführungs- bzw. Verheimlichungsabsicht oder um eine zuzulassende ehrenwerte Absicht handelt, richtet sich gerade nach dem Wahrheitswert des Satzes in der Leerstelle: nur falls dieser eingebettete Satz wahr ist, ist der Gesamtsatz ein Konter und somit auszuschließen. Das Ausschlußverfahren muß also, um adäquat zu sein, sensitiv für den Wahrheitswert des eingebetteten Satzes sein.

Es liegt nahe, aber reicht nicht aus, die obige Definition des Nicht-Irreführens-oder-Verheimlichens so abzuändern, daß das Definiens nur noch für p und alle *wahren* rein affirmativen Grice-Sätze gilt. Dann ist zwar das obige Gegenbeispiel eliminiert: falls der in (a) zuoberst eingebettete rein affirmative Grice-Satz falsch ist, sind (b) und (c) nicht ausgeschlossen; falls er wahr ist, gehören und sind sie ausgeschlossen. Aber es taucht sofort ein neues Gegenbeispiel auf. Wenn nämlich (b) und (c) wahr sind, so sind

$I_S(\neg B_A(b))$

$I_S(\neg B_A(c))$

$I_S(B_A(\neg b))$

$I_S(B_A(\neg c))$

durch diesen Schritt noch nicht ausgeschlossen, obwohl sie S dann gerade Verheimlichungs- bzw. Irreführungsabsichten zuschreiben.

Dies liegt daran, daß (b) und (c) keine rein affirmativen Grice-Sätze sind (sie enthalten ja jeweils ein negiertes Satzglied), das modifizierte Kriterium aber nur auf rein affirmative Grice-Sätze sensitiv ist, jeden anderen also zur Einbettung zuläßt.

Um dem abzuhelfen, sagen wir nun endgültig, daß S mit dem Vollzug der Handlung x gegenüber A *in keiner Weise verheimlichend oder irreführend* in bezug auf p ist, wenn (und nur dann, wenn) für p und alle wahren Grice-Sätze zu p gilt, daß S nicht wünscht, daß A irgendeinen dieser Sätze nicht glaubt; wobei gilt:[19]

1. jeder rein affirmative Grice-Satz zu p ist ein *Grice-Satz* zu p;
2. wenn s ein Grice-Satz zu p ist, so ist dies auch jeder Satz, der durch Negation eines beliebigen Teilsatzes von s entsteht; und
3. nichts sonst ist ein Grice-Satz zu p.

Damit sind die beiden nötigen Modifikationen – Einführung der Wahrheitswertsensitivität und Erweiterung der nur auf rein affirmative Grice-Sätze beschränkten Anwendung – des bisherigen Ausschlußkriteriums vollzogen, und (4^*) kann durch (4^{**}) ersetzt werden.[20]

(4^{**}) S ist mit x in keiner Weise verheimlichend oder irreführend gegenüber A in bezug darauf, daß er (1)-(3) erfüllt.

Mit (4^*) wurden alle potentiell »schlimmen« Absichten – nämlich solche vom Typ $I_S(\neg B_A(\text{———}))$ – ohne Ansehen ihres tatsächlichen Schlimmseins ausgeschlossen. Mit (4^{**}) werden hingegen nur die tatsächlich »schlimmen« Absichten ausgeschlossen und die auf Grund ihrer Form schlimm wirkenden, in Wirklichkeit jedoch harmlosen, Absichten zugelassen. Der Witz dabei ist, daß durch (4^{**}) gewährleistet ist: wenn S wünscht, daß A etwas Einschlägiges nicht glaubt oder gar für falsch hält, dann ist dies auch falsch (und die gegebenenfalls gewünschte Überzeugung also richtig); denn für jede einschlägige Wahrheit ist ja verlangt, daß S sie nicht zu verheimlichen trachtet.

Diese Art, mit den Gegenbeispielen zu Rande zu kommen, hat bemerkenswerte Vorzüge gegenüber den anderen geschilderten Vorschlägen. Erstens wird die Unmöglichkeit weiterer einschlägiger Gegenbeispiele nicht bloß einfach behauptet, sondern tatsächlich bewirkt. Zweitens ist sie nicht ad hoc. Drittens erlaubt sie eine einheitliche Analyse des Griceschen Meinensbegriffs.

Viertens – und dies in Vorwegnahme unserer anschließenden Kritik am Klotzen – ist sie nicht unmäßig viel zu stark oder auf weitestgehend unverständliche Forderungen angewiesen. Schließlich ist sie auch nicht vage sondern ganz eindeutig, was die Unterscheidung zwischen Zugelassenem und Ausgeschlossenem angeht.

IV. Wider das Klotzen: das externe Argument

Es ist also nicht nötig zu klotzen, um die Gegenbeispiele loszuwerden. Sollte man es vielleicht aus anderen Gründen? Ganz im Gegenteil; man sollte es schon aus anderen Gründen unterlassen, wie die beiden folgenden Abschnitte zeigen sollen. Das externe Argument hat nichts mit dem Gegenstand der Griceschen Analyse im besonderen zu tun. Die darin vorgebrachten Gründe gegen das Klotzen sind deshalb auf jede unbeschränkte Iteration von Operatoren für propositionale Einstellungen übertragbar; sie betreffen – um ein prominentes Beispiel zu nennen – auch das sog. »gemeinsame« oder »wechselseitige« Wissen im Sinne von Lewis bzw. Schiffer.[21] Das interne Argument ist völlig unabhängig vom externen. Mit ihm soll gezeigt werden, daß unendlich viele mit der Klotzerei geforderte Absichten kommunikativ witzlos und bei einer Analyse rationaler Kommunikation somit überflüssig sind.

Betrachten wir noch einmal die in Abschnitt II.4 erwähnte, unendlich lange Satzfolge. Was ist gegen sie und ihresgleichen einzuwenden? Nun, erstens wird, schon ab einer relativ niedrigen Stufe dieser Satzfolge, jeder weitere Satz dieser Folge für beliebige Menschen, beliebige Äußerungen und beliebige gewünschte Reaktionen falsch sein. Dafür spricht, daß – zweitens – schon ab einer relativ niedrigen Stufe dieser Satzfolge kein Mensch mehr versteht, welche Sachverhalte von den weiteren Sätzen dieser Folge als bestehend behauptet werden. Weil aber niemand die Berechtigung hat, etwas zu behaupten, ohne zu wissen, was er behauptet,[22] ergibt sich – drittens –, daß niemand die Berechtigung hat zu behaupten, irgendein Satz, der oberhalb einer relativ niedrigen Stufe dieser Satzfolge angesiedelt ist, treffe auf irgend jemanden zu. Deshalb hat niemand die Berechtigung, Position (d) zu vertreten.

Der springende Punkt ist hier der zweite, der den ersten und den dritten stützt. (Übrigens könnte er auch dann den dritten stützen, wenn er den ersten nicht stützen sollte.) Nehmen wir zur Erläuterung den folgenden Satz aus der unendlich langen Satzfolge:

(17) S beabsichtigt mit x, daß A glaubt, daß S mit x beabsichtigt, daß A glaubt, daß S mit x beabsichtigt, daß A glaubt, daß S mit x beabsichtigt, daß A glaubt, daß S mit x beabsichtigt, daß A glaubt, daß S mit x beabsichtigt, daß A glaubt, daß S mit x beabsichtigt, daß A glaubt, daß S mit x beabsichtigt, daß A glaubt, daß S mit x beabsichtigt, daß A glaubt, daß S mit x beabsichtigt, daß A glaubt, daß S mit x beabsichtigt, daß A glaubt, daß S mit x beabsichtigt, daß A glaubt, daß S mit x beabsichtigt, daß A glaubt, daß S mit x beabsichtigt, daß A glaubt, daß S mit x beabsichtigt, daß A glaubt, daß S mit x beabsichtigt, daß A r zeigen möge.

Dies ist ein Satz einer relativ niedrigen Stufe dieser Satzfolge; ich glaube nicht, daß irgend jemand versteht, welcher Sachverhalt mit ihm ausgedrückt wird. Und ich glaube nicht, daß dies an der syntaktischen Komplexität des Satzes liegt. Nehmen wir einmal an, es gäbe im Deutschen die Wendung »jemanden mit etwas so-und-so-vielfach zu dem-und-dem schiffern wollen«, und es gelte folgendes: Man kann nur mit Handlungen schiffern wollen; jemand hat jemand anderen mit der Handlung x genau dann (einfach) zur Reaktion r schiffern wollen, wenn er x in der Absicht getan hat, daß der andere r zeigt; er hat ihn mit x genau dann n-fach zu r schiffern wollen, wenn er x in der Absicht getan hat, den anderen zu der Überzeugung zu bringen, daß er ihn mit x (n-1)-fach zu r schiffern wollte.[23] Dann könnten wir den obigen Satz, syntaktisch recht einfach, so wiedergeben:

(17*) S will A mit x siebzehnfach zu r schiffern.

Wer es nun für möglich halten sollte, daß jemand einen Satz wie (17) doch verstehen könnte, sei daran erinnert, daß dies noch nicht viel hilft. Denn es reicht ja nicht, daß es »prinzipiell« nicht auszuschließen ist, daß irgendwer irgendwann einmal versteht, was (17) besagt. Um (d) zu rechtfertigen, müßte unter anderem vielmehr glaubhaft gemacht werden können, daß wir – wann immer wir irgendwomit irgend etwas meinen – irgend jemanden abermilliardenfach irgendwozu schiffern wollen.

Es sei hervorgehoben, daß hier nicht bestritten wird, daß ein

Satz wie (17) eine ganz bestimmte Bedeutung hat, sondern nur, daß irgendwer diesen Satz versteht. Es wird auch nicht bestritten, daß wir einiges über die Bedeutung dieses Satzes wissen. Ganz im Gegenteil, wir wissen beispielsweise, daß (17) von keinem anderen Satz der erwähnten Satzfolge impliziert wird. Wir wissen auch, daß er nicht einmal von allen anderen Sätzen dieser Satzfolge zusammen impliziert wird. Wir wissen, daß er keinen anderen Satz dieser Folge impliziert. Wir wissen, daß dieser Satz impliziert, daß S gewisse Wünsche hat. Wir wissen, daß dieser Satz impliziert, daß S gewisse Überzeugungen hat und gewisse andere Überzeugungen nicht. Wir wissen sogar, wie die Sätze aussehen, die die Wünsche und Überzeugungen spezifizieren, die S gemäß (17) haben muß. Aber wir verstehen auch diese Sätze nicht, obwohl wir wiederum einiges über ihre Bedeutung wissen.

Welche Berechtigung habe ich zu behaupten, niemand verstehe, was (17) besagt? – Nicht mehr, aber auch nicht weniger, von der Art Berechtigung, die ich für die Behauptung habe, niemand könne (ohne die Zuhilfenahme irgendwelcher Tricks) höher als dreieinhalb Meter springen. Ich habe eine Menge Berechtigung für diese letztere Behauptung, obwohl ich weiß, daß die meisten erwachsenen Menschen zehn Zentimeter hoch springen können; und obwohl ich weiß, daß wenn sie zehn Zentimeter hoch springen können, wohl auch elf Zentimeter hoch springen können; und weiß, daß wenn sie elf Zentimeter hoch springen können, wohl auch zwölf Zentimeter hoch springen können; und so weiter. Aber nicht beliebig weit so weiter. Irgendwo – und ich habe keine Ahnung, wo genau – traue ich dem Springer nicht schon auf Grund der übersprungenen Höhe zu, daß er auch noch einen Zentimeter mehr überspringt. Und für jeden Springer gibt es eine Höhe, die zu überspringen ich ihm auf jeden Fall nicht mehr zutraue.

Die Analogie zwischen der Fähigkeit, eine hochhängende Latte zu überspringen, und der Fähigkeit, einen tiefverschachtelten Satz zu verstehen, ist gar nicht so verachtenswert gering, wie es auf den ersten oder zweiten Blick scheinen mag. Denn keine der beiden Fähigkeiten liefert, ab einem gewissen unbestimmten Punkt der Höhe der Latte oder der Tiefe der Verschacteltheit, eine Gewähr für die Fähigkeit, die nächstliegende Höhe oder Tiefe zu erreichen. Eignung und Übung liefern in beiden Fällen für einen gewissen aber unbestimmten Bereich eine gewisse aber unbestimmte Gewähr auf die Erweiterung der Fähigkeit. Aber so groß die Gewähr auch immer sein mag, sie ist an keinem Punkt vollkommen. Es führt kein Weg von der Fähigkeit, hundert Zentimeter zu überspringen, mit irgendeiner Notwendigkeit zu der Fähigkeit, noch einen Zentimeter mehr zu überspringen. Genausowenig führt die Fähigkeit, einen Satz wie

(1) »Hans beabsichtigte mit seiner Äußerung, daß Peter glaubt, daß Hans mit seiner Äußerung beabsichtigte, daß Peter ihm das Salz reicht«

zu verstehen, mit irgendeiner Notwendigkeit zu der Fähigkeit, einen Satz wie

(2) »Hans beabsichtigte mit seiner Äußerung, daß Peter glaubt, daß Hans mit seiner Äußerung beabsichtigte, daß Peter glaubt, daß Hans mit seiner Äußerung beabsichtigte, daß Peter ihm das Salz reicht«

zu verstehen. Eine Folgerungsbeziehung, die die Verknüpfung der beiden Fähigkeiten miteinander plausibel machen könnte, besteht nicht zwischen den beiden Sätzen. Und der Hinweis, daß es – um vom ersten zum zweiten Satz zu gelangen – genau desselben Schritts bedarf wie dem, der von dem Satz

(0) »Hans beabsichtigte mit seiner Äußerung, daß Peter ihm das Salz reicht«

zum ersten Satz führt, erleichtert das Verständnis von (2) – bei vorhandenem Verständnis von (1) – genausowenig, wie es den Sprung über hundertundeinen Zentimeter – bei bereits übersprungenen hundert Zentimetern – erleichtert, daß darauf hingewiesen wird, es gelte ja nur den gleichen Unterschied zu überwinden, der schon einmal (bei der Steigerung von neunundneunzig auf hundert übersprungene Zentimeter) überwunden worden sei. Das heißt, man kann das Konstruktionsschema von in immergleicher Weise zunehmenden Komplikationen durchschauen, ohne damit ein Mittel an der Hand zu haben, all diese Komplikationen zu bewältigen.

Soweit die Argumente für die Behauptung, daß ab einer relativ niedrigen Stufe der erwähnten Satzfolge aufwärts niemand versteht, was diese Sätze jeweils besagen – auch dann nicht, wenn klar ist, wie jeder höherstufige Satz aus dem um eine Stufe niedrigeren entsteht, und weiterhin klar ist, was die Sätze der ersten und zweiten Stufe besagen. Aus diesen Argumenten ergibt sich, daß niemand die Berechtigung hat, über irgend jemanden zu behaupten, auf ihn treffen alle Sätze dieser Folge zu. Und – solange nicht bestritten wird, daß gelegentlich etwas gemeint wird – hat niemand die Berechtigung, die Position (d) zu vertreten. Denn mit dieser Position wird ja gerade die Behauptung vertreten, daß wann immer jemand etwas mit dem meint, was er tut, er alle Sätze solch einer Folge erfülle.

V. Das interne Argument

Mit dem externen Argument wird das Klotzen nur in Verruf gebracht, aber noch nicht widerlegt. Denn es kann ja sein, daß der menschliche Geist sich dann und wann in Zuständen befindet, deren korrekte Beschreibung derart (irreduzibel) kompliziert ist, daß er selbst nicht ausreicht, sie zu verstehen. Mithin ist die Frage nach der *Richtigkeit* dieser sei's auch nur ohne *Berechtigung* vertretbaren Position noch offen: Unverständliches kann wahr sein. – So könnte man denken. Wer so denkt, und das auch insbesondere im Falle von Handlungsabsichten für zutreffend hält, dem ist natürlich mit dem externen Argument nicht zu helfen.

Mit dem internen Argument soll nun gezeigt werden, daß zu klotzen hier – bei der Explikation des Meinensbegriffs – aus unabhängigen Gründen auch *falsch* ist. Denn unendlich viele der dem Kommunikator damit zugeschriebenen Absichten erleichtern weder das Zustandekommen von Kommunikation noch dessen Verständnis. Diese Absichten zu haben, ist kommunikativ witzlos; sie zu fordern, ist kommunikationstheoretisch witzlos. Rationale Kommunikatoren werden diese Absichten also nicht haben, und das gibt rationalen Kommunikationstheoretikern einen weiteren guten Grund, sie ihnen nicht zuzuschreiben. Allemal gehören sie nicht zu den Merkmalen versuchter rationaler Kommunikation, schon gar nicht zu den begrifflichen. Mithin ist eine Analyse des Begriffs der rationalen Kommunikation, in der geklotzt wird, allein deshalb schon falsch. – Zunächst sei der Argumentationshintergrund dargelegt.

1. Über den Grundgedanken der Griceschen Analyse

Wer zu kommunizieren versucht, will beeinflussen; wer beeinflussen will, will, daß irgend etwas der Fall ist. Wenn etwa S zu kommunizieren versucht, dann will er, daß etwas – etwa r_A – der Fall ist:

(i) $W_S(r_A)$

Wer zu kommunizieren versucht, will irgendein Lebewesen, etwa A, beeinflussen; er will, daß es eine gewisse Reaktion, etwa r, zeigt – und sei es auch, daß diese Reaktion nur in der Unterlassung von irgend etwas oder sehr vielem besteht. Wer zu kommunizieren versucht, unternimmt etwas – etwa die Handlung x (die wiederum in einer Unterlassung, aber in einer wegen des Wunsches, daß r_A, unternommenen Unterlassung, bestehen kann) –, um r_A zu erreichen. Wer mittels x zu kommunizieren versucht, baut nicht darauf, daß x von selbst unmittelbar zu r_A führt.

Darauf baut er insbesondere dann nicht, wenn er mit jemandem zu kommunizieren versucht, den er bezüglich der gewünschten Reaktion r für rational hält. Dann baut er allerdings darauf, daß der andere r tun wird, falls er Gründe hat, r zu tun. Und weil er nicht glaubt, daß der andere unter den gegebenen Umständen ohnehin r tun wird – wenn er dies glaubte, würde er ihn gar nicht zu r bewegen wollen –, wird er versuchen, ihm einen Grund zu geben. Der Witz der Griceschen Idee ist nun, daß der Kommunikator etwas ganz Bestimmtes für solch einen Grund hält: nämlich die Überzeugung des Adressaten, daß der Kommunikator will, daß r_A. Fassen wir abschwächend zusammen: Wer zu kommunizieren versucht, nimmt an, daß der Adressat die gewünschte Reaktion unter der Bedingung zeigen wird, daß er glaubt, daß der Kommunikator diese Reaktion wünscht:

(ii) $B_S(r_A/B_A(W_S(r_A)))$

Weiterhin glaubt der Kommunikator, daß der Adressat unter der Bedingung, daß der Kommunikator die Handlung x vollzieht, glauben wird, daß der Kommunikator will, daß r_A der Fall ist:

(iii) $B_S(B_A(W_S(r_A))/x_S)$.

Wenn diese drei Bedingungen (und noch einige weitere, auf die wir gleich eingehen werden) erfüllt sind, dann vollzieht der Kommunikator die Handlung x – falls er sie vollzieht – in der Absicht, daß r_A zustandekomme und daß der Adressat bemerke, daß der Sprecher will, daß r_A zustandekommt.

Fassen wir, noch stärker schematisierend, zusammen: Wer zu kommunizieren versucht, hat das Ziel, daß der Adressat eine bestimmte Reaktion r zeigt. Dieses Ziel glaubt er dadurch erreichen zu können, daß er den Adressaten zu der Überzeugung bringt, daß er dieses Ziel hat. Und er glaubt, den Adressaten dadurch zu dieser Überzeugung bringen zu können, daß er eine bestimmte Handlung x vollzieht. Wichtig ist nun auch noch, daß der Kommunikator die Überzeugung des Adressaten (über das Ziel des Kommunikators) für wesentlich – oder wenigstens nicht für unwesentlich – hält, um zu seinem Ziel zu gelangen. Dies ist zwar sicherlich keine notwendige Bedingung für die Feststellung, der Kommunikator versuche mit x zu kommunizieren; allerdings ist es sicherlich eine notwendige Bedingung für die Feststellung, der Kommunikator habe mit x etwas im Griceschen Sinne gemeint.[24] Da es uns hier um die letztere Feststellung geht, müssen wir eine weitere Bedingung zu den bisherigen hinzunehmen. In ihrer schwächeren Version besagt sie, daß der Kommunikator nicht glaubt, daß der Adressat die gewünschte Reaktion auch unter der Bedingung zeigt, daß er nicht zu der Überzeugung gelangt, daß der Kommunikator will, daß er sie zeigt:

(iv) $\neg B_S(r_A / \neg B_A(W_S(r_A)) \wedge x_S)$[25]

In ihrer stärkeren Version besagt sie, daß der Kommunikator glaubt, daß der Adressat die gewünschte Reaktion unter der Bedingung, daß er nicht zu der Überzeugung gelangt, daß der Kommunikator diese Reaktion wünscht, nicht zeigt:

$B_S(\neg r_A / \neg B_A(W_S(r_A)) \wedge x_S)$

Ich ziehe die schwächere Bedingung vor, und dies aus folgendem Grund. Sie reicht aus, um die mir geläufigen, hier einschlägigen, Gegenbeispiele auszuschalten;[26] sie läßt allerdings zu, daß der Kommunikator auch dann etwas mit einer Handlung meinen kann, wenn er überzeugungsindifferent hinsichtlich des Sachverhalts ist, ob der Adressat nur unter der Bedingung die gewünschte Reaktion zeigt, daß er angesichts von x zu der Überzeugung gelangt, daß der Kommunikator will, daß er diese Reaktion zeigt. Ein Beispiel: Beim Abendessen sage ich zu meinem Gegenüber: »Reich mir doch mal bitte das Salz«; ich nehme an, daß er nun glaubt, daß ich will, daß er mir das Salz gibt (ich will dies auch wirklich), und nehme weiterhin an, daß er mir nun – wo er glaubt, daß ich von ihm das Salz gereicht haben möchte – das Salz reichen wird. Aber selbst wenn ich mir außerdem noch darüber unsicher wäre, ob er mir nicht vielleicht auch dann das Salz reichen würde, wenn er nicht glaubte, daß ich es haben möchte, könnte ich mit meiner Äußerung etwas meinen. Dies könnte etwa dann der Fall sein, wenn ich mir darüber unsicher bin, ob mein

Gegenüber kein wollüstiger Auf-den-Wortlaut-Festnagler ist, der mir auf meine Äußerung hin unter allen Umständen das Salz reichen würde – auch dann, wenn er glaubte, ich hätte mich versprochen und das Schmalz haben wollen. – Über so etwas dürfte man sich gemäß der stärkeren Version von (iv) nicht unsicher sein, wenn man mit einer Handlung etwas meint. Aus diesem Grund halte ich die stärkere Version für zu stark. Die schwächere Bedingung ist schwach genug, um solcherlei Unsicherheit nicht auszuschließen, und sie ist stark genug, um auszuschließen, daß der Kommunikator darauf baut, daß der Adressat angesichts der Handlung des Kommunikators auch unabhängig von seinen Überzeugungen über die Wünsche des Kommunikators die gewünschte Reaktion zeigt.[27]

Leider ist die schwächere Version aber immerhin noch so stark, daß man ihr zufolge etwa gegenüber niemandem mit sprachlichen Äußerungen etwas meinen kann, den man für einen Auf-den-Wortlaut-Festnagler hält. Da (iv) wesentlich zum Griceschen Meinensbegriff gehört, erweist sich dieser als ein nicht rundum adäquates Explikat für den intuitiven Begriff des Meinens. Denn wer zu jemandem – im Wissen darum, daß der ein Auf-den-Wortlaut-Festnagler ist – sagt »Reich mir doch mal bitte das Salz«, kann (gemäß dem intuitiven Meinensbegriff) damit wohl meinen, der andere möge ihm das Salz reichen.

Es ist bezeichnend für den Griceschen Begriff des Meinens, daß, wie und warum er sich an diesem Punkt vom gebräuchlichen unterscheidet. Der Grund ist nämlich, daß die Gricesche Analyse auf Fälle zugeschnitten ist, in denen es eine von den Wünschen und Überzeugungen des Kommunikators unabhängige, als verbindlich etablierte (»konventionale«) Bedeutung der Handlung (Satzäußerung) oder ihres abstrakten »Produkts« (der geäußerte Satz) nicht gibt. Wo es keine konventionale Bedeutung gibt, gibt es erst recht keine »wörtliche«; und wo die fehlt, kann auch niemand auf sie festgenagelt werden. Das Beispiel mit dem Auf-den-Wortlaut-Festnagler liefert also keinen ernstzunehmenden Einwand gegen Grices Explikation, weil es aus einer sozusagen begrifflich viel zu anspruchsvollen Sphäre stammt, in der es einen Unterschied zwischen Gesagtem und Gemeintem, Korrekt und Erfolgreich, Sprachverstehen und Handlungsverstehen, Lüge und Irreführung, und dergleichen mehr gibt. – Im Unterschied dazu ist unser gebräuchlicher Begriff des Meinens gerade in dieser

Sphäre angesiedelt. Gemäß den für ihn einschlägigen Kriterien ist es nachgerade schwierig, mit einer sprachlichen Äußerung nichts – oder etwas von ihrer wörtlichen Bedeutung weit Abgelegenes – zu meinen. Im umgangssprachlichen Sinn kann mit einer Äußerung sogar etwas gemeint werden, das der Kommunikator gerade zu verheimlichen trachtet. (Man denke ans Sich-Verplappern. Wenn der etwas tumbe Gangster im Krimi aus Versehen zum Detektiv sagt »Aber die Kohlen hab ich doch schon längst versoffen«, so meint er damit, daß er die Beute bereits in Alkoholika umgesetzt hat – auch wenn er gar nicht will, daß der Adressat dahinterkommt.)

Die prima facie kontraintuitive Konsequenz aus der Hinzunahme von (iv) ist also harmlos, solange die Gricesche Analyse nicht als Explikation des umgangssprachlichen Meinensbegriffs betrachtet wird. Trotzdem ist sie nicht völlig unproblematisch. Zur Erläuterung seien zunächst drei abkürzende Redeweisen eingeführt:

(a) Eine *Handlung vom Typ Ü* ist eine Handlung, deren Vollzug darauf hinweist (oder andeutet), daß der Kommunikator wünscht, daß der Adressat zu einer bestimmten Überzeugung gelangt.

(b) Eine *Handlung vom Typ H* ist eine Handlung, deren Vollzug darauf hinweist (oder andeutet), daß der Kommunikator wünscht, daß der Adressat eine bestimmte Handlung vollzieht.

(c) Ein Adressat *reagiert übermäßig hinweisbezogen* auf eine Handlung x seitens des Kommunikators K, wenn er auf den Vollzug von x auch dann in der als von K gewünscht angedeuteten Weise reagiert, wenn er den Hinweis für falsch hält (d. h. wenn er glaubt, daß K in Wirklichkeit nicht die Reaktion wünscht, die durch Ks Vollzug von x als von K gewünscht angedeutet wird).

Es macht nun einen Unterschied, ob jemand auf eine Handlung vom Typ Ü übermäßig hinweisbezogen reagiert oder auf eine vom Typ H. Eine Reaktion der ersten Art ist normalerweise irrational, weil sie darin besteht, eine Überzeugung zu bilden, die zu haben (unter den gegebenen Umständen normalerweise) kein Grund besteht und die nicht zu haben (unter den gegebenen Umständen normalerweise) Grund besteht. – Wer auf die Äußerung »Ich habe Bauchschmerzen« hin auch dann annimmt, der

Sprecher habe Bauchschmerzen, wenn er glaubt, daß der Sprecher sich versprochen hat und in Wirklichkeit »Kopfschmerzen« statt »Bauchschmerzen« sagen wollte, ist irrational. (Unter gewissen bizarren Bedingungen ist er es nicht – wenn er etwa glaubt, der Sprecher habe immer dann Bauchschmerzen, wenn er wünscht, daß der Adressat glaubt, er habe Kopfschmerzen; oder wenn er glaubt, der Sprecher habe sich mit seinem Versprecher ungewollt verraten; und so weiter.)

Eine übermäßig hinweisbezogene Reaktion auf eine Handlung vom Typ H ist normalerweise unernsthaft oder böswillig gegenüber dem Kommunikator, aber deshalb natürlich noch lange nicht irrational. Wenn ich jemandem auf seine Äußerung »Reich mir doch mal bitte das Salz« hin das Salz reiche, auch wenn ich glaube, daß er in Wirklichkeit das Schmalz haben wollte, so kann es sein, daß ich gute Gründe dafür habe, dies zu tun. Nicht kooperativ sein ist nicht irrational sein.

Mit (iv) wird ausgeschlossen, daß der Kommunikator glaubt, der Adressat werde auf seine Handlung übermäßig hinweisbezogen reagieren. Dies ist völlig in Ordnung, wenn mit einer Handlung vom Typ Ü zu kommunizieren versucht wird. Denn in diesem Fall wird durch (iv) ausgeschlossen, daß der Kommunikator den Adressaten für in spezieller Weise irrational hinsichtlich der gewünschten Reaktion hält – und dies darf bei rationaler Kommunikation nicht sein. – Wird hingegen mit einer Handlung vom Typ H zu kommunizieren versucht, so ist – wie gerade dargelegt – (iv) eine stärkere Forderung, die nicht allein schon mit Hinweis darauf zu legitimieren ist, daß die Gricesche Analyse es mit rationaler Kommunikation zu tun hat.

Hier sind verschiedene Diagnosen und Therapien möglich. Man könnte die Forderung von (iv) auf den Fall beschränken, wo es dem Kommunikator darum geht, im Adressaten eine Überzeugung hervorzurufen. Oder – wie Grice (1968, 230; 1969, 166 ff.) es mit anderen Gründen vorschlägt – niemals eine Handlung sondern immer eine propositionale Einstellung als unmittelbar beabsichtigte Reaktion des Adressaten annehmen. Und schließlich kann man auch alles so lassen, wie es ist, und sich damit abfinden, daß die Gricesche Analyse vom Kommunikator in gewissen Fällen verlangt, daß er seinen Adressaten nicht für unkooperativ hält. Das erste führt zu einer uneinheitlichen Analyse des Meinensbegriffs, das zweite zu einer flagrant kontraintuitiven Übervereinheitlichung; deshalb wähle ich das dritte, und nehme dabei in Kauf, daß bei der Kommunikation mit konventional etablierten imperativischen Zeichen gelegentlich nichts im Griceschen Sinne gemeint wird.

2. Gründe, Hintergründe und ein Ende

Wenn ein Kommunikator mit einer Handlung im Griceschen Sinne etwas meint, so will er, daß der Adressat eine bestimmte Reaktion zeigt, und er glaubt, daß von seiner Handlung ein Weg zur gewünschten Reaktion führt. Im Groben sieht dieser Weg so aus, daß die Handlung von S zu einer Überzeugung von A über den Wunsch von S, und diese zur Erfüllung des Wunsches durch A führt. Wenn wir, in Anpassung an die Gricesche Analyse und ihre Diskussion, hier leichtfertig von Absichten statt von Wünschen sprechen, so läßt sich das abkürzend so darstellen (wobei wir Subskripte und Klammern der Bequemlichkeit halber weglassen):

(1) $x \Longrightarrow BIr \Longrightarrow r$

Es ist aus dem Bisherigen klar, daß der Pfeil nicht einfach für die materiale Implikation steht und auch nicht schlicht als »bewirkt (bei A), daß« zu lesen ist. Die richtige Deutung ist vielmehr: »ist ein Grund (für A), der A dazu führt, daß«.

Demgemäß besagt (1), daß x für A ein Grund für BIr ist und dies wiederum einer für r. Aber weder ist x für sich allein genommen schon ein Grund für BIr, noch BIr einer für r. Sie sind dies nur in Verbindung mit (oder auf dem Hintergrund von) gewissen Überzeugungen und, gegebenenfalls, Wünschen. Nennen wir diejenigen Überzeugungen und Wünsche von A, die einen Sachverhalt p für A zu einem Grund für eine bestimmte Reaktion (Handlung oder Überzeugung) r machen, den *Hintergrund*, auf dem p für A ein Grund für r ist.

In Hinblick auf (1) kann man nun fragen, welchen Hintergrund S bei A annimmt: Auf dem Hintergrund welcher Annahmen und Wünsche soll A angesichts von x zu der Überzeugung, daß Ir, und von ihr schließlich zu r gelangen? Dies ist, wohlgemerkt, keine zur Begriffsanalyse von »Meinen« gehörige Frage, denn jeder beliebige Hintergrund, der (gemäß den Annahmen von S) x zu einem Grund für BIr und dies zu einem für r macht, geht in Ordnung. Aber es wäre natürlich unbestreitbar ein recht starkes

– weil von der auch mit schwächeren Mitteln erreichbaren Beseitigung der behandelten Gegenbeispiele unabhängiges – Argument
für Klotzen, wenn sich einsichtig machen ließe, daß die unendlich
lange Folge

(2) BIr, BIBIr, BIBIBIr, . . .

Teil eines bei rationaler Kommunikation typischen oder wenigstens naheliegenden Hintergrunds der fraglichen Art ist. Denn
dann läge es nahe anzunehmen, daß S bei einem Versuch, mit
A rational zu kommunizieren, typischerweise versucht, diesen
Hintergrund zu erzeugen oder zu aktivieren. Und von dort wäre
es nur noch ein kleiner Schritt zum Klotzen: der Behauptung, der
Kommunikator habe typischerweise die unendlich komplexe Absicht, daß (2).

Prima facie könnte (2) an zwei Stellen als Hintergrund fungieren. Aber es bedarf keiner Begründung, daß ein typischer oder
auch nur naheliegender Hintergrund für den rationalen Übergang
von BIr zu r nicht (2) umfaßt. Wie solch ein Hintergrund
aussieht, hängt davon ab, ob r in (der Bildung) einer Überzeugung oder in (dem Vollzug) einer Handlung besteht. Betrachten
wir zunächst den ersten Fall und nehmen an, es handele sich um
die Überzeugung, daß p. As Hintergrund besteht in diesem Fall
aus Überzeugungen, die zusammengenommen ergeben (d. h. de-
duktiv implizieren oder induktiv stark stützen), daß gilt: Wenn
S die Absicht hat, mich zu der Überzeugung zu bringen, daß p,
dann p. – Normalerweise wird es sich dabei um As Überzeugung
handeln, daß S (zumindest hinsichtlich der Frage, ob p der Fall ist
oder nicht) gut informiert und aufrichtig gegenüber A ist.

Im zweiten Fall, wo r in As Vollzug einer Handlung, sagen wir
der Handlung, H, besteht, setzt sich As Hintergrund für BIr
$\Longrightarrow$ r aus Wünschen und Überzeugungen von A zusammen.
Diese Wünsche und Überzeugungen sind so beschaffen, daß sie
einen praktischen Schluß von »Ir« auf die Konklusion »r« (d. h.
»A vollzieht H«) ergeben. Vom Standpunkt As betrachtet, kann
so ein Hintergrund etwa folgendermaßen aussehen:

> Wenn S die Absicht hat, mich zum Vollzug von H zu
> bringen, dann ist es gut für mich, H zu vollziehen.
> Ich will tun, was gut für mich ist.

Eine andere Sorte solch eines Hintergrunds ist:

> Wenn S die Absicht hat, mich zum Vollzug von H zu
> bringen, dann ist es gut für S, wenn ich H vollziehe.

Wenn ich H vollziehe, so habe ich keinen Schaden davon.
Ich will tun, was gut für S ist und mir nicht schadet.
Die Hinzunahme von
S hat die Absicht, mich zum Vollzug von H zu bringen.
ergibt in beiden Fällen einen praktischen Schluß mit der Konklusion, daß A die gewünschte Reaktion zeigt, d. h. H vollzieht.
Falls A rational ist, so wird er – in Abwesenheit störender Einflüsse – dann H vollziehen.[28]

Die Glieder von (2) haben keinen sinnvollen Platz auf dem rationalen Weg von BIr zu r. Anders steht es da beim Übergang von x zu BIr. Denn BIBIr gibt dem Adressaten auf dem Hintergrund der gar nicht abwegigen Annahme, daß der Kommunikator – was seine grundlegende Äußerungsabsicht angeht – ehrlich ist, Grund zu BIr. Entsprechend gibt ihm BIBIBIr Grund zu BIBIr, falls er die keineswegs abwegige Annahme im Hintergrund hat, daß der Kommunikator – was seine Äußerungsabsicht erster Stufe angeht – ihm gegenüber ehrlich ist, und so weiter.

Das bedeutet: Prinzipiell kann jedes beliebig lange Stück der Folge (2) beim Übergang von x zu BIr benutzt werden. Das durch den Grundgedanken der Analyse von Grice nahegelegte Schema, das A gemäß den Annahmen von S erfüllt,

$$x_S \diagup\!\!\!- \text{Hintergrund 0}$$
$$\text{BIr} \diagup\!\!\!- \text{Hintergrund 1}$$
$$r$$

kann demnach so »erläutert« werden, daß Hintergrund 0 durch Folgendes ersetzt wird: Hintergrund 0′, Hintergrund $n+2$, Hintergrund $n+1$, ..., und Hintergrund 2, so daß (für beliebiges $n \geq 1$) folgendes Schema auf A zutrifft:

$$x_S \diagup\!\!\!- \text{Hintergrund 0′}$$

$n+2$. Stufe BI... (n mal BI) ... BIr $\diagup\!\!\!-$ Hintergrund $n+2$

$n+1$. Stufe BI... (n−1 mal BI) ... BIr $\diagup\!\!\!-$ Hintergrund $n+1$

$\vdots$ $\qquad\qquad\qquad\qquad\qquad\vdots$

2. Stufe $\qquad\qquad\qquad$ BIBIr $\diagup\!\!\!-$ Hintergrund 2

1. Stufe $\qquad\qquad\qquad\quad$ BIr $\diagup\!\!\!-$ Hintergrund 1
$\qquad\qquad\qquad\qquad\qquad$ r

Dagegen zweierlei. Erstens könnte man denken, damit sei gezeigt, daß mit dem Klotzen also immerhin erklärt werden könne, wie es von x zu BIr kommt. Aber unendlich weit gefehlt: Die Antwort auf diese Frage wird damit nur unendlich weit verschoben.[29] Und eine unendlich weit verschobene Antwort ist sicherlich keine Antwort auf die Frage, wie rationale Personen zu ihren Überzeugungen gelangen. Die Zuflucht zu (2) erklärt nicht, was sie erklären soll.

Zum zweiten liegt es auf der Hand, daß man niedrigstufige Absichten klarmachen kann, ohne höherstufige klarzumachen, und daß ersteres einfacher ist als letzteres. Weiterhin ist es einem rationalen Kommunikator völlig gleichgültig, was auf einer höheren als der ersten Stufe der Fall ist, solange da alles in Ordnung ist. Und daß dort alles in Ordnung ist, kann er ohne Umweg über höhere Stufen unmittelbar erreichen.[30]

Betrachten wir ein Beispiel. S und A sitzen beim Abendessen; das Salzfaß steht in für A, aber nicht in für S, bequem erreichbarer Entfernung. S will, daß A ihm das Salzfaß reicht. S glaubt, daß A ihm das Salzfaß reichen wird, falls A glaubt, daß S will, daß A ihm das Salzfaß reicht. Und S glaubt nicht, daß A – unter der Bedingung, daß S sagt »Reich mir doch mal bitte das Salz« – ihm das Salzfaß reichen wird, solange A nicht glaubt, daß S will, daß A ihm das Salzfaß reicht. S glaubt weiterhin, daß A glauben wird, daß S will, daß A ihm das Salzfaß reicht, falls S sagt »Reich mir doch mal bitte das Salz«. – Somit erfüllt S die Bedingungen (i)-(iv).

S hält A für rational, insbesondere für rational hinsichtlich der erwähnten Überzeugung und Handlung. S glaubt also, daß A einen Hintergrund dafür hat, S das Salzfaß auf Grund des Sachverhalts zu reichen, daß S will, daß A ihm das Salzfaß reicht. (S glaubt nämlich, daß A ihm auf jeden Fall dann zu Gefallen sein möchte, wenn es A keine Mühe kostet. Und S glaubt, daß es A keine Mühe kostet, ihm das Salzfaß zu reichen. Deshalb glaubt S, daß A ihm das Salzfaß reichen wird, falls A glaubt, S damit zu Gefallen zu sein.) S glaubt auch, daß A einen Hintergrund dafür hat, auf Grund von Ss erwähnter Äußerung zu glauben, daß S will, daß A ihm das Salzfaß reicht. (S glaubt nämlich, daß A des Deutschen mächtig und momentan bei Sinnen ist, und auch nicht annehmen wird, daß S mit seiner Äußerung unernst ist. Oder, etwas direkter: S glaubt nämlich, daß A so gebaut ist – d. h. induktive Standards der Art hat –, daß die überwiegend weitaus meisten einschlägigen Erfahrungen As die – durch höchstens ganz vereinzelte Erfahrungen unwesentlich geschwächte – Überzeugung As bewirkt und immer stärker bestätigt haben, daß wenn jemand wie S unter Umständen wie den gegebenen – etwas wie, insbesondere aber – »Reich mir doch mal bitte das Salz« äußert, er dann will, daß der Adressat der Äußerung ihm Salz reicht. Und S glaubt, daß A S für jemanden wie S – und die gegebenen Umstände für solche wie die gegebenen, sowie sich selbst für den Adressaten der erwähnten Äußerung – halten wird.)

Dieses Beispiel liefert uns einen Fall, wo S mittels x versucht, mit A zu kommunizieren. Insofern S die Bedingungen (i)-(iv) erfüllt, setzt er bei seinem Kommunikationsversuch mittels der erwähnten Äußerung an keinem Punkt voraus, daß A nicht rational ist. Insofern S auch noch glaubt, daß A einen Hintergrund für x $\Longrightarrow$ BIr und für BIr $\Longrightarrow$ r hat, setzt S voraus, daß A hinsichtlich der beiden gewünschten Reaktionen (BIr und r) rational ist und daß x für A ein Grund für BIr und somit – weil BIr für A ein Grund für r ist – auch für r ist. (Auch diese Überzeugung von S gehört zum Kern der Griceschen Analyse; und wir werden uns gleich um die Frage kümmern, wie wir sie zu den bislang aufgestellten Bedingungen hinzunehmen.) Aber all dies macht in keiner Weise einsichtig, warum S – außer r und BIr – auch noch wünschen sollte, daß BIBIr, BIBIBIr, und so weiter. Denn diese zusätzlichen Wünsche ergeben sich in keiner irgendwie zwingenden oder auch nur naheliegenden Weise aus den bisherigen Wünschen und Überzeugungen von S (einschließlich der Überzeugung, daß A rational ist); und die Erfüllung dieser zusätzlichen Wünsche trägt in keiner irgendwie zwingenden oder auch nur naheliegenden Weise zur Erfüllung des ursprünglichen Wunsches bei, daß A r zeigen möge. Deshalb können wir sagen, daß BIBIr, BIBIBIr usw. für das Zustandekommen von BIr und r irrelevant – und somit kommunikativ witzlos – sind.

Wer mit einer Handlung ein bestimmtes Ziel, etwa r, verfolgt, wird im allgemeinen nicht die Absicht haben, mit dieser Handlung solche Sachverhalte, wie etwa BIBIr, zustande zu bringen, die für die Erreichung seines Ziels irrelevant sind. Deshalb wird es im allgemeinen nicht der Fall sein, daß jemand mit einer Handlung, deren Ziel r ist, auch BIBIr beabsichtigt – selbst wenn er den Kern der Griceschen Analyse erfüllt. Und die zusätzliche Absicht, daß BIBIr, ist – wann auch immer sie bei der Kommunikation unter rationalen Personen vorliegen mag – ein vollkommen akzidentelles Phänomen, das für die Analyse des Meinensbegriffs keine Rolle spielt.

Aus diesen Gründen ist abschließend Folgendes gegen die »Jetzt-wird-geklotzt-und-nicht-gekleckert«-Position einzuwenden: Sie liefert eine Begriffsanalyse mit

(a) unendlich vielen unverständlichen und
(b) unendlich vielen begrifflich überflüssigen Bedingungen, die
(c) normalerweise allesamt unerfüllt sind.

Deshalb ist diese Position unbefriedigend, und man sollte alle nicht aus dem Kern heraus rechtfertigbaren Absichtsforderungen über Ockhams Klinge springen lassen.

VI. KERN, BEIWERK UND PERIPHERIE DER ANALYSE VON GRICE

In den bislang angegebenen Bedingungen, die den Kern der Analyse von Grice darstellen sollen, war weder von Gründen des Adressaten noch von Absichten des Kommunikators die Rede. Mit der Beseitigung des ersten Mangels haben wir wenig Mühe.

$$B_X(r_Y//p)$$

ist eine informale Abkürzung für

X glaubt, daß Y unter der Bedingung p die Reaktion r zeigt und daß p für Y ein Grund ist, r zu zeigen

Wir sagen dann auch, kurz und unschön, daß X glaubt, daß Y unter der *rationalen Bedingung*, daß p, r zeigt. Verstärkt man die in (ii) und (iii) vorkommenden Bedingungen zu rationalen Bedingungen, so stellen die Feststellungen

(i) $W_S(r_A)$
(ii) $B_S(r_A//B_A(W_S(r_A)))$
(iii) $B_S(B_A(W_S(r_A))//x_S)$
(iv) $\neg B_S(r_A/\neg B_A(W_S(r_A))\wedge x_S)$

meines Erachtens den Kern der Griceschen Analyse dar. Die Bedingungen (ii) und (iii) besagen u. a., daß S A für rational hinsichtlich $B_A(W_S(r_A))$ und r_A hält – S glaubt ja gemäß diesen Bedingungen, daß A jeweils Gründe hat und ihnen entsprechend reagieren wird. Bedingung (iv) besagt u. a., daß S nicht glaubt, daß A Gründe hat, die ihn angesichts von x_S auch ohne Annahmen über die Wünsche von S zu r_A führen. Und dies heißt, daß S nicht glaubt, daß x_S für A ein natürliches Zeichen in bezug auf r ist.

Als Beiwerk der Analyse von Grice bezeichne ich solche mehr oder weniger trivialen Zusatzbedingungen, aus denen zusammen mit dem Kern folgt, daß S – falls er x vollzieht – x in der Absicht vollzieht, daß A r zeige und zu der Überzeugung gelange, daß S will, daß A r zeigt.

Zur Spezifikation des Beiwerks bedarf es einer geeigneten hinreichenden Bedingung für »S tut x in der Absicht, daß p«. Die folgenden Sätze stellen solch eine nicht-triviale (weil beinahe definitorische und somit nicht allzu starke) Bedingung dar:[31]

(0) S tut x;

(1) S will, daß p;

(2) S glaubt, daß p unter der Bedingung, daß S x tut;

(3) S glaubt nicht, daß p unter der Bedingung, daß S nicht x tut; und

(4) es gibt kein q derart, daß S will, daß $\neg$q, und S glaubt, daß q unter der Bedingung, daß S x tut.

Zieht man diese Bedingungen als geeignete hinreichende Bedingung für »S tut x in der Absicht, daß p« zu Rate, so bedarf es, neben den Kern-Bedingungen (i) und (iii), noch folgender Zusatzbedingungen, um zu den zu erreichenden Absichten zu gelangen:

(v) $\neg B_S(r_A/\neg x_S)$ – Dies folgt nicht aus dem Kern und ist somit eine Beiwerksbedingung sui generis.

(vi) $W_S(B_A(W_S(r_A)))$ – Dies folgt aus (i) und (ii) mit einem Zusatz des Beiwerks, etwa dem, daß S keine andere Möglichkeit sieht, zu r_A zu gelangen, außer der, A den Grund $W_S(r_A)$ zu geben. Ein schwächerer Zusatz im Beiwerk wäre, daß es S am angenehmsten ist, wenn A auf Grund von $B_A(W_S(r_A))$ die Reaktion r zeigt.

(vii) $B_S(r_A/x_S)$ – Dies folgt aus (ii) und (iii), und gehört deshalb nicht zum Beiwerk.

(viii) $\neg B_S(B_A(W_S(r_A))/\neg x_S)$ – Dies folgt aus (ii), (iii), (v) und (vii), und gehört deshalb nicht zum Beiwerk.

(ix) $\neg Vq(W_S(\neg q) \wedge B_S(q/x_S))$ – Dies ist eine weitere unabhängige Bedingung des Beiwerks.

Aus (i), (iii) und (v) – (ix) folgt gemäß (0)-(4): Wenn S x vollzieht, so tut er dies in der Absicht, daß A r zeigen möge; abgekürzt:

(x) $x_S \longrightarrow I_{S,x}(r_A)$

Entsprechend ergibt sich: Wenn S x vollzieht, so tut er dies in der

Absicht, daß A zu der Überzeugung gelangen möge, daß S will, daß A r zeigt; – kurz:

(xi) $x_S \longrightarrow I_{S,x}(B_A(W_S(r_A)))$.

In Entsprechung zur Reihenfolge der fürs intentionale Handeln hinreichenden Bedingungen (o)-(4) gilt dabei: (x) folgt aus (i), (vii), (v) und (ix); und (xi) folgt aus (vi), (iii), (viii) und (ix).

Nun können wir klar angeben, was zum Beiwerk der Analyse von Grice gehört: nämlich (v), (ix) und solche Annahmen, die gemeinsam mit (i) und (ii) die Bedingung (vi) implizieren. Alle diese Beiwerksbedingungen sind einigermaßen harmlos: Wäre die Negation von (v) der Fall, so brauchte der Sprecher x nicht zu vollziehen, um r_A zu erreichen. Wäre die Negation von (ix) der Fall, so würde S es unterlassen, x zu äußern. Wäre trotz (i) und (ii) die Negation von (vi) der Fall, so hätte der Sprecher – gemäß (iv) – keinen Grund, x zu vollziehen, um r_A zu erreichen.

Fassen wir zusammen: Der *Kern der Analyse von Grice* besteht aus den Bedingungen (i)-(iv). Diese Bedingungen besagen unter anderem: S glaubt, daß es für A einen gültigen Schluß gibt, der A angesichts von x_S zu r_A führt. S glaubt, daß A rational hinsichtlich r ist. Somit glaubt S, daß A unter der Bedingung x_S die Reaktion r zeigen wird. [Dies ist in Bedingung (ii) und (iii) enthalten.] Und S glaubt nicht, daß x_S für A ein natürliches Zeichen in bezug auf r ist. [Dies ist in (iv) enthalten, und auch der einzige Sinn dieser Bedingung.]

Das *Beiwerk* besteht aus (v), (ix) und einer – nicht überflüssig starken – Annahme, die gemeinsam mit (i) und (ii) impliziert, daß (vi). Aus Kern und Beiwerk ergibt sich unter anderem, daß es für S einen praktischen Schluß gibt, dessen Konklusion der Vollzug von x ist. Die Prämissen dieses Schlusses sind natürlich identisch mit den Bedingungen für (x) und (xi). Würde S x für ein Zeichen halten, das für A in bezug auf r natürlich ist – würde, anders ausgedrückt, die Negation von (iv) gelten –, so stellten auch schon die Bedingungen für (x) allein die Prämissen für einen praktischen Schluß mit der Konklusion x_S dar.

Wenn der Kern erfüllt ist, so glaubt S, daß A x_S (im Griceschen Sinne) *versteht:* d. h., daß A durch x_S mittels eines Hintergrunds zu der Überzeugung gelangt, daß S will, daß A r zeigt. Und er glaubt, daß A durch diese Überzeugung mittels eines weiteren Hintergrunds dazu gelangt, r zu zeigen.

Wenn Kern und Beiwerk erfüllt sind, so vollzieht S x, weil er will, daß r_A, und weil er glaubt, daß A x_S (im Griceschen Sinne) versteht, und auf Grund dessen r zeigen wird. Wenn S unter solchen Bedingungen x vollzieht, so meint er (im Griceschen Sinne) etwas mit x (oder wenigstens damit, daß er x vollzieht).

Für die Gricesche Analyse gilt nach unserer Rekonstruktion: Wer irgendwomit etwas meint, antizipiert ein gewisses Verständnis. Und das ist auch richtig so. Die Umkehrung gilt – und nicht nur aus zeitlichen Gründen – nicht: Wer etwas in irgendeiner Weise versteht, muß deshalb noch lange nicht glauben, daß es in dieser (oder überhaupt einer) Weise gemeint war. Und dies ist auch richtig. Denn der Inhalt von Bedingung (iv) ist nur für den Kommunikator, nicht aber für den Adressaten entscheidungserheblich. Grob gesagt, dem Adressaten ist es völlig schnuppe, welche Sorte von Gründen ihn von x_S zu r_A führt: ihm ist jeder Grund recht. Der Kommunikator hingegen ist auf eine gewisse Sorte von Gründen des Adressaten angewiesen und versessen – vgl. Bedingung (ii) und (vi) – nämlich solche Gründe, die gerade den Hintergrund 1 des Adressaten mobilisieren. Während der Kommunikator also durchs Gricesche Meinen darauf festgelegt ist, just eine Sorte von Hintergrund beim Adressaten zu mobilisieren, um zu r_A zu gelangen, ist der Adressat völlig offen für jeden Grund, der ihn – mittels irgendeinem ihm verfügbaren Hintergrund – zu r_A führt.

Natürlich könnte man nun »eine höhere Form« des Verstehens im Griceschen Sinne definieren, die der Adressat erst dann erreicht, wenn er auch zusätzlich noch bemerkt, daß der Kommunikator wünscht, daß der Adressat erkennt, daß der Kommunikator mit seiner Äußerung im Griceschen Sinne etwas gemeint hat. Und natürlich könnte man dann auch »eine höhere Form« des Meinens im Griceschen Sinn definieren, die der Kommunikator erst dann erreicht, wenn er x zusätzlich auch noch deshalb vollzieht, weil er glaubt, daß A x_S in einer höheren Form versteht. Erst recht könnte man dann definieren, was es heißt, mit einer Äußerung etwas in beliebig hoher Form (oder Stufe) zu meinen.

Aber all das interessiert uns hier nicht; zum einen deshalb, weil auch noch so hohes Meinen schlichtes Meinen voraussetzt, zum zweiten deshalb, weil die Umkehrung davon nicht gilt, und zum dritten deshalb, weil schlichtes Meinen bei rationaler Kommunikation so gut wie immer, und höheres Meinen so gut wie nie vorliegt.

Die *Peripherie* der Analyse von Grice besteht in einem Ausschlußverfahren für die eingangs geschilderten Gegenbeispiele. Wie die Bezeichnung andeutet, halte ich deren Ausschluß für eine recht nebensächliche Angelegenheit. Ich sehe nämlich keinen systematischen Grund, vom Kommunikator im Falle rationaler Kommunikation zu verlangen, daß er sich gegenüber dem Adressaten nicht in gewissen Weisen schlitzohrig geriert oder Einschlägiges zu verheimlichen trachtet. Soll er doch, wenn ihm der Sinn danach steht. Solcherlei Schlitzohrigkeit oder Verheimlichungsabsichten beeinträchtigen weder die Rationalität der geplanten Kommunikationshandlung noch die der beabsichtigten Reaktion. Selbst wenn der Adressat die Machenschaften des Kommunikators durchschaute, könnte er rationalerweise nicht anders handeln als vorgesehen (vorausgesetzt natürlich, die dem Kommunikator in Kern und Beiwerk zugeschriebenen Ansichten treffen zu): Er hat Gründe für die (zutreffende) Annahme, daß der Kommunikator etwas Bestimmtes von ihm will, und er hat Gründe, dies dann auch zu tun. Alles andere spielt für ihn keine Rolle, um als rationale Person angesichts der Äußerung die vom Kommunikator gewünschte Reaktion zu zeigen. Jede hinzukommende, sei's auch noch so bizarre, Äußerungsabsicht des Kommunikators gefährdet also weder Rationalität noch Erfolg der Kommunikationshandlung. Wozu sie verbieten, wenn es um eine Theorie rationaler Kommunikation geht?

Ich nehme an, daß der Wunsch nach dem Ausschluß solcher Absichten zu einen daher rührt, möglichst eng sich an den umgangssprachlichen Begriff des Meinens zu halten, zum andern daher, daß sprachlicher Kommunikation (um die es ja doch insgeheim immer geht) solche Absichten fremd sind. Ersteres ist theoretisch belanglos, und Letzteres nicht weniger, denn das Fehlen solcher Absichten ist kein begrifflich relevantes Merkmal sprachlicher Kommunikation. Wir vermerken ja auch nicht das Fehlen von Tischtennisbällen im Mund des Sprechers in einer Analyse des Begriffs der (laut-)sprachlichen Kommunikation. Erklären läßt sich dieses Fehlen jeweils auf die gleiche Weise: die Alternative erschwert Kommunikation und es gibt selten Gründe für sie.

Wie dem auch sei, wir haben gesehen, daß sich die Gegenbeispiele auf befriedigende Weise ausschließen lassen, und können nun unsere Rekonstruktion der Griceschen Analyse (des Versuchs) rationaler Kommunikation mit arbiträren Zeichen abschließend so zusammenfassen:

> S *meint* (im streng Griceschen Sinn) etwas mit einer Handlung, wenn er bei ihrem Vollzug Kern und Beiwerk der Griceschen Analyse erfüllt und in bezug darauf gegenüber dem Adressaten in keiner Weise verheimlichend oder irreführend ist.

VII. WARUM SO SCHWACH UND ARM?

Kern und Beiwerk, in der hier vorgelegten Rekonstruktion, ergeben also nur zwei Kommunikator-Absichten, während die ursprüngliche Analyse von Grice (1957) drei Absichten vom Kommunikator verlangt. Und nicht nur das: Die hier im Konsequens von (xi) – unter der Bedingung, daß der Kommunikator x tut – verlangte Absicht ist schwächer als die ihr in der ursprünglichen Analyse von Grice entsprechende.

Warum wird hier, über das Konsequens von (xi), nur

(2*) $I_{S,x}(B_A(W_S(r_A)))$

und nicht die zweite Bedingung von Grice, nämlich

(2) $I_{S,x}(B_A(I_{S,x}(r_A)))$,

gefordert? Weil kein Grund zu dieser Forderung besteht – zumindest keiner, dem nicht schon durch (2*) Genüge getan wäre. Um (2) über die im vorigen Abschnitt erwähnten Bedingungen (0)-(4) zu erreichen, bedarf es der zusätzlichen Forderung folgender Bedingungen:[32]

$W_S(B_A(B_S(r_A/x_S)))$

$W_S(B_A(\neg B_S(r_A/\neg x_S)))$

$W_S(B_A(\neg \forall q(W_S(\neg q) \land B_S(q/x_S))))$

$B_S(B_A(B_S(r_A/x_S))/x_S)$

$B_S(B_A(\neg B_S(r_A/\neg x_S))/x_S)$

$B_S(B_A(\neg \forall q(W_S(\neg q) \land B_S(q/x_S)))/x_S).$

An diesen Feststellungen, für sich genommen, ist nichts Schlimmes oder allzu Abwegiges. Ein bißchen eigenartig muten sie allerdings schon an, insbesondere die Wünsche, die so gar nicht aus dem Bisherigen plausibel zu machen sind. Wie dem auch sei, allemal ist es nicht der Sinn einer Begriffsanalyse, alles zu fordern, was nicht schlimm und allzu abwegig ist. Deren Sinn besteht vielmehr darin, möglichst genau das anzugeben, was für die korrekte Anwendung des analysierten Begriffs gerade ausreicht.

Wessen philosophisches Temperament über das hinreichend Schwache hinaus auch noch das überflüssig Starke verlangt, mag natürlich herzlich gerne (2) zum Konsequens von (xi) erheben. Denn wenn dies auch als Konsequens von (xi) durch unsere Rekonstruktion der Griceschen Analyse nicht gesichert ist, so ist es natürlich trotzdem mit ihr völlig verträglich. Doch wäre solch eine Verstärkung nichts als philosophische Kraftmeierei.

Noch ein rein persuasives Argument wider die betrachtete Verstärkung des Konsequens von (xi). Wie könnte es sein, daß A zwar r nicht tun will, wenn er auf Grund von x bemerkt, daß S will, daß er r tut – daß er wohl aber r tun will, wenn er auf Grund von x bemerkt, daß S mit x beabsichtigt, daß er r tut? Oder, affirmativ aus dem Blickwinkel des Adressaten gefaßt: Wenn ich etwas deshalb tue, weil du es mit deiner Handlung beabsichtigst, dann würde ich es auch schon deshalb tun, weil du es willst; daß du auch noch glaubst, ich werde es auf Grund deiner Handlung tun, interessiert mich gar nicht.[33] Oder, vom Standpunkt des Kommunikators formuliert: Wenn du nicht tust, was ich will, obwohl du merkst, daß ich will, daß du es tust, dann tust du es auch nicht, wenn du merkst, daß ich beabsichtige, daß du es tust.

– Zum zweiten Punkt. Warum kommt die dritte Bedingung des ursprünglichen Griceschen Analysans,

(3) S äußert x in der Absicht, daß A zumindest teilweise deshalb r zeigen möge, weil $B_A(W_S(r_A))$ für ihn ein Grund ist, r zu zeigen.

hier nicht mehr vor? Nun, beim Worte genommen könnte sie nur von jemandem erfüllt werden, der die entsetzlich abwegige Überzeugung hat, er könne durch den Vollzug seiner Handlung den Umstand, daß $B_A(W_S(r_A))$, für A zu einem Grund dafür machen, auf die Handlung mit r zu reagieren. Ob $B_A(W_S(r_A))$ für A solch ein Grund ist, liegt allerdings völlig außerhalb der Wirkungssphäre von x. Man kann mit einer Handlung allerlei erreichen und erreichen wollen, aber keinesfalls, daß eine ihrer Folgen für jemanden einen Grund darstellt, auf sie in gewisser Weise zu reagieren. Der rationale Nexus zwischen Erkenntnis des Wunsches und gewünschter Reaktion wird beim Handeln vorausgesetzt und nicht durch es hergestellt. – In Wirklichkeit ist mit der dritten Bedingung wohl etwa Folgendes gemeint:

> Der Äußerungsabsicht von S unterliegt die Überzeugung, daß A auf die Äußerung hin zumindest teilweise deshalb r zeigen wird, weil $B_A(W_S(r_A))$ für ihn ein Grund ist, r zu zeigen.

Dies ist eine unverfängliche und zutreffende Feststellung zum Thema, und in der hier entwickelten Rekonstruktion implizit enthalten. Sie besagt ja nichts anderes als daß (ii) erfüllt ist und in den praktischen Schluß, der zu x_S führt, mit eingeht.

ANHANG (VON WOLFGANG SPOHN)

An mehreren Stellen dieser Arbeit ist eine logische Formalisierung unschwer möglich und auch nützlich. Dies sind vor allem die Abschnitte I und III, wo es zur Behandlung vorgeschlagener Gegenbeispiele und Verbesserungen zu Grices Meinens-Explikation die logischen Verhältnisse zwischen Grice-Sätzen (im Sinne von Abschnitt III, S. 86), aber auch nur diese, zu durchschauen gilt. Sie sollen im folgenden kurz erläutert werden.

Definieren wir dazu rekursiv: $\pm$p ist ein *Grice-Satz nullter Stufe zu* p, wobei »$\pm$« für eine beliebige Anzahl von Negationszeichen stehe; und wenn s ein Grice-Satz n-ter Stufe zu p ist, so ist $\pm I(\pm B(s))$ ein *Grice-Satz $n+1$-ter Stufe zu* p. (Die Indizes an »I« und »B«, die kennzeichnen, wer da etwas intendiert oder glaubt, seien der Einfachheit halber weggelassen.)

Mit »B« gebildete Sätze sind Gegenstand der epistemischen Logik, und auf die mit »I« gebildeten Sätze wollen wir hier die deontische Logik anwenden. (Letzteres ist im Grunde nicht zulässig; die Wendung »S intendiert mit der Handlung x, daß p« folgt gewiß nicht der Logik von »es ist geboten, daß p« – siehe dazu auch die Explikation von »intendieren« in Abschnitt VI. Die Wendung »S wünscht, daß p« aber tut es, sie ist ja einfach das subjektive Gegenstück zum objektiv gedachten deontischen Operator. Im folgenden ist also genau genommen für »I« immer »S wünscht, daß . . .« zu lesen. Doch beraubt das die logische Formalisierung nicht ihres Witzes, da früher klar wurde, daß die logischen Unterschiede zwischen »intendieren« und »wünschen« nicht den Kern vorgebrachter Gegenbeispiel ausmachen.)

Die Folgerungsbeziehungen zwischen Grice-Sätzen ergeben sich dann aus zwei elementaren Prinzipien, die Bestandteil praktisch jeder epistemischen und deontischen Logik sind (vgl. etwa v. Kutschera, Abschnitte 4.1-4.3 und 5.1-5.2):

(P1) Die Menge der geglaubten bzw. der gewünschen Sätze ist konsistent,

(P2) die Menge der geglaubten bzw. der gewünschten Sätze ist gegenüber logischer Folgerung abgeschlossen.

(Insbesondere (P2) wurde sowohl im Rahmen der epistemischen wie dem der deontischen Logik mit teils schlechten, teils guten Gründen angefochten, ohne daß allseits akzeptable Abschwächungen davon in Sicht sind. So wollen wir es hier bei (P2) belassen und uns nicht weiter in Delikatessen verlieren.)

Aus (P1) und (P2) folgen zwei leicht und mechanisch handhabbare Regeln, deren wiederholte Anwendung die logischen Verhältnisse zwischen allen Grice-Sätzen zu einem bestimmten Satz p *erschöpfend* aufdeckt:

(P3) Sei s ein Grice-Satz n–ter Stufe zu p und entstehe s′ aus s dadurch, daß in s zwei direkt aufeinander folgende Negationszeichen weggelassen werden. Dann ist s′ ebenfalls ein Grice-Satz n–ter Stufe zu p und mit s logisch äquivalent. (Es ist also z. B. $I(\neg\neg B(\neg p))$ mit $I(B(\neg p))$ logisch äquivalent.)

(P4) Sei s ein Grice-Satz n–ter Stufe zu p und entstehe s′ aus s dadurch, daß ein in s direkt hinter (rechts von) einem »I« bzw. »B« stehendes Negativzeichen nach links vor das »I« bzw. »B« geschoben wird. Dann ist s′ ebenfalls ein Grice-Satz n–ter Stufe zu p, und es gilt: Ist in s die Anzahl der vor (links von) dem verschobenen Negationszeichen stehenden Negationszeichen gerade, so folgt s′ logisch aus s; ist sie ungerade, so folgt s logisch aus s′. (Es folgt also z. B. $\neg I(\neg\neg B(p))$ aus $\neg I(\neg B(\neg p))$.)

(P3) ist eine triviale Folgerung aus (P2), und auch (P4) läßt sich unschwer aus (P1) und (P2) durch vollständige Induktion über die Stufen beweisen. Aus (P3) ergibt sich insbesondere, daß jeder Grice-Satz mit einem Grice-Satz logisch äquivalent ist, in dem keine zwei Negationszeichen direkt aufeinanderfolgen. Von solchen gibt es auf der n–ten Stufe insgesamt 2^{2n+1} verschiedene (da an $2n+1$ Stellen ein oder kein Negationszeichen stehen kann).

Mit dieser Beobachtung läßt sich (P4) etwa an den Grice-Sätzen zweiter Stufe zu p illustrieren, mit denen wir es in den Abschnitten I und III dauernd zu tun hatten und von denen es also $2^5 = 32$ logisch nicht miteinander äquivalente gibt. Wenn wir diese durch fünfstellige binäre Zahlen repräsentieren, in denen o für kein Negationszeichen und 1 für ein Negationszeichen steht – 11001 repräsentiert also z. B. ⌐I(⌐B(I(B(⌐p)))) –, so liefert das folgende Schema gemäß (P4) und (P3) alle Folgerungsbeziehungen zwischen den 16 Grice-Sätzen zweiter Stufe mit einer *geraden* Anzahl von Negationszeichen:

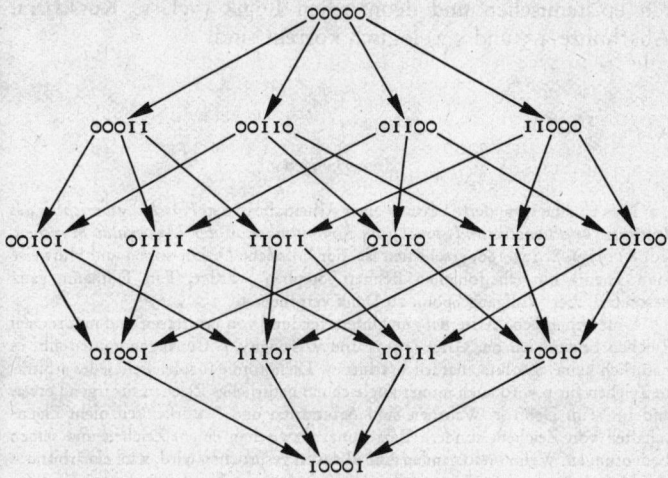

Die Folgerungsbeziehungen zwischen den 16 Grice-Sätzen zweiter Stufe mit einer *ungeraden* Anzahl von Negationszeichen ergeben sich aus diesem Schema dadurch, daß man an der letzten Stelle jeder binären Zahl »1« statt »0« bzw. »0« statt »1« schreibt (oder auch dadurch, daß man an der ersten Stelle jeder binären Zahl »1« statt »0« bzw. »0« statt »1« schreibt und alle Folgerungspfeile umdreht – es gibt in diesem Schema verschiedene Symmetrien zu entdecken). Kein Grice-Satz mit ungerade vielen Negationszeichen folgt aus Grice-Sätzen mit gerade vielen Negationszeichen, und umgekehrt.

Der Sachverhalt, daß (P3) und (P4) die logische Folgerungsbeziehungen zwischen allen Grice-Sätzen zu einem Satz p *vollständig* erfassen, erforderte eine umständlichere Demonstration, zumal wenn man Systeme der deontischen und epistemischen Logik heranzieht, die über (P1) und (P2) hinausgehen. So will ich ihn hier auch für solche stärkeren Systeme bloß behaupten und hinzufügen, daß dies insbesondere bedeutet, daß kein Grice-Satz einer bestimmten Stufe zu p aus einer konsistenten Menge von Grice-Sätzen anderer Stufen zu p folgt. –

Eine zweite der Formalisierung zugängliche Stelle ist der Abschnitt VI. Hierzu sei lediglich bemerkt, daß alle dort behaupteten Folgerungen tatsächlich in jedem Standardsystem der bedingten epistemischen und deontischen Logik (vgl. v. Kutschera, Abschnitte 4.3 und 5.2) logisch korrekt sind.

Anmerkungen

0 Dies ist eine veränderte Fassung einer Arbeit, die in den *Forschungsberichten des Instituts für Phonetik und sprachliche Kommunikation der Universität München*, Bd. 8 (1977), S. 121-166, erschienen ist. Für hilfreiche Diskussionen und Hinweise zum Thema bin ich Jonathan Bennett, Stephen Schiffer, Tim Tillmann, ganz besonders aber Wolfgang Spohn zu Dank verpflichtet.

1 Unterschiedliche Kriterien zur Unterscheidung von arbiträren und natürlichen Zeichen finden sich bei Grice (1957) und v. Savigny. – Genaugenommen gibt es natürlich keine absolute »natürlich/arbiträr«-Dichotomie für Zeichen: jedes arbiträre Zeichen für p wird auch immer zugleich ein natürliches Zeichen für irgend etwas anderes sein. Denn in Wahrheit sind Arbitrarität und Natürlichkeit nicht Eigenschaften von Zeichen, sondern Beziehungen zwischen einem Zeichen und seinen Bedeutungen. Wenn im folgenden einmal davon gesprochen wird, x sei ein arbiträres Zeichen, so ist damit gemeint, daß x zu der in Frage stehenden Bedeutung in einer arbiträren Beziehung steht.

2 Dies ist keine Feststellung sondern eine Festsetzung. Es mag fürs Folgende nützlich sein, »Meinen« hier als bloßen terminus linguistico-philosophicus aufzufassen, der mit den landläufigen Homonymen nur zufällige – falls überhaupt irgendwelche – Bedeutungsähnlichkeiten hat.

3 Kemmerling (1976a).

4 Diese Position nehmen u. a. Heim, v. Savigny (unveröffentlicht), Wunderlich und – bei geeigneter Interpretation – Austin ein. Vertreter dieser Position als Konventionalisten zu bezeichnen, ist zugestandenermaßen nicht sonderlich treffend; »Regelianer« wäre hübscher, klingt aber ein bißchen unseriös. – Eine Gegenposition dazu vertritt etwa Searle (1975); er nimmt die konventionalen Konsequenzen in seine Liste der Unterscheidungsmerkmale von Typen illokutionärer Akte überhaupt nicht auf.

5 Prominenter Vertreter einer Gegenposition ist wiederum Searle; überzeugende Kritik an Searles Ausführungen zu diesem Punkt hat Stampe geübt.

6 Zu einem knappen Überblick über die Diskussion siehe Kemmerling (1976b). Wesentlich umfassender zu diesem Thema – und bereits mit Berücksichtigung der wichtigen Untersuchung von Bennett – ist die Arbeit von W. Dittel.

7 Dazu besonders Davidson (1975). Es ist wichtig, zwischen den beiden Komponenten – der Frage nach der systematischen Geltung auf der einen Seite und der Frage nach der epistemologischen Fruchtbarkeit auf der andern – sorgfältiger zu unterscheiden, als Davidson dies bei seinen beiläufigen Bemerkungen zu diesem Punkt tut. Denn es kann ja wohl sein, daß sich der Begriff der sprachlichen Bedeutung letztlich auf propositionale Einstellungen reduzieren läßt – und das ist die Grundthese des Griceschen Programms. In diesem Sinn mag Sprache auf Denken zurückführbar sein; und dies scheint Davidson auch gar nicht unbedingt bestreiten zu wollen. (Siehe dazu seine verständnisinnigen Andeutungen: 1973/74, 8) Tatsächlich bestreitet er nur den erkenntnistheoretischen Nutzen der aus der Durchführung des Griceschen Programms resultierenden theoretischen Identifikation von Bedeutung und gewissen Geisteszuständen insbesondere für die Zwecke eines Unternehmens, das ihm selbst am Herzen liegt: die Theorie der Interpretation von Grund auf (»radical interpretation«), die, grob gesagt, eine systematische Antwort auf die Frage liefern soll, wie man auf getreulich empirischem Weg hinter die Bedeutung eines fremden Satzes kommt, ohne semantische Voraussetzungen zu machen. Davidsons Einwand: Grices Ansatz hilft hier überhaupt nicht weiter, denn die laut Grice bedeutungskonstitutiven propositionalen Einstellungen können jemandem unmöglich unabhängig von einer semantischen Interpretation gewisser seiner Äußerungen zugeschrieben werden. Was auch immer das heißen soll (Davidsons immergleiche Wendungen zu diesem Punkt sind von Grund auf interpretationsbedürftig), selbst wenn es stimmt, bleibt doch zu beachten, daß der Gricesche Ansatz uns wohl zu einer korrekten Antwort auf die Frage »Was ist sprachliche Bedeutung?« führen mag, auch wenn er Davidson bei seiner empiristisch verengten Frage »Wie kommt man dahinter, welche sprachliche Bedeutung etwas hat?« nicht weiterhilft. Daß der Gricesche Ansatz doch etwas zur Lösung von Davidsons Problem beitragen kann, deutet Lewis (1974, 338/339) an.

Chomskys dogmatische Ablehnung kommt aus einer ganz anderen Richtung: für ihn ist Sprache ja nichts anderes als ein besonderes »Organ des Geistes«. Während Davidson sich im Grunde daran stößt, daß die Gricesche Bedeutungsrückführung zu wenig (oder selbst nur indirekt) mit dem beobachtbaren Verhalten im Umkreis der sprachlichen Kommunikation verkoppelt ist, ist die bei Grice gemachte Verbindung dieser Art für Chomsky schon viel zu eng. Seines Erachtens ist es Sprache äußerlich, kommunikative Funktionen zu erfüllen. Insbesondere die im Griceschen Programm unausgesprochen enthaltene Annahme, Sprachverstehen sei letztlich nichts anderes als Handlungsverstehen, steht in denkbar krassem Gegensatz zu Chomskys metalinguistischer Ideologie.

Explizit gegen Davidson wenden sich Loar, Peacocke und Schiffer (1978); gegen Chomskys allgemeine Thesen von der Irrelevanz kommunikativer Sprachverwendung für das Verständnis des Wesens von Sprache und Bedeutung siehe insbesondere Strawson (1971) und Bennett (§ 2).

7a Vgl. etwa Meggles Rede von einer *Reflexivitätsbedingung*, der jede Charakterisierung des Begriffs der Kommunikationshandlung genügen müsse (Meggle, S. 262). Das klingt doch sehr respektabel!

8 Die völlig unzureichende Diskussion dieser Frage hat insbesondere auch darunter gelitten, daß sie nicht systematisch und in übersichtlicher Form behandelt worden ist. Ein besonders eindrucksvolles Beispiel für den blühenden Unsinn, der daraus resultieren kann, liefert Facione (S. 157), der einen Satz wie (4_5) für die Beschreibung einer Verheimlichungsabsicht hält, die *im Gegensatz* zu einer wie in (4_3) beschriebenen auszuschließen sei.

9 Natürlich kann man daraufhin noch ganz andere Positionen vertreten – etwa die, die ganz vertrackte Situation mit dem sich abzeichnenden Regreß zunehmend komplizierterer Absichten weise darauf hin, daß mit der Griceschen Grundidee etwas im argen ist. – Wir wollen uns hier jedoch zunächst auf solche Positionen beschränken, die an der Richtigkeit der Grundidee – »Meinen« mit Rückgriff auf Äußerungsabsichten zu explizieren – festhalten. Weiterhin lasse ich die Position beiseite, die reflexive (oder selbstrückbezügliche) Absichten zu Rate zieht, und etwa fordert, daß S mit x beabsichtigt, daß A auf Grund der Erkenntnis eben dieser Absicht r zeigt. Mit solch einer Position kokettieren Harman (Anmerkung auf S. 225) und Putnam (S. 284).

10 »Hochentwickelte Theorien können nur selten durch Beobachtungen in der freien Wildbahn widerlegt werden. Warum sollte dies bei sprachphilosophischen Theorien anders sein?«

11 Wer sich systematisch mit ad hoc-Antworten auf die Frage »Was ist B?« bescheidet, verzichtet damit zumindest implizit darauf, eine Analyse des Begriffs »B« zu geben.

12 Vgl. hierzu Grice (1969, 159).

13 Ich gehe hier weder auf die eine noch auf die andere ein, weil dies für die hier zuvörderst relevante Frage nach der Richtigkeit von (d) nur von bestenfalls zweitrangigem Interesse ist: Sollte es sich als falsch erweisen, unendlich viele Absichten zu fordern, dann ist eine Auseinandersetzung mit der Frage müßig, wie man es am besten anstellt. Freilich bereitet es Muße, sich auf die verdächtig subtilen Distinktionen und Details der Argumentation Schiffers einzulassen, die schließlich in einer Definition münden, nach der der Meinende u. a. beabsichtigen muß, daß *er selbst* gewisse Dinge glaubt oder gar weiß. (Vgl. Schiffer, S. 39 und 73.) Die in IV und V vorgelegte Kritik ist gleichgültig gegenüber solcherlei nebenbei anfallendem Humbug, der selbst beim schönsten Klotzen schon einmal vorkommt. Sie schert sich nur um das für (d) Wesentliche.

Deshalb spielt es in diesem Zusammenhang auch keine Rolle, daß die Satzfolge, die sich aus den Schifferschen Definitionen ergibt, ein wenig anders aussieht als die unten angegebene. Denn die im folgenden vorgebrachten Argumente gegen das Klotzen sind auf jede unbeschränkte Iteration von Operatoren für propositionale Einstellungen übertragbar.

14 Grice hat ihn dann in der zweiten Verbesserung seiner ursprünglichen Definition befolgt. Und zwar hat er die entsprechende Klausel an das Definiens von Grice (1957) angefügt. Vgl. Grice (1969, 159).

15 Schiffer, S. 39. – Diese Bemerkung steht in einem Zusammenhang, wo es um die Rechtfertigung von Position (d) geht. Sie stützt allerdings nicht das Gebot zusätzlicher Absichten; denn Absichten können natürlich auch dann völlig »freiliegen«, wenn sie nicht eigens noch einmal als freiliegend beabsichtigt sind: damit eine Absicht nicht versteckt ist, muß es nicht die weitere geben, daß sie erkannt werde.

16 Wolfgang Spohn hat ein Verfahren entwickelt, mit dem sich die Folgerungsbeziehungen zwischen allen Sätzen solchen Typs klären lassen, die auf einer beliebigen Stufe der Verschachteltheit möglich sind. Dieses Verfahren wird im Anhang zu dieser Arbeit geschildert.

17 In der ursprünglichen Fassung dieser Arbeit habe ich (4*) noch für einen adäquaten Zusatz zu Grices ursprünglichem Analysans gehalten. Bennetts (1976, 126/127) Verfahren läuft m. E. auf genau dasselbe hinaus. – Wer Verheimlichungsabsichten für harmlos und (4*) deshalb für zu restriktiv hält, kann den Zusatz »oder verheimlichend« aus (4*) herausnehmen. Daß S mit x gegenüber A *in keiner Weise*

irreführend in bezug auf p ist, ist dann entsprechend so zu definieren, daß S nicht wünscht, daß A irgend einen rein affirmativen Grice-Satz für falsch hält.

18 Auch die in der vorigen Anmerkung erwähnte abgeschwächte Variante von (4*) ist noch zu stark, denn sie verbietet – zwar nicht beide, aber immerhin doch – den ersten dieser beiden Sätze. Und das ist schon zu restriktiv.

19 In der zweiten Klausel wird jeder Satz als Teilsatz seiner selbst behandelt.

20 Wer Verheimlichungsabsichten für harmlos und (4**) deshalb für überflüssig restriktiv hält, mag in der bekannten Weise verfahren.

21 Vgl. dazu allerdings die neuerdings vorsichtigere Position bei Lewis (1975).

22 Man könnte hier die schärfere Position vertreten, daß ohne solch ein Wissen überhaupt keine Behauptung möglich ist. Und dies kann man tun, wenn man einen strengen Begriff der Behauptung annimmt, für den gilt: Wer behauptet, daß p, glaubt, daß p. Etwas (in diesem Sinne) behaupten ist dann etwas anderes als etwas einmal als Behauptung hinstellen, etwas in behauptendem Ton äußern, und etwas sagen.

Gegen die oben gemachte Feststellung könnte eingewandt werden, man habe unter Umständen auch dann das Recht, etwas zu behaupten, wenn man gar nicht weiß, was der Satz besagt, mit dem man die Behauptung trifft. Mit der schärferen Position kann dieser Einwand – oder wenigstens der Typ von ihn stützenden Beispielen, der mir geläufig ist – zurückgewiesen werden. Ein Beispiel:

Wer nicht weiß, worum es im Gödelschen Theorem geht, und in behauptendem Ton den Satz (s) »Das Gödelsche Theorem ist wahr« äußert, sagt – nach herrschender sprachphilosophischer Meinung – damit, daß das Gödelsche Theorem wahr ist, aber er behauptet es nicht – auch wenn alle Welt glauben sollte, er behaupte es. Und er behauptet es auch dann nicht, wenn er beste Gründe hat zu glauben, er sage damit etwas Wahres. (Solche Gründe könnten etwa in seinem Wissen bestehen, daß Hinst und Kunst – zwei unbeirrbar gründliche und kompetente Logiker – das Gödelsche Theorem für wahr halten.) Denn mit diesen Gründen hat er, angesichts seiner Unkenntnis über den Inhalt des Gödelschen Theorems, nur Gründe für eine *bedingte* Überzeugung etwa folgender Art:

Wenn p ein Sachverhalt ist, der mit s ausgedrückt wird, so ist p der Fall.

Er hat damit aber keine Gründe für die Überzeugung, daß p (d. h., daß das Gödelsche Theorem wahr ist). Zumindest für rationale Menschen gilt: Ohne Gründe für sie keine Überzeugung. Daher glaubt ein rationaler Mensch, dem ausschließlich Gründe der hervorgehobenen Art zur Verfügung stehen, nicht, daß p. Und folglich kann ein rationaler Mensch – wenn er unter solchen Bedingungen in behauptendem Ton s äußert – mit s nicht behaupten, daß das Gödelsche Theorem wahr ist. Die ihm zur Verfügung stehenden Gründe geben ihm dann zwar (vielleicht) das Recht, s in behauptendem Ton zu äußern, aber sie geben ihm nicht einmal die Möglichkeit, mit der Äußerung von s zu behaupten, daß p.

23 Natürlich gibt es dann auch das bloße Schiffern: A hat B mit x genau dann einfach zu r geschiffert, wenn B auf Grund von As x-Tun r zeigt; und A hat B mit x genau dann n-fach zu r geschiffert, wenn B auf Grund von As x-Tun zu der Überzeugung gelangt, A habe ihn mit x (n-1)-fach zu r schiffern wollen. – Man kann also ungewollt jemanden irgendwozu schiffern; man kann jemanden zu etwas schiffern, obwohl man ihn zu etwas ganz anderem schiffern wollte (»sich verschiffern«); man kann jemanden absichtlich und mehrfach zu etwas schiffern, um ihn einfach zu etwas anderem zu schiffern (»jemanden verschiffern wollen«), und ähnliches mehr. (Übrigens ist es sicherlich eine typisch menschliche Eigenschaft, mehrfach schiffern zu können und mehrfach schifferbar zu sein.)

24 Dies zeigt sich etwa daran, daß die Beispiele – wie das mit Herodes und Salome –, die Grice (1957, 384) anführt, keine Beispiele für Fälle sind, in denen der Kommunikator etwas mit seiner Handlung gemeint hat.

25 Wie die informale Abkürzung andeutet, geht es bei den jetzigen Überlegungen genaugenommen darum, wie S die Kommunikationssituation unter der Bedingung einschätzt, daß er x vollzieht.

26 Es handelt sich gerade um die in der vorletzten Anmerkung erwähnten Beispiele.

27 Die bis zum Ende des Abschnitts folgenden Bemerkungen sind für das Verständnis der weiteren Ausführungen entbehrlich.

28 Es sieht hier sehr danach aus, als müsse im Hintergrund immer irgendeine Kooperationsprämisse stecken: der eigene Wunsch nach Kooperation, oder die Annahme solch eines Wunschs beim andern, oder die Annahme solch einer Annahme beim andern oder so weiter. Nun, der Schein trügt; Grices Analyse liefert in der hier vorgeschlagenen Rekonstruktion nicht unweigerlich ein Kooperationsmodell rationaler Kommunikation. Unter gewissen, sehr weit hergeholten Umständen kann es sogar zum Wissen des Adressaten gehören, daß der Kommunikator ihm böse will. Solche Fälle sind auch nicht durch noch so viel ›gemeinsames Wissen‹ auszuschließen. Vgl. dazu Kemmerling (1978).

29 Auf die Frage, wie es von x zu BIr kommt, antwortet der Klotzer: Auf dem Weg über BIBIr. Auf die Frage, wie es von x zu BIBIr kommt, sagt er: Auf dem Weg über BIBIBIr; und immer so weiter. Die Frage nach der Beschaffenheit von Hintergrund o wird damit folglich nur sukzessive auf die keineswegs leichtere Frage nach der Beschaffenheit des unerreichbar tief im Unendlichen befindlichen Hintergrunds o′ ersetzt.

30 Vorausgesetzt natürlich, daß Hintergrund 1 vorgegeben ist. Aber das muß ja auch beim Klotzen vorausgesetzt werden. – Nur in ganz extremen – und ganz, ganz extrem seltenen – Fällen wird S die Hoffnung haben können, mit dem Handlungsvollzug selbst Hintergrund 1 herzustellen. S könnte etwa dadurch erreichen wollen, daß A ihn für informiert und aufrichtig hält, daß er im »Brustton der kompetenten Überzeugung« und mit einem entwaffnend offenen Augenaufschlag spricht. Wenn er das tut, dann appelliert er allerdings an bei A als vorhanden vorausgesetzte *Gründe für die Bildung des Hintergrunds 1.* Falls auch die bei A fehlten, könnte sie S sicherlich nicht mehr mit derselben Handlung erzeugen, mit der er A auf Grund von BIr zu r bringen will. – Normalerweise ist es aber schon unmöglich, mit einer Handlung zugleich Grund und Hintergrund zu erzeugen; das Bestehen eines Hintergrunds ist Voraussetzung für die Erfüllung des Handlungszwecks und nicht Handlungszweck. Dies gilt insbesondere immer, wenn r im Vollzug einer Handlung besteht.

31 Die möglicherweise vergeblich gesuchten Bedingungen, daß p in der Zukunft liegt, und daß S nicht glaubt, daß p allemal der Fall sein wird, stecken in (2) und (3). Bei geeigneter Deutung von »wollen« sind sie auch schon in (1) enthalten.

32 S muß wünschen, daß A bemerkt, daß die für (x) einschlägigen Bedingungen erfüllt sind, und er muß glauben, daß A dies bemerkt, falls er x tut. – Die Bedingungen (iii), (vi) und (ix) kommen hier nochmals zur Anwendung; sie sind nicht eigens aufgeführt, genausowenig wie die gemäß (3) resultierenden Bedingungen, daß S nicht glaubt, A werde all dies ohnehin bemerken.

33 In seltenen Fällen kann es sein, daß ein Adressat nicht so denkt. Etwa dann, wenn er etwas zwar nicht deshalb tun will, weil der Kommunikator es will, wohl aber deshalb, weil er gewisse Überzeugungen des Kommunikators kräftigen möchte.

– Solche Absichtserfüllungs-Gründe des Adressaten sind allerdings zweifellos kein typisches (und erst recht kein begrifflich gegebenes) Merkmal rationaler Kommunikation.

Literatur

Austin, John Langshaw, *How to Do Things with Words*, Oxford 1962.

Bennett, Jonathan, *Linguistic Behaviour*, Cambridge 1976.

Chomsky, Noam, *Reflexionen über die Sprache*, Frankfurt a. M. 1977.

Davidson, Donald, (1973), Radical Interpretation, *Dialectica* 27, 313-328.

– (1973/74), On the Very Idea of a Conceptual Scheme, *Proceedings of the American Philosophical Association* 17, 5-20.

– (1974), Belief and the Basis of Meaning, *Synthese* 27, 309-323.

– (1975), Thought and Talk, in: S. Guttenplan (ed.), *Mind and Language*, Oxford, 7-23.

Dittel, Wolfgang, *Intention und Kommunikation*, Königstein 1979.

Facione, Peter Arthur, *The Theory of Meaning as Intention*, Dissertation, Michigan State University 1971.

Grice, H. Paul, (1957), Meaning, *Philosophical Review* 66, 377-388.

– (1968), Utterer's Meaning, Sentence-Meaning, Word-Meaning, *Foundations of Language* 4, 225-242.

– (1969), Utterer's Meaning and Intentions, *Philosophical Review* 78, 147-177.

Harman, Gilbert, Rezension von: Stephen R. Schiffer, *Meaning*, in: *Journal of Philosophy* 71 (1974), 224-229.

Heim, Irene, Identitätskriterien für illokutionäre Rollen, unv., 1977.

Kemmerling, Andreas, (1976a), *Konvention und sprachliche Kommunikation*, Münchner Dissertation.

– (1976b), Bedeutung und Sprachverhalten, in: Eike von Savigny (Hrsg.), *Probleme der sprachlichen Bedeutung*, Kronberg, 73-99.

– (1978), An Unintended Case of Meaning, unv.

von Kutschera, Franz, *Einführung in die intensionale Semantik*, Berlin 1976.

Lewis, David, *Convention*, Cambridge, Mass. 1969.

– (1974), Radical Interpretation, *Synthese* 27, 331-344.

– (1975), Languages and Language, in: K. Gunderson (ed.), *Language, Mind, and Knowledge (Minnesota Studies in the Philosophy of Science – Vol. 7)*, Minneapolis, 3-35.

Loar, Brian, Two Theories of Meaning, in: G. Evans / J. McDowell (eds.), *Truth and Meaning*, Oxford 1976, 138-161.

Meggle, Georg, Eine Handlung verstehen, in: K. O. Apel / J. Manninen / R. Tuomela (Hrsg.), *Neue Versuche über Erklären und Verstehen*, Frankfurt a. M. 1978, 234-263.

Peacocke, Christopher, Truth Definitions and Actual Languages, in: G. Evans / J. McDowell (eds.), *Truth and Meaning*, Oxford 1976, 162-188.

Putnam, Hilary, Language and Reality, in: H. Putnam, *Mind, Language and Reality – Philosophical Papers, Vol. 2*, Cambridge 1975, 272-290.

von Savigny, Eike, *Die Philosophie der normalen Sprache*, ²Frankfurt a. M. 1974 (Kap. 7).

– (1977), Identity Criteria for Illocutionary Forces, unv.
Schiffer, Stephen R., *Meaning*, Oxford 1972.
– (1978), Meaning and Thought, Vortrag, gehalten in Bielefeld und München.
Searle, John R., *Speech Acts*, Cambridge 1969, (Kap. 2).
– (1975), A Taxonomy of Illocutionary Acts, in: K. Gunderson (ed.), *Language, Mind, and Knowledge (Minnesota Studies in the Philosophy of Science – Vol. 7)*, Minneapolis, 344-369.
Stampe, Dennis W., Meaning and Truth in the Theory of Speech Acts, in: P. Cole / J. L. Morgan (eds.), *Syntax and Semantics – Vol. 3: Speech Acts*, New York 1975, 1-39.
Strawson, Peter F., Intention and Convention in Speech Acts, *Philosophical Review* 73 (1964), 439-460.
– (1971), Meaning and Truth, in: P. F. Strawson, *Logico-Linguistic Papers*, London.
Wunderlich, Dieter, Skizze zu einer integrierten Theorie der grammatischen und pragmatischen Bedeutung, in: D. Wunderlich, *Studien zur Sprechakttheorie*, Frankfurt a. M. 1976, 51-118.

Manfred Bierwisch
Wörtliche Bedeutung – eine pragmatische Gretchenfrage°

1.

Man kann eine Reihe im einzelnen recht unterschiedlicher Entwicklungen, die in den letzten zehn Jahren Einfluß auf die Linguistik gewonnen haben, etwas großzügig als ›pragmatische Wende‹ zusammenfassen. Gemeint sind Auffassungen, die das Programm verfolgen, sprachliche Erscheinungen aus der kommunikativen Funktion der Sprache, aus dem sprachlichen Handeln abzuleiten und zu erklären. Dieser Trend hat, neben einigen wichtigen Ergebnissen zu bestimmten Spezialfragen, eine Vielzahl falscher Erwartungen und irreführender programmatischer Thesen hervorgebracht. Es ist nicht verwunderlich, daß Morphologie und Syntax von dieser Wende kaum beeinflußt wurden. Wesentlich ist jedoch, daß die generellen Ansprüche dieser Konzeptionen zur Klärung der Frage, was die sprachlich bedingte Bedeutung einer Äußerung ist, weit weniger beigetragen haben, als ihre Vertreter glauben machen, daß hingegen weitgehend verschleiert wird, daß von der Klärung dieser Problematik gerade auch die Analyse des kommunikativen Sprachverhaltens abhängt.

Um etwas konkreter zu werden, stelle ich zur Verdeutlichung zwei Thesen gegenüber:

(T 1) Der Charakter, die Funktionsweise und Struktur der Bedeutung sprachlicher Ausdrücke können nur aus der sprachlichen Kommunikation, der sie dienen, erklärt werden.

(T 2) Es gibt lexikalische und syntaktische Mittel, deren Bedeutung auf Bedingungen der sprachlichen Kommunikation Bezug nimmt.

Die zweite These ist offensichtlich richtig, und zu dem durch sie umschriebenen Problemkomplex gehören die oben erwähnten Ergebnisse des pragmatischen Trends in der Linguistik, vor allem die unter dem Titel Sprechakttheorie zusammenfaßbaren. In Frage steht mithin die These 1, die, mit den notwendigen Qualifizierungen, die Auffassung wiedergibt, die der pragmatischen Wende zugrunde liegen muß, wenn sie nicht lediglich auf die unspezifische und triviale Feststellung hinauslaufen soll, daß sprachliche Ausdrücke zur Kommunikation verwendet werden können. Nun ist (T 2) nicht dramatischer als etwa die These, daß es sprachliche Mittel gibt, deren Bedeutung auf Bedingungen der Farbwahrnehmung, des Stoffwechsels oder der Fortpflanzung Bezug nimmt. Und aus (T 2) folgt (T 1) ebensowenig, wie aus der Tatsache, daß es Farbwörter gibt, folgen würde, daß Charakter und Funktionsweise sprachlicher Ausdrücke generell aus der Farbwahrnehmung erklärt werden muß. Mit anderen Worten, man kann (T 2) sehr wohl akzeptieren und (T 1) für falsch halten. Diese Position will ich im Folgenden einnehmen und verteidigen.

Einer der Gründe, die zur Akzeptierung von (T 1) verführen können, ist die üblich gewordene Redeweise, die besagt, daß Pragmatik, Semantik und Syntax stufenweise weitergehende Abstraktionen gegenüber der realen sprachlichen Tätigkeit vornehmen und daß diese Abstraktionen im Erkenntnisfortgang aufgegeben werden müssen. Diese Redeweise unterstellt, daß Abstraktionen ein praktisches, aber beliebig handhabbares Mittel im Erkenntnisprozeß sind, solange für ihre Aufhebung gesorgt wird. Tatsächlich kommt es jedoch darauf an, im Gegenstand selbst liegende Gesetzmäßigkeiten und ihr Zusammenwirken zu erfassen. Und in diesem Sinn ist meine These die, daß die sprachliche Bedeutung als ein eigenes Determinationsgefüge in das sprachliche Handeln eingeht und nicht durch Aufgabe einer Abstraktion auf dieses reduziert werden kann. (Strömungsgesetze und Gravitation, die die Bahn eines fallenden Blattes bestimmen, sind auch nicht praktikable Abstraktionen, sondern verschiedene Determinationssysteme.) Ob die Einteilung in Syntax, Semantik und Pragmatik, in der sich ziemlich unterschiedliche Schulen und Auffassungen annähernd einig zu sein scheinen, für die natürliche Sprache angemessen ist, ist eine empirische Frage. Ich halte sie eher für fragwürdig und ein ganz anderes Theoriengefüge für sachgemäßer.

2.

Ehe ich auf Probleme und Argumentationen im einzelnen eingehe, will ich zur besseren Orientierung eine grobe Charakterisierung des Theoriengefüges skizzieren, auf das meine Überlegungen hinauslaufen.

(a) Eine Theorie der Sprache hat die lautliche, die morphologisch-syntaktische und die logische Struktur der Sprache zu erfassen.
(b) Eine Theorie der Alltagskenntnis hat den Aufbau konzeptueller Systeme zu erfassen, die die perzeptive, kognitive und motorische Verarbeitung der Umwelt determinieren.
(c) Eine Theorie der sozialen Interaktion hat die Strukturen interindividueller Handlungen zu erfassen, unter denen kommunikative Handlungen ein Teilsystem bilden.

Jede dieser Theorien muß die Struktur und den Erwerb der einschlägigen Kenntnissysteme sowie die Mechanismen und Prozesse ihrer Ausübung oder Aktivierung erfassen, sie muß, in linguistischer Terminologie gesprochen, eine Theorie der Kompetenz und eine Analyse der Performanz enthalten. Letztere dürfte sich auf zum Teil generelle, die verschiedenen Systeme übergreifende Gesetzmäßigkeiten zu stützen haben. Jedes der drei Systeme muß eine im Organismus verankerte Basis, die Disposition zum Erwerb und zur Ausübung der notwendigen Kenntnisse besitzen. Diese Grundlage muß auf die Verarbeitung und Erzeugung gesellschaftlich geformter Erfahrungsinhalte disponiert sein. Die theoretische Beschreibung der Kenntnisstrukturen, die in jedem der drei Bereiche aus den entsprechenden Erwerbs- und Sozialisationsprozessen hervorgehen, will ich mit G (für Grammatik), K (für Alltagskenntnis) und I (für soziale Interaktionsmuster) bezeichnen.

Die Aktivierung und Steuerung der angedeuteten Kenntnissysteme geschieht durch die Bedürfnis- und Motivationsstrukturen und im Rahmen emotionaler und affektiver Einstellungen, über die ich so wenig zu sagen habe wie andere Sprachtheoretiker. Stellt man dies in Rechnung, dann läßt sich in grober Näherung sagen:

Sprachverhalten als sprachlicher Ausdruck von Gedanken und als Verstehen sprachlich formulierter Gedanken wird determiniert durch das Zusammenwirken von Sprachkenntnis und Alltagswissen. Kommunikatives Sprachverhalten wird determiniert durch das Zusammenwirken beider Systeme mit den Kenntnissen sozialer Interaktionsstrukturen.

Von den massiven Vereinfachungen, die diese Skizze enthält, will ich noch zwei ausdrücklich benennen: Erstens ist K vermutlich eher ein Theoriengefüge als die Beschreibung eines ungegliederten Kenntnissystems; es muß auf spezifische Weise mit der Beschreibung der perzeptiven Strukturbildung, also insbesondere der visuellen und akustischen Systeme, sowie der Organisation motorischer Muster verbunden werden.[1] Und es muß der Tatsache Rechnung tragen, daß Alltagskenntnisse in stufenweise sich spezialisierende theoretische Kenntnissysteme übergehen, die weit über das Alltagswissen hinausreichen können. Und zweitens ist die Einteilung in G, K und I eine sehr provisorische Maßnahme, die nur post festum und Schritt für Schritt gerechtfertigt werden kann oder modifiziert werden muß. (Eine spezielle Frage zur Beziehung zwischen G und K ist das eigentliche Thema meines Beitrags.)

3.

Nach dieser Vorverständigung wende ich mich dem spezielleren Problem zu, die wörtliche Bedeutung sprachlicher Ausdrücke zu bestimmen. Worum es geht, ist hinreichend bekannt, aber die verwickelten Punkte des Problems haben eine eigentümliche Tendenz, auf undurchsichtige Weise zu verschwinden. Als Anknüpfungspunkt kann ein beliebiges Beispiel dienen:

(1) Das habe ich nur mit der linken Hand gemacht.

Je nachdem, in welchem Kontext ein Sprecher diesen Satz, oder genauer: ein Exemplar dieses Satzes äußert, kann er damit so etwas meinen wie:

(1a) »Ich bin stolz, daß ich eine so komplizierte Handarbeit sogar mit der linken Hand anfertigen kann.«

(1b) »Ich entschuldige mich für die Fehler der Handarbeit, die daher rühren, daß ich sie mit der linken Hand anfertigen mußte.«

(1c) »Von diesem Artikel halte ich nicht viel, denn ich habe auf seine Ausarbeitung nicht viel Mühe verwendet.«

Ich will das durch (1a) bis (1c) Angedeutete den kommunikativen Sinn $CS(t)$ des jeweiligen Äußerungsexemplars t von (1) nennen.[2]

Es lassen sich leicht weitere Kontexte mit anderem kommunikativem Sinn von (1) denken.

Weiterhin ist offensichtlich, daß im Fall (1a) und (1b) (1) in wörtlicher Bedeutung verwendet wird, im Fall (1c) dagegen nicht. Die Bedeutung, in der (1) in den ersten beiden Fällen verwendet wird, ist ungefähr durch (2) ausdrückbar, die im dritten Fall durch (3).[3]

(2) »Ich habe X nur mit der linken Hand gemacht«
(3) »Ich habe X nur nebenbei gemacht«

Dabei repräsentiert »X« das jeweilige Produktionsergebnis, auf das bei der Äußerung referiert wird. Die Bedeutung, in der ein Äußerungsexemplar t im Kontext C verwendet wird, will ich die Äußerungsbedeutung $M(t)$ nennen. Sie kann mit der wörtlichen Bedeutung von t zusammenfallen (dies ist der Fall in (2)), muß es aber nicht, wie (3) zeigt. Wegen dieser Möglichkeit will ich von der Äußerungsbedeutung $M(t)$ die wörtliche Bedeutung $LM(t)$ unterscheiden. Dabei gilt in unserem Beispiel für die beiden ersten Fälle (1a) und 1b): $LM(t) = M(t) = 2$, für (1c) dagegen $LM(t) = (2)$, aber $M(t) = (3)$.

Schließlich will ich mit $B(A)$ die sprachlich determinierte Bedeutung des Ausdrucks A bezeichnen, von dem t ein Äußerungsexemplar ist. Das heißt, ich will sagen, ein Äußerungsexemplar t von A mit der Bedeutung $B(A)$ hat im Kontext C eine wörtliche Bedeutung $LM(t)$ und gegebenenfalls eine davon verschiedene Äußerungsbedeutung $M(t)$ sowie schließlich einen kommunikativen Sinn $CS(t)$.

Die Unterscheidung zwischen $B(A)$ und $LM(t)$ mag zunächst spitzfindig erscheinen, denn es liegt nahe, beide miteinander zu identifizieren. Ich will zeigen, daß dies offenbar nicht allgemein möglich ist, und daß eben hier einige der Probleme stecken, die sich so leicht verflüchtigen.

Da die Bedeutung von Sätzen kompositionell aus der Bedeutung ihrer Teile hervorgeht, gelten die eben getroffenen Unterscheidungen in gewissen Grenzen, jedoch nicht generell, auch für Konstituenten von Sätzen. Das heißt, wir können z. B. für eine Äußerung des Satzes *Lügen haben kurze Beine* nach $B(A)$ für $A = $ *kurze Beine* sowie nach der wörtlichen Bedeutung der Äußerung dieser Phrase und nach ihrer (übertragenen) Äußerungsbedeutung fragen. Lediglich $CS(t)$ ist offenbar nur für Ausdrücke bestimmbar, die als selbständige Äußerung verstanden werden.

Im Folgenden will ich den Zusammenhang zwischen $B(A)$, $LM(t)$, $M(t)$ und $CS(t)$ für einen Ausdruck A und Äußerungsexemplare t von A diskutieren.

4.

Wer die These (T 1) im strengen Sinn vertreten will, muß offenbar behaupten, daß $B(A)$ aus dem kommunikativen Sinn $CS(t)$ der verschiedenen Äußerungsinstanzen in bestimmtem Sinn erklärbar ist und insbesondere daß $B(A)$ aufgrund der verschiedenen $CS(t)$ der zu A gehörigen t erworben werden kann.

Einen verbindlichen Versuch, ein solches Programm zu verfolgen, hat Grice (1957) bereits sehr früh begonnen und in Grice (1968) weitergeführt. Schlüsselpunkt ist die Analyse von ›Meaning$_{NN}$‹, was für intendiertes, partnerbezogenes Mitteilen steht. Dies ist der Kern der von Grice (1957) vorgeschlagenen Analyse:

(i) ›A meant$_{NN}$ something by x‹ is (roughly) equivalent to ›A intended the utterance of x to produce some effect in an audience by means of the recognition of this intention.‹

(ii) ›x meant$_{NN}$ something‹ is (roughly) equivalent to ›Somebody meant$_{NN}$ something by x‹.

(iii) ›x means$_{NN}$ (timeless) that so-and-so‹ might as a first shot be equated with some statement or disjunction of statements about what ›people‹ (vague) intend (with qualifications about ›recognition‹) to effect by x.

Unter Berücksichtigung der von Grice diskutierten Qualifizierungen läßt sich (i) folgendermaßen in der oben eingeführten Terminologie wiedergeben:

(i') ›Ein Sprecher S äußert t mit dem kommunikativen Sinn $CS(t)$‹ ist (ungefähr) äquivalent mit ›S beabsichtigt durch die Äußerung von t im Hörer H zu bewirken, daß H $CS(t)$ erfaßt aufgrund des Bemerkens dieser Absicht.‹

Entsprechend ergibt sich die Umformulierung von (ii). Dies ist zweifellos eine sinngemäße Umschreibung der Bedingungen für die Verwendung von t in kommunikativer Interaktion. Es spezifiziert jedoch nicht die Faktoren, aufgrund deren H erkennt, daß

S den Sinn $CS(t)$ mitzuteilen wünscht (und nicht einen anderen Sinn, sagen wir $CS'(t)$). Vor allem aber bleibt der Übergang zu (iii) völlig unklar. Der Verweis auf ›people‹ deutet Konventionalisierung an. Mit ›x means$_{NN}$ (timeless) that so-and-so‹ dürfte deshalb eher die wörtliche Bedeutung oder mindestens die Äußerungsbedeutung von t gemeint sein – letzteres in dem Sinn, daß bestimmte Kontextbedingungen festgehalten werden, unter denen t gewöhnlich $M(t)$ bedeutet. Wiederum ist völlig unklar, wie diese Konventionalisierung zustandekommt. Wichtiger als diese offenen Punkte ist jedoch dies: Sieht man (iii) als Vorschlag zur Analyse von $LM(t)$ in Termen der kommunikativen Interaktion an, dann verfehlt der Vorschlag das Ziel in beiden Richtungen. Weder ist eine kommunikative Absicht notwendig, damit t eine Äußerungsbedeutung $M(t)$ hat, noch läßt sich aufgrund des kommunikativen Sinns allein die Äußerungsbedeutung oder gar die wörtliche Bedeutung bestimmen.

Letzteres ist mehrfach demonstriert worden, so von Ziff (1967) und von Searle (1969) mit dem Beispiel eines in italienische Kriegsgefangenschaft geratenen Amerikaners, der die Gedichtzeile

(4) Kennst du das Land wo die Zitronen blühn

aufsagt in der Absicht, sich als einen Deutschen auszuweisen. Es ist klar, daß in diesem Fall der kommunikative Sinn nichts mit der wörtlichen Bedeutung der Äußerung zu tun hat. Und es lassen sich leicht zahlreiche weniger verwickelte Beispiele angeben, in denen $LM(t)$ aus $CS(t)$ nicht abgeleitet werden kann.

Ebenso leicht finden sich Beispiele dafür, daß ein Sprecher einen Satz mit wörtlicher Bedeutung äußert, ohne daß diese von der Kommunikationsintention in dem in (i) fixierten Sinn abhängt:

(5) Hast du ein feines Breichen gegessen? Bist du schön satt geworden? Na, nun mach ein Bäuerchen! Siehst du, so ist es brav.

Ein Erwachsener, der so zu einem dreimonatigen Säugling redet, meint, was er sagt, ohne zu erwarten, daß der Hörer diese Intention wahrnimmt. Der Witz ist, daß es viel leichter ist, Sätze mit sprachlich bedingter Bedeutung zu äußern, als das zu vermeiden, und zwar völlig unabhängig davon, ob der Hörer die Intention auch erfassen kann. Chomsky (1976, S. 60) gibt andere Beispiele für das gleiche Argument.

Man könnte nun einwenden, daß die angeführten Fälle zwar gegen eine (allzu) direkte Zurückführung von *LM* auf *CS* sprechen, daß sie aber das von Grice anvisierte Programm nicht im Kern treffen. Einfach gesagt: (4) und (5) und alle ähnlichen Fälle haben nur darum ganz unabhängig vom kommunikativen Sinn die wörtliche Bedeutung, die sie haben, weil hinter diesen Äußerungen eine fundierende Klasse von Äußerungsfällen steht, in denen der geforderte Zusammenhang gültig ist. Dieser Einwand läuft auf folgendes Programm hinaus:

(B 1) Für eine Grundklasse **A** von Ausdrücken *A* wird gezeigt, daß es zu jedem *A* aus **A** eine ausgezeichnete Klasse C(*A*) von Kontexten *C* für *A* gibt, in denen für jedes Äußerungsexemplar *t* von *A* ein direkter Zusammenhang zwischen *LM*(*t*) und *CS*(*t*) besteht.

(B 2) Es gibt ein System **R** von Regeln oder Prozeduren, für das folgendes gilt: Jedes beliebige Äußerungsexemplar *t* kann einem Ausdruck *A* zugeordnet werden, der durch **R** aus einer endlichen Folge $(A_1, \ldots, A_n)$ über der Grundklasse **A** hervorgeht, dergestalt, daß *LM*(*t*) eindeutig determiniert ist durch die Folge $(LM(t_1), \ldots, LM(t_n))$, wobei t_i Äußerungsexemplar von A_i ist und $LM(t_i)$ die durch (B 1) garantierte wörtliche Bedeutung von t_i im ›Normalkontext‹ $C(A_i)$.

(B 3) Die Erlernung von *CS*(*t*) im Kontext C(*A*) für alle *A* aus **A** ist (a) notwendige und (b) hinreichende Bedingung für den Erwerb von *LM*(*t*) für alle durch **A** determinierten Äußerungsexemplare *t* und für das Regelsystem **R**.

Vereinfacht zusammengefaßt: Die wörtliche Bedeutung, die einem *t* zukommt, wird entweder auf dem Weg über seinen kommunikativen Sinn erworben, oder sie kann durch die Regeln aus **R** darauf zurückgeführt werden, und diese Regeln werden selbst (irgendwie) im Rahmen des Erwerbs der wörtlichen Bedeutung der Grundäußerungen erworben. In der Tat hat Grice (1968) versucht, ein Programm dieser Art zu entwickeln. Ohne auf die Einzelheiten eingehen zu können, muß ich mich hier mit der Feststellung begnügen, daß Grice das Programm nicht nur nicht zu Ende geführt hat, sondern daß auch sichtbar ist, inwiefern es nicht zu Ende geführt werden kann.[4] Komplikationen sind sowohl mit dem notwendigen wie mit dem hinreichenden Charakter der in (B 3) geforderten Erwerbsbasis verbunden.

Daß kommunikative Erfahrungen in Standardkontexten (deren Bestimmung offen ist) hinreichend sind, ist eine durch nichts begründete Annahme. Zahllose Befunde des Spracherwerbs sprechen dagegen. Offenbar ist vielmehr umgekehrt eine Vielzahl perzeptiver und kognitiver Erfahrungen nicht-kommunikativer Art Voraussetzung dafür, daß eine Äußerung in der Kommunikation mit einer Bedeutung versehen werden kann. Bereits der Elementarakt der ostensiven Definition wie *Das ist ein Bleistift* verlangt die vorgängige Identifizierung eines Objekts und seiner mutmaßlichen Eigenschaften, die für die wörtliche Bedeutung der Äußerung von Belang sind.

Nun könnte der Vertreter der kommunikativen Begründung der Bedeutung sagen, er konzediere, daß die Bedingungen der Kommunikation für die Erfassung der Bedeutung nicht hinreichen, daß sie aber notwendig sind und daß (T 1) in diesem Sinn präzisiert werden müßte. Angenommen, die so modifizierte These (T 1') ließe sich begründen, d. h. es ließe sich zeigen, daß die Kenntnis, aufgrund deren einer Äußerung von t ihre wörtliche Bedeutung zugeordnet wird, nur erworben werden kann, wenn man mit t (bzw. allen seinen Bestandteilen) kommunikative Erfahrungen gemacht hat. Dann hat die Kommunikationsauffassung der Bedeutung jetzt doch einen wesentlich modifizierten Charakter. Sie besagt nicht mehr, daß Sprachkenntnis auf Kommunikation zurückgeführt werden kann, sondern nur noch, daß sie ohne Kommunikation nicht erworben werden kann. Dies entspricht etwa der These, daß die Fertigkeiten, die zum Schwimmen oder zum Radfahren nötig sind, nicht ohne Schwimmen oder Radfahren erworben werden können, aber nicht durch Schwimm- oder Radfahrübungen allein zustandekommen. Mit anderen Worten, die Erklärung der Bedeutung eines Äußerungsexemplars t verlangt außer der Kommunikationsintention zusätzliche Faktoren, die, wie man leicht einsieht, den Löwenanteil an der Determination der Struktur der Bedeutung übernehmen müssen.

Auch der Anhänger der abgeschwächten These (T 1') muß aber erst noch zeigen, daß die hypothetisch eingeräumte Annahme, derzufolge $LM(t)$ nur erklärt werden kann, wenn auch auf die

Kommunikationsintention Bezug genommen wird, tatsächlich zutrifft. Die Gültigkeit dieser Annahme ist keineswegs offensichtlich, und es scheint mir leichter, sie zu widerlegen als sie zu rechtfertigen.[5] Ich lasse die Frage hier offen, da die Beweislast bei den Anhängern von (T 1′) liegt, und die entscheidende Frage, wie die wörtliche Bedeutung einer Äußerung zustandekommt, mit einer Begründung von (T 1′) keineswegs beantwortet wäre.

Ich habe den Ansatz von Grice (der übrigens für die in Grice (1975) entwickelte Logik der Konversation keine Rolle spielt) so ausführlich erörtert, weil er eine verbindliche Version von (T 1) verfolgt und dabei bereits zu Beginn der ›pragmatischen Wende‹ sichtbar gemacht hat, was dieser Ansatz nicht hergibt. Ich wende mich jetzt der Frage zu, was außer oder anstelle der Kommunikationsintention die wörtliche Bedeutung determiniert.

5.

Der Weg, den ich einschlagen werde, ist eine Konkretisierung einiger Punkte des in Abschnitt 2 skizzierten Schemas. Ich werde dabei Vorschläge, die von Grice (1975), Searle (1975) und Katz (1977) formuliert worden sind, aufgreifen und differenzieren.

Die drei genannten Ansätze sind, bei verschiedenen Differenzen im einzelnen, darin einig, daß

(a) jedes (wohlgeformte) Äußerungsexemplar t eine wörtliche Bedeutung hat,

(b) daß t eine davon verschiedene Äußerungsbedeutung haben kann,

(c) die Äußerungsbedeutung durch die wörtliche Bedeutung und bestimmte zusätzliche Faktoren determiniert ist.

Grice (1975) führt Konversationsmaximen als Explikat für die in (c) genannten Faktoren ein, Searle (1975) nimmt Inferenzprozeduren an, und Katz (1977) formuliert ganz allgemein eine Funktion PRAG. Alle drei nehmen jedoch implizit oder explizit an, daß die wörtliche und die Äußerungsbedeutung Entitäten der gleichen Art sind. Dabei fällt im großen und ganzen in der wörtlichen Bedeutung das zusammen, was ich in Abschnitt 3 als $B(A)$ und $LM(t)$ unterschieden habe, in der Äußerungsbedeutung fallen entsprechend $M(t)$ und $CS(t)$ zusammen. Der Sinn und der Charakter meiner Unterscheidungen sollen im folgenden erörtert

werden. Als Ausgangspunkt rekapituliere ich die von Katz angegebene Formulierung des Problems.

Jeder Ausdruck A einer Sprache L (wobei mit den Ausdrücken
von L vornehmlich die Sätze der Sprache gemeint sind) wird
aufgrund der Sprachkenntnisse gebildet und strukturiert. Diese
Struktur wird durch eine Strukturbeschreibung $D(A)$ wiedergegeben, die durch eine (optimale) Grammatik G dem Ausdruck
A zugeordnet wird. $D(A)$ enthält die Repräsentation der sprachlich determinierten Bedeutungen. Jedes Äußerungsexemplar
t von A wird in einem bestimmten Kontext $C(t)$ aktualisiert.
C kann, muß aber nicht eine kommunikative Situation sein. Aus
diesem Gesamtkontext werden bestimmte Informationen ausgewählt, die für die situationsabhängige Interpretation von A eine
Rolle spielen. $N(C(t))$ ist die Repräsentation dieser Informationen. Die pragmatische Funktion PRAG determiniert nun aufgrund von $D(A)$ und $N(C(t))$ die Beschreibung der Äußerungsbedeutung.[6] Formal:

(6) $\mathrm{PRAG}(D(A), N(C(t))) = \{R_1, R_2, \ldots, R_n\}$

Die R_i sind Repräsentationen von Satzbedeutungen, sie spezifizieren die Bedeutungen, die t im Kontext C haben kann. Eine
naheliegende Überlegung ist nun die, daß die Äußerungsbedeutung umso stärker von der wörtlichen abweicht, je stärker der
Kontexteinfluß ist. Katz nimmt deshalb an, daß die Ausgabe von
PRAG im Nullkontext – einem theoretischen Konstrukt, für das
die Situation des anonymen Briefs eine gewisse Approximation
darstellt – mit der semantischen Repräsentation von A zusammenfällt, d. h. daß die Bedeutung von A identisch ist mit der
Äußerungsbedeutung von t im Nullkontext. Es scheint, daß Katz
diese zugleich als wörtliche Bedeutung von t in jedem beliebigen
Kontext ansieht. Hier liegt das eine der nachfolgend zu erörternden Probleme.

Das zweite Problem liegt darin, daß die Äußerungsbedeutung,
auch dann wenn sie nicht mit der wörtlichen Bedeutung zusammenfällt, sondern eine ›übertragene Bedeutung‹ ist, nicht generell
mit dem kommunikativen Sinn der Äußerung identifiziert werden sollte. Ansätze zu dieser Unterscheidung finden sich am
ehesten in Searles Analyse indirekter Aufforderungen. Dieser
Analyse zufolge ist eine Äußerung von (7)

(7) Kannst du nicht das Fenster öffnen?
(8) Nein, das ist wegen der Klimaanlage verboten.

im geeigneten Kontext primär ein Aufforderungssprechakt, vermittelt durch den sekundären Sprechakt des Fragens. Hier wäre
die Frage die Äußerungsbedeutung (auf die auch mit einer Äußerung von (8) als Reaktion auf (7) Bezug genommen werden kann),
die Aufforderung wäre der eigentliche kommunikative Sinn. Nun
lassen sich aber leicht Beispiele dafür finden, daß das, was Searle
den sekundären Sprechakt nennen würde, seinerseits keineswegs
auf der wörtlichen Bedeutung der Äußerung beruhen muß.

(9) Geld stinkt nicht.
(10) Das Programm ist interessant wie immer!
(11) Du hast wohl Tomaten auf den Augen?!

Im geeigneten Kontext kann (9) als primärer Sprechakt ein Ratschlag sein, ein anrüchiges Geschäft zu akzeptieren; dieser Ratschlag wird vollzogen durch den sekundären Sprechakt einer
generellen Behauptung, die aber nicht der wörtlichen Bedeutung
entspricht. Analog geht die Analyse für (10), wenn damit eine
Aufforderung, das Fernsehgerät auszuschalten, gemacht wird,
und für (11) in der (stereotyp gewordenen) Verwendung als Tadel
oder Vorwurf für Unachtsamkeit.
    Die Modifikation, die ich gegenüber (6) begründen will, läuft
auf folgendes Schema hinaus: Die Sprachkenntnis, beschrieben
durch G, determiniert für jedes A aus L die logische Form von A,
die ich mit $B(A)$ bezeichnet habe. $B(A)$ determiniert zusammen
mit den Alltagskenntnissen über den Sachzusammenhang, auf
den ein Exemplar t von A bezogen wird, die wörtliche Bedeutung
$LM(t)$. Unter bestimmten Bedingungen determinieren die Alltagskenntnisse ferner eine von $LM(t)$ verschiedene nichtwörtliche
Bedeutung $NM(t)$. Die Äußerungsbedeutung $M(t)$ ist dann je
nachdem $LM(t)$ oder $NM(t)$. Schließlich determiniert $M(t)$ zusammen mit den allgemeinen Kenntnissen über Interaktionsbedingungen den kommunikativen Sinn $CS(t)$ in Abhängigkeit von der
Kommunikationssituation.
    Natürlich ist ein solches Programm hier nicht ernsthaft auszu-
führen. Ein wesentlicher Punkt meiner Argumentation ist aber,
daß es überhaupt nicht als linguistisches Programm ausführbar
ist: Eine Charakterisierung des Alltagswissens durch K und der

Interaktionskenntnisse durch *I* ist nur in einem Zusammenhang möglich, der nicht auf Sprachverhalten beschränkt ist. Dabei ist *K* im wesentlichen bereits als Themengebiet der kognitiven Psychologie und der künstlichen Intelligenz etabliert. Die Zuordnung von *I* zu einem konsolidierten Untersuchungsgebiet ist erst im Werden. Es ist Sache der in diesem Bereich zu entwickelnden Theorien, nicht aber der Linguistik, die Beziehungen zwischen *K* und *I* im einzelnen zu bestimmen und zu erklären.

6.

Bei der Diskussion der Beziehung zwischen $M(t)$ und $CS(t)$, mit der ich beginnen will, beschränke ich mich auf zwei Thesen, die Probleme nur lokalisieren, aber nicht lösen sollen (was nach den eben gemachten Bemerkungen ohnehin kein linguistisches Unternehmen wäre).

Ein großer Teil der Arbeiten zur Sprechakttheorie geht von der Annahme aus, daß die Spezifizierung der illokutionären Kraft, also der Interaktionsbedingungen und -verpflichtungen, die mit der Äußerung von *t* verbunden sind, eine sprachtheoretische Aufgabe ist, die insbesondere durch die Analyse der in *t* enthaltenen Mittel zur Anzeige der illokutionären Kraft (kurz: der IFIDs) zu lösen ist. Nach meiner Auffassung sind die durch IFIDs identifizierten Interaktionsbedingungen jedoch nur ein sehr spezieller Ausschnitt aus einem Gesamtzusammenhang, dessen Strukturen und Funktionsweisen von diesem Ausschnitt her nicht systematisch erfaßbar sind, sondern umgekehrt zur Analyse dieses Ausschnitts vorausgesetzt werden müssen. Um das durch eine Analogie zu verdeutlichen: Die motorischen Abläufe des Gesellschaftstanzes müssen aus der Systematik der Körperbewegungen erklärt werden, von der sie ein Spezialfall sind, nicht umgekehrt. Natürlich kann die Analyse eines relevanten Ausschnitts zur Klärung des Gesamtbereichs wesentlich beitragen, sie kann diese Klärung jedoch nicht ersetzen.

Etwas konkreter läßt sich diese Überlegung folgendermaßen formulieren: Es sei $M(t)$ die Äußerungsbedeutung eines Exemplars *t* von *A*. (Die Herkunft von $M(t)$ diskutiere ich in Abschnitt 7 und 8.) Wenn *t* in einem sprachlichen Kommunikationszusammenhang geäußert wird, dann gibt es einen Interaktionskontext $C_I(t)$. Die für den kommunikativen Sinn von *t* relevanten Merkmale von $C_I(t)$ seien durch eine Beschreibung $N(C_I(t))$ angebbar. Dann muß im Prinzip eine Beschreibung I der Interaktionsstrukturen aufgrund von $N(C_I(t))$ und der Repräsentation von $M(t)$ eine Repräsentation des (möglichen) kommunikativen Sinns $CS(t)$ determinieren. Ich fasse das in folgender These zusammen:

(I 1) Die Charakterisierung des kommunikativen Sinns $CS(t)$ einer Äußerung t im Interaktionskontext $C_I(t)$ ist Aufgabe einer Theorie I der Interaktionsstrukturen. I muß dazu u. a. ein System zur Repräsentation der relevanten Situationsmerkmale $N(C_I(t))$ und eine Funktion IP enthalten, so daß $IP(M(t),N(C_I(t))) = CS(t)$.[7]

Wesentlich ist, daß I einheitlich für sprachliche und andere Interaktionshandlungen aufgebaut werden muß, d. h. daß t außer für sprachliche auch für nichtsprachliche Signale und Handlungen stehen kann. Die Begründung dafür beginnt mit so elementaren Feststellungen wie der, daß ein Kopfnicken oder die Äußerung *Danke schön* den gleichen kommunikativen Sinn haben können, ebenso eine Äußerung von (11) oder von *Du bist ein Idiot* und eine Handbewegung mit dem Zeigefinger zur Stirn, und daß umgekehrt ein Lächeln oder ein Stirnrunzeln der Äußerung *Ich mach das schon* einen ganz verschiedenen kommunikativen Sinn geben können. (Man sollte sich in diesem Zusammenhang daran erinnern, daß Grice (1957) mit Meaning$_{NN}$ zwar auf sprachliche Bedeutung gezielt, tatsächlich aber kommunikative Interaktion ganz generell analysiert hat.)

Ansätze zu der mit (I 1) angedeuteten Position finden sich an verschiedenen Stellen, so bei Motsch (1978), aber auch bei Grice (1975), der seine Konversationsmaximen ausdrücklich auch auf praktische Interaktion bezieht, d. h. sprachliche Handlungen als Spezialfall allgemeiner Interaktion analysiert.

Die durch I zu spezifizierenden Interaktionskontexte und die in ihnen geltenden Regeln und Bedingungen können institutionalisiert oder informell sein. Ich habe den (wenigen) bekannten Feststellungen z. B. über Rechtsprechung, Militär, Zeremonien einerseits, Konversation, Arbeitsberatung, Streit oder Einkauf andererseits nichts Neues hinzuzufügen. Es geht mir nur darum, daß die Analyse dieser Strukturen in einen generellen Rahmen gehört, der nicht Teil der Linguistik sein kann. Eine kurze Überlegung macht klar, daß auch vieldiskutierte Beispiele wie

Taufen oder juristische Urteilssprüche (*Ich verurteile Sie hiermit . . .*) zwar sprachliche Äußerungen einbeziehen, jedoch wesentlich auf außersprachlichen Bedingungen beruhen, eine Tatsache, die über der Entdeckung der charakteristischen Funktion, die sprachliche Äußerungen dabei haben, nur zu leicht übersehen wird. Natürlich gibt es spezielle sprachliche Mittel, um Interaktionen zu beschreiben und auch, um sie zu realisieren. Interaktionsstrukturen werden damit aber so wenig ein Teilgebiet der Sprache und der Linguistik, wie es etwa emotionale Zustände und Prozesse werden, nur weil es sprachliche Mittel zu ihrer Beschreibung und auch zu ihrer Beeinflussung gibt.

Eine Besonderheit von Sprechakten gegenüber anderen Interaktionsformen scheint darin zu bestehen, daß es (a) spezielle sprachliche Mittel zu ihrer Realisierung gibt, und daß (b) Deduktionsprozesse eine wesentliche Rolle bei der Bestimmung des kommunikativen Sinns einer Äußerung spielen. Zu (a) ist zu sagen, daß dies nur aus der Sicht der Linguisten oder der Sprachtheoretiker als Besonderheit gelten kann: In Sprechakten spielt die Sprache, in anderen Akten spielen andere Mittel eine charakteristische Rolle, und Beispiele wie Kartenspiele, Schach oder Einkauf (mit Ware und Geld als konstitutiven Bestandteilen) belegen verschiedene Mischformen. Den Punkt (b) hat vor allem Searle (1975) in seiner Analyse der indirekten Sprechakte hervorgehoben. Es ist jedoch unmittelbar einsichtig, daß Deduktionen von prinzipiell völlig gleicher Art die Zusammenhänge in beliebigen Handlungsformen charakterisieren. Wer die Aktionen mehrerer Kraftfahrer, die eine Parklücke ansteuern, beschreiben will, wird auf Handlungen bezogene Schlußfolgerungen angeben müssen, die in der Form denen von Searle völlig gleichen.

Die mit (I 1) umschriebene Auffassung hat wesentliche Konsequenzen für das Zentralthema der Sprechakttheorie: die illokutionäre Kraft einer Äußerung. Zunächst ist klar, daß die Funktion einer Äußerung von (12)

(12) Die Tür ist offen.

als Aufforderung hereinzukommen, oder als Aufforderung, die Tür zu schließen, oder als Versicherung, daß man ins Haus kann, oder als Tadel für Nachlässigkeit durch *I* zu charakterisieren ist. Aber auch der Charakter von *Ich komme morgen* als Voraussage oder Versprechen wird im Rahmen von *I*, nicht von *G* determi-

niert. Mit anderen Worten: Die zuerst von Ross (1970) vorgeschlagene Annahme eines ›performativen Rahmens‹ für die semantische Struktur aller Sätze ist zu verwerfen (allerdings nicht
nur aus den hier erörterten Gründen). Darüber hinaus muß aber
auch ein erheblicher Teil der Sprachaktbedingungen in generelle-
rer Form innerhalb von I rekonstruiert werden, wie bereits Katz
(1977, S. 33–36) nahegelegt hat.

Es bleibt aber die Tatsache, daß es sprachliche Mittel gibt, die
kraft ihrer Bedeutung direkt mit kommunikativer Interaktion zu
tun haben, wie ich bereits mit der These (T 2) akzeptiert habe.
Dabei ist zu unterscheiden zwischen zwei Klassen.

(a) sprachliche Mittel, deren Bedeutung Faktoren und Struktu-
     ren der sprachlichen Interaktion klassifiziert;
(b) sprachliche Mittel, die kraft ihrer Bedeutung Interaktions-
     strukturen determinieren können.

Zu (a) gehören vor allem Wörter wie *fragen, taufen, Antwort,
Lüge* usw. Ich habe über sie in diesem Zusammenhang nicht mehr
zu sagen als über Wörter wie *lieben, fürchten, Angst* usw., die
emotionale Strukturen klassifizieren. Eine besondere Rolle spielen die zu (b) gehörenden Mittel, deren sprachliche Bedeutung
darin besteht, der Äußerung eines Exemplars t von A eine bestimmte interaktive Funktion zu geben. Mit anderen Worten:
Das Vorkommen eines der zu (b) gehörenden Mittel in einem
Ausdruck A führt dazu, daß $B(A)$ für ein Äußerungsexemplar
t von A einen bestimmten kommunikativen Sinn festlegt, genauer: den Modus, in dem der übrige Teil der Äußerungsbedeutung
von t kommunikativ interpretiert wird. Die unter (b) klassifizierten Mittel, zu denen vor allem Frage- und Imperativsatzform
gehören, sind die eigentlichen sprachlichen IFIDs, und ich will im
Hinblick auf sie meine zweite These formulieren:

(I 2) f ist ein IFID in L genau dann, wenn folgendes gilt:
      Wenn $A = f(A')$ eine nach den Regeln von L gebildete
      Verbindung von f mit A' ist, dann gilt für jedes t von A: Die
      Äußerungsbedeutung $M(t)$ legt fest, daß auf $M(t')$, d. h. auf
      den durch A' determinierten Teil von $M(t)$, in einem be-
      stimmten, durch f determinierten Interaktionsmodus Bezug
      genommen wird, wenn t in einem geeigneten Interaktions-
      kontext $C_I(t)$ geäußert wird.

Im Sinn von (I 2) gehört die Bedeutung von *f* mithin zu *B*(*A*), wenn *f* in *A* ›vorkommt‹, und sie gehört (unverändert) auch zu *M*(*t*). Nimmt man (I 1) und (I 2) zusammen, dann ergibt sich, daß *CS*(*t*) dennoch von der in *M*(*t*) fixierten Interaktionsbedeutung abweichen kann. *Kannst du mal ein Stück zur Seite gehen?* im Sinn einer Aufforderung ist ein einfaches Beispiel.

Ohne auf die Charakterisierung der Bedeutung von *f* im einzelnen einzugehen, will ich zwei Punkte hervorheben.

Erstens ist klar, daß keineswegs jedes *A* einer Sprache *L* ein IFID enthalten muß. Ein Indikativsatz wie

(13) Die Tür bleibt eben offen.

determiniert keinen bestimmten Interaktionsmodus – auch nicht durch die Partikel *eben*, die auf ›Hintergrundwissen‹, nicht auf Interaktionsmodi Bezug nimmt. (13) kann als resignierte Feststellung oder als Anordnung verwendet werden, ohne daß das durch seine Bedeutung determiniert wäre. Kurz, die Klasse der IFIDs scheint mir wesentlich kleiner zu sein, als neuere Arbeiten zur Sprechakttheorie glauben machen.

Zweitens glaube ich, daß insbesondere die sogenannten performativen Verben aufgrund von (I 1) und (I 2) ganz regulär als Elemente des Typs (a) zu analysieren sind, und zwar auch in ihrer performativen Verwendung. Ich will das am Beispiel *taufen* andeuten. *B*(*taufen*) kann approximativ folgendermaßen analysiert werden:

(14) TUN(X, Y) & CAUS(Y, HEISSEN (Z, W))

Im konkreten Sachkontext wird etwa Y spezifiziert durch die Angabe bestimmter Zeremonien, so daß die wörtliche Bedeutung *M*(*t*) des Äußerungsexemplars von *taufen* entsteht. (Vgl. dazu Abschnitt 7). Zur Spezifizierung von Y gehört bei einer Äußerung von

(15) Ich taufe dich hiermit Auguste.

die durch *hiermit* determinierte (tokenreflexive) Bezugnahme auf das Äußerungsexemplar. Es ist nun, bei entsprechendem Interaktionskontext, eine durch *I* beschriebene automatische Konsequenz der Äußerung von (15), daß damit ein Taufakt vollzogen wird. Dennoch kann die Bedeutung des Satzes (15) spezifiziert werden, ohne daß ein besonderes IFID postuliert werden müßte.

In der Tat meine ich, daß Lewis (1972) völlig zu Recht annimmt, daß Sätze vom Typ (15) durch Wahrheitswertbedingungen angemessen charakterisiert werden können. Die fundamentale Einsicht von Austin über den performativen Charakter solcher Äußerungen geht damit keineswegs verloren. Sie wird nur in I, nicht in G zu rekonstruieren sein.

7.

Die Unterscheidung zwischen $B(A)$ und $LM(t)$ hängt wesentlich zentraler mit der Bestimmung des Gegenstands von G zusammen und betrifft eine Fülle von Problemen, die sich aus dem Zusammenwirken und der Abgrenzung von Sprachkenntnis und Alltagswissen ergeben.

Um die Diskussion zu erleichtern, nehme ich zunächst an, daß wir über ein Schema verfügen, nach dem die Grammatik G einer beliebigen Sprache L aufgebaut ist. Dabei kann sich im Augenblick jeder das von ihm favorisierte Grammatikmodell denken, vorausgesetzt, G spezifiziert für jeden Ausdruck A aus L seine syntaktische Struktur und die Repräsentation seiner Bedeutung(en). Natürlich ist die Rechtfertigung von G eine empirische Frage, aber da es mir im Augenblick nicht um den Zusammenhang von Syntax und Semantik geht, erörtere ich sie nicht. Für die Bedeutung $B(A)$ eines beliebigen Ausdrucks A nehme ich an, daß sie in einer standardisierten Form repräsentiert werden kann, die zwei Bedingungen erfüllt: (a) $B(A)$ trägt dem kompositionellen Aufbau von A Rechnung, und (b) Wörter sind nicht semantisch unanalysierbare Einheiten, d. h. die semantischen Beziehungen zwischen den lexikalischen Einheiten werden in G explizit gemacht. Das kann entweder durch Bedeutungspostulate oder durch Komponentenanalyse geschehen. Aus Gründen, die in Katz (1977a) und Bierwisch (1978) erörtert werden, halte ich die letztere für angemessener, doch ist dieser Punkt hier nicht wesentlich, solange die Zurückführung der Bedeutung lexikalischer Einheiten auf semantische Grundelemente garantiert ist. Diese Grundelemente müssen bezüglich ihrer Kombinierbarkeit entsprechenden Kategorien (im Sinn der Kategorialgrammatik) zugeordnet sein, so daß die Bedeutung von A durch eine kombinatorische Struktur aus semantischen Grundelementen spezifiziert werden kann, die die logische Form von A repräsentiert.

Die postulierten Grundelemente können als vorläufige Repräsentation schrittweise aufzuklärender kognitiver Operationen betrachtet werden, wie Miller und Johnson-Laird (1976) in Ansätzen gezeigt haben. Unter einem bestimmten Abstraktionsgesichtspunkt können sie auch im Sinn der modelltheoretischen Semantik als Funktionen aus möglichen Welten (oder Referenzpunkten) in Denotate aufgefaßt werden. Der Abstraktionsgesichtspunkt ist dabei der, daß die Struktur der Denotatbereiche entweder vollständig explizit und formal vorgegeben ist oder aber als nicht weiter erklärungsbedürftig angesehen wird (so daß es im Grenzfall ausreicht, Regeln anzugeben, wie ›Baum bezeichnet in jeder möglichen Welt die Klasse aller Bäume‹). Wir werden sehen, daß dieser Abstraktionsgesichtspunkt für die im folgenden zu erörternden Probleme keinen Raum läßt.[8]

Jedes Äußerungsexemplar t von A wird nun bei seiner Verwendung auf einen Aktualisierungskontext $C_A(t)$ bezogen. Die Mindestbedingung von $C_A(t)$ für ein t des Satzes *er kommt* ist etwa, daß ein Raum gegeben ist, in dem eine orientierte Bewegung möglich ist, und ein Objekt oder Individuum, das sich der Struktur dieses Raumes entsprechend bewegen kann. Aktualisierungs- und Interaktionskontext können verschiedene Aspekte der gleichen Gesamtsituation sein, und jedenfalls setzt ein $C_I(t)$ immer ein $C_A(t)$ voraus, aber nicht notwendig umgekehrt. (Ein $C_A(t)$ ohne $C_I(t)$ ist z. B. bei monologisierendem oder nur nachdenkendem Gebrauch von t gegeben.)

$C_A(t)$ wird durch die Alltagskenntnis strukturiert, und diese Struktur muß intern repräsentiert werden können; in vielen Fällen – und nicht nur bei fiktiven Erzählungen – ist $C_A(t)$ überhaupt nur in Form einer internen Repräsentation gegeben. Da die Beziehung zwischen dieser internen Repräsentation und der externen Realität, die durch komplexe Prozesse des Informationsaustauschs zwischen Organismus und Umwelt vermittelt wird, in den Gegenstandsbereich vor allem der Wahrnehmungspsychologie fällt, können wir die Diskussion im folgenden vereinfachen und $C_A(t)$ generell als intern repräsentierte Kenntnisstruktur ansehen, für deren Charakterisierung K den notwendigen Rahmen bereitstellen muß.

Ich will nun sagen, daß $B(A)$ und $C_A(t)$ zusammen die Äußerungsbedeutung $M(t)$ determinieren. Aus Expositionsgründen betrachte ich dabei zunächst nur solche Kontexte, in denen t seine wörtliche Bedeutung hat, in denen also $M(t) = LM(t)$ ist. Dann läßt sich folgende Annahme formulieren:

(M 1) Es gibt eine Funktion F dergestalt daß $F(B(A), N(C_A(t))) = LM(t)$.
 Dabei ordnet F den Komponenten aus $B(A)$ jeweils bestimmte Teilstrukturen aus den Informationen $(N(C_A(t))$ zu und determiniert deren Verknüpfung gemäß der Struktur von $B(A)$.

Auf eine provisorische Formel gebracht, stellt F unter anderem die Beziehung zwischen sprachlicher Bedeutung und enzyklopädischer Kennntis her. Einer der wesentlichen Punkte, der (M 1) zugrunde liegt, ist die Feststellung, daß ein Ausdruck *A* je nach Aktualisierungskontext verschiedene wörtliche Bedeutungen haben kann, ohne daß es sinnvoll wäre, ihm sprachliche Ambiguität zuzuschreiben. Die folgenden Beispiele für *Schrift* exemplifizieren das Gemeinte.

(16) Die Entstehung der Schrift ist eine der wichtigsten kulturellen Entwicklungen.
(17) Die chinesische Schrift ist schwer zu erlernen.
(18) Die Schrift des neuen Stationsarztes ist noch schwerer zu entziffern als die seines Vorgängers.
(19) Die Schrift auf dem Plakat ist fünf Zentimeter hoch.

Rein formal wäre es natürlich möglich, für alle vier Fälle eine verschiedene semantische Repräsentation für *Schrift* zu postulieren. Es lassen sich jedoch leicht Argumente anführen, die die Unangemessenheit dieses Auswegs deutlich machen. Natürlicher ist es, für alle vier exemplifizierten Fälle eine einzige semantische Repräsentation anzunehmen, die näherungsweise durch (20) angegeben wird.

(20) Mittel zur optischen Repräsentation von Sprache

Erst ein Fall wie (21) ist damit nicht mehr erfaßt und deshalb möglicherweise Kandidat für eine zweite Bedeutung von *Schrift:*

(21) Die Schriften von Hülsendübel sollen jetzt gesammelt herausgegeben werden.

Akzeptiert man den mit (20) angedeuteten Vorschlag, dann ist klar, daß (16) bis (19) wörtliche Äußerungsbedeutungen von

138

Schrift enthalten, ohne daß diese identisch wären. Letzteres ergibt sich daraus, daß z. B. (17), aber nicht (16) fortgesetzt werden könnte mit (22), und daß nur (19) die Fortsetzung (23) zuläßt:

(22) Andere Schriften sind praktischer.
(23) Diese Schrift würde noch besser wirken, wenn sie rot wäre.

Ein anderes Beispiel liefert der viel strapazierte Junggeselle:

(24) Fridolin gibt sich als Junggeselle aus, obwohl er seit drei Jahren verheiratet ist.
(25) Professor Rumpelstilz ist der typischste Junggeselle, den ich kenne.

In (24) ist $LM(t)$ für *Junggeselle* praktisch identisch mit der üblichen Analyse UNVERHEIRATETE ERWACHSENE MÄNNLICHE PERSON, in (25) müssen dagegen Kenntnisse über stereotype Vorstellungen von der Lebensweise unverheirateter Männer in $LM(t)$ eingehen. (Die Bedeutung von *typisch* ist eine Operation, die in bestimmten Kontexten eben solche Kenntnisstereotype selektiert.)

Ohne auf die hier getroffene Unterscheidung zwischen $B(A)$ und $LM(t)$ abzuzielen, gibt Fillmore (1976) eine Reihe von Beispielen ähnlicher Art, für deren Analyse er das aus der künstlichen Intelligenz stammende Konzept ›Frame‹ in einem Sinn verwendet, der dem von $C_A(t)$ ähnlich, wenn auch spezieller ist. Hier ist eins seiner Beispiele:

(26) The Wongs always have chicken soup for breakfast.
(27) In this cafe breakfast is served any time.

In (26) ist $LM(t)$ für *breakfast* (vermutlich wiederum mit $B(A)$ praktisch identisch) in etwa ›erste Mahlzeit des Tages‹, in (27) schließt $LM(t)$ Kenntnisse über die ›normale Zusammensetzung des Frühstücks‹ ein.

Zusammenhänge wie der am Beispiel *Schrift* illustrierte sind keineswegs eine Rarität, sondern eher der Normalfall. *Sprache* ist für alle Linguisten notorisch bekannt als Beispiel, *Gedanke*, *Zeitung* (vgl. *Hans kauft eine Zeitung* vs. *er arbeitet bei der Zeitung*), *Melodie* sind beliebig herausgegriffene Fälle verwandter Art.

An diese Illustrationen schließe ich drei Kommentare (stellvertretend für eine Vielzahl weiterer Schlußfolgerungen) an.

Die verschiedenen Exemplare *t* eines sprachlichen Ausdrucks

A können, bei gleicher Bedeutung *B*(*A*), in Abhängigkeit vom Aktualisierungstext $C_A(t)$ unterschiedliche wörtliche Bedeutungen $LM(t)$ haben. $LM(t)$ kann verschieden stark von *B*(*A*) differieren. Die Variationsbreite von $LM(t)$ für verschiedene $C_A(t)$ ist dabei offenbar unterschiedlich für verschiedene Klassen von Ausdrücken: Sie ist in Fällen wie *Schrift* größer als bei *bringen* oder *kommen*.

Im Grenzfall kann $LM(t)$ mit *B*(*A*) zusammenfallen, im allgemeinen Fall gilt diese Gleichheit jedoch nicht. Die wörtliche Bedeutung einer Äußerung ist mithin nicht mit der sprachlichen Bedeutung des zugrunde liegenden Ausdrucks identisch. Daß das Zusammenspiel von Sprachkenntnis und Alltagswissen keineswegs auf einzelne Lexikoneinheiten beschränkt ist, wie die hier erörterten Beispiele nahelegen könnten, sondern komplexere Strukturen betrifft, hat am Beispiel koordinativer Konstruktionen Lang (1977) eingehend demonstriert: Die für die Interpretation koordinativer Strukturen notwendigen ›Einordnungsinstanzen‹ ergeben sich aus dem Zusammenspiel von *B*(*A*) und Alltagswissen.

Das skizzierte Zusammenspiel gibt schließlich die (intuitiv immer schon benutzte) Grundlage für die Erklärung der Mehrzahl aller Erscheinungen von Bedeutungswandel. Das gilt für die Aufspaltung von Bedeutungen in Fällen wie *Schloß* oder *Flügel* ebenso wie für den Übergang von *wenn* aus der lokalen über die temporale zur konditionalen Bedeutung.

Bisher habe ich die Bedingung, daß $C_A(t)$ die wörtliche Bedeutung von *t* determiniert, unterstellt, ohne die dafür nötige Spezifizierung anzugeben. Die Überlegung, die die bisherigen Erörterungen geleitet hat, läßt sich nun etwas präziser folgendermaßen angeben:

(M 2) $F(B(A), N(C_A(t))) = LM(t)$ ist eine wörtliche Bedeutung von *t* im Kontext $C_A(t)$ in bezug auf ein Kenntnissystem *K* genau dann, wenn $N(C_A(t))$ eine durch *K* determinierte Struktur ist, die im Anwendungsbereich von $F(B(A), X)$ liegt, d. h. die keine mit *B*(*A*) bezüglich F unverträglichen Informationen enthält.

Die Klasse aller Kontexte, die (M 2) für ein *A* und ein *K* erfüllen, will ich die neutralen Kontexte von *A* bezüglich *K* nennen. Mit anderen Worten, damit *t* eine wörtliche Bedeutung haben kann, muß es in einem Kontext aktualisiert werden, der mit der Bedeutung von A verträglich ist. Für die Exemplare von A gibt es dann so viele verschiedene wörtliche Bedeutungen, wie es verschiedene neutrale Kontexte zu A gibt. (Dies ist eine erste Näherung, die durch weitere Einschränkungen von zu großer Differenzierung gereinigt werden kann.)

8.

Abschließend will ich wenigstens in Umrissen andeuten, wie $M(t)$ in einem nicht-neutralen Kontext determiniert wird, in dem also $M(t)$ nicht mit $LM(t)$ identisch ist. Zur Verdeutlichung des Problems betrachte ich ein beliebiges Beispiel.

(28) Seine Vorstellungen waren auf Sand gebaut.

Eine sinnvolle Äußerung von (28) muß eine Äußerungsbedeutung haben, die etwa durch (29) paraphrasiert werden kann:

(29) »Die Vorstellungen von X hatten eine unsichere Grundlage«

Diese Äußerungsbedeutung ist offensichtlich in gewisser Weise von der wörtlichen Bedeutung abgeleitet. Diese Ableitung beruht auf einer ›metaphorischen Verschiebung‹ der wörtlichen Bedeutung von *auf Sand gebaut sein*. Wir müssen also annehmen, daß t zunächst eine wörtliche Bedeutung erhält. Dazu wollen wir folgenden Zwischenschritt einführen:

Für einen nicht-neutralen Aktualisierungskontext $C_A(t)$ gibt es einen mit $C_A(t)$ ›verwandtesten‹ neutralen Kontext $C'_A(t)$ bezüglich K und A, der allerdings nicht notwendig für t als Ganzes existieren muß, sondern die Zerlegung von t in Teile voraussetzen kann, für die dann aufgrund von (M 2) die Existenz des neutralen Kontextes garantiert ist. Im Beispiel (28) wären *Seine Vorstellungen* und *waren auf Sand gebaut* Teile mit jeweils eigenen neutralen Kontexten. In bezug auf diese Teile determiniert F die wörtliche Bedeutung in der zuvor erörterten Weise. Die wörtliche Bedeutung von *auf Sand gebaut sein* schließt dabei die Kenntnis ein, daß *auf Sand gebaut sein* ein unsicherer Zustand ist. Die wörtlichen Bedeutungen der Teile von t werden wiederum, wie in (M 1) festgelegt, der Struktur von $B(A)$ entsprechend verknüpft. Auf diese Weise wird auch für ›inkohärente‹ t eine wörtliche Bedeutung determiniert, die – wie in (28) – logisch widersprüchlich sein kann. Unbeschadet ihres indirekten Zustandekommens will ich sie mit $LM(t)$ im Kontext $C_A(t)$ bezeichnen.

Der skizzierte Zwischenschritt deutet an, wie im Fall nicht-neutraler Kontexte jedenfalls im Prinzip eine wörtliche Bedeutung determiniert ist. (Ich lasse dabei notgedrungen offen, ob der mit $C'_A(t)$ verwandteste neutrale Kontext $C_A(t)$ eindeutig bestimmt ist und in welchem Maße er tatsächlich und explizit aktualisiert wird.) Wir können nun eine Übertragungsfunktion postulieren, die die wörtliche und die übertragene Bedeutung zueinander in Beziehung setzt:

(M 3) Eine generelle, in K zu spezifizierende Funktion
$$\text{MET}(LM(t), N(C_A(t))) = NM(t)$$
determiniert für t im nicht-neutralen Kontext $C_A(t)$ aufgrund der wörtlichen Bedeutung von t seine übertragene Bedeutung, und zwar als minimale Veränderung in $LM(t)$, so daß ein kohärentes $NM(t)$ entsteht.

Mit (M 3) nehme ich an, daß die Bildung der übertragenen Bedeutung von einer zum Kenntnissystem gehörenden und nicht nur auf sprachlichen Strukturen operierenden Funktion der Metapherbildung determiniert wird. Das entspricht der ziemlich offensichtlichen Tatsache, daß übertragene Bedeutungen nicht aufgrund (einzelsprachlicher) Sprachkenntnisse, sondern der Zusammenhänge im Sachwissen gebildet und verstanden werden, genauer: daß das ›Übertragene‹ einer übertragenen Bedeutung nicht durch die Grammatik G der jeweiligen Einzelsprache bedingt wird, sondern durch (mehr oder weniger konventionalisierte) Bezüge im Kenntnissystem K, auf das die sprachlichen Ausdrücke bezogen werden.

Drei Bemerkungen noch zu dieser in vieler Hinsicht unvollständigen Charakterisierung nicht-wörtlicher Bedeutungen durch (M 3). Zunächst macht die bloße Postulierung der Übertragungsfunktion MET keineswegs deutlich, durch welche Kriterien $LM(t)$ und $NM(t)$ unterscheidbar sind. (M 3) sagt nur, daß eine Funktion MET in K den Zusammenhang herstellt, wenn t mit nicht-wörtlicher Bedeutung verwendet wird. Wann das der Fall ist, muß dabei notwendigerweise offen bleiben. In der Tat meine ich, daß hier gar keine binäre Entscheidung getroffen werden kann, daß vielmehr ein Übergangsfeld die Fälle, die durch die Funktion F allein wörtlich interpretiert werden, mit denen verbindet, die durch F und MET zusammen(übertragen) interpretiert werden. *Nach dem Buchstaben des Gesetzes* ist einer der vielen Ausdrücke, deren Äußerungsbedeutung normalerweise in eben dieses Übergangsfeld gehören dürfte. Ganz offensichtlich kommen zahlreiche Veränderungen in $B(A)$ durch solche Verschiebungen von $NM(t)$ zu $LM(t)$ zustande.

Weiterhin kann der Aktualisierungskontext, der eine übertragene Bedeutung induziert, über den für die wörtliche Bedeutung notwendigen neutralen Kontext hinausgehen. Das oben diskutierte Beispiel (1) *Das habe ich nur mit der linken Hand gemacht* ist ein simpler Beleg dafür. Ein Aphorismus wie

(30) Wegweiser stehen auf der Stelle.

von Jerzy Lec (dessen übertragene Bedeutung zu paraphrasieren den Witz zerstören würde) ist ein Beispiel für erheblich verwikkeltere Einordnungen in übergreifende Kontexte.

Und schließlich darf das Verhältnis zwischen dem neutralen und dem die Übertragung bedingenden Aktualisierungskontext nicht als einfache Hintereinanderschaltung von Interpretationsschritten aufgefaßt werden. Vielfach ist die übertragene Bedeutung naheliegender als die wörtliche, so daß der Rückgriff auf den neutralen Kontext und die wörtliche Äußerungsbedeutung gar nicht aktuell vollzogen wird. Eine Art inverse Metaphernbildung kann aus eben diesem Sachverhalt ihren Reiz beziehen. Um das noch einmal mit Lec zu belegen:

(31) Man sollte den Buchstaben des Gesetzes in das Alphabet aufnehmen.

Die Rätsel der kreativen Sprachverwendung sind durch (M 1) bis (M 3) natürlich nicht hinreichend umschrieben, geschweige denn beantwortet. Meine Absicht war nur, das Zusammenwirken verschiedener Komponenten zu verdeutlichen, die jeweils ihren eigenen Prinzipien unterliegen.

9.

Ich habe in den vorangehenden Abschnitten mehr Probleme aufgegriffen, als ich festhalten konnte. Das war durchaus beabsichtigt, denn es sollte deutlich machen, was sich *nicht* in einem Zugriff erfassen läßt. Die wörtliche und übertragene Bedeutung sprachlicher Äußerungen und ihr kommunikativer Sinn entstehen durch das Zusammenspiel vieler Faktoren auf der Grundlage und im Rahmen des konkreten gesellschaftlichen Lebensprozesses. Sie können nicht durch eine Ausdehnung der Theorie der Struktur natürlicher Sprachen auf alle diese Aspekte erfaßt werden, auch nicht durch die Ersetzung dieser Theorie durch eine umfassende Theorie der sprachlichen Kommunikation, die auch nur eine Abtrennung eines Ausschnitts aus der konkreten Gesamtheit des gesellschaftlichen Lebensprozesses wäre. Ich komme damit zurück zu dem in Abschnitt 1 aufgeworfenen Problem.

Die Analyse der verschiedenen Phänomene der sinnvollen Sprachverwendung verlangt die Konstituierung von Gegenstandsbereichen, die durch kohärente Wirkmechanismen und Gesetzmäßigkeiten erfaßt werden können. Diesen notwendigen Übergang vom Konkreten zum Abstrakten habe ich für die zur Diskussion stehenden Phänomene mit den Systemen G, K und I anvisiert. Die bisherige Wissenschaftsentwicklung und die versuchsweise Präzisierung der einschlägigen Fragestellungen bilden dafür die (notwendig provisorische) Motivierung.

Die Angemessenheit der notwendigen und explizit zu formulierenden Abstraktionen erweist sich beim ›Aufsteigen vom Abstrakten zum Konkreten‹, das heißt beim Zusammenwirken der angenommenen Prinzipien und Gesetzmäßigkeiten im Rahmen der zu erklärenden konkreten Erscheinungen.

Ich habe zu begründen versucht, warum die als ›pragmatische Wende‹ bezeichnete Eingliederung der kommunikativen Interaktion in die Sprache (oder der Ersetzung der Sprachtheorie durch die Kommunikationstheorie) inadäquat ist. Sie erlaubt nicht, die jeweils spezifischen Prinzipien generell und kohärent zu formulieren. Nur wenn Sprechakte als das Zusammenwirken von Determinanten aus G, K und I erklärt werden, kann ihre ›illokutionäre Kraft‹ als das bestimmt werden, was sie ist: eine zumeist durch G nur indirekt determinierte Komponente des kommunikativen Sinns einer Äußerung. Ein anderes Problem ähnlicher Art stellt die von Weinreich (1966) aufgestellte Forderung dar, daß eine Theorie der Semantik natürlicher Sprachen den Mechanismus der Metapherbildung berücksichtigen muß. Als eine Bedingung für die Orientierung der Theoriebildung an den Zusammenhängen, in die sie einzugliedern ist, ist das ein sinnvolles und notwendiges Postulat. Als Programm zur entsprechenden Ausweitung der Semantiktheorie ist sie, u. a. aus den in Abschnitt 8 erörterten Gründen, unangemessen.

Die beiden genannten Fälle haben zu tun mit der Notwendigkeit, Gegenstandsbereiche und Theorien sinnvoll abzugrenzen. Die Entwicklung der modelltheoretischen Semantik wirft das umgekehrte Problem auf: Die expliziten und in sich kohärenten Abstraktionen geraten in die Gefahr, sinnvolle Integrationsmöglichkeiten zu blockieren. Oder um es positiv zu formulieren: Die Individuenbereiche und möglichen Welten, auf die sich die als Intensionen sprachlicher Ausdrücke formulierten Bedeutungen $B(A)$ beziehen, müssen als Strukturen in Kenntnissystemen rekonstruiert, also den Bedingungen von K unterworfen werden. (Die Arbeiten von Hintikka (1975) geben Wege an, auf denen ein solches Programm entwickelt werden kann.)

Es ist nach diesen Bemerkungen leicht zu verstehen, daß ich das, was in jüngerer Zeit unter dem Titel Texttheorie oder Textlinguistik diskutiert wird, und erst recht die weitreichenden Zielstellungen der Gesprächsanalyse als Komplexe ansehe, die (zumindest) mit G, K und I zugleich zu tun haben.

Die Theorie der Struktur natürlicher Sprachen legt nicht fest, was Linguisten tun. Es ist aber nützlich, wenn Linguisten sich klar darüber sind, in welchen Theoriebereichen sie sich bewegen.

Anmerkungen

0 Abdruck mit freundlicher Genehmigung der *Linguistischen Studien* des ZISW der Akademie der Wissenschaften der DDR.

1 Einen groß angelegten Versuch, die Zusammenhänge perzeptiver Systeme mit den durch K beschriebenen konzeptuellen Strukturen und ihre Beziehung zur Bedeutung lexikalischer Einheiten zu erfassen, machen Miller and Johnson-Laird (1976). Schon die dort behandelten Teilsysteme lassen die Komplexität ahnen, auf die eine Beschreibung der Alltagskenntnis sich gefaßt machen muß.

2 Ob sich $CS(t)$ als Bedeutung eines Satzes fassen läßt, will ich hier offenlassen. Die Frage hängt offensichtlich sowohl vom Charakter von Satzbedeutungen wie vom Charakter des kommunikativen Sinns ab. Beides ist erst zu klären. In seiner Erörterung indirekter Sprechakte scheint Searle (1975) die Frage zu bejahen, da er den kommunikativen Sinn der Antwort *I have to study for an exam* auf den Vorschlag *Let's go to the movies tonight* als einen primären illokutionären Akt der Zurückweisung des Vorschlags interpretiert, der durch eine Reihe logischer Operationen aus einem sekundären illokutionären Akt abzuleiten ist. Dieser sekundäre

Akt ist eine (begründende) Feststellung, die an die wörtliche Bedeutung des geäußerten Satzes gebunden ist.

3 Auch hier lasse ich zunächst offen, ob die Bedeutung, in der eine Äußerung verwendet wird, mit der Bedeutung eines Satzes identifizierbar ist. Ebenso wie (1a) bis (1c) sind deshalb (2) und (3) nur als Hinweise, nicht als verbindliche Paraphrasen zu nehmen. Es ist aber deutlich, daß z. B. Searle (1975) und übrigens auch Katz (1977, S. 15-17) Äußerungsbedeutung im hier gemeinten Sinn und Satzbedeutungen für Entitäten gleicher Art halten und also als paraphrasierbar durch einen Satz ansehen. Anders dagegen z. B. Chomsky (1976, besonders S. 105), der die Bedeutung eines Satzes als seine logische Form LF ansieht, der im Kontext ›fuller representations of »meaning« (in some sense)‹ zugeordnet werden. Auf etwas andere Weise unterscheidet auch Stalnaker (1972, S. 385) zwischen der semantischen Interpretation eines Satzes und der auf dieser Grundlage im Gebrauchskontext spezifizierten Proposition (die am ehesten dem entspricht, was ich im folgenden als wörtliche Bedeutung $LM(t)$ bezeichnen will).

4 Um nur zwei Punkte anzudeuten: (1) Daß ein Sprecher S mit den Äußerungsexemplaren von A die (wörtliche) Bedeutung $LM(t)$ verbindet, expliziert Grice (1968, S. 233, Definition 2) so: S hat in seinem Repertoire die Prozedur, ein Exemplar t von A zu äußern, wenn er beabsichtigt, daß H wahrnimmt, daß S mit der Äußerung von t $LM(t)$ meint. Die Qualifizierungen, die Grice für ›eine Prozedur haben‹ angibt, laufen unmittelbar darauf hinaus, daß S (und auf Grund der in Definition 3 eingeführten Konventionalisierung in einer Sprecher/Hörer-Gruppe auch H) die wörtliche Bedeutung der t von A kennt. Genau die Herkunft und der Chrakter dieser Kenntnis aber ist der zu erklärende Sachverhalt. (2) Die in (B2) geforderten Regeln erscheinen bei Grice als Grundlage für ›resultierende Prozeduren‹ (Defintion 5), durch die Exemplare komplexer Ausdrücke ihre wörtliche Bedeutung aus der wörtlichen Bedeutung ihrer Bestandteile beziehen. Damit wird für S und H der Besitz kompletter, komplexer Sprachkenntnisse (grammatischer Regelsysteme) vorausgesetzt, für die wiederum Charakter und Herkunft gerade erst zu erklären sind. Mit anderen Worten, der Weg, den Grice einschlägt, führt nur zum Ziel, wenn wir bereits wissen, was wörtliche Bedeutungen und grammatische Regeln sind, wie sie zustandekommen und wie sie erworben werden. Grice hält dies (im Rahmen seines Ansatzes) zu Recht für ›a Herculean task (in our present state of knowledge). The best we can hope for is a sketch, for a very restricted (but central) range of word-types and syntactical forms, of a fragment of what might be the kind of theory we need.‹ (S. 236)

5 Es ist nicht einmal klar, wie eine solche Begründung aussehen müßte – außer in jenem trivialen Sinn, daß man eine Sprache, die von anderen (insbesondere den Eltern eines Kindes) gesprochen wird, nur erwerben kann, indem man hinreichende Informationen erhält, aus denen die den Äußerungen zugrundeliegenden Kenntnisse rekonstruiert werden können. Diese Informationen müssen jedoch keineswegs immer den Charakter der Intention, die Intention wahrzunehmen, besitzen. Ein drastisches Beispiel sind Schimpfworte, die Kinder oft völlig ohne, ja gegen die entsprechende Intention ihrer Eltern erwerben.

6 Katz nimmt an, daß PRAG auf alle Strukturaspekte von A Zugriff hat bei der Determination der Äußerungsbedeutung. Ob es wirklich phonologische, morphologische oder syntaktische Faktoren gibt, die in diesem Sinn eine Rolle spielen, ohne daß sie bereits zur Bedeutung von A beitragen, ist eine offene Frage. Sollte sie verneint werden können, würde es genügen, PRAG auf die semantische Repräsentation und auf $N(C(t))$ anzuwenden. Anzumerken ist, daß Eigenschaften wie ironi-

scher Tonfall (der z. B. eine Äußerung von *Das hast du wieder gut gemacht* zu einem Tadel macht) keine phonologischen Charakteristika sind, und deshalb nicht in *D(A)*, sondern (ebenso wie etwa ein begleitender Gesichtsausdruck) in *N(C(t))* erfaßt werden.

7 Hier und im folgenden verwende ich der Einfachheit halber *M(t)*, *CS(t)* usw. zugleich zur Bezeichnung der Äußerungsbedeutung, des kommunikativen Sinns usw. von *t* wie auch ihrer Deskription, um die Verdoppelung der nötigen Symbole zu vermeiden.

8 Sobald man dieser Tatsache ihren gebührenden Platz einräumt, kehrt sich der Vorwurf, den Lewis (1972) gegen die semantische Theorie von Katz erhoben hat, daß sie nämlich nur eine Übersetzung englischer Ausdrücke in eine unerklärte Kunstsprache ›Markerese‹, aber keine Erklärung der Bedeutung darstelle, ironischerweise gegen Lewis selbst. Solange nicht erklärt wird, wie die Bezeichnungsfunktionen ihre Werte annehmen können, ist eine modelltheoretische Semantik nur eine Übersetzung in eine (dem Markerese übrigens sehr ähnliche) Kunstsprache ›Functionalese‹.

Literaturverzeichnis

Bierwisch, Manfred (1978) Komponentenanalyse und Bedeutungspostulate, in Vorbereitung.

Chomsky, Noam (1976) *Reflections on Language,* New York.

Fillmore, Charles J. (1976) Frame Semantics and the Nature of Language, in: Harnad, Steklis, and Lancaster (eds.) *Origins and Evolution of Language and Speech,* The New York Academy of Sciences, New York.

Grice, Paul (1957) Meaning, in: *Philosophical Review,* LXVI S. 377-388.

– (1968) Utterer's Meaning, Sentence-Meaning, and Word-Meaning, in: *Foundations of Language, 4,* S. 225-242.

– (1975) Logic and Conversation, in: Cole and Morgan (eds.) *Syntax and Semantic, Vol. 3,* S. 41-58 New York.

Hintikka, Jaakko (1975) *The Intentions of Intentionality and other New Models for Modality,* Dordrecht.

Katz, Jerrold J. (1977) *Propositional Structure and Illocutionary Force,* New York.

– (1977a) The Real Status of Semantic Representations, in: *Linguistic Inquiry 8,* S. 559-584.

Lang, Ewald (1977) *Semantik der koordinativen Verknüpfung, Studia Grammatica XIV,* Berlin.

Lewis, David (1972) General Semantics, in: Davidson and Harman (eds.) *Semantics of Natural Language,* S. 169-218, Dordrecht.

Miller, George A. and Philip N. Johnson-Laird (1976) *Language and Perception,* Cambridge.

Motsch, Wolfgang (1978) Kommunikativer Kontext und Sprechaktrollen, in: *Lunder Germanistische Studien* sowie *Linguistische Studien,* herausgegeben vom ZISW der Akademie der Wissenschaften der DDR, Berlin.

Ross, John Robert (1970) On Declarative Sentences, in: Jacobs and Rosenbaum (eds.) *Readings in English Transformational Grammar,* S. 222-277, Boston.

Searle, John R. (1969) *Speech Acts,* Cambridge.

– Indirect Speech Acts, in: Cole and Morgan (eds.) *Syntax and Semantics, Vol 3*, S. 49-82, New York.

Stalnaker, Robert C. (1972) Pragmatics, in: Davidson and Harman (eds.) *Semantics of Natural Language*, S. 380-397, Dordrecht.

Weinreich, Uriel (1966) Explorations in Semantic Theory, in: Sebeok (ed.) *Current Trends in Linguistics 3*, S. 395-477, The Hague.

Ziff, Paul (1967) On H. P. Grice's Account of Meaning, in: *Analysis 28*, S. 1-8.

John R. Searle
Intentionalität und der Gebrauch der Sprache

I

Zwischen Intensionalität-mit-einem-s und Intentionalität-mit-einem-t läßt sich eine einigermaßen klare Unterscheidung treffen. Ohne dies allzu genau zu nehmen, kann man sagen, daß Intensionalität-mit-einem-s eine Eigenschaft von Sätzen einer gewissen Klasse ist. Ein Satz ist intensional, wenn es für seine wörtliche Äußerung wenigstens eine Interpretation gibt, unter der sie einem oder mehreren der Standardtests für Extensionalität nicht genügt. Für unsere Untersuchung sind die beiden folgenden Tests am relevantesten: Wenn die Existenzverallgemeinerung über das Vorkommnis bezeichnender Ausdrücke keine gültige Folgerung ist oder der Satz keine wahrheitswertbewahrende Substitution von Ausdrücken mit normalerweise gleicher Referenz zuläßt, so ist er intensional-mit-einem-s. So kann beispielsweise der Satz »John sucht das untergegangene Atlantis« u. a. wörtlich dazu benutzt werden, eine Feststellung zu treffen, aus der nicht folgt, daß es eine untergegangene Stadt gibt, für die gilt, daß John sie sucht. Und der Satz »Der Sheriff glaubt, daß Mr. Howard ein ehrlicher Mann ist« kann wörtlich als eine Feststellung verwandt werden, aus der gemeinsam mit der wahren Feststellung, daß Mr. Howard niemand anders ist als Jesse James, nicht folgt, daß der Sheriff glaubt, Jesse James sei ein ehrlicher Mann. Da die Intensionalität von Sätzen normalerweise vom Vorkommen gewisser Ausdrücke herrührt, kann man nicht nur von intensionalen Sätzen, sondern auch von intensionalen Verben, intensionalen Kontexten usw. sprechen. Ebenso kann man von intensionalen Feststellungen und intensionalen Propositionen sprechen. Ohne Zweifel müssen diese beiden Tests ein bißchen zurechtgemacht werden, um auch mit anderen Sätzen als solchen zu Rande zu kommen, die als Feststellungen verwandt werden; aber die grundlegende Vorstellung von Intensionalität-mit-einem-s ist wohl einigermaßen klar.

Bei Intentionalität-mit-einem-t ist es viel schwieriger anzuge ben, wovon wir sprechen. Gemeinhin wird gesagt, Intentionalität-mit-einem-t sei nicht vornehmlich eine Eigenschaft von Sätzen, sondern eine Eigenschaft von einigen oder gar allen geistigen Phänomenen. Es ist die Eigenschaft geistiger Zustände, auf einen Gegenstand oder einen Sachverhalt gerichtet zu sein. So beispielsweise eine Überzeugung immer eine Überzeugung, *daß* dies-und-das der Fall ist; Furcht ist immer – oder zumindest im allgemeinen – Furcht *vor* etwas, ein Wunsch immer einer *nach* etwas. Wo wir somit eine leidlich klare Vorstellung davon haben, worüber wir reden, schlage ich folgendes als groben, vorläufigen Test für Intentionalität-mit-einem-t vor. Ein geistiger Zustand ist dann und nur dann intentional, wenn die genaue Angabe seines Gehalts es erforderlich macht, einen Gegenstand oder einen Sachverhalt anzugeben, der mit dem betreffenden geistigen Zustand nicht identisch ist. Nach diesem Test sind Pein und Schmerz und zumindest einige Fälle von Unruhe nicht intentional; Überzeugungen, Hoffnungen, Erwartungen und Wünsche hingegen sind intentional. Mit der Angabe des Gehalts meines Schmerzes wird einfach nur mein Schmerz noch weiter beschrieben; nicht so bei der Angabe des Gehalts einer Überzeugung, Hoffnung, Erwartung oder eines Wunsches von mir: sie muß angeben, was ich glaube, hoffe, erwarte oder wünsche. Ein Schmerz – um einer zu sein – braucht nur in gewisser Weise empfunden zu werden, braucht somit nur gewisse Eigenschaften des Erscheinens. Für eine Überzeugung, Hoffnung, Erwartung oder einen Wunsch ist etwas mehr vonnöten: Auf die Fragen »Was glaubst du? Worauf hoffst du? Was erwartest du? Was wünschst du?« muß es Antworten geben, damit man der betreffenden Person überhaupt eine Überzeugung, Hoffnung, Erwartung oder einen Wunsch zusprechen kann; und in diesen Antworten werden Gegenstände und Sachverhalte angegeben, die mit den geistigen Zuständen nicht identisch sind.

In Wittgensteins Jargon: Schmerzen haben Ursachen, aber keine Richtung, während Liebe und Haß, Überzeugungen und Wünsche sowohl Ursachen als auch eine Richtung haben, und in jedem einzelnen Fall kann (aber muß nicht) die Ursache mit der Richtung identisch sein. Solche geistigen Zustände werde ich intentionale Zustände nennen, und die Gegenstände und Sachverhalte, auf die sie gerichtet sind, intentionale Objekte. Der Begriff des intentionalen Objekts ist in der Philosophie häufig die Quelle von Verwirrung, und ich werde über ihn nachher mehr zu sagen haben. Wir werden sehen, daß er für die sogenannten propositionalen Einstellungen in Wirklichkeit überhaupt nicht notwendig ist. Für den Augenblick ist es wichtig zu beachten, daß nach diesem Kriterium nicht alle geistigen Zustände intentional sind; nur die, welche die Angabe eines intentionalen Objekts erfordern, sind intentionale Zustände. Weiterhin ist zu beachten, daß dieses Kriterium nicht als Analyse des Begriffs der Intentionalität gedacht ist. Sonst wäre es ja hoffnungslos inadäquat, weil es auf verschiedenen unerklärten und dunklen Begriffen fußt. In welchem Sinne hat ein geistiger Zustand einen »Gehalt«, und was soll damit gesagt sein, daß die »(genaue) Angabe« dieses Gehalts die Angabe von etwas anderem »erfordert«?

Dieser Test für Intentionalität-mit-einem-t soll solche geistigen Zustände, die in einem gewissen Sinn auf Gegenstände und Sachverhalte gerichtet sind, von denen absondern, die es nicht sind. Aber selbst wenn man annimmt, er schaffe das, so gibt er doch bislang keine Antwort auf die durch ihn aufgeworfenen schwierigen Fragen hinsichtlich Intentionalität. Die beiden dringendsten darunter sind: Die Feststellungen, mit denen bei der Angabe des intentionalen Zustands der Gegenstand oder Sachverhalt angegeben wird, unterscheiden sich von gewöhnlichen Feststellungen, in denen Gegenstände und Sachverhalte angegeben werden. Denn für ihre Wahrheit ist es nicht erforderlich, daß der betreffende Gegenstand oder Sachverhalt existiert. So kann es beispielsweise wahr sein, daß John erwartet hat, es werde regnen, oder daß er Gott verehrt, auch wenn es weder wahr ist, daß es geregnet hat, noch, daß Gott existiert. In der Tat sind die Sätze, die intentionale Zustände angeben, gemäß beiden angeführten Kriterien für Intensionalität-mit-einem-s selbst intensional-mit-einem-s. Deshalb lautet unsere erste Frage: Warum ist das so? Wie kommt es von Intentionalität-mit-einem-t zu Intensionalität-mit-einem-s? Die zweite Frage ist: Worin genau besteht die Beziehung (bzw. die Menge der Beziehungen) zwischen intentionalen Zuständen und ihren Objekten, und was an dieser Beziehung macht bei der Angabe eines intentionalen Zustands die Angabe eines intentionalen Objekts erforderlich? Eine Antwort auf die zweite Frage wird uns, so denke ich, in die Lage versetzen, die erste zu beantworten, und den Begriff des intentionalen Objekts zu klären.

Bei seiner Auseinandersetzung mit der zweiten Frage macht Wittgenstein häufig Bemerkungen wie »Wenn Einer die Erwartung selbst sehen könnte – er müßte sehen, *was* erwartet wird« und »Die Darstellung eines Wunsches ist, eo ipso, die Darstellung seiner Erfüllung«.[1] Wittgenstein selbst und Kenny in seinem Buch über Wittgenstein behaupten, zwischen dem intentionalen Zustand und seinem intentionalen Objekt bestehe eine »interne Relation«. Aber diese Kennzeichnung hilft uns nicht viel, solange uns nicht genau gesagt wird, was mit dem Begriff einer internen Relation gemeint ist. Wenn uns beispielsweise gesagt wird, zwischen Dreieckigkeit und Dreiseitigkeit bestehe eine interne Relation, so kann man dem Begriff der internen Relation einen ziemlich klaren Sinn verleihen: Dreiseitigkeit ist ja eine logisch notwendige Bedingung für Dreieckigkeit. Aber in diesem Sinn besteht ganz klar keine Beziehung zwischen meiner Überzeugung, es werde am Mittwoch regnen, und dem Sachverhalt, daß es am Mittwoch regnet. Aus der Proposition, daß es am Mittwoch regnen wird, folgt nicht logisch die Proposition, daß ich glaube, daß es am Mittwoch regnen wird, und genausowenig gilt das Umgekehrte. Der einzige Sinn, den wir in diesem Fall dem Begriff der internen Relation geben können, scheint bereits in unserem Test für Intentionalität dargelegt zu sein: Die Angabe eines intentionalen geistigen Zustands erfordert die Angabe seines intentionalen Objekts. Aber damit haben wir immer noch keine Antwort auf unsere zweite Frage: Was genau an intentionalen Zuständen setzt sie zu ihren Objekten in Beziehung? Mackie formuliert unsere zweite Frage denkbar präzis. »Endlich bekommen wir langsam das wirkliche Rätsel der Intentionalität in den Brennpunkt«, schreibt er. »Ist es nicht eigenartig, daß es auch nur einen Sachverhalt (Toms Zustand des Glaubens, Hoffens, Fürchtens, oder was auch immer es sein mag) geben sollte, der für seine adäquate Beschreibung die teilweise, unvollständige, selektive, unbestimmte Beschreibung eines völlig anderen und bislang bloß möglichen Sachverhalts erfordert?«[2] Auf Mackies Frage gibt es meines Erachtens eine ziemlich einfache Antwort. Um auf sie zu kommen, denke man an eine entsprechende Frage, in der es um Feststellungen und Sprechakte im allgemeinen geht. Angenommen, jemand sagte »Ist es nicht eigenartig, daß es auch nur einen Sachverhalt (Toms Feststellung, daß es gerade regnet, oder seine Aufforderung an Bill, den Raum zu verlassen) gibt, der für seine adäquate Beschreibung die teilweise, unvollständige, usw. Beschreibung eines völlig anderen und bislang bloß möglichen Sachverhalts (des Sachverhalts, daß es gerade regnet oder daß Bill den Raum verläßt) erfordert?«. An diesem Erfordernis ist aber überhaupt nichts Rätselhaftes, wenn man erst einmal einsieht, daß eine Feststellung nichts anderes als die Repräsentation eines Sachverhalts ist, dessen Bestehen behauptet wird, und eine Aufforderung nichts anderes als die Repräsentation eines Sachverhalts, den herzustellen der Hörer aufgefordert wird. Jeder Sprechakt mit propositionalem Gehalt enthält eine Repräsentation irgendeines Gegenstands oder Sachverhalts; und in derselben Weise sind, wie ich darlegen möchte, alle intentionalen Zustände Repräsentationen von Gegenständen und Sachverhalten. Die Angabe meiner *Überzeugung*, daß es gerade regnet, erfordert eine Angabe des Sachverhalts, daß es gerade regnet, aus genau demselben Grund, aus dem die Angabe meiner *Feststellung*, daß es gerade regnet, eine Angabe des Sachverhalts, daß es gerade regnet, erfordert: in beiden Fällen ist das eine eine Repräsentation des andern.

Die Antwort auf unsere zweite Frage – In welcher Beziehung steht der intentionale Zustand zum intentionalen Objekt, und was an dieser Beziehung erfordert, daß eine Angabe des einen eine Angabe des andern umfaßt? – ist nun einfach, daß der intentionale Zustand in demselben Sinn eine Repräsentation des intentionalen Objekts enthält, in dem Sprechakte Repräsentationen von Gegenständen und Sachverhalten enthalten.

Weil ein intentionaler Zustand eine Repräsentation enthält, können wir nun der Rede davon, er stehe in einer »internen Relation« zu dem von ihm repräsentierten Gegenstand, einen klaren Sinn verleihen: Jede Repräsentation steht insofern in einer internen Relation zu ihrem Objekt, als sie nicht *diese* Repräsentation sein könnte, wenn sie nicht *dieses* Objekt hätte. So ist es beispielsweise ein Identitätskriterium für meine Überzeugung, daß es gerade regnet, daß sie als ihr intentionales Objekt den Sachverhalt haben muß, daß es gerade regnet.

Ich bin nicht besonders glücklich darüber, hier auf den Begriff der »Repräsentation« angewiesen zu sein, denn er erklärt so wenig. Aber immerhin paßt er, und wir können damit unsere zweite und nun auch unsere erste Frage (Wie kommt es von Intentionalität-mit-einem-t zu Intensionalität-mit-einem-s?) beantworten. In Sätzen über intentionale Zustände geht es wenigstens teilweise um Repräsentationen. Daher werden ihre Wahrheitsbedingungen manchmal von Merkmalen der Repräsentation abhängen und nicht ausschließlich von Merkmalen – oder gar der Existenz – des repräsentierten Objekts. Nach dem untergegangenen Atlantis zu suchen bedeutet, eine Repräsentation zu haben, für die man ein sie erfüllendes Exemplar in der Wirklichkeit sucht, und die Feststellung, daß man solch eine Repräsentation hat, kann wahr sein, auch wenn es solch ein erfüllendes Exemplar nicht gibt. Und ganz ähnlich: zu glauben, daß Mr. Howard ein ehrlicher Mann ist, bedeutet u. a., eine mit dem Namen »Mr. Howard« verknüpfte geistige Repräsentation zu haben, die sich von der mit dem Namen »Jesse James« verknüpften geistigen Repräsentation ganz und gar unterscheiden mag – deshalb klappt es auch nicht mit der Substitution solcher Namen, auch dann nicht, wenn Mr. Howard mit Jesse James identisch ist.

Mit dieser Auffassung von Intentionalität als Repräsentation können wir uns ebenfalls über das Wesen intentionaler Objekte klarwerden. Es wird oft so getan, als ob intentionale Objekte einen besonderen ontologischen Status hätten und von wirklichen Gegenständen unterschieden werden müßten. Das intentionale Objekt eines geistigen Zustands ist aber gerade der wirkliche Gegenstand oder Sachverhalt, der von einem intentionalen Zustand repräsentiert wird. Wenn es solch einen Gegenstand oder Sachverhalt nicht gibt, dann hat der intentionale Zustand kein intentionales Objekt, obwohl er trotzdem eine Repräsentation enthält. Wir müssen deshalb zwischen dem Repräsentationsgehalt eines geistigen Zustands und dem intentionalen Objekt dieses geistigen Zustands unterscheiden. Wenn John Sally liebt und glaubt, daß es gerade regnet, dann ist das intentionale Objekt seiner Liebe Sally, die wirkliche Sally aus Fleisch und Blut und nicht irgendeine geistige Erscheinung, und das intentionale Objekt seiner Überzeugung ist der Sachverhalt in der Welt, daß es gerade regnet, und nicht die Proposition, daß es gerade regnet. Damit seine Liebe wirklich Sally gilt und es seine Überzeugung ist, daß es gerade regnet, muß er irgendeine Repräsentation von Sally und von dem Sachverhalt, daß es gerade regnet, haben. Aber diese Repräsentationen sind nicht das Objekt seiner intentionalen Zustände, vielmehr sind die intentionalen Zustände mittels ihres Repräsentationsgehalts auf ihre Objekte gerichtet. Eine Proposition, so könnte man sagen, ist nicht das *Objekt* einer Überzeugung, es ist der *Gehalt* der Überzeugung. Das Oszillieren zwischen der extensionalen und intensionalen Lesart von Feststellungen über intentionale Zustände ist nichts anderes als ein Oszillieren zwischen verschiedenen Graden des Festgelegtseins: ob die Feststellung bloß auf Sachen festgelegt ist, die mit dem Repräsentationsgehalt zu tun haben, oder auch auf solche, die mit dem intentionalen Objekt zu tun haben.[3]

Die Unterscheidung zwischen dem Repräsentationsgehalt und dem intentionalen Objekt ist parallel zu Freges Unterscheidung zwischen Sinn und Bedeutung. Wie eine Kennzeichnung sich auf einen Gegenstand kraft ihres Sinns bezieht (in der Fregeschen Terminologie: ihn bedeutet), ohne aber dabei sich auf ihren Sinn zu beziehen, genauso ist ein intentionaler Zustand kraft seines Repräsentationsgehalts auf einen Gegenstand gerichtet, ohne aber dabei auf seinen Repräsentationsgehalt gerichtet zu sein. Sowohl Sätze, die intentionale Zustände beschreiben, als auch solche, die Handlungen beschreiben, in denen sich jemand auf etwas bezieht, haben extensionale und intensionale Interpretationen, und dies aus denselben Gründen. So gibt es für »John bezog sich auf den König von Frankreich« und »John dachte an den König von Frankreich« sowohl extensionale wie auch intensionale Lesarten je nachdem, ob man diese Sätze so konstruiert, daß es in ihnen um die Gegenstände der Repräsentation geht, oder jeweils ausschließlich um die Repräsentation selbst.

Die Identität von intentionalem und wirklichem Objekt wurde vielerseits übersehen, weil das intentionale Objekt mittels des Aspekts, unter dem es vom Repräsentationsgehalt repräsentiert ist, angegeben wird – es sich aus diesem Grunde also um eine Angabe handelt, die intensional-mit-einem-s ist. Grob gesagt, es bestand vielerseits der Eindruck, daß das intentionale Objekt in einer Weise unvollständig sei, in der wirkliche Gegenstände es nicht sind, und daß deshalb intentionale Objekte niemals wirkliche Gegenstände sein können. Wie kann der wirkliche Gegenstand mit dem intentionalen Objekt identisch sein, wenn der wirkliche Gegenstand alle Arten von Merkmalen hat, die das intentionale Objekt nicht hat? So schreibt Davidson:

Was weniger offensichtlich ist, zumindest solange wir nicht darauf achten, ist, daß das Ereignis, dessen Vorkommen »Ich machte das Licht an« wahr macht, nicht das – sei's auch noch so intensionale – Objekt von »Ich wollte das Licht anmachen« genannt werden kann. Wenn ich das Licht angemacht habe, dann muß ich dies in einem ganz bestimmten Moment und in einer ganz bestimmten Weise getan haben – jedes Detail ist ganz genau festgelegt, aber es ist sinnlos zu fordern, mein Wunsch müsse auf eine Handlung gerichtet sein, deren Vollzug in irgendeinem ganz bestimmten Moment oder in irgendeiner einmaligen Weise statthat. Es gibt unbestimmt viele Handlungen, die diesen Wunsch erfüllen würden, und jede von ihnen kann gleichermaßen gut als sein Objekt betrachtet werden.[4]

Aber genausogut könnte man dafürhalten, daß eine Beschreibung niemals eine Beschreibung eines wirklichen Ereignisses sein könne, weil Ereignisse alle Arten von Merkmalen haben, die in der Beschreibung nicht enthalten sind, und beliebig viele andere mögliche Ereignisse die Beschreibung hätten erfüllen können. Im Gegensatz dazu möchte ich folgendes vertreten: Aus dem Umstand, daß bei der Angabe eines Wunsches ein intentionales Objekt unter gewissen Aspekten – nämlich denen, unter welchen es gewünscht wird – angegeben wird, folgt nur, daß die Angabe des Wunsches intensional-mit-einem-s ist. Beispielsweise folgt daraus, daß ich E will, und E mit F identisch ist, nicht, daß ich F will.

Aber aus der Intentionalität der Angabe von Wünschen folgt nicht, daß wirkliche Ereignisse und Sachverhalte nicht die Gegenstände von Wünschen sein können. Andere Schlüsse zu ziehen bedeutet, Eigenschaften der Angabe von Wünschen mit Eigenschaften von Wünschen durcheinanderzubringen – eine weitverbreitete Konfusion, deren Untersuchung wir uns gleich zuwenden werden.

Die Form der Argumentation Davidsons würde sich unter einer von ihm zweifelsohne nicht gemeinten Verallgemeinerung als eine ungültige Herleitung einer falschen Konklusion aus zwei wahren Prämissen ergeben.

1. Ein intentionaler Zustand repräsentiert sein intentionales Objekt nur unter gewissen Aspekten.
2. Wirkliche Gegenstände (Sachverhalte, usw.) haben alle Arten

von Merkmalen, unter denen intentionale Zustände sie nicht repräsentieren.

3. Wirkliche Gegenstände können niemals intentionale Objekte sein.

Aber 3. folgt nicht aus 1. und 2. Eine völlig parallele Argumentation wäre

1* Eine Beschreibung eines Gegenstands repräsentiert den beschriebenen Gegenstand nur unter gewissen seiner Aspekte.
2* Wirkliche Gegenstände haben alle Arten von Merkmalen, unter denen Beschreibungen sie nicht repräsentieren.

3* Wirkliche Gegenstände können niemals beschriebene Gegenstände sein.

Aber warum hat die als erste aufgeführte Form der Argumentation einen so plausiblen Eindruck gemacht, und die zweite nicht? Und woher kommt es ganz allgemein, daß Philosophen so eigenartige Sachen über intentionale Objekte sagen? Zum großen Teil liegt das m. .E. daran, daß die Beschäftigung mit der Intentionalität an einer Verwechslung von Ebenen leidet, die ein wenig der Verwechslung von Gebrauch und Erwähnung ähnelt. Die (häufig vorliegende) Intensionalität-mit-einem-s von Sätzen über intentionale Zustände verlockt zu dem Schluß, intentionale Zustände selbst seien irgendwie intensional-mit-einem-s, irgendwie seien sie nicht wirklich auf ihre Objekte gerichtet, sondern auf ihren eigenen Repräsentationsgehalt. Dies ist jedoch eine Verwechslung von Eigenschaften der Beschreibung intentionaler Zustände mit Eigenschaften der beschriebenen Zustände, eine Verwechslung der »Erwähnung« geistiger Zustände mit ihrem »Gebrauch«. Angaben intentionaler geistiger Zustände sind in der Tat (im allgemeinen) intensional-mit-einem-s, weil sie von Repräsentationen handeln. Aber intentionale geistige Zustände handeln nicht *von* Repräsentationen, sie *sind* Repräsentationen. Ganz genauso mag die Beschreibung einer Beschreibung eines Objekts intensional sein, aber daraus folgt nicht, noch ist es im allgemeinen so, daß Beschreibungen von Objekten intensional sind. Intentionale Zustände der Grundstufe sind genauso extensional wie Gegenstandsbeschreibungen der Grundstufe. D. h., insofern es überhaupt sinnvoll ist, die Ausdrücke »intensional« und »extensional« auf geistige Zustände anzuwenden,[5] hat die Intentionalität nichts von sich aus Intensionales an sich. Meine Feststellung, daß Caesar Kaiser von Rom war, ist extensional; nicht minder, und aus denselben Gründen, ist meine Überzeugung, daß Caesar Kaiser von Rom war, extensional. Natürlich ist deine Feststellung, daß ich festgestellt habe, daß Caesar Kaiser von Rom war, intensional; genauso und wiederum aus demselben Grund, wie deine Feststellung, daß ich glaube, daß Caesar Kaiser von Rom war: Das erste Paar repräsentiert einen Sachverhalt, das zweite Paar repräsentiert Repräsentationen eines Sachverhalts. Diese Verwechslung von Repräsentationen mit Repräsentationen von Repräsentationen ist ziemlich weit verbreitet. So wurde oft gesagt, Propositionen seien intensionale Entitäten. Aber es ist nichts Intensionales an etwa der Proposition, daß Caesar Kaiser von Rom war. Sie könnte gar nicht extensionaler sein. Natürlich ist der Ausdruck »die Proposition, daß Caesar Kaiser von Rom war« gemäß jedem unserer beiden Kriterien intensional. Aber es ist eine Gebrauch-Erwähnungs-Verwechslung, Merkmale des Ausdrucks mit Merkmalen dessen durcheinanderzubringen, worüber der Ausdruck geht. Sätze über Propositionen sind intensional und Sätze über geistige Zustände sind intensional, aber weder Propositionen noch geistige Zustände sind im allgemeinen intensional.

Zugunsten der Ansicht, an Intentionalität sei etwas von sich aus Intensionales, wird manchmal darauf hingewiesen, daß man sich in einem intentionalen geistigen Zustand befinden kann, obwohl kein Gegenstand oder Sachverhalt den Gehalt dieses intentionalen geistigen Zustands erfüllt. Man kann Regen erwarten und Gott verehren, auch wenn es nicht regnet und Gott nicht existiert. Aber ganz entsprechend kann man Regen vorhersagen und die Existenz Gottes behaupten, auch wenn es nicht regnet und Gott nicht existiert. Genau wie die Erwartung dann unerfüllt und die Verehrung auf nichts gerichtet sein mag, so kann die Voraussage und die Behauptung falsch sein. Den Wahrheitsbedingungen einer Feststellung entspricht im Falle der sogenannten propositionalen intentionalen Einstellungen derjenige Sachverhalt, der den Repräsentationsgehalt der Einstellung erfüllt, also das, was ich das intentionale Objekt genannt habe. Dem Objekt, auf das man sich beim Gebrauch eines bezeichnenden Ausdrucks bezieht, entspricht in den nicht-propositionalen Fällen – wie Liebe und Haß – das intentionale Objekt, auf das die Einstellung gerichtet ist. Eine Feststellung kann falsch sein; aber das zeigt nicht, daß sie intensional ist. Beim Gebrauch bezeichnender Ausdrücke kann etwas schiefgehen, so daß man sich mit ihnen auf nichts bezieht; aber das zeigt nicht, daß Referenz intensional ist. Und genauso zeigt der Umstand, daß die intentionalen Objekte intentionaler Zustände fehlen können, noch lange nicht, daß sie intensional sind.

Aus dieser Erörterung ergibt sich allmählich folgendes Bild von intentionalen Zuständen: Jeder intentionale Zustand besteht aus einem in einem gewissen Modus repräsentierten Gehalt. Derselbe Gehalt kann in verschiedenen Modi auftreten; so kann ich beispielsweise glauben, hoffen, wollen, usw., daß es regnen wird. Es ist notwendig, den Repräsentationsgehalt vom intentionalen Objekt zu unterscheiden. Ein intentionaler Zustand hat dann und nur dann ein intentionales Objekt, wenn sein Repräsentationsgehalt von einem Gegenstand oder Sachverhalt erfüllt wird. Ich habe bislang nichts darüber gesagt, wie diese Repräsentationsgehalte realisiert sind – ob durch Wörter, Vorstellungsbilder, Verhaltensdispositionen, neurophysiologische Zustände, oder was auch immer; und ich glaube auch nicht, daß für die Zwecke der bisherigen Diskussion viel daran hängt. Nach dieser Auffassung ist an intentionalen Objekten nichts ontologisch Sonderbares; es sind ganz gewöhnliche Gegenstände und Sachverhalte, auf die unsere geistigen Zustände gerichtet sind. Sally als das intentionale Objekt von Bills Liebe zu Sally zu bezeichnen, ist etwa das gleiche, wie von ihr zu sagen, sie sei das mit Bills Beschreibung von Sally beschriebene Objekt – Sally wird dadurch nicht ontologisch sonderbar. Intentionalität-mit-einem-t und Intensionalität-mit einem-s arbeiten nicht einmal entfernt in derselben Branche. Intentionalität-mit-einem-t ist sozusagen eine Grundstufeneigenschaft des Geistes: so erfaßt der Geist andere Dinge. Intensionalität-mit-einem-s hingegen ist vornehmlich eine Eigenschaft von Sätzen und anderen Formen der Repräsentation. In einigen, aber nicht allen, intensionalen Sätzen geht es um Intentionalität-mit-einem-t.

Grob gesagt, können wir intentionale Zustände in zwei Arten unterteilen: solche wie Überzeugungen und Wünsche, die Sachverhalte repräsentieren (die sogenannten propositionalen Einstellungen), und solche wie Liebe und Haß, die auch noch Gegenstände, Ereignisse, usw. repräsentieren können. Bislang habe ich über die intentionalen Objekte so gesprochen, als könnte es sich bei ihnen entweder um Einzeldinge oder um Sachverhalte handeln. Aber das kann in die Irre führen. Sachverhalte sind keine Einzeldinge, und sie sind auch nicht so etwas Ähnliches wie Einzeldinge. Wenn meine Überzeugung, daß es gerade regnet, richtig ist, dann ist das, was sich zu meiner Überzeugung als ›intentionales Objekt‹ verhält, dasselbe wie das, was zu meiner wahren Feststellung, daß es gerade regnet, sich als Wahrheitsbedingung verhält. Das können wir, wenn wir wollen, einen Gegenstand nennen; aber damit leistet man so einem Fehler Vorschub wie dem, der darin besteht, das Feststellen ans Sich-auf-etwas-Beziehen anzugleichen. Johns Liebe zu Sally hat einen wirklichen Gegenstand, nämlich Sally. Johns Überzeugung, daß es gerade regnet, ist unter gewissen Bedingungen korrekt, aber diese Bedingungen sind kein Gegenstand wie Sally, und sie repräsentiert diese Bedingungen auch nicht so, wie »Sally« Sally repräsentiert, sondern viel eher so, wie die Feststellung, daß es gerade regnet, solche Bedingungen repräsentiert. Wir können weiter von intentionalen Objekten propositionaler Einstellungen sprechen, aber inhaltlich ist das genauso belanglos, wie wenn man von »Objekten« einer Feststellung oder eines Befehls spricht. Jedenfalls müssen wir uns davor hüten, diese »Objekte« mit Einzeldingen zu verwechseln.

Eine kleine Abschweifung über »Wünschen« und »Wollen«, bevor wir fortfahren. Wünsche sind propositionale Einstellungen; sie haben immer Sachverhalte als ›intentionale Objekte‹ und niemals einfach Gegenstände. In der formalen Redeweise: »wünschen« und »wollen« sind insofern wie »glauben« und nicht so wie »lieben« und »hassen«, als sie ein Satzkomplement als grammatisch direktes Objekt verlangen. Dafür spricht ein sehr einfaches syntaktisches Argument. Man betrachte den Satz »Ich will dein Haus nächsten Sommer«. Worauf bezieht sich »nächsten Sommer«? Keinesfalls auf »will«, denn der Satz bedeutet nicht »Im nächsten Sommer werde ich dein Haus wollen«. Er bedeutet »Ich will *jetzt* dein Haus *nächsten Sommer*«, und die Bedeutung davon kann man so darstellen: »Ich will jetzt, daß ich dein Haus nächsten Sommer *habe*«. Weil jeder Satz der Form »Ich will x«

ähnlich adverbial modifizierbar ist, sieht es so aus, als ob zum Wollen immer ein propositionaler Repräsentationsgehalt gehört.

II

Bei so vielen engen Verbindungen zwischen intentionalen Zuständen und Sprechakten liegt die Annahme nahe, Intentionalität müsse sprachlich erklärt werden: die in intentionalen Zuständen enthaltenen Repräsentationen müßten selbst Sätze oder wenigstens Bestandteile eines sprachartigen Repräsentationssystems sein. Von just diesem Geist beseelt haben verschiedene Philosophen Überzeugung mit Rückgriff auf Dispositionen zur Äußerung von bzw. zur Zustimmung zu Sätzen analysiert, und andere haben die Ansicht vertreten, die Absicht zu haben, H zu tun, sei nichts anderes als zu sich selbst sagen »Ich will H tun«. Nach dieser Auffassung ist die Philosophie des Geistes (zumindest weitgehend) ein Zweig der Sprachphilosophie. Und dieser Ansatz hat unverkennbar eine Menge Plausibilität und sogar ein bißchen Wahrheit für sich: denn, wie uns Wittgenstein unentwegt erinnert, um sich in einem intentionalen Zustand (falls es sich nicht gerade um einen der allereinfachsten handelt) zu befinden, muß ein Lebewesen das Vermögen besitzen, ihm sprachlich Ausdruck zu geben. Aber es scheint mir gleichermaßen klar, daß diese Ansicht nicht richtig sein kann. Lebewesen ohne Sprache oder sprachartiges Repräsentationssystem können Überzeugungen, Absichten, Wünsche und Erwartungen haben. Nur wer sich im Bann einer philosophischen Theorie befindet, würde leugnen, daß Hunde und kleine Kinder beispielsweise Knochen bzw. Milch wollen können. Weiterhin scheint die Erklärung in der falschen Richtung zu verlaufen. Dem Besitz von Sprache verdanken wir es unter anderem auch, daß wir Überzeugungen, Wünschen und anderen intentionalen Zuständen Ausdruck geben können. Zugegeben, mit dem Repräsentationssystem, das die Sprache zur Verfügung stellt, gibt es für uns viel, viel mehr und kompliziertere intentionale Zustände als ohne Sprache. Aber Sprache erzeugt nicht Intentionalität; vielmehr liefert Intentionalität, wie ich darlegen werde, in einem wichtigen Sinn die Grundlage für sprachliche Handlungen. Nach dieser Auffassung ist die Sprachphilosophie ein Zweig der Philosophie des Geistes.

Für unsere Argumentation zugunsten dieser Auffassung seien

vorab zunächst verschiedene Analogien und Verbindungen explizit gemacht, die zwischen intentionalen Zuständen und sprachlichen Handlungen bestehen.

Erstens einmal überträgt sich die sprechakttheoretische Unterscheidung zwischen propositionalem Gehalt und illokutionärer Rolle auf intentionale Zustände. Wie wir bei meiner Voraussage, daß du die Tür schließen wirst, und meinem Befehl an dich, die Tür zu schließen, von einem identischen propositionalen Gehalt (und zwar: daß du die Tür schließen wirst) sprechen können, genauso können wir auch bei meiner Überzeugung, daß du die Tür schließen wirst, und meinem Wunsch, daß du die Tür schließen mögest, davon sprechen, daß sie denselben Repräsentationsgehalt (und zwar: daß du die Tür schließen wirst) enthalten. Zudem sind derjenige Sachverhalt, auf Grund dessen die Feststellung wahr oder der Befehl befolgt ist, und derjenige Sachverhalt, auf Grund dessen die Überzeugung zutreffend und der Wunsch erfüllt ist, ein und derselbe. Ein Befehl wird befolgt, eine Feststellung ist wahr, ein Wunsch geht in Erfüllung und eine Erwartung bewahrheitet sich, usw. – als Bezeichnung dessen, was all diesen Sachen gemeinsam ist, sei der Begriff der Erfüllung eingeführt: Ein geistiger Zustand – bzw. ein Sprechakt – ist dann und nur dann erfüllt, wenn es den im propositionalen Gehalt angegebenen Sachverhalt tatsächlich gibt. Wir können dann sagen, daß zwischen den Erfüllungsbedingungen von Sprechakten und denen von intentionalen Zuständen enge Parallelen bestehen. Über diese Parallelität gleich mehr.

Zum zweiten findet sich die bei Sprechakten anzutreffende Unterscheidung hinsichtlich der Ausrichtung (»direction of fit«) auch bei intentionalen Zuständen. Zwischen einem Befehl und einer Feststellung besteht ein Unterschied in der Ausrichtung; den kann man so kennzeichnen: Beim Befehl ist es am Adressaten, sein Verhalten in Übereinstimmung mit dem propositionalen Gehalt des Befehls zu bringen (folglich haben Befehle die Welt-zu-Wort-Ausrichtung);[6] bei einer Feststellung hingegen ist es am Sprecher, den propositionalen Gehalt seiner Feststellung in Übereinstimmung mit der Welt zu bringen (folglich haben Feststellungen die Wort-zu-Welt-Ausrichtung). Das Sich-Entschuldigen, Sich-Bedanken und Beglückwünschen haben keine Ausrichtung, weil der Sprecher dabei jeweils davon ausgeht, daß der propositionale Gehalt bereits erfüllt ist. Wenn ich mich dafür entschuldige, daß ich auf deinen Fuß getreten bin, so sage ich in keiner Weise, daß auf deinen Fuß getreten worden ist, und ich versuche auch nicht zu bewirken, daß auf deinen Fuß getreten wird. Vielmehr setze ich voraus, daß darauf getreten worden ist. Diese Unterscheidungen gelten auch genauso bei intentionalen Zuständen. Eine Überzeugung, könnte man sagen, hat die Geist-zu-Welt-Ausrichtung, denn wenn meine Überzeugung irrig ist, dann liegt das an der Überzeugung und nicht an der Welt. Der Wunsch hat die Welt-zu-Geist-Ausrichtung, denn wenn mein Wunsch unerfüllt ist, dann liegt das sozusagen an der Welt und nicht an meinem Wunsch. Kummer, Dankbarkeit und Freude haben keine Ausrichtung, vielmehr gehört zu ihnen jeweils die Überzeugung, daß der entsprechende propositionale Gehalt erfüllt ist. So muß ich etwa der Überzeugung sein, ich sei in der Tat auf deinen Fuß getreten, damit es mir leid tun kann, daß ich auf deinen Fuß getreten bin.

Diesen ersten beiden Verbindungen zwischen intentionalen Zuständen und sprachlichen Handlungen unterliegt eine dritte. Im allgemeinen ist ein einen propositionalen Gehalt umfassender Sprechakt ein Ausdruck des entsprechenden intentionalen Zustands, und der propositionale Gehalt des Sprechakts ist identisch mit dem Repräsentationsgehalt des intentionalen Zustands. Wenn also jemand die Feststellung trifft, daß p, so gibt er (ob aufrichtig oder unaufrichtig) der Überzeugung Ausdruck, daß p; wenn jemand befiehlt, daß A H tut, so gibt er dem Wunsch Ausdruck, daß A H tun möge; wenn jemand verspricht, H zu tun, so gibt er seiner Absicht Ausdruck, H zu tun; wenn jemand sich entschuldigt, sich bedankt oder jemanden beglückwünscht, so gibt er seinem Kummer, seiner Dankbarkeit oder seiner Freude über die Sachverhalte Ausdruck, für die er sich entschuldigt, bedankt bzw. zu denen er den andern beglückwünscht. Weiterhin, der Ausdruck des intentionalen Zustands ist keine bloße Begleiterscheinung: Es gibt eine im strengen Sinn interne Verbindung zwischen dem Vollzug des Sprechakts und dem Ausdruck des entsprechenden psychischen Zustands, wie mit Moores Paradox gezeigt ist. Man kann nicht sagen »Es regnet gerade, aber ich glaube nicht, daß es gerade regnet«, »Ich befehle dir zu gehen, aber ich will nicht, daß du gehst«, »Ich verspreche zu kommen, aber ich habe nicht vor zu kommen«, »Ich entschuldige mich, aber es tut mir nicht leid«, »Vielen Dank dafür, daß du mir das Geld gegeben hast, aber ich freue mich nicht darüber, daß du mir das Geld gegeben hast«. In jedem dieser Fälle rührt die Absurdität daher, daß man das Vorliegen des intentionalen Zustands in Abrede stellt, dem man durch den unmittelbar vorhergehenden Teil der Äußerung Ausdruck gegeben hat. Natürlich kann man einem intentionalen Zustand Ausdruck geben, den man gar nicht hat; genau so kann es zu Unaufrichtigkeit in Sprechakten kommen. In der Tat stellen diese intentionalen Zustände jeweils die Aufrichtigkeitsbedingung der entsprechenden Sprechakte dar, ihr Vorliegen oder Fehlen entscheidet ja darüber, ob der Vollzug des Sprechakts aufrichtig oder unaufrichtig ist. Wer beispielsweise eine Feststellung trifft, gibt notwendigerweise einer Überzeugung Ausdruck, aber er hat nicht notwendigerweise die Überzeugung, der er Ausdruck gibt.

Diese drei Verbindungen zeigen die enge Parallelität von Sprechakten und intentionalen Zuständen. Sowohl Sprechakte als auch intentionale Zustände stellen einen propositionalen Gehalt in einem gewissen Modus dar, im Falle intentionaler Zustände handelt es sich dabei um einen psychischen Modus und im Falle von Sprechakten um einen illokutionären Modus. Beim Vollzug des Sprechakts gehen allerdings nicht zwei Dinge vor sich: der Vollzug des Akts und der Ausdruck des entsprechenden psychischen Zustands. Vielmehr ist der Vollzug des Akts eo ipso ein Ausdruck des entsprechenden intentionalen Zustands und der propositionale Gehalt des Akts und des Zustands sind identisch. Soweit eine Ausrichtung vorliegt, ist der Sprechakt dann und nur dann erfüllt, wenn der intentionale Zustand erfüllt ist. So ist der Befehl, daß p, dann und nur dann befolgt, wenn der Wunsch, daß p, erfüllt ist; die Feststellung, daß p, ist dann und nur dann wahr, wenn die Überzeugung, daß p, zutrifft; das Versprechen, daß p, ist dann und nur dann gehalten, wenn die Absicht, daß p, verwirklicht ist, und so weiter.

Intentionalität-mit-einem-t haftet also beinahe jedem Gebrauch von Sprache an, und dieser Umstand verlangt eine Erklärung. Eine naheliegende, aber offensichtlich falsche Erklärung besagt, Sprechakte seien überhaupt gar nichts anderes als der Ausdruck psychischer Zustände. Obwohl diese Erklärung für die Klasse der expressiven Sprechakte – zu der u. a. das Sich-Entschuldigen, Sich-Bedanken und das Beglückwünschen gehören – einige Plausibilität hat, ist sie offensichtlich falsch für Feststellungen, Befehle, Versprechen und viele andere. Sie ist falsch, weil an einer Feststellung mehr ist als nur der Ausdruck einer Überzeugung, an einem Versprechen mehr als bloß der Ausdruck einer Absicht und an einem Befehl mehr als bloß der Ausdruck eines Wunsches. Aber was ist sonst noch daran? Und welche Beziehung besteht zwischen diesem »sonst noch« und den zugrundeliegenden intentionalen Zuständen?

Um auf eine Antwort auf diese Fragen zu kommen, stelle man sich Lebewesen vor, die zwar in der Lage wären, intentionale Zustände wie Überzeugungen, Wünsche und Absichten zu haben, die aber keine Sprache besäßen. Was sonst noch brauchten sie, um sprachliche Handlungen vollziehen zu können? Man beachte, daß nichts Sonderbares an der Annahme ist, daß Lebewesen sich in solch einer Lage befinden; denn – soweit wir wissen – befand sich die Menschheit einst in dieser Lage. Man beachte auch, daß dies eine begriffliche und keine geschichtliche oder genetische Frage ist. Mir geht es nicht darum, was am Gehirn dieser Lebewesen noch fehlt oder wie Sprache in der Geschichte der menschlichen Rasse einmal entstanden ist.

Mit dem Vermögen, sich in intentionalen Zuständen zu befinden, haben wir unseren Lebewesen bereits das Vermögen zugeschrieben, ihre intentionalen Zustände zu Gegenständen und Sachverhalten in der Welt in Beziehung zu setzen. Dies hat seinen Grund darin, daß ein Lebewesen, das sich in intentionalen Zuständen befinden kann, sich der Bedingungen bewußt sein können muß, unter denen diese intentionalen Zustände erfüllt wären. Beispielsweise muß ein Lebewesen, das Wünsche haben kann, die Erfüllung oder Nichterfüllung seiner Wünsche bemerken können, und ein Lebewesen, das Absichten haben kann, muß die Erfüllung oder Nichterfüllung seiner Absichten erkennen können. Und das läßt sich verallgemeinern: Für jeden intentionalen Zustand gilt, daß ein Lebewesen, das sich in diesem Zustand befindet, die Erfüllung von der Nichterfüllung dieses Zustands unterscheiden können muß.[7] Dies folgt aus dem Umstand, daß ein intentionaler Zustand eine Repräsentation der Bedingungen seiner Erfüllung ist. Damit ist nicht gesagt, daß solche Lebewesen immer oder auch nur meistens zum richtigen Ergebnis kommen, daß sie keine Fehler machen; vielmehr heißt das, daß sie einen Begriff davon haben, was das in diesem Zusammenhang ist: zum richtigen Ergebnis kommen.

Nun zurück zu unserer Frage: Was brauchten solche Lebewesen noch, um eine Sprache zu besitzen? Man muß diese Frage etwas enger fassen, weil tatsächliche Sprachen alle möglichen Merkmale haben, die für unsere gegenwärtige Erörterung irrelevant sind. Vermutlich brauchten sie eine rekursive Vorrichtung, mit der sich unendlich viele Repräsentationen erzeugen lassen, sie brauchten Quantoren, logische Verknüpfungen, modale und deontische Operatoren, Tempora, Farbwörter und so weiter. Die Frage, um die es mir geht, ist viel enger. Was brauchten sie, um von ihren intentionalen Zuständen zum Vollzug illokutionärer Akte zu gelangen?

Zum Vollzug illokutionärer Akte brauchten unsere Lebewesen zunächst einmal irgendetwas, womit sie ihre intentionalen Zustände im wahrsten Sinne des Wortes *äußern,* d. h. für andere erkennbar machen, können. Wer dies vorsätzlich tun kann – d. h. wer nicht nur seinen intentionalen Zuständen Ausdruck gibt, sondern Handlungen zu dem Zweck vollzieht, anderen von seinen intentionalen Zuständen Kenntnis zu geben – besitzt bereits eine primitive Form eines Sprechaktes. Aber er besitzt damit noch nichts, was eine Feststellung, eine Bitte, ein Versprechen, usw. – so wie sie uns geläufig sind – erschöpft. Wer eine Feststellung trifft, gibt nicht nur zu erkennen, daß er etwas glaubt; wer eine Bitte vorbringt, gibt nicht nur zu erkennen, daß er etwas will; wer ein Versprechen gibt, gibt nicht nur zu erkennen, daß er vorhat, etwas zu tun. Aber wiederum: Was gehört sonst noch dazu? Der primäre außersprachliche Zweck der Institution des Feststellens ist es, Informationen zu geben; der Zweck der Institution des Bittens (Befehlens, Anordnens usw.) besteht hauptsächlich darin, andere dazu zu bringen, gewisse Dinge zu tun; und der Zweck der Institution des Versprechens besteht hauptsächlich darin, feste Erwartungen über das Verhalten von Menschen zu erzeugen. Damit haben wir meines Erachtens einen Hinweis darauf, welche Beziehungen zwischen Sprechakten und den entsprechenden intentionalen Zuständen bestehen. Man könnte, in einer vorläufigen Formulierung, sagen, daß unsere Lebewesen dann zu einer primitiven Form der Feststellung fähig wären, wenn sie Handlungen vollziehen könnten, die der Ausdruck einer Überzeugung zum Zwecke des Informationsgebens wären; eine »Bitte« (in dieser primitiven Form) wäre der Ausdruck eines Wunsches zu dem Zwecke, andere Leute dazu zu bringen, daß sie gewisse Dinge tun; ein »Versprechen« (abermals in primitiver Form) wäre der Ausdruck einer Absicht zu dem Zwecke, in anderen Erwartungen zu erzeugen.

Der nächste Schritt bestünde in der Einführung konventionaler Verfahren, mit denen man diese Dinge tun kann. Allerdings gibt es keine Möglichkeit, diese außersprachlichen Zwecke durch ein konventionales Verfahren zu erreichen. Sie alle haben mit den Wirkungen zu tun, die unsere Handlungen auf unsere Zuhörer haben, und ein konventionales Verfahren kann in keiner Weise gewährleisten, daß solche Wirkungen erzielt werden. Die perlokutionären Wirkungen unserer Äußerungen können nicht zu den Konventionen für den Gebrauch der in den Äußerungen benutzten Mittel hinzugenommen werden, denn die nachfolgenden Reaktionen und Verhaltensweisen unserer Zuhörer können nicht zu einer Wirkung gehören, die mittels einer Konvention erreicht wird. Was die konventionalen Verfahren erreichen können, ist sozusagen die illokutionäre Entsprechung dieser verschiedenen perlokutionären Ziele. So wird beispielsweise jedes konventionale Mittel, mit dem angezeigt wird, daß die Äußerung die Rolle einer Feststellung haben soll (etwa der Modus Indikativ), den Sprecher kraft Konvention darauf festlegen, daß der im propositionalen Gehalt angegebene Sachverhalt besteht. Die Verwendung dieses Mittels in einer Äußerung gibt dem Hörer somit einen Grund, diese Proposition zu glauben, und sie drückt aus, daß der Sprecher diese Proposition glaubt. Jedes konventionale Mittel, mit dem angezeigt wird, daß die Äußerung die Rolle eines Direktivs (Bitte, Befehl, Anordnung usw.) haben soll, wird kraft Konvention als ein Versuch des Sprechers gelten, den Hörer dazu zu bringen, die im propositionalen Gehalt angegebene Handlung zu vollziehen. Der Gebrauch dieses Mittels in einer Äußerung gibt deshalb dem Hörer einen Grund, die Handlung zu vollziehen, und drückt den Wunsch des Sprechers aus, daß der Hörer die Handlung vollziehen möge. Jedes konventionale Mittel, mit dem angezeigt wird, daß die Äußerung die Rolle eines Kommissivs (Versprechen, Schwur, Gelübde) haben soll, gilt als des Sprechers Übernahme der Verpflichtung, die im propositionalen Gehalt angegebene Handlung zu vollziehen. Eine Äußerung mit diesem Mittel schafft daher für den Sprecher einen Grund, die Handlung zu vollziehen, für den Hörer einen, vom Sprecher zu erwarten, daß er die Handlung vollzieht, und sie drückt die Absicht des Sprechers aus, die Handlung zu vollziehen.

Demnach sind folgende Schritte notwendig, um vom Vorliegen intentionaler Zustände zum Vollzug konventional realisierter illokutionärer Akte zu gelangen: zum ersten, der absichtliche Ausdruck intentionaler Zustände zum Zwecke, andere wissen zu lassen, daß man sich in ihnen befindet; zum zweiten, der Vollzug dieser Handlungen, um die außersprachlichen Ziele zu erreichen, denen illokutionäre Akte normalerweise dienen; und, zum dritten, die Einführung konventionaler Verfahren, mit denen die illokutionären Zwecke konventionalisiert werden, die den verschiedenen perlokutionären Zielen jeweils entsprechen.

III

Ich habe den Begriff der Repräsentation hier die ganze Zeit als unanalysierten Begriff benutzt. Aber wie wir bereits bemerkt haben, sind Feststellungen über Repräsentationen intensional-mit-einems, und der Grund dafür liegt darin, daß Repräsentation intentional-mit-einem-t ist. Indem ich intentionale Zustände unter Verwendung des Begriffs der Repräsentation beschrieben habe, habe ich demnach Intentionalität mit Intentionalem beschrieben. Gibt es einen Ausweg aus diesem Zirkel? Ich glaube nicht. Ich glaube nicht, daß es eine nicht-intentionale Erklärung der Intentionalität gibt – d. h., daß sich der Begriff der Intentionalität nicht gemäß dem Schema »X befindet sich im intentionalen Zustand S dann und nur dann, wenn p, q und r« in logisch notwendige und hinreichende Bedingungen analysieren läßt, wobei mit »p, q und r« kein Gebrauch von intentionalen-mit-einem-t Begriffen gemacht wird.

Damit ist nicht gesagt, daß sich mit Beschreibungen und Erklärungen nicht noch sehr viel mehr über das Funktionieren von Intentionalität sagen läßt. Der springende Punkt ist vielmehr, daß in solchen Beschreibungen und Erklärungen notwendigerweise intentionale Begriffe benützt werden. Unsere Charakterisierungen, Beschreibungen und Erklärungen von Intentionalität werden selbst nicht reduktiv sein, sie werden ein gewisses Verständnis von Intentionalität voraussetzen. Wir könnten dieses Erklärungsschema, wo Intentionalität bei ihrer eigenen Charakterisierung verwandt wird, den Zirkel der Intentionalität – oder einfach: den intentionalen Zirkel – nennen.

Es ist interessant zu betrachten, welche Formen die Bemühungen annehmen, Intentionalität zu eliminieren. In den behaviouristischen Standardanalysen geistiger Zustände wird der Begriff des intentionalen Verhaltens einfach so gebraucht, als sei er irgendwie weniger mentalistisch als die anderen Begriffe des Geistigen; aber wenn man von jemandem sagt, er gehe zu dem Laden oder nehme eine Mahlzeit zu sich, so schreibt man ihm nicht minder geistige Zustände zu, als wenn man von ihm sagt, er wolle in den Laden gelangen oder glaube, daß das Zeug auf seinem Teller Nahrung ist. Wir sitzen der Illusion auf, Verhalten sei nichts Geistiges, weil wir Körperbewegungen beobachten können; aber die Körperbewegungen stellen menschliches Handeln nur unter der Annahme dar, daß die geeigneten Absichten und Überzeugungen vorliegen. Somit wird entweder im Analysans der behaviouristischen Analyse Intentionalität vorausgesetzt – dann handelt es sich bei ihr um einen weiteren Fall des intentionalen Zirkels – oder dem ist nicht so – dann ist die Analyse inadäquat, denn dann geht es in der Analyse überhaupt nicht um Verhalten im Sinne von menschlichem Handeln. Behaviouristische Bedeutungsanalysen kranken an diesem Dilemma besonders kraß. Es gab beispielsweise Bemühungen, semantische Begriffe mit Rückgriff auf den Begriff der Zustimmung zu einem Satz zu erklären. Aber Zustimmen und Ablehnen sind waschechte illokutionäre Akte, um keinen Deut ärmer als Versprechen oder Feststellen. Mit der Verwendung dieses Begriffs bei der Analyse des Begriffs der Bedeutung (oder eines anderen semantischen Begriffs) wird ein Verständnis von Sprechakten vorausgesetzt; und weil die sprechakttheoretischen Begriffe die semantischen Begriffe enthalten, deren Analyse die Theorie liefern sollte, ist die Theorie hoffnungslos zirkulär. Die Lage ist hier schlimmer als beim Zirkel der Intentionalität, denn die Begriffe der Zustimmung und Ablehnung setzen mehr voraus als bloß Intentionalität; sie enthalten den Begriff der Bedeutung.

Das Problem besteht nicht – wie manchmal angenommen wird – darin, daß Sätze, die besagen, daß jemand einem Satz zugestimmt oder ihn abgelehnt hat, intensional-mit-einem-s sind, und nicht einmal darin, daß Zustimmen und Ablehnen selbst intentional-mit-einem-t sind. Vielmehr besteht es darin, daß Zustimmen und Ablehnen illokutionäre Akte sind, und ihr Verständnis somit ein Verständnis der entscheidenden semantischen Begriffe, insbesondere des Begriffs der Bedeutung, voraussetzt.

Daß es keine nicht-intentionale Erklärung der Intentionalität gibt, heißt aber nicht, daß es keine nicht-sprachliche Erklärung von Sprache gibt. Wenn wir uns intentionale Begriffe im Analysans nicht versagen, dann – so scheint mir – können wir die grundlegenden sprachlichen Handlungen in einer Weise analysieren, daß wir zwar nicht auf semantische, wohl aber auf intentionale Begriffe zurückgreifen. Der Schlüssel zu solch einer Analyse ist, daß intentionale Begriffe bereits den Begriff ihrer eigenen Erfüllung enthalten, und wir können unsere semantischen Begriffe auf die intentionalen aufpfropfen, indem wir den nicht-semantischen Begriff der intentionalen Erfüllung benutzen. Solch eine Analyse habe ich hier nicht gegeben, sondern ich habe nur skizziert, in welcher Richtung sie verlaufen könnte. Es kommt mir nicht im mindesten paradox vor, daß es nicht-sprachliche Analysen der sprachlichen aber nicht nicht-intentionale Analysen von Intentionalität geben sollte. Eine Sprache zu sprechen ist schließlich ein Teil des menschlichen Verhaltens und des bewußten Lebens von Menschen. Es wäre überraschend, wenn wir ihn nicht mit Begriffen beschreiben könnten, die von menschlichem Verhalten und dem bewußten Leben von Menschen herrühren. Aber es gibt nichts, das der Intentionalität begrifflich in der Weise unterliegt, in der Intentionalität der Möglichkeit sprachlichen Handelns unterliegt. Intentionalität ist genau das Merkmal geistiger Zustände (ob bei Menschen oder sonstwo), auf Grund dessen solche Zustände andere Dinge repräsentieren können.

Übersetzt von Andreas Kemmerling

Anmerkungen

1 L. Wittgenstein, *Zettel*, Nr. 56, in *Schriften 5*, Frankfurt a. M. 1970, S. 301; und *Bemerkungen über Frazers »The Golden Bough«*, Abdruck in: R. Wiggershaus (Hrsg.), *Sprachanalyse und Soziologie*, Frankfurt a. M. 1975, S. 41.

2 J. L. Mackie, »Problems of Intentionality«, in: E. Pivcevic (ed.), *Phenomenology and Philosophical Understanding*, Cambridge 1975, S. 48.

3 Es ist ein Fehler zu sagen, es gebe verschiedene Bedeutungen von »glauben«, eine »relationale« und eine »nicht-relationale«.* vielmehr gibt es verschiedene Arten, über Überzeugungen zu berichten. Über ein und dieselbe Überzeugung kann in mehreren verschiedenen Weisen berichtet werden, etwa: »John glaubt zutreffenderweise, daß fa«, »John glaubt von a, daß fa« und »John glaubt, daß fa«.

* *Anmerkung des Übersetzers.* Im Original: »relational« und »notional«. Diese Unterscheidung zwischen Lesarten von Ausdrücken für propositionale Einstellungen stammt von Quine (»Quantifiers and Propositional Attitudes«, *Journal of Philosophy* 53, 1956). Mit einem Beispiel von Quine: Wer den Satz »Ralph glaubt, daß jemand ein Spion ist« so versteht, als sei damit gesagt, daß es jemanden gibt, von dem Ralph glaubt, er sei ein Spion, der versteht »glauben« im relationalen Sinn. Wer dem Satz nur entnimmt, daß Ralph glaubt, daß es Spione gibt, versteht »glauben« im nicht-relationalen Sinn.

4 D. Davidson, »Actions, Reasons, and Causes«, *Journal of Philosophy* 60, 1963, 685-700.

5 Es ist ziemlich einfach, unsere Kriterien für Intensionalität so zu erweitern, daß sie sich auf intentionale Zustände anwenden lassen. Wenn die Erfüllung des Zustands die Existenz des repräsentierten Gegenstands verlangt und wenn der Erfüllungswert des Zustands bei der Ersetzung durch andere Repräsentationen desselben Gegenstands gleich bleibt, dann ist der Zustand extensional.

6 Zu einer Erklärung des Begriffs der Ausrichtung siehe J. R. Searle, »A Taxonomy of Illocutionary Acts«, in: K. Gunderson (ed.), *Minnesota Studies in the Philosophy of Science, Vol VII, Language, Mind, and Knowledge,* Minneapolis 1975, 344-369.

7 Das schaut aus, als führe es zu einem infiniten Regreß, aber dem ist nicht so. Einen Begriff von den Erfüllungsbedingungen unserer intentionalen Zustände zu haben ist kein zusätzlicher intentionaler Zustand.

(II) Zur Semantik
explizit performativer Äußerungen

Günther Grewendorf
Haben explizit performative Äußerungen einen Wahrheitswert?°

(I) Explizit performative Äußerungen und die performativ/konstativ Distinktion – Austins Auffassung

Eigentlich sollte sich obige Frage erübrigen. Austin zumindest war der Ansicht, daß sie nach seiner »Demaskierung« dieser »Klasse von Äußerungen« keinen Diskussionsgegenstand mehr darstellt. Hat man sich nämlich einmal von den Assoziationen befreit, die von der irreführenden *Form* explizit performativer Äußerungen nahegelegt werden, dann ist die Tatsache, daß diese Äußerungen

(A) nichts beschreiben, berichten oder behaupten und somit nicht wahr oder falsch sind

(B) den Vollzug einer Handlung darstellen, die gewöhnlich nicht als »etwas sagen« gekennzeichnet würde

unmittelbar einleuchtend. Nun hatte Austin diese Charakterisierung *explizit performativer* Äußerungen allerdings im Rahmen eines Abgrenzungsversuchs performative vs. konstative Äußerungen gegeben, und dieser Versuch war gescheitert,[1] da sowohl die »konstativen« Äußerungen performative als auch die »performativen« Äußerungen konstative Charakteristika (Entsprechung zu Tatsachen, wahr/falsch) aufwiesen. Hat sich daher – entgegen seiner Annahme, daß seine Konzeption explizit performativer Äußerungen den Übergang von der performativ/konstativ Distinktion zur Theorie der Sprechakte unbeschädigt überstand – mit dem Scheitern der performativ/konstativ Distinktion obige Frage im Nicht-Austin'schen Sinne erledigt? Hare liefert die Begründung dafür, daß dies nicht der Fall ist:[2] Austins performativ/konstativ Distinktion beruht auf einer Konfusion. Es handelt sich hierbei nämlich nicht um *eine* Unterscheidung sondern um zwei, die fälschlicherweise vermischt worden sind, nämlich

(i) »between different things that we can be doing in saying something«

(ii) »between the two different ways of doing the *same* thing.«
Aus der Tatsache, daß alle Äußerungen *Handlungscharakter* haben, folgt also weder, daß *eine bestimmte* Handlung mit allen Äußerungen vollzogen wird, noch, daß die Art des Vollzugs sprachlicher Handlungen bei allen Äußerungen dieselbe ist. Aus der Tatsache, daß alle Äußerungen einen »*Bezug zu Tatsachen*« haben, folgt weder, daß die Art dieses Bezugs bei allen sprachlichen Handlungen dieselbe ist, noch, daß die Art dieses Bezugs bei allen Arten des Vollzugs sprachlicher Handlungen dieselbe ist. Daß Austins Charakterisierung explizit performativer Äußerungen mit den Ergebnissen seiner Diskussion der performativ/konstativ Distinktion verträglich ist, läßt sich mit Hilfe der folgenden Spezifikationen einsehen:

(A') Obwohl explizit performative Äußerungen die grammatische *Form* von Tatsachenfeststellungen besitzen, und obwohl sie einen »Bezug zu Tatsachen« aufweisen,[3] ist ihr Tatsachenbezug dennoch nicht der von Beschreibungen – insbesondere nicht der einer Beschreibung dessen, was der Sprecher tut, wenn er eine solche Äußerung macht –, Berichten oder Behauptungen/Feststellungen – insbesondere nicht der einer Behauptung/Feststellung, daß der Sprecher die Handlung vollzieht, die man mit der jeweiligen explizit performativen Äußerung normalerweise vollzieht. Explizit performative Äußerungen weisen also nicht die *Art von Tatsachenbezug* auf, die für Äußerungen, die wahr oder falsch sein können, spezifisch ist.

(B') Explizit performative Äußerungen stellen eine bestimmte Art des Vollzugs sprachlicher Handlungen (illokutionärer Akte) dar: Aufgrund einer *bestimmten* Verwendung von Verben, die illokutionäre Akte bezeichnen[4] (1. Pers. Ind. Präs. Akt. bzw. die anderen bei Austin aufgeführten Standardformen) wird mit solchen Äußerungen der von dem jeweiligen Verb bezeichnete illokutionäre Akt vollzogen.[5]

Mit der explizit performativen Äußerung »Ich verspreche, daß ich da sein werde« vollzieht man also nicht nur den illokutionären Akt des Versprechens, man »macht« – durch die entsprechende Verwendung des performativen Verbs »versprechen« – »zugleich klar«, welchen illokutionären Akt man vollzieht – allerdings nicht dadurch, daß man beschreibt oder feststellt, was man tut.

Lassen sich diese Feststellungen über die Sprache begründen? Das noch für (A) zutreffende Argument, explizit performative Äußerungen seien sprachliche *Handlungen* und als solche eben nicht von der logischen Kategorie der Dinge, die wahr oder falsch sein können, läßt sich nach den Ergebnissen der performativ/konstativ Diskussion für (A') nicht mehr vorbringen: Es würde folgen, daß keine Äußerung wahr oder falsch sein könnte.[6]

Wie hat Austin seine Auffassung begründet? Die Antwort lautet schlicht: Überhaupt nicht. Sein Kommentar zu Äußerungen wie »Ich taufe dieses Schiff auf den Namen ›Queen Elizabeth‹« (als Äußerung beim Wurf der Flasche gegen den Schiffsrumpf), »Ich vermache meine Uhr meinem Bruder« (als Teil eines Testaments), »Ich wette einen Fünfziger, daß es morgen regnet«:

> »Keine der angeführten Äußerungen ist wahr oder falsch; ich stelle das als offenkundig fest und begründe es nicht. Eine Begründung ist genauso unnötig wie dafür, daß ›verflixt‹ weder wahr noch falsch ist.« (Austin S. 27)

Auch die Anhänger der Austin'schen Auffassung haben diese für so offensichtlich richtig gehalten, daß sie es größtenteils für müßig befanden, (a) sie zu begründen, und (b) gegenteilige Auffassungen zu widerlegen. Man gab sich mit Feststellungen (eher: Appellen) zufrieden wie: Im Falle explizit performativer Äußerungen sei die Frage »Ist der Satz wahr oder falsch?« *»mehr oder weniger absurd* oder *unangebracht«* (Warnock 1974); es wäre *»absurd«*, auf solche Äußerungen mit »Das ist nicht wahr« zu erwidern (Hartnack); solche Äußerungen *»könne man nicht«* mit »Das ist nicht wahr« angreifen (v. Savigny); Reaktionen wie »That's true«, »I agree« etc. sind *»out of place«* (Harrison); es ist *»uncontroversial«*, daß solche Äußerungen nicht als »statements« aufgefaßt werden (Furberg); die gegenteilige Auffassung wäre einfach *verkehrt* (»perverse«) (Black).

Entweder hält die Tatsache, daß etwas offensichtlich ist, Philosophen – aus welchen Gründen auch immer – nicht davon ab, das Gegenteil davon zu behaupten, oder aber um solche Offensichtlichkeit ist es doch nicht so gut bestellt wie ihre Verfechter behaupten. Angesichts der Häufigkeit, mit der der Austin'schen Auffassung widersprochen wurde,[7] verlangt eine Verteidigung derselben auf jeden Fall mehr als ein Beharren auf der Position der Evidenz.

In dieser Arbeit werde ich mich mit der Auffassung der Austin-

Gegner auseinandersetzen. Ich werde die Argumente dieser Position diskutieren und zu zeigen versuchen, daß es keine plausible Argumentation *für* die Wahrheitswertthese bzgl. explizit performativer Äußerungen gibt.

(II) Die Gegenposition

Wie sieht die Gegenposition aus? Man leugnet keineswegs die triviale Tatsache, daß mit explizit performativen Äußerungen der illkokutionäre Akt, der von dem in diesen Äußerungen – in der Standardform – verwendeten performativen Verb bezeichnet wird, explizit vollzogen wird. Man behauptet jedoch, daß *trotz dieser Tatsache* gilt:

(W) Explizit performative Äußerungen sind wahr oder falsch

und begründet dies durchweg mit der These

(S) Explizit performative Äußerungen sind »ganz normale« Feststellungen (statements).[8,9]

Die für (S) vorgebrachte Begründung

(T) Mit explizit performativen Äußerungen wird *gesagt,* daß der von dem in der Standardform verwendeten performativen Verb bezeichnete illokutionäre Akt vollzogen wird

liefert zugleich die Voraussetzung für jene Interpretation von *»explizit vollziehen«,* auf deren Grundlage sich die Anerkennung des Phänomens explizit performativer Äußerungen mit dem semantischen Standpunkt des »Indikativ-Fetischisten« vereinbaren läßt:

(V) Mit einer explizit performativen Äußerung wird der entsprechende illokutionäre Akt[10] gerade *dadurch vollzogen, daß gesagt wird,* daß er vollzogen wird.

Da aus der Falschheit von (T) die von (V) folgen würde, soll (V) jedoch vorläufig unberücksichtigt bleiben.[11] Das Hauptaugenmerk gilt (T), weil (T) in der Argumentation der Gegenposition die zentrale Rolle spielt. Da man nämlich annahm, daß mit der Richtigkeit von (T) auch die von (S) erwiesen sei, wurde (S) meist mit Hilfe von Argumenten für (T) zu begründen versucht.[12] Zu überprüfen ist, ob diese Annahme zu Recht erfolgte, und wenn ja, ob (T) tatsächlich richtig ist. Voraussetzung für diese Überprüfung ist allerdings eine Klärung von (T).

(III) Was mit explizit performativen Äußerungen »gesagt« wird

Erstaunlich angesichts der argumentativen Funktion von (T) für die Gegenposition ist die Tatsache, daß Austin selbst (T) konzediert. Widerspricht er sich nicht letztlich, wenn er sagt:

> »Wir können durchaus sagen, daß eine performative Wendung wie ›Ich verspreche, daß‹ klarmacht, wie die Äußerung zu verstehen ist, ja sogar daß die Wendung ›sagt‹, daß ein Versprechen gegeben worden ist;« (Austin S. 89)

bzw. wenn er die Ansicht äußert,[13] daß man über die Äußerung »I promise« mit »You said you promised« berichten kann? Zur Beantwortung dieser Frage ist zu untersuchen, *in welchem Sinne* nach (T) mit explizit performativen Äußerungen gesagt wird, daß der entsprechende illokutionäre Akt vollzogen wird. (T) läßt nämlich mindestens drei Deutungsmöglichkeiten zu:[14]

(T') Mit explizit performativen Äußerungen wird in einem *phatischen* Sinne gesagt$_{ph}$, daß der entsprechende illokutionäre Akt vollzogen wird.

(T) besagt dann soviel wie, daß die Angabe, es handle sich bei der entsprechenden Äußerung um ein Versprechen im Phem dieser Äußerung vorkommt. »Er hat es gesagt« heißt dann soviel wie »Er hat es indiziert/klargemacht/wortwörtlich gesagt.«[15] Ein Beispiel für diese Verwendung wäre etwa:
  »Die Bedeutung dessen, was er gesagt hat, analysieren«, »Was er gesagt hat, ist mehrdeutig« etc.[16]

(T'')Mit explizit performativen Äußerungen wird in einem *rhetischen* Sinne gesagt$_{rh}$, daß der entsprechende illokutionäre Akt vollzogen wird.

In diesem Sinne wird angegeben, *worüber* gesprochen wurde und *was* darüber gesagt wurde, es wird also über das Rhem (die Proposition) einer Äußerung berichtet. Nach Austin berichtet man darüber in der indirekten Rede. Allerdings:

(i) Nicht jeder Bericht der Form »er sagte, daß . . .« ist ein Bericht über das Rhem[17]

(ii) Nicht jeder Bericht über ein Rhem hat die Form »er sagte, daß . . .«

Man berichtet meist dann in der Form »er hat gesagt, daß . . .« über Rheme, wenn man sich auf den illokutionären Akt der berichteten Äußerung nicht festlegen will, z. B.

> »Er hat gesagt, daß es ihm hier nicht mehr paßt, aber ob er damit seinen Auszug ankündigen oder bloß sein Unbehagen ausdrücken wollte, kann ich nicht beurteilen.«

(T'') besagt nun, daß das Rhem der Äußerung »Ich verspreche dir, daß ich da sein werde« lautet: »daß ich dir verspreche, daß ich da sein werde«, daß jemand mit dieser Äußerung also über sich spricht und über sich sagt, daß er da sein werde. Über das Rhem dieser Äußerung würde man also folgendermaßen berichten: »Er sagte$_{rh}$, daß er verspricht, daß er da sein werde.«

(T''') Mit explizit performativen Äußerungen wird festgestellt/ behauptet (stated), daß der entsprechende illokutionäre Akt vollzogen wird.

Daß »sagen« (sagen$_{st}$) diese Verwendung als allgemeine Etikettierung assertorischer Sprechakte haben kann, zeigt sich daran, daß man jemand auf eine Feststellung/Behauptung u. U. festlegen kann durch »Aber du hast doch gesagt, daß . . .«. Diese Verwendung zeigt sich außerdem in Äußerungen wie: »Er hat gesagt, daß . . . aber wer weiß, ob er sich nicht täuscht.«

Im Sinne von (T''') würden alle explizit performativen Äußerungen zugleich als implizit performative Äußerungen mit der illokutionären Rolle des Feststellens/Behauptens aufgefaßt.

Zwischen (T'') und (T''') besteht der folgende Zusammenhang: Wer im Sinne von (T''') sagt, daß p, sagt immer auch im Sinne von (T''), daß p, während das Umgekehrte nicht der Fall ist. Wer sagt$_{rh}$, daß man das und das tun soll, kann, muß aber nicht, sagen$_{st}$, daß man das und das tun soll.[18]

Was folgt aus den jeweiligen Interpretationen von (T) für die Frage, ob explizit performative Äußerungen Feststellungen sind bzw. einen Wahrheitswert besitzen. Bzgl. (T') läßt sich folgendes konstatieren: Die Tatsache, daß ich mit der Äußerung »Ich verspreche, daß ich da sein werde« sage$_{ph}$, daß ich ein Versprechen gebe, besagt lediglich, daß meine Äußerung den expliziten

Hinweis enthält, daß es sich bei ihr um ein Versprechen handeln soll. Es handelt sich also lediglich um eine Feststellung über die phematische Gestalt meiner Äußerung. Da jedoch nicht Pheme »an sich«, sondern nur in einer bestimmten Weise verwendete Pheme Feststellungen bzw. wahr oder falsch sind, ist (T′) für die Begründung von (S) (Explizit performative Äußerungen sind Feststellungen) bzw. von (W) (Explizit performative Äußerungen sind wahr oder falsch) irrelevant.

Die Frage, ob Austin, indem er »You said you promised« als Bericht über »I promise« zuließ, eine Inkonsequenz unterlaufen ist, läßt sich nun beantworten. Ein Widerspruch zu seiner Konzeption explizit performativer Äußerungen liegt nämlich dann nicht vor, wenn »You said you promised« im Sinne von (T′) zu verstehen ist, und daß letzteres der Fall ist, zeigt sich daran, daß Austin den Unterschied zwischen »You said you promised« und »You stated that you promised« an dem Unterschied zwischen »You say this is (call this) a good picture« und »You state that this is a good picture« verdeutlicht.[19]

Die Tatsache, daß (T′) für die Begründung von (S) irrelevant ist, hat zur Folge, daß die folgenden Argumente für (T) für die Begründung von (S) *irrelevant* sind:

(A1) Mit einer explizit performativen Äußerung informiert man den Hörer über den Vollzug eines bestimmten illokutionären Aktes (Hedenius S. 123)

Informieren kann man auf vielerlei Weise; u. a. dadurch, daß man – im Austin'schen Sinne – etwas klarmacht/indiziert/signalisiert/explizit angibt. So verstanden, ist (A1)[20] für die Begründung von (S) irrelevant. Es besagt dann nicht mehr und nicht weniger als daß man durch eine bestimmte Vollzugsweise, d. h. durch die Wahl eines bestimmten Phems, »verbalisiert«, welchen illokutionären Akt man vollzieht.

(A2) In jede explizit performative Äußerung ist »hereby« einsetzbar. (Houston S. 147)

Bzgl. der durch »hereby« verbesserten Information gilt dasselbe wie in bezug auf (A1).

Was (T″) betrifft, so ist (T) in dieser Interpretation für die Wahrheitswertdiskussion bzgl. explizit performativer Äußerungen zweifellos insofern relevant, als eine Äußerung sicher *nur dann* wahr oder falsch sein kann, wenn sie ein Rhem besitzt. Zu einem *entscheidenden* Argument würde (T″) jedoch erst, wenn die Tatsache, daß eine Äußerung ein Rhem besitzt, auch hinreichend dafür wäre, daß sie wahr oder falsch sein kann. Ich kann die Argumente für bzw. gegen bestimmte Konzeptionen von Rhemen bzw. Propositionen hier nicht abwägen.[21] Um zu zeigen, daß sich die Frage, ob explizit performative Äußerungen wahr oder falsch sind, nicht über die Beantwortung der Frage, welches Rhem/welche Proposition sie besitzen, *positiv* entscheiden läßt, genügen die Hinweise, (a) daß bisher noch keine plausiblen Kriterien angegeben worden sind, nach denen sich bestimmen ließe, welchen Äußerungen man Rheme/Propositionen zuschreiben soll und welchen nicht, (b) daß man in dem Fall, in dem der Begriff der Proposition nicht unabhängig von der Frage, ob Äußerungen wahr oder falsch sein können, charakterisiert wird, mit (T″) – in unserem Argumentationszusammenhang – eine *petitio principii* begeht, (c) daß die Mehrzahl der Sprachphilosophen einen Begriff von Rhem/Proposition verwendet, nach dem auch Befehle und Fragen ein Rhem/eine Proposition besitzen können.[22]

Als Ergebnis der Diskussion von (T″) ergibt sich, daß die folgenden Argumente für (T) für die Begründung von (S) *nicht hinreichend* sind:

(A3)   Mit einer explizit performativen Äußerung informiert man den Hörer über den Vollzug eines bestimmten illokutionären Aktes. (Hedenius S. 123, Houston S. 145, Lemmon)

Obwohl Äußerungen – wie bzgl. (A1) ausgeführt – auch auf andere Weise informativ sein können als dadurch, daß sie bestimmte Rheme/Propositionen ausdrücken, so *kann* dies natürlich auch auf letztere Weise geschehen. Doch selbst wenn explizit performative Äußerungen in dieser Weise »informativ« wären, wären sie es nicht anders als die Äußerung »Schließ das Fenster!«, mit der man den anderen darüber informiert, was er tun soll.

(A4)   Explizit performative Äußerungen sind in dem Sinne »reflexiv« (»Meta-Sätze«) als sie »über sich selbst gehen« (Hedenius S. 132, Fingarette S. 43)

In sinnvoller Weise expliziert, besagt (A4) vermutlich nicht mehr als (T″) selbst, und bedarf daher keines gesonderten Kommentars.

(A5)   Den Satz »I am speaking« äußern heißt sprechen. (D. Lewis S. 210)

Ich werde zunächst begründen, warum ich glaube, daß (A5) an

dieser Stelle – also im Zusammenhang mit (T'') – zu erwähnen ist. D. Lewis bringt (A5) als Argument gegen die Austin'sche These, die explizit performative Äußerung »I bet you sixpence it will rain tomorrow« sei deswegen nicht wahr oder falsch, weil diesen Satz – in entsprechenden Umständen – äußern, wetten hieße. Welchen argumentativen Stellenwert (A5) in diesem Zusammenhang hat, ist nicht leicht einzusehen. Die Argumentation könnte wie folgt verlaufen:

(LI)   (A5) liefert ein Beispiel für einen Satz, dessen Äußerung den Vollzug einer bestimmten Handlung bedeutet; dennoch ist dieser Satz wahr. Die Tatsache, daß die Äußerung von »I bet you sixpence it will rain tomorrow« den Vollzug einer bestimmten Handlung bedeutet, ist also kein Argument dafür, daß diese Äußerung nicht wahr oder falsch sein kann.

In dieser Form ist die Argumentation allerdings trivial, da jede Äußerung den Vollzug einer Handlung bedeutet; außerdem – und das dürfte Lewis wohl kaum entgangen sein – ist es nicht allein der Handlungscharakter von »I bet you . . .«, womit Austin seine Auffassung begründet.

(A5) soll offensichtlich ein Analogieargument sein. Eine Analogisierung des Austin'schen Arguments verlangt jedoch eine Analogie zwischen den jeweils als Beispiel herangezogenen Äußerungen. Diese wäre gewährleistet, wenn Lewis' Argumentation wie folgt aufgefaßt wird:

(LII) (A5) liefert ein Beispiel für eine wahre Äußerung, mit der man die Handlung vollzieht, von der man – mit dieser Äußerung – sagt, daß man sie vollzieht. Die Tatsache, daß die Äußerung »I bet you . . .« machen, heißt, die Handlung vollziehen, von der man – mit dieser Äußerung – sagt, daß man sie vollzieht, ist also kein Argument dagegen, daß diese Äußerung wahr oder falsch sein kann.

In dieser Form beruht Lewis' Argumentation allerdings auf einer *petitio principii*. Sie geht nämlich von der für den Wahrheitswertnachweis von »I bet you . . .« erst zu begründenden Voraussetzung aus, daß man mit dieser Äußerung sagt$_{st}$, daß man die Handlung vollzieht, die man vollzieht.

Im Zusammenhang mit Austins Argumentation – und gegen

diese richtet Lewis ja sein Argument – erhält die Lewis'sche Argumentation m. E. überhaupt nur dann eine gewisse Plausibilität,[23] wenn man sie wie folgt rekonstruiert:

(L III) Da es offensichtlich Äußerungen gibt (»I am speaking«), mit denen man das tun kann, wovon man – gleichzeitig, d. h. jeweils mit der entsprechenden Äußerung – sagt, daß man es tut, ist die Tatsache, daß man mit einer Äußerung etwas Bestimmtes tut, kein Argument dagegen, daß man mit dieser Äußerung zugleich sagt, daß man das tut, was man – mit ihr – tut.

Da Lewis die Frage, ob explizit performative Äußerungen »statements« sind, nicht explizit diskutiert, nehme ich an, daß »sagen« in (LIII) im Sinne von »sagen$_{rh}$« zu verstehen ist, daß mit (LIII) also dagegen argumentiert wird, daß eine notwendige Bedingung dafür, daß explizit performative Äußerungen wahr oder falsch sind (nämlich, daß sie ein bestimmtes Rhem besitzen), nicht vorläge. Für die Begründung der Feststellungsthese (S) ist diese Argumentation jedoch, selbst wenn sie erfolgreich wäre, unzureichend.

(IV) Lewis'sche Ungereimtheiten

Lewis' Versuch, explizit performative Äußerungen in eine semantische Theorie einzubetten, ist in der linguistischen Literatur als adäquates Unternehmen hingestellt worden.[24] Da ich demgegenüber der Auffassung bin, daß es sich hier um einen jener – mittlerweile zahlreichen – Fälle handelt, wo Sachverhalte der natürlichen Sprache so lange über den formalen Leisten geschlagen werden, daß das, was schließlich als in einer semantischen Theorie beschrieben ausgegeben wird, mit der natürlichen Sprache nur noch wenig zu tun hat – möchte ich auf einige Ungereimtheiten des Lewis'schen Versuchs etwas näher eingehen.

Abgesehen von den in Anmerkung (23) angesprochenen »Disanalogien«, die Lewis' Argument (A 5) ohnehin fast jede Schlagkraft nehmen, trägt seine Argumentation (in der Form (LIII)) zumindest der Tatsache Rechnung, daß man, um die Wahrheitswertthese bzgl. explizit performativer Äußerungen zu vertreten, auch

(T'') vertreten muß. Merkwürdigerweise weist Lewis bei seiner Diskussion zweier Verwendungsweisen von »I command you to be late« – der explizit performativen und der nicht-performativen, selbst-deskriptiven – darauf hin,[25] daß diese Äußerung im deskriptiven Fall wahrscheinlich falsch sei, »because it is difficult to issue a command and simultaneously say that I am doing so.« (S. 211) Das aber hießt, Lewis ist offensichtlich der Auffassung: Wenn man mit der zitierten Äußerung einen Befehl erteile, würde man schwerlich zugleich sagen können, daß man ihn erteile, bzw. wenn man mit der zitierten Äußerung sage, daß man einen Befehl erteile, würde man ihn schwerlich zugleich erteilen können. Diese Auffassung steht nun allerdings im Widerspruch mit einer für die Wahrheitswertthese notwendigen Bedingung: daß man mit explizit performativen Äußerungen sagt$_{rh}$, daß man den illokutionären Akt vollzieht, den man vollzieht. Das heißt: Wenn man mit explizit performativen Äußerungen sagt$_{rh}$, daß man den entsprechenden illokutionären Akt vollzieht, so würde aus Lewis' Auffassung folgen, daß explizit performative Äußerungen immer falsch sind[26]; wenn man jedoch zugibt, daß man mit explizit performativen Äußerungen den entsprechenden illokutionären Akt vollzieht (wenn man also zugibt, daß es explizit performative Äußerungen gibt), dann würde aus Lewis' Auffassung – im Widerspruch zu seiner semantischen Behandlung explizit performativer Äußerungen – folgen, daß explizit performative Äußerungen nicht wahr oder falsch sein können.

Ein weiteres: Jeder theoretische Rahmen für eine Semantik natürlicher Sprachen hat sich u. a. daran zu bewähren, ob seine Anwendung auf Nicht-Deklarativsätze in adäquater Weise möglich ist. Lewis glaubt, diese Adäquatsheitsforderung in seiner Semantik auf folgende Weise zu erfüllen: Nicht-Deklarativsätze wie »Be late!«, »Are you late?« sind als Paraphrasen der korrespondierenden »Performative« zu behandeln; sie haben dieselbe Tiefenstruktur, dieselbe Bedeutung, Intension und denselben Wahrheitswert (bei einem Index oder in einer Situation) wie diese; und »Performative« wie »I command you to be late« sind seiner Auffassung nach genau dann wahr, wenn der Sprecher den von dem verwendeten performativen Verb bezeichneten illokutionären Akt tatsächlich vollzieht. Die durch diese Konzeption gegebene Koppelung von Wahrheitsbedingungen und »felicity«-Bedingungen hat jedoch die folgende, unerwünschte Konsequenz: Es könnte nämlich sein, daß primär performative Äußerungen wie »Der Hund ist bissig« oder »Du gehst« unterschiedliche Wahrheitswerte erhalten müßten (etwa wenn es der Fall ist, daß der Hund bissig ist, das paraphrasierte Performativ »Ich warne dich davor, daß der Hund bissig ist« aber nicht »glückt« und daher nach Lewis falsch ist, bzw. wenn der mit »Du gehst« versuchte Befehl zustandekommt, die angesprochene Person aber nicht geht). Eine weitere Schwierigkeit ergäbe sich wie folgt: Im Falle einer Anwendung der Methode der paraphrasierten Performative auf deklarative Sätze wären auch die als Deklarative aufgefaßten »Performative« als Paraphrasen von »Performativen« der Form »I declare that . . .« aufzufassen, und in diesem Falle könnte es sein, daß etwa »I ask you whether you are late« aufgrund des Zustandekommens der Frage wahr, infolge des Nichtvorliegens von »felicity«-Bedingungen für »declaring« jedoch nicht wahr wäre. Lewis begegnet diesen Schwierigkeiten mit dem Beschluß, Deklarative nicht als paraphrasierte Performative (bzw. Paraphrasen von Performativen) aufzufassen. Dieser nicht weiter begründete Beschluß scheint nun allerdings durch nichts anderes motiviert als den Beschluß, theoretisch unliebsamen Sachverhalten der natürlichen Sprache mit Beschlüssen zu begegnen. Es ist nämlich nicht einzusehen, und wird auch von Lewis nicht begründet, wieso gerade Deklarative – und nicht etwa Imperative oder Interrogative – als paraphrastischer Grundtyp fungieren sollen.[27] Außerdem: Daß deklarative Sätze der natürlichen Sprache dieselbe »performative Qualität« besitzen wie die von Lewis paraphrastisch behandelten Nicht-Deklarative, daß daher eine semantische Theorie, die den performativen Aspekt von Äußerungen zu beschreiben beansprucht, diesen im Falle deklarativer Sätze nicht durch Beschlüsse »abschreiben« kann, dürfte seit Austin nicht mehr umstritten sein.

(V) Konfusionen mit dem »Sagen«

Die Relevanz der Unterscheidung zwischen (T'), (T'') und (T''') für die Frage, wie die Vertreter der Wahrheitswertthese (W) argumentieren (und damit natürlich auch für die Beurteilung ihrer Argumentation), läßt sich an folgendem Beispiel illustrieren. Warnock (1973) bringt für die von ihm vertretene Auffassung

(V) Der Sprecher vollzieht mit einer explizit performativen Äußerung den entsprechenden illokutionären Akt dadurch, daß er sagt, daß er das tut.

das Argument

(P) Was der Sprecher (mit einer explizit performativen Äußerung) tut, ist gewöhnlich[28] nicht eine Funktion irgendeiner speziellen Konvention, sondern lediglich eine Funktion der Standard-Bedeutung dessen, was er sagt.

Da (P) unsinnig wäre, würde man »sagt« hier im Sinne von »sagen$_{rh}$« verstehen[29], kann man zweifellos davon ausgehen, daß »sagt« hier im Sinne von »sagen$_{ph}$« zu verstehen ist. Angenommen nun, »sagt« in (V) ist im Sinne von »sagen$_{ph}$»« zu verstehen. Dann ist (P) zwar sicher ein Argument für (V), jedoch (V) – aufgrund der Irrelevanz von (T') für die Wahrheitswertfrage – kein Argument mehr für die Wahrheitswertthese (W). Ist »sagt« in (V) dagegen im Sinne von »sagen$_{rh}$« zu verstehen, dann verfehlt Warnock mit (P) offensichtlich sein Argumentationsziel. Denn wenn es – wie Warnock annimmt – eine »Funktion der Standard-Bedeutung« des Phems »Ich verspreche, daß ich da sein werde« sein soll, daß man damit verspricht[30], dann ist nicht einzusehen, wieso dies ein Argument dafür sein soll, daß man (a) auch einen bestimmten rhetischen Akt vollzieht, und (b) den illokutionären Akt aufgrund des Vollzugs dieses rhetischen Aktes vollzieht.

Wie verhält es sich, wenn man (V) im Sinne von (T''') interpretiert? Die Gegenbeispiele scheinen auf der Hand zu liegen:

Bei historischer oder habitueller Verwendung einer Äußerung explizit performativer Form stellt man zwar fest, daß man den entspechenden illokutionären Akt vollzieht, vollzieht ihn aber nicht. Der Verfechter von (V) dürfte hier wohl folgendermaßen kontern: In den vermeintlichen Gegenbeispielen wird die Feststellung getroffen, daß der entsprechende illokutionäre Akt gewöhnlich/zu einem früheren Zeitpunkt vollzogen wird/wurde. Angesichts der Tatsache, daß die These für explizit performative Äußerungen lautete, daß man damit feststellt, daß der entsprechende illokutionäre Akt hic et nunc – also zugleich mit dem Akt der Feststellung, daß man ihn vollzieht – vollzogen wird, hat man durch den Hinweis, im habituellen bzw. historischen Fall würde man den entsprechenden illokutionären Akt nicht vollziehen, kein Gegenbeispiel vorgebracht.

Wer diesen Gegeneinwand bringt, hat sich also die folgenden

Beweislasten aufgebürdet: Wird davon ausgegangen, daß eine Äußerung X explizit performativ ist, *dann ist zu zeigen,* daß man mit ihr die betreffende Feststellung trifft; wird andererseits davon ausgegangen, daß Y eine Feststellung der genannten Art ist, *dann ist zu zeigen,* daß Y eine explizit performative Äußerung ist. Wer also (V) (im Sinne von (T''') verstanden) mit Hilfe von (P) begründen will, der muß zeigen, daß es eine »Funktion der Standard-Bedeutung« der explizit performativen Äußerung »Ich verspreche dir, daß ich da sein werde« ist, daß man mit dieser Äußerung (i) den illokutionären Akt des Versprechens vollzieht (ii) feststellt, daß man ihn vollzieht, und (iii) den illokutionären Akt des Versprechens dadurch vollzieht, daß man die betreffende Feststellung trifft.

Ich habe eingangs erklärt, daß ich die mit (iii) aufgestellte These nicht diskutieren werde, da sie mit der Widerlegung von (T''') ebenfalls widerlegt wäre. Dennoch einige Bemerkungen dazu, warum eine These der Art (iii) selbst dann unplausibel wäre, wenn sich (T''') als richtig erweisen würde.

Wie die Verfechter von (V) z. T. selbst bemerken[31], reicht es, um mit einer Äußerung explizit performativer Form den entsprechenden illokutionären Akt zu vollziehen, natürlich nicht, daß man die Feststellung trifft, daß man ihn vollzieht. Man muß die *wahre* Feststellung treffen, daß man ihn vollzieht. Die Crux liegt auf der Hand. Um die wahre Feststellung, daß man den entsprechenden illokutionären Akt vollzieht, treffen zu können, muß man ihn vollziehen; doch dazu *bedarf* es ja offenbar gerade der wahren Feststellung. Auf der Grundlage von (iii) käme man also nie dazu, mit einer Äußerung explizit performativer Form den entsprechenden illokutionären Akt zu vollziehen, d. h. es gäbe gar keine explizit performativen Äußerungen. Der an dieser Stelle zumeist erfolgende Rekurs auf eine Simultaneität von »Wahr-Werden« der Feststellung und Vollziehen des illokutionären Aktes kann bestenfalls als unio mystica gedeutet werden.[32]

(VI) Feststellen

Ich komme zurück auf die Interpretation von

(T) Mit explizit performativen Äußerungen wird *gesagt,* daß der von dem in der Standardform verwendeten performativen Verb bezeichnete illokutionäre Akt vollzogen wird.

Es hat sich gezeigt, daß der Versuch, die Feststellungsthese (S) mit Hilfe von (T) zu begründen, entweder ein deplaziertes Argument heranzieht (T') oder unzureichend ist (nur eine notwendige Bedingung für (S) begründet) (T'') oder die Form (T''') anzunehmen hat.[33] (T''') jedoch ist nur eine Reformulierung bzw. eine Spezifikation von (S) und daher in genau demselben Maße begründungsbedürftig wie (S) selbst.

Ich diskutiere die These (S) im folgenden in der Version (T'''), und zwar in Form einer Auseinandersetzung mit Argumenten, die im Mittelpunkt diesbezüglicher Begründungsversuche stehen.

Warnocks (1973) Versuch, die These (S) zu begründen, hat die Form einer Argumentation (A6–A9) gegen Gegenargumente (G1–G4) gegen diese These:[34]

(G1) Wenn man – analog zu »I smoke« – mit »I promise« sagt$_{st}$, daß man verspricht, dann – ebenfalls analog zu »I smoke« – verspricht man mit »I promise« nicht.

(A6) Bei explizit performativen Äußerungen hat man es mit Handlungen zu tun, deren Ausführung nicht unabhängig davon ist, was gesagt? wird.

(G2) Wenn man mit »I promise« sagt$_{st}$, daß man verspricht, dann liegt ein habitueller Gebrauch von »I promise« vor.

(A7) Wenn man mit »I promise« dann kein Versprechen gibt, wenn man damit meint, daß man gewöhnlich verspricht, so kann daraus nicht folgen, daß man mit »I promise« auch dann kein Versprechen gibt, wenn man damit meint, daß man hier und jetzt verspricht.

(G3) Wenn man davon spricht (= feststellt), was man hier und jetzt tut, so gebraucht man im Englischen die Verlaufsform.

(A8) Explizit performative Äußerungen haben gelegentlich Verlaufsform.

(G4) Wenn sagen$_{st}$, daß man etwas tut, mit dem Tun dessen wovon man sagt$_{st}$, daß man es tut, gleichzusetzen ist, dann können explizit performative Äußerungen nicht falsch sein.

(A9) Explizit performative Äußerungen können falsch sein, wenn »felicity«-Bedingungen für den Vollzug des von dem jeweiligen performativen Verb bezeichneten illokutionären Aktes nicht erfüllt sind. (auch Hedenius S. 118)

Zunächst zwei generelle Bemerkungen: Zum einen gilt, daß nicht jedes Gegenargument gegen ein Gegenargument gegen eine These X ein Argument für X ist – für (A6)–(A9) wird daher im einzelnen zu prüfen sein, inwieweit es sich hier überhaupt um Argumente für (T''') handelt; zum anderen wird die Frage, inwieweit man die Plausibilität einer These X durch die Widerlegung von Gegenargumenten gegen X erhöht hat, sicherlich davon abhängen, wie stark diese Gegenargumente sind – diese Überlegung würde bei einer Bewertung der Warnock'schen Argumente, sofern sie sich als stichhaltig erweisen, zu berücksichtigen sein.

(G1) ist aufgrund der offensichtlichen kategorialen Verschiedenheit der Handlungen »smoke« bzw. »promise« sicher kein allzu gravierendes Argument. (A6) hat es daher auch nicht allzu schwer, mit dem Hinweis auf diese Verschiedenheit die Schwäche von (G1) aufzudecken. Enthält (A6) mehr als den Hinweis auf den Unterschied zwischen körperlichen und sprachlichen Handlungen; kann (A6) als Argument für (S) fungieren? Eine genauere Analyse von (A6) führt zu einer negativen Antwort: Angenommen, (A6) hat den Sinn

(i)   Die Ausführung sprachlicher Handlungen ist nicht unabhängig davon, was gesagt$_{ph}$ wird

dann ist (A6) trivial, d. h. besagt nicht mehr als daß sprachliche Handlungen sprachlich vollzogen werden. Angenommen, (A6) hat den Sinn

(ii) Die Ausführung sprachlicher Handlungen ist nicht unabhängig davon, was gesagt$_{rh}$ wird

dann ist zwar eine zweifellos richtige Feststellung über den Vollzug illokutionärer Akte getroffen, einen Bezug zur These (S) hat diese jedoch erst in der Form

(iii) Die Ausführung sprachlicher Handlungen mittels (in der Form von) explizit performativen Äußerungen ist nicht unabhängig davon, was gesagt$_{rh}$ wird.

So verstanden entpuppt sich (A6) allerdings als *petitio principii*, da das, was (A6) jetzt implizit voraussetzt – nämlich, daß mit der explizit performativen Äußerung »I promise« gesagt$_{rh}$ wird, daß man verspricht –, einer der in der Diskussion zwischen G und Warnock umstrittenen Punkte ist. Dasselbe gilt für jene Version von (A6), in der »gesagt$_{rh}$« in (iii) durch »gesagt$_{st}$« ersetzt ist.

(A7) hat mit (G2) herzlich wenig zu tun. (G2) behauptet die Unmöglichkeit der Simultaneität zweier Gebrauchsweisen von »I promise« – des feststellenden und des explizit performativen Gebrauchs –, die Frage, was man mit »I promise« »gemeint« hat, taucht dabei gar nicht auf. (A7) tut so als würde es vom »Meinen« abhängen, wie »I promise« zu verstehen ist; der Nachweis für die These (S) würde also dann darin bestehen, daß man zeigt, daß »I promise«, wenn als Versprechen, dann auch als Feststellung »gemeint« wird. Ohne eine Begründung der hier vorausgesetzten intentionalistischen Bedeutungskonzeption ist (A7) jedoch wertlos.[35]

(A8) ist eine Feststellung, zu deren Überprüfung nur englische Muttersprachler ausreichende Kompetenz besitzen. Ich verweise hier lediglich darauf, daß die betreffende Feststellung Warnocks unter Sprachphilosophen mit dieser Kompetenz umstritten ist.[36]

(G4) formuliert zweifellos eine Konsequenz der Auffassung, wonach mit explizit performativen Äußerungen der entsprechende illokutionäre Akt dadurch vollzogen wird, daß gesagt$_{st}$ wird, daß er vollzogen wird. Ob diese Konsequenz schon ein Argument gegen diese Auffassung ist, mag dahingestellt sein[37], die bereits erwähnten Schwierigkeiten dieser Konzeption lassen sie auf jeden Fall als inadäquat erscheinen. (A9) hat denn im Grunde auch keinen anderen Effekt als diese Konzeption zurückzuweisen.[38] Der Versuch, mit Hilfe von A9 zu zeigen, daß die mit G4 angegriffene These die in G4 behauptete unangenehme Konsequenz *nicht* hat, kann erst dann als gelungen angesehen werden, wenn die Richtigkeit von (T''') bereits nachgewiesen worden ist. M. a. W., A9 ist nichts anderes als eine Wiederholung der Wahrheitswertthese (W) und damit das, was zu zeigen ist.

Ich resümiere: Die Versuche der Austin-Gegner, ihre semantische Charakterisierung von explizit performativen Äußerungen als adäquat zu erweisen, müssen als gescheitert angesehen werden. Der Vertreter der Austin'schen Position ist damit jedoch der Aufgabe nicht enthoben, seine Evidenzappelle durch Begründungen für seine Feststellungen über explizit performative Äußerungen zu ersetzen. Er hat, gestützt auf ein geeignetes Überprüfungsverfahren, den Nachweis zu führen, daß explizit performative Äußerungen *keine* Feststellungen sind.

0 Der Deutschen Forschungsgemeinschaft sei gedankt für die Förderung eines Projekts »Linguistische Konsequenzen der Sprechakttheorie«, in dessen Rahmen meine in diesem Band enthaltenen Beiträge angefertigt wurden.

1 Nicht dieser Auffassung sind z. B. Walker (1969), Fingarette (1967), Holdcroft (1974), Sesonske (1965), Warnock (1973). Zu einer Kritik dieser Rehabilitationsversuche der performativ/konstativ Distinktion vgl. Grewendorf (1976).

2 Hare (1971).

3 Dieses Resultat seiner Kritik der performativ/konstativ Distinktion formuliert Austin in seiner Zwei-Dimensionen-Theorie bzgl. der Bewertung sprachlicher Äußerungen. Vgl. dazu v. Savigny (1969) S. 153.

4 Verben, die illokutionäre Akte bezeichnen, nenne ich »illokutionäre Verben«; jene illokutionären Verben, mit denen sich in der 1. Pers. Sing. Ind. Präs. Akt. der von ihnen bezeichnete illokutionäre Akt explizit vollziehen läßt, bezeichne ich als »performative Verben«.

5 Sofern aufgrund einer Verletzung der »felicity«-Bedingungen A1-B2 (vgl. Austin (1972), S. 35) für den Vollzug des von dem Verb bezeichneten illokutionären Aktes dieser nicht zustandekommt, spreche ich nicht von einer *explizit performativen Äußerung*, sondern von einer Äußerung *explizit performativer Form*.

6 Diese Konsequenz trifft z. B. Hartnacks (1963) Argument (S. 142/143).

7 Houston (1970) weist darauf hin, daß bereits Deveaux (Royaumont 1958) Austin widersprochen hat; Austins Auffassung wird weiterhin nicht geteilt von z. B. Lemmon (1962), Hedenius (1963), Wiggins (1971), D. Lewis (1972), Schiffer (1972), Warnock (1973), Cresswell (1973).

8 Vgl. etwa Hedenius (1963), Schiffer (1972), Warnock (1973).

9 Zu der in diesem Zusammenhang relevanten Frage, wovon wir sagen, es sei wahr oder falsch, begnüge ich mich mit den folgenden Bemerkungen: Daß man im alltäglichen Sprachgebrauch nicht von Sätzen, sondern von Aussagen/Feststellungen (statements) sagt, daß sie wahr oder falsch sind, trägt der Tatsache Rechnung, daß in der Alltagssprache derselbe Satz zur Äußerung verschiedener Aussagen/Feststellungen verwendet werden kann. (Wenn des öfteren dennoch Sätzen Wahrheit/Falschheit zu- bzw. abgesprochen wird, so sind immer »von einer bestimmten Person in einer bestimmten Situation verwendete Sätze« gemeint.) Anders in formalisierten Sprachen: Da Sätze hier nicht zur Formulierung verschiedener Aussagen verwendet werden können, der Unterschied zwischen Satz und Aussage hier also irrelevant wird, kann das Prädikat »wahr« – unter Relativierung auf eine bestimmte Sprache S – hier auf Sätze bezogen werden.
Die Wahrheitswertthese (W) bzgl. explizit performativer Äußerungen kann also mit Hilfe der Feststellungsthese (S) begründet werden. Die Frage, ob sie durch den Nachweis der Falschheit von (S) widerlegt werden kann (ob also *nur* Feststellungen/Aussagen wahr oder falsch sind), läßt sich durch Austins Hinweis (Truth S. 19), daß alle deskriptiven Äußerungen (auch) Feststellungscharakter besitzen bzw. »Varianten« von Feststellungen sind, beantworten.

10 Ich verwende i. f. »der entsprechende illokutionäre Akt« häufig als Kurzform für »der von dem in der Standardform verwendeten performativen Verb bezeichnete illokutionäre Akt«.

11 Vgl. dazu unten Abschn. (V).

12 Eine Ausnahme bildet D. Lewis, der zwar einerseits die These vertritt, daß

explizit performative Äußerungen einen Wahrheitswert besitzen, – daß sie als Deklarative zu behandeln sind –, der jedoch andererseits als Begründung dafür, daß deskriptiv verwendete Äußerungen explizit performativer Form wahrscheinlich falsch sind, anführt: »it is difficult to issue a command and simultaneously say that I am doing so« (S. 211) vgl. dazu unten Abschn. (IV).

13 In »Truth« (1964) S. 29.

14 Zu Unterscheidungen, die meinen Deutungen von (T) zugrundeliegen, vgl. auch Cartwright (1966), Ziff. (1972).

15 Vgl. dazu auch die Interpretation Fingarettes von »saying so makes it so« (Fingarette (1967), S. 39).

16 Es könnte eingewendet werden, daß mit »er sagte, daß . . .« nach Austin über Rheme berichtet wird, während der Bericht über ein Phem die oratio recta verlangt. Dazu ist zu sagen, daß

(1) nicht jeder Bericht der Form »er sagte, daß . . .« ein Bericht über ein Rhem ist (vgl. dazu Zwicky (1971)),

(2) daß es Berichte gibt, in denen in »salopperer« Form als der oratio recta darauf hingewiesen werden kann, daß jemand etwas »wortwörtlich« gesagt hat z. B. »Er hat gesagt, er verspricht's.« »Er hat gesagt, er warnt dich« kann m. E. *entweder* eine Antwort sein auf »Was hat er gesagt (ich habe es nicht genau verstanden)?« und dann gleichbedeutend sein mit »Er hat gesagt ›Ich warne dich . . .‹« (Bericht über ein Phem) *oder* kann heißen »Er hat gesagt, er wird dich (beizeiten) warnen/wird dich warnen, wenn es soweit ist« bzw. »Er hat gesagt, daß er dich warnt« (Bericht über ein Rhem).

Dies zeigt, daß unterschiedliche Berichts*formen* letztlich kein hundertprozentiges Indiz (auf jeden Fall ein weniger zuverlässiges als Austin annahm) für die Unterscheidung verschiedener Aspekte von Äußerungen bzw. Sprechhandlungen sind.

17 Vgl. Zwicky (1971).

18 Dies ist zumindest Austins bzw. Searles Konzeption von Rhem bzw. Proposition. Danach haben auch Imperative und Fragen Rheme bzw. Propositionen.

19 Vgl. Austin, Truth S. 29. Dies wird von L. J. Cohen (1969) übersehen, wenn er die Tatsache, daß Austin »You said you promised« als Bericht über »I promise« zuläßt, als Argument dafür anführt, daß das Rhem der letzteren Äußerung »daß ich verspreche« sei.

20 Zu einer anderen Deutung von (A1) s. u. (A3).

21 Eine Gegenüberstellung verschiedener Konzeptionen von »Proposition« (»Träger der Wahrheit« – nicht »Träger der Wahrheit«) mit Angabe der jeweiligen Pros und Contras findet sich z. B. bei Pitcher (1971).

22 U. a. Austin (1972), Searle (1971), Stenius (1967).

23 Auf die offensichtlichen Disanalogien in Lewis' Argumentation – daß es sich im einen Fall um eine implizit performative, im anderen Fall um eine explizit performative Äußerung handelt, daß die im Fall von »I am speaking« von Lewis angegebene Handlung (sprechen) eine lokutionäre Handlung ist, während es bei »I bet you . . .« um eine illokutionäre Handlung geht – gehe ich nicht weiter ein. Möglicherweise hat Lewis dieses Argument von Lemmon (1962) – verkehrt – übernommen, der es als Analogieargument zum Nachweis der »selbst-verifizierenden« Potenz explizit performativer Äußerungen verwendet. Eine Kritik dieses Arguments *in diesem Zusammenhang* liefert Houston (1970).

24 Vgl. Kanngießer (1973).

25 Obwohl Lewis an dieser Stelle referiert, scheint es sich bei der hier wiedergegebenen Stelle durchaus um eine von ihm geteilte Auffassung zu handeln. Wogegen er

sich in dem betreffenden Zusammenhang wendet, ist lediglich die Auffassung, die Tatsache dieser beiden Verwendungsweisen des zitierten Satzes würde eine Ambiguität desselben offenbaren.

26 Bzw. wenn man meinen Begriff von explizit performativen Äußerungen zugrundelegt: daß es gar keine explizit performativen Äußerungen gibt.

27 In Analogie zu einem Wittgenstein'schen Argument (PU 22) könnte man sagen: Man könnte sehr gut alle explizit performativen Äußerungen in Form einer Frage mit nachgesetzter Bejahung schreiben. Wäre das nicht ein Argument dafür, daß Performative als Interrogative aufgefaßt werden können? Entsprechend wären dann alle implizit performativen Äußerungen *mit Ausnahme der Interrogative* als Paraphasen von Performativen aufzufassen.

28 Die Ausnahme bilden für Warnock jene explizit performativen Äußerungen, die ebenfalls zu der von ihm unterschiedenen Klasse der Mark I performativen Äußerungen – Äußerungen, mit denen man aufgrund »außersprachlicher« Konventionen Handlungen vollzieht – gehören.

29 Nach Warnock (1974) ist eine Proposition das, was ein Satz ausdrückt / was er bedeutet / wofür er steht. »Sagt« im Sinne von »die ausgedrückte Proposition« ergäbe für (P) also, daß das, was der Sprecher tut, eine Funktion der Standard-Bedeutung der Bedeutung des geäußerten Satzes ist.

30 Was die hier anklingende Vorstellung von der »Bedeutung« sprachlicher Äußerungen betrifft – weil eine Äußerung die und die Bedeutung hat, könne man mit ihr den und den illokutionären Akt vollziehen – so darf man sich im »nachwittgenstein'schen Zeitalter der Sprachphilosophie« wohl mit der Korrektur begnügen: weil man mit einer Äußerung den und den illokutionären Akt vollziehen kann, darum hat sie die und die Bedeutung.

31 Warnock (1973), S. 83.

32 Zum Problem der selbst-verifizierenden »Kraft« von explizit performativen Äußerungen vgl. Lemmon (1962), O'Hair (1967), Gale (1970), G. Sampson (1971). Hier ging es um die Frage, wie es kommt, daß man mit einer Äußerung explizit performativer Form den von dem verwendeten performativen Verb bezeichneten illokutionären Akt vollziehen kann.

33 Schiffer (1972) vertritt die Ansicht, daß explizit performative Äußerungen zwar »constative« aber nicht «constating« sind. Ist dies so zu verstehen, daß diese Äußerungen zwar ein Rhem besitzen, aber keine Feststellungen sind, so ist Schiffers Argumentation für den konstativen Charakter dieser Äußerungen für die Begründung von (W) nicht hinreichend.

34 Warnocks Argumente werden im Zusammenhang mit (T''') diskutiert, da aus dem jeweiligen Argumentationskontext hervorgeht, daß es hier (in (A7)-(A9)) um »sagen$_{st}$« geht; abgesehen davon sind diese Argumente überhaupt nur in dieser Interpretation sinnvoll.

35 Es ist überdies verwunderlich, daß Warnock auf ein Argument der Art (A7) zurückgreift, da er sonst – zumindest in seinen früheren Arbeiten (Warnock (1971) und (1974) (Übers.)) – eher der Wittgenstein'schen Bedeutungstheorie zuneigt.

36 Die gegenteilige Feststellung findet sich z. B. bei Vendler (1972) S. 10.

37 Zum Phänomen sog. »selbst-verifizierender« Äußerungen vgl. die Angaben in Anm. (32).

38 Hier liegt zweifellos eine Unstimmigkeit in Warnocks Ausführungen, da er – wie oben dargelegt – an anderer Stelle genau diese Auffassung vertritt.

Austin, J. L., Truth. In: G. Pitcher (hrsg.), Truth, Englewood Cliffs 1964, S. 18-31.

–, Zur Theorie der Sprechakte, Stuttgart 1972 (dtsch. Übers.).

Black, M., Austin on performatives, Philosophy 1963.

Cartwright, R., Propositions. In: R. J. Butler (Hrsg.), Analytical Philosophy, Oxford 1966, S. 91-103.

Cohen, L. J., Do illocutionary forces exist? In: K. T. Fann (Hrsg.), Symposium on J. L. Austin, London 1969, S. 420-444.

Cresswell, M. J., Logics and languages, London 1973.

Fingarette, H., Performatives, American Philosophical Quarterly 4, 1967, S. 39-48.

Furberg, M., Saying and meaning, Oxford 1963.

Gale, R. M., Do performative utterances have any constative function?, Journal of Philosophy 1970, S. 117-121.

Grewendorf, G., Fortschritte der Sprechakttheorie. In: E. v. Savigny (Hrsg.), Probleme der sprachlichen Bedeutung, Kronberg 1976, S. 101-123.

–, Something new about J. L. Austin?, Studies in Language 1, 1977, S. 423-436.

–, Explizit performative Äußerungen und Feststellungen, in diesem Band.

Hare, R. M., Austin's distinction between locutionary and illocutionary acts. In: ders., Practical inferences, London 1971, S. 100-114.

Harrison, J., Knowing and promising. In: A. P. Griffiths (Hrsg.), Knowledge and belief, Oxford 1967, S. 112-126.

Hartnack, J., The performatory use of sentences, Theoria 29, 1963, S. 137-146.

Hedenius, I., Performatives, Theoria 29, 1963, S. 115-136.

Holdcroft, D., Performatives and statements, Mind 1974, S. 1-18.

Houston, J., Truth valuation of explicit performatives, The Philosophical Quarterly 20, 1970, S. 135-149.

Kanngießer, S., Aspekte der Semantik und Pragmatik, Linguistische Berichte 24, 1973, S. 1-28.

Lemmon, E. J., On sentences verifiable by their use, Analysis 22, 1962, S. 86-89.

Lewis, D., General semantics. In: D. Davidson / G. Harman (Hrsg.), Semantics of natural language, Dordrecht 1972, S. 169-218.

O'Hair, S. G., Performatives and sentences verifiable by their use, Synthese 17, 1967, S. 299-303.

Pitcher, G., Propositions and the correspondence theory of truth. In: J. F. Rosenberg / C. Travis (Hrsg.), Readings in the philosophy of language, 1971, S. 223-233.

Sampson, G., Pragmatic self-verification and performatives, Foundations of Language 7, 1971, S. 300-302.

Savigny, E. v., Die Philosophie der normalen Sprache, Frankfurt 1969.

Schiffer, S., Meaning, Oxford 1972.

Searle, J. R., Sprechakte, Frankfurt 1971 (dtsch. Übers.).

–, Austin on locutionary and illocutionary acts, The Philosophical Review 77, 1968, S. 405-424.

Sensonske, A., Performatives, Journal of Philosophy 1965, S. 459-468.

Stegmüller, W., Das Wahrheitsproblem und die Idee der Semantik, Wien / New York 1968.

Stenius, E., Mood and language-game, Synthese 17, 1967, S. 254-274.

Vendler, Z., Res Cogitans, Ithaca/London 1972.

Walker, J. D. B., Statements and performatives, American Philosophical Quarterly 6, 1969, S. 217-225.

Warnock, G., Englische Philosophie im 20. Jahrhundert, Stuttgart 1971 (dtsch. Übers.).

–, Verifikation und Sprachgebrauch. In: G. Grewendorf / G. Meggle (Hrsg.), Linguistik und Philosophie, Frankfurt 1974, S. 17-31 (dtsch. Übers.).

–, Some types of performative utterance. In: I. Berlin et al., Essays on J. L. Austin, Oxford 1973, S. 69-89.

Wiggins, D., On sentence-sense, word-sense and difference of word-sense. Towards a philosophical theory of dictionnaries. In: D. D. Steinberg / L. A. Jakovits (Hrsg.), Semantics, Cambridge 1971, S. 14-34.

Wittgenstein, L., Philosophische Untersuchungen. In: Schriften I, Frankfurt 1969, S. 279-544.

Ziff, P., What is said. In: D. Davidson / G. Harman (Hrsg.), Semantics of natural language, Dordrecht 1972, S. 709-721.

Zwicky, A. M., On reported speech. In: Ch. Fillmore / D. T. Langendoen (Hrsg.), Studies in linguistic semantics, New York 1971, S. 73-78.

Günther Grewendorf
Explizit performative Äußerungen und Feststellungen°

In »Haben explizit performative Äußerungen einen Wahrheitswert?« habe ich zu zeigen versucht, daß es *für* die in Opposition zur Austinschen Auffassung aufgestellte These

(W) Explizit performative Äußerungen sind wahr oder falsch

bisher keine plausible Argumentation gibt. Man versuchte, diese These durchweg mit Hilfe der These

(S) Explizit performative Äußerungen sind »ganz normale« Feststellungen (statements)

zu begründen, doch die für letztere vorgebrachten Argumente erwiesen sich entweder als irrelevant oder als unzureichend.

Im folgenden werde ich in Form einer Widerlegung von These (S) – also einer Widerlegung der These, daß mit explizit performativen Äußerungen in implizit performativer Weise der Akt des Feststellens vollzogen wird – zu zeigen versuchen, daß es eine plausible Argumentation *gegen* die Auffassung gibt, explizit performative Äußerungen seien wahr oder falsch.

Gegen die These, mit einer explizit performativen Äußerung würde man nicht nur den von dem verwendeten performativen Verb bezeichneten illokutionären Akt vollziehen, sondern zugleich *feststellen,* daß man diesen Akt vollzieht, sind die beiden folgenden Argumente vorgebracht worden:

(A1) Eine explizit performative Äußerung wie z. B. »I promise that I shall come« kann man nicht so verwenden wie eine Feststellung, daß man dies oder jenes tut.[1]

(A2) Auf eine explizit performative Äußerung wie z. B. »I promise not to be late« kann man nicht so reagieren wie auf Feststellungen.[2]

Während (A1) mit dem Hinweis begründet wird, daß »I promise that I shall come« nicht als Antwort auf die Frage »What are you doing?« verwendet werden kann, wird für (A2) angeführt, daß auf die Äußerung »I promise not to be late« Reaktionen wie »That's true« oder »I agree« deplaziert sind.

(A1) und (A2) sind nicht unwidersprochen geblieben. Gegen (A1) wurde eingewendet[3], daß die Frage »What are you doing?« die Bedeutung »Do you promise or not promise?« haben und daher durchaus mit der zitierten explizit performativen Äußerung beantwortet werden kann. Gegen (A2) wurde vorgebracht[4], daß die genannten Reaktionen angesichts einer Äußerung wie der von Miss Robinson »My name is E. Robinson, but my friends call me Betty« ebenfalls »deplaziert« sind, daß für (A2) also nachzuweisen gewesen wäre, daß die Tatsache, daß die explizit performative Äußerung »I promise not to be late« keine Feststellung ist, der *einzige* Grund dafür ist, daß man nicht in der angeführten Art auf sie reagieren kann.

Was mit Miss Robinsons Äußerung offenbar gezeigt werden soll, ist dies: Die für (A2) vorgebrachte Begründung wäre nur dann stichhaltig, wenn die Tatsache, daß man mit »I agree« reagieren kann, eine notwendige Bedingung dafür wäre, daß eine Äußerung eine Feststellung darstellt; dies ist aber, wie das Gegenbeispiel demonstrieren sollte, nicht der Fall.

Meines Erachtens erfüllt dieses Gegenbeispiel seinen Zweck nicht. Es sind ohne Schwierigkeit Kontexte angebbar (Miss Robinson wird von ihren Freunden in Wirklichkeit »Pussy« genannt, geniert sich aber, dies bei ihrer Vorstellung zuzugeben), in denen man auf Miss Robinsons Äußerung durchaus mit »That's not true«, »I agree« etc. reagieren kann. Was dennoch für (A2) zu zeigen bleibt, ist, daß explizit performative Äußerungen *nur dann* Feststellungen sind, wenn man mit »I agree« auf sie reagieren kann. Ein Nachweis für diese These erfordert zweierlei:

- eine Untersuchung des illokutionären Aktes des Feststellens, insbesondere eine Untersuchung der Frage, ob man diesen Akt mit einer Äußerung X nur dann vollzieht, wenn man auf X mit »I agree« reagieren kann
- eine Untersuchung der Frage, ob die für den Akt des Feststellens gefundenen Bedingungen – insbesondere die genannte notwendige Bedingung– im Falle explizit performativer Äußerungen erfüllt sind.

Während man für (A2) also die Frage zu beantworten hätte, wie man auf Feststellungen reagieren können muß, und ob man auf explizit performative Äußerungen so reagieren kann, wäre die zur Begründung von (A1) relevante Frage: Wie verwendet man Feststellungen, und verwendet man explizit performative Äußerungen so.

Wenn auch diese offenen Fragen sowie die Notwendigkeit einer Reihe von Klärungen (was heißt es, daß man auf eine Äußerung nicht in einer bestimmten Weise reagieren *kann*; wie stellt man fest, wie man Feststellungen verwendet) (A1) und (A2) für eine Widerlegung der Feststellungsthese (S) als unzureichend erscheinen lassen, so glaube ich dennoch, daß diese Argumente die Richtung angeben, in der nach einer Antwort auf die Frage, ob explizit performative Äußerungen (auch) Feststellungen sind, zu suchen ist. Wenn sich nämlich die von (A1) und (A2) vorausgesetzten Kriterien dafür angeben lassen, daß Äußerungen Feststellungen sind, dann ließe sich mit Hilfe dieser Kriterien die genannte Frage beantworten. Der Hauch von Zirkularität ist dabei harmlos: Aus der Untersuchung klarer Fälle gewinnen wir Kriterien (besser: Gesichtspunkte), mit denen wir die unklaren Fälle bearbeiten können. Schwierigkeiten ergeben sich erst, wenn wir für die ersteren unterschiedliche, aber gleich gute Kriterien erhielten, die jedoch für die unklaren Fälle unterschiedliche Ergebnisse lieferten.

Wie lassen sich solche Kriterien finden? Auch dafür, so scheint mir, liefern (A1) und (A2) Anhaltspunkte. Die Frage, ob man mit einer Äußerung X den illokutionären Akt Y vollzieht, wird hier nämlich in Beziehung gesetzt zu der Frage, wie sich jemand *verhält,* der diese Äußerung als illokutionären Akt Y versteht, bzw. zu der Frage, welche Verhaltensweisen die für ein Verständnis der Äußerung X als illokutionärem Akt Y typischen Verhaltensweisen sind. Daß diese Äußerung tatsächlich als illokutionärer Akt Y zu verstehen ist, hieße dementsprechend, daß es richtig ist, gegenüber dieser Äußerung die entsprechenden Verhaltensweisen an den Tag zu legen – zu klären bliebe, was es heißt, »daß es richtig ist«. Daß sich die Kriterien für Feststellungen über eine Untersuchung der für das Verständnis von Äußerungen als Feststellungen typischen Verhaltensweisen gewinnen lassen, werde ich im folgenden zu zeigen versuchen. Der zugrundeliegende Gedankengang ist dabei folgender: Wenn sich klären läßt

(a) was es heißt, daß eine Äußerung als Feststellung verstanden wird

(b) was es heißt, daß eine Äußerung als Feststellung zu verstehen ist,

dann läßt sich, eo ipso, auch klären

(a′) was es heißt, daß explizit performative Äußerungen (auch) als Feststellungen verstanden werden
(b′) was es heißt, daß explizit performative Äußerungen (auch) als Feststellungen zu verstehen sind

und dann ließe sich auch *überprüfen, ob* explizit performative Äußerungen (auch) als Feststellungen zu verstehen sind.

Für eine Untersuchung der Fragen, was es heißt, daß eine Äußerung so und so zu verstehen ist, und wie sich überprüfen läßt, ob sie so zu verstehen ist, hat v. Savigny[5] auf der Grundlage einer zuhörerbezogenen Analyse des Bedeutungsbegriffs einen theoretischen Rahmen bereitgestellt, der im folgenden für die Analyse des Akts der Feststellung fruchtbar gemacht werden soll.

Ausgehend von einem Wittgenstein/Ryle'schen Begriff des dispositionalen Verstehens analysiert v. Savigny die Behauptung, daß jemand eine Äußerung in einer bestimmten Weise versteht, als die Zuschreibung einer dispositionalen Eigenschaft, d. h. als die Behauptung, daß ein Großteil der für diese Disposition typischen Verhaltensmanifestationen auf den Betreffenden zutrifft. D. h., die Bedeutung der Behauptung, »Y versteht die Äußerung X in einer bestimmten Weise« läßt sich wiedergeben durch eine *offene* Liste von Verhaltensregularitäten, von denen *der größte Teil* genau dann auf Y zutrifft, wenn die dispositionale Behauptung wahr ist. Wie diese Liste aussieht, hängt davon ab, um welche Äußerung es sich handelt, und wie Y sie versteht. V. Savignys Beispiel:[6]

Daß Y das Anblinken des im Gegenverkehr wartenden Linksabbiegers als Aufforderung zum Abbiegen versteht, heißt, daß u. a. die folgenden Sätze für ihn gelten:

– Wenn er jemanden so anblinkt und stehenbleibt, wird er warten, bis der Angeblinkte abgebogen ist.
– Wenn er jemanden so anblinkt und noch ziemlich weit von ihm entfernt ist, wird er nötigenfalls seine Geschwindigkeit herabsetzen.
– Wenn er jemanden so anblinkt und dieser stehenbleibt, wird er

mit dem Kopf schütteln, wird ihm winken oder ihn nochmals anblinken; er wird zögern, bevor er wieder anfährt.

- Wenn er so angeblinkt wird, und die Straße in beiden Richtungen einspurig ist, wird er abbiegen.
- Wenn er aus der zweiten Spur einer in beiden Richtungen zweispurigen Straße so angeblinkt wird, wird er zunächst nur in diese Spur einfahren.
- Wenn er so angeblinkt worden ist und abbiegt und dabei mit dem weiterfahrenden Anblinkenden zusammenstößt, wird er sich beklagen.
- Wenn er so angeblinkt wird, wird er beim Abbiegen die Hand, für den Anblinkenden sichtbar, heben.
- Wenn er hinter einem so angeblinkten Linksabbieger wartet, und dieser stehenbleibt, wird er hupen.
- Wenn er als Fußgänger im Begriff ist, die Seitenstraße zu überqueren, in welche der Angeblinkte einbiegen möchte, wird er warten.

Wenn diese und zahlreiche ähnliche Sätze auf jemanden zutreffen, dann wird man sagen, daß er das Anblinken des im Gegenverkehr wartenden Linksabbiegers als Aufforderung zum Abbiegen versteht, und damit, daß man dies sagt, sagt man, daß diese und zahlreiche ähnliche Sätze auf den Betreffenden zutreffen. Der Übergang von der dispositionalen Behauptung zu den entsprechenden Manifestationsgesetzen ist dabei nicht problematisch. Wenn zwei Personen die dispositionale Behauptung »Y versteht X so und so« in derselben Weise verstehen, werden sie sich hinsichtlich der für sie anzugebenden Verhaltensregularitäten einig sein; können sie sich allerdings in diesem Punkte nicht einigen, dann ist der die Dispositionsaussage ausdrückende Satz ein Punkt, in dem sich ihre Sprachen unterscheiden. D. h., welche Verhaltensregularitäten ein bestimmtes Verständnis einer Äußerung X einer Sprache A darstellen, wird von dem, der A untersucht, in seiner eigenen Sprache B – und zwar aufgrund seiner Kompetenz in der Sprache B – festgestellt.

Mit der Klärung der Frage, was es heißt, daß jemand eine Äußerung X so und so versteht, ist noch nicht geklärt, was es heißt, daß X so und so zu verstehen ist, im Sinne von: daß es *richtig* ist, daß X so und so verstanden wird. Im Anschluß an das bisher Gesagte läßt sich dazu folgendes feststellen: Daß in einer

Sprache A ein bestimmtes Verständnis einer Äußerung X das richtige Verständnis von X ist, heißt, daß es in dieser Sprache richtig ist, eine bestimmte Disposition bezüglich X zu besitzen, und das wiederum heißt, daß es richtig ist, sich in der Weise der für diese Disposition charakteristischen Verhaltensregularitäten zu verhalten. Was es heißt, daß in einer Sprachgemeinschaft ein bestimmtes Verhalten angesichts einer Äußerung X richtig ist bzw. »als richtig gilt«, wird von v. Savigny unter Verwendung von Harts Begriff des impliziten Geltens einer Regel, wie folgt erläutert:

(a) Mitglieder dieser Sprachgemeinschaft weichen – in entsprechenden Äußerungssituationen – selten offen von diesem Verhalten ab

(b) wenn sie davon abweichen, sind sie Sanktionen seitens der anderen Gemeinschaftsmitglieder ausgesetzt

(c) diese Sanktionen werden im allgemeinen akzeptiert.

Daß also in einer bestimmten Sprachgemeinschaft ein bestimmtes Verständnis einer Äußerung X ein richtiges Verständnis darstellt, heißt, daß die für dieses Verständnis charakteristischen Verhaltensregularitäten implizit geltende Regeln darstellen, und ob diese Verhaltensregularitäten in dieser Sprachgemeinschaft tatsächlich solche Regeln darstellen oder nicht, läßt sich in der Weise (a)–(c) überprüfen. Eine Hypothese H, nach der eine bestimmte Äußerung X (einer bestimmten Sprache) in einer bestimmten Weise zu verstehen ist, kann daher wie folgt durch Bezug auf das Sprachverhalten überprüft werden:[7]

(i) Es ist eine offene Liste der für *dieses* Verständnis typischen Verhaltensregularitäten anzufertigen.

(ii) Für jede dieser Regularitäten ist eine Hypothese R zu formulieren, die in expliziter Form aussagt, daß die entsprechende Regularität in der betreffenden Sprachgemeinschaft regelgeleitetes Verhalten darstellt.

(iii) Diese Hypothesen sind durch Beobachtung des Verhaltens dieser Sprachgemeinschaft zu überprüfen.

(iv) Je besser ein System von – der Liste aus (i) entsprechenden – Hypothesen R den nach (iii) vorzunehmenden Test im Vergleich mit rivalisierenden – d. h. entsprechend Hypothesen H', H'', H''' . . . gebildeten – Systemen solcher Hypo-

thesen besteht, desto besser ist H im Gegensatz zu H', H'',
H''' ... bestätigt.

Eine Klärung der Frage, *was es heißt, daß* eine Äußerung in einer
bestimmten Weise zu verstehen ist, ermöglicht also eine Beantwortung der Frage, *ob* eine Äußerung in einer bestimmten
Sprachgemeinschaft in einer bestimmten Weise zu verstehen ist.
Wenn sich also ermitteln ließe, was es heißt, daß eine Äußerung
als Feststellung zu verstehen ist, dann ließe sich auch die Frage
beantworten, ob z. B. explizit performative Äußerungen (auch)
als Feststellungen zu verstehen sind. M. a. W., wenn es gelänge,
für das Verständnis einer Äußerung als Akt des Feststellens
typische Verhaltensregularitäten auszumachen, und wenn sich
diese Verhaltensregularitäten als regelgeleitet nachweisen ließen,
dann wäre

– gezeigt, daß Feststellen ein konventioneller Akt ist[8]
– eine Möglichkeit angegeben, die Hypothese, daß mit explizit
  performativen Äußerungen in impliziter Weise der Akt des
  Feststellens vollzogen wird, empirisch zu überprüfen.

Da empirische Untersuchungen über den regelgeleiteten Charakter von Verhaltensregularitäten ein Zukunftsprogramm darstellen, kann es hier nur darum gehen, Hypothesen darüber vorzu-
schlagen, ob bzw. welche Manifestationsgesetze für die dispositionale Aussage »Y versteht die Äußerung X in der Situation Z als
Akt der Feststellung« anzunehmen sind. Dabei ist zu beachten,
daß sich diese Hypothesen und die Frage, zu deren Beantwortung
sie letztlich dienen sollen (ob explizit performative Äußerungen
Feststellungen sind) verschiedene Sprachebenen zum Gegenstand
haben: Erstere betreffen die Sprache A dessen, der die Sprache B,
bzgl. derer letztere Frage gestellt wird, untersucht. Doch die
Hypothesen, zu denen dieser über seine Sprache A kraft seiner
Kompetenz in dieser Sprache kommt, sind genauso überprüfbar,
wie jene die Sprache B betreffenden, zu denen er auf der Grundlage seiner Hypothesen über A kommt.

Meine Hypothese bezüglich der Dispositionsaussage

(C) y versteht die im Rahmen eines mit dem Lehrerkollegen
    x geführten Gesprächs über Schulstreß gemachte Äußerung
    x's »Angst macht dumm« als die Feststellung, daß Angst
    dumm macht.

lautet: Daß diese Aussage auf jemanden zutrifft, heißt, daß u. a. die folgenden Sätze für ihn gelten[9]:

(1) Wenn die »Dialogrechte« zwischen y und x gleich verteilt sind, wird y den Sachverhalt, daß Angst dumm macht, als problematisierbar/potentiellen Diskussionsgegenstand ansehen.

(2) Wenn y nicht weiß, ob Angst tatsächlich dumm macht, aber daran interessiert ist, dies zu erfahren, wird er x nach Gründen dafür, daß Angst dumm macht, fragen.

(3) Wenn y die Ansicht x's nicht teilt, wird er Zweifel daran äußern, daß Angst dumm macht.

(4) Wenn y im Zweifel darüber ist, ob Angst dumm macht, wird er sich berechtigt fühlen, zur Begründung aufzufordern.

(5) Wenn y Zweifel daran hat, daß Angst dumm macht, wird er von x Gründe verlangen, warum Angst dumm macht.

(6) Wenn y ebenfalls der Auffassung ist, daß Angst dumm macht, und x dies sagen möchte, wird er dies mit »Der Meinung bin ich auch«, »Das stimmt«, »Da haben Sie recht« o. ä. tun.

(7) Wenn y an die Aufrichtigkeit von x glaubt, so wird sich dennoch vorbehalten, weitere Untersuchungen darüber anzustellen, ob der Sachverhalt, daß Angst dumm macht, tatsächlich besteht.

(8) Wenn y von den von x vorgebrachten Gründen nicht überzeugt werden kann, er aber dennoch wissen möchte, ob der Sachverhalt, daß Angst dumm macht, besteht, wird er in »sprachjenseitiger« (d. h. in einer von den Umständen von x's Äußerung unabhängigen) Weise überprüfen, ob Angst dumm macht.

(9) Wenn y schon vor x's Äußerung *weiß*, daß der Sachverhalt, daß Angst dumm macht, besteht, wird er darauf verweisen, daß ihm das bereits bekannt ist.

(10) Wenn y an der psychologischen Kompetenz von x zweifelt, wird er ihn fragen, woher er weiß (z. B. wer ihm gesagt hat), daß Angst dumm macht.

(11) Wenn x auf y's Anfrage keine Gründe für das Bestehen des Sachverhalts, daß Angst dumm macht, vorbringen kann, dann wird dieser x antworten (sinngemäß): »Dann informier' dich besser, bevor du solche Thesen in die Welt setzt«.

(12) Wenn x auf y's Anfrage sich weigert, Gründe vorzubringen, wird y das Gespräch abbrechen/ihm sagen, er solle das dann besser für sich behalten o. ä.

(13) Wenn y in einem anderen Gesprächszusammenhang äußert, daß Angst dumm macht, und nach Gründen dafür gefragt wird, wird er, falls er keine eigenen Gründe angeben kann, an die Adresse von x verweisen.

(14) Wenn x als didaktische Methoden Einschüchterung und Druck empfiehlt, wird y ihn nach der Verträglichkeit dieser Empfehlung mit der zitierten Äußerung fragen.

(15) Wenn y in einem Gespräch äußert, daß Angst dumm macht, und der anwesende x (von dem y weiß, daß er keine Anhaltspunkte für seine (y's) diesbezügliche Ansicht hat) seine Verwunderung über y's Auffassung ausdrückt, wird y ihn auf seine eigene Äußerung verweisen.

(16) Wenn y keinen Grund hat, an der Aufrichtigkeit von x zu zweifeln, wird er davon ausgehen, daß x glaubt, daß Angst dumm macht.

(17) Wenn y sich in einer Weise verhält, die erkennen läßt, daß er nicht glaubt, daß x glaubt, daß Angst dumm macht, und x dies erfährt und y zur Rede stellt, wird y dies rechtfertigen.

(18) Wenn y in einem anderen Gespräch mit x dessen Ansicht, daß Angst dumm macht, erwähnt, und x erwidert »Meine diesbezüglichen Ansichten gehen Dich gar nichts an«, dann wird y erwidern »Aber Du hast mir dies doch selbst gesagt« o. ä.

Aus den für die dispositionale Aussage (C) angegebenen Manifestationsgesetzen lassen sich folgende Gesichtspunkte für die Charakterisierung von Feststellungen extrapolieren: Wer eine Feststellung trifft, erhebt damit einen *Wahrheits*anspruch, der als *im Prinzip problematisierbar* angesehen wird, *in bezug auf den* also die prinzipielle Möglichkeit der Zustimmung oder Ablehnung unterstellt wird (1, 3, 5, 6). Verbunden mit der Zubilligung dieses Wahrheitsanspruchs ist die Erwartung/Unterstellung der *prinzipiellen Fähigkeit und Bereitschaft, diesen auszuweisen* (2, 4, 13), m. a. W., wer nicht bereit oder in der Lage ist, diesen Anspruch hinterfragen zu lassen bzw. ihn auf Anfrage bzw. Angriffe hin durch Argumente zu erhärten, wird, falls er für diesen Umstand selbst keine plausiblen Argumente vorbringen kann, sich diesen

Anspruch absprechen lassen müssen (11, 12).[10] Doch auch die Zubilligung eines gerechtfertigten Wahrheitsanspruchs erfolgt unter einem Vorbehalt: daß die letztliche Einlösung dieses Anspruchs durch »*sprachjenseitige*« *Verifikation* zu erfolgen hat (7, 8, 9, 10).[11] Die Manifestationsgesetze (14)–(17) verweisen auf die Tatsache, daß mit dem Verständnis einer Äußerung als Feststellung spezifische Konformitätsforderungen an den Sprecher verbunden sind (bei Nicht-Erfüllung wird er zur Rede gestellt): daß er bestimmte *Meinungen* hat bzw. nicht hat, daß er akzeptiert, daß der Hörer unterstellt, daß er bestimmte Meinungen hat bzw. nicht hat, daß er alle offensichtlichen Folgerungen aus dem Festgestellten akzeptiert und sich im Sinne dieser Folgerungen verhält, daß er, was offensichtlich im Widerspruch zu dem Festgestellten steht, nicht akzeptiert und sich in diesem Sinne verhält.[12] (18) deutet schließlich daraufhin, daß, wer eine Äußerung als Feststellung versteht, davon ausgeht, daß der Sprecher bereit ist, die spezifischen sog. »*schwachen Kontextimplikaturen*«[13] zu akzeptieren, daß, im Falle von Feststellungen, dieser es z. B. vorzieht, daß der Angesprochene weiß, daß der Sprecher glaubt, daß das Festgestellte der Fall ist.

Wenn Sätze der Art (1)–(18) tatsächlich erläutern, was es heißt, daß die als Beispiel gewählte Äußerung als Feststellung verstanden wird, und wenn die aus diesen Sätzen gewonnenen »Gesichtspunkte« kennzeichnend dafür sind, was es heißt, eine Äußerung als Feststellung zu verstehen, dann kann die Frage, ob eine Äußerung als Feststellung zu verstehen ist, durch den Nachweis, daß diesen Gesichtspunkten *regelgeleitetes* Verhalten zugrundeliegt, entschieden werden. Dann kann man es sich aber bei der Beantwortung dieser Frage bzgl. explizit performativer Äußerungen nicht mehr so einfach machen, sich auf grammatische Einfachheitsüberlegungen hinauszureden[14], denn dann ist gezeigt, wie man festzustellen hat, ob es sich hierbei um Feststellungen handelt oder nicht. Das Resultat dieser Untersuchung beantwortet die Frage, ob explizit performative Äußerungen einen Wahrheitswert besitzen. Meine – empirisch überprüfbare – These lautet, daß diese Antwort negativ ausfällt.

Die These, daß die aus den Sätzen (1)-(18) extrapolierten Gesichtspunkte *in der Tat* kennzeichnend dafür sind, was es heißt, daß eine Äußerung als Feststellung verstanden wird, ist gleichbedeutend mit der folgenden Behauptung: Bei beliebigen weiteren

Manifestationsgesetzen zu dem von mir gewählten Beispiel sowie bei entsprechenden Manifestationsgesetzen für andere Beispiele von Feststellungen werden sich diese Gesichtspunkte wiederum nachweisen lassen, *und:* Bei Manifestationsgesetzen für das Verständnis von Äußerungen, mit denen andere illokutionäre Akte vollzogen werden, werden sich *nicht* genau diese Manifestationsgesetze nachweisen lassen.

Ich habe darauf hingewiesen, daß empirische Untersuchungen über den regelgeleiteten Charakter von Verhaltensregularitäten ein Zukunftsprogramm darstellen, daß es in dieser Untersuchung daher nur darum gehen kann, Manifestationsgesetze und daraus extrapolierbare Kriterien für das Verständnis einer Äußerung als Akt der Feststellung ausfindig zu machen. Selbst wenn sich also vorläufig nicht zeigen läßt, daß explizit performative Äußerungen *nicht* als Feststellungen *zu verstehen sind,* so schiene mir dennoch ein Nachweis der Art, daß solche Äußerungen offenbar *nicht* als Feststellungen *verstanden werden,* ein hinreichend starkes Argument, um die These, mit explizit performativen Äußerungen würde man in implizit performativer Weise den Akt der Feststellung vollziehen, zu widerlegen. Die aus den Manifestationsgesetzen (1)-(18) gewonnenen Gesichtspunkte liefern die Grundlage für den Versuch, am Beispiel einer explizit performativen Äußerung diesen Nachweis zu führen.

Angenommen y hat beim Einparken x's Wagen beschädigt, und x, der gerade rechtzeitig hinzukam, äußert gegenüber y:

(F) Ich fordere Sie auf, mir Ihre Versicherung anzugeben.

Angenommen weiterhin, x hat mit dieser Äußerung den illokutionären Akt des Aufforderns vollzogen, und y hat diese Äußerung auch als Aufforderung verstanden. Wenn y diese Äußerung nun außerdem als x's Feststellung, daß er (x) ihn (y) auffordert, ihm (x) seine Versicherung anzugeben, verstehen würde, so würden, meiner These zufolge, die aus (1)-(18) extrapolierten Gesichtspunkte auf diese Äußerung zutreffen. Ich behaupte demgegenüber:

Es kommt nicht vor, daß mit einer als Akt der Aufforderung zählenden Äußerung (F) ein im Prinzip als problematisierbar angesehener Wahrheitsanspruch erhoben wird.

D. h. der Angesprochene wird – die Ernsthaftigkeit des Diskurses vorausgesetzt – auf diese Äußerung nicht mit Äußerungen der

Art »Das stimmt«, »Da haben Sie recht«, »Der Meinung bin ich auch«, »Das glaube ich nicht« etc. reagieren. Sollte er dennoch solche Antworten geben, so würde der Sprecher

(a)   im Falle von »Das glaube ich nicht«

trotzdem keine Argumente dafür vorbringen, daß er eine Aufforderung gemacht hat; er würde an ein Mißverständnis glauben und seine Aufforderung wiederholen oder sich nicht ernstgenommen fühlen oder seiner Aufforderung Nachdruck verleihen (etwa drohen) oder die Sache seinem Rechtsanwalt übergeben etc. Er würde

(b)   angesichts einer freundlichen Zustimmung der angeführten Art

auf jeden Fall nicht darüber Befriedigung verspüren, daß jemand mit ihm einer Meinung ist, er würde eine solche Zustimmung auch nicht als Indiz dafür werten, daß der Sachverhalt, daß er aufgefordert hat, tatsächlich besteht, er würde sich mit diesen Antworten gar nicht auseinandersetzen, er würde sie sich verbitten.

Dem Einwand, auch angesichts einer Äußerung wie (F) sei die prinzipielle Möglichkeit der Ablehnung gegeben, etwa mit »Das glauben Sie doch selbst nicht«, ist folgendermaßen zu begegnen: Was hier zurückgewiesen wird, ist nicht ein Wahrheitsanspruch (i. S. von »Sie glauben doch nicht, daß das richtig ist, was Sie sagen«), es wird vielmehr in Abrede gestellt, daß der Sprecher in der Lage oder dazu berechtigt ist, den mit dem performativen Verb signalisierten illokutionären Akt zu vollziehen. Nicht der Anspruch, etwas Wahres zu sagen, wird zurückgewiesen, sondern der Anspruch, eine Aufforderung zu machen.

Zur Entkräftung von Einwänden der genannten Art ist also *zu unterscheiden zwischen* (i) Zustimmung zu (Ablehnung) einer Meinung/Ansicht/Überzeugung, daß etwas Bestimmtes der Fall ist, und (ii) Zustimmung dazu (Ablehnung), daß es gut/richtig/gerechtfertigt/angebracht ist, daß etwas Bestimmtes getan wird bzw. daß etwas Bestimmtes der Fall ist.

Wenn bei Äußerungen der Art »Ich fordere Sie auf . . .« kein Wahrheitsanspruch erhoben bzw. unterstellt wird, so wird auch die prinzipielle Fähigkeit und Bereitschaft, einen solchen auszuweisen, nicht erwartet bzw. unterstellt. Daß letzteres für unseren

Beispielfall in der Tat gilt, zeigt sich etwa daran, daß wohl niemand auf die Äußerung (F) mit »Woher wissen Sie denn das?« reagieren würde; es zeigt sich weiterhin daran, daß die verblüffte Reaktion des Angesprochenen »Wie kommen Sie denn darauf?« vom Sprecher nicht mit sprechakttheoretischen Überlegungen (Gründen für die Wahrheit der Feststellung »Ich habe Sie aufgefordert . . .«) sondern mit dem Verweis auf die Pflicht und Schuldigkeit von y angesichts der geschilderten Situation beantwortet würde. D. h., die Frage nach Gründen (»Wie kommen Sie darauf?«, »Warum denn das?«, »Können Sie mir dafür einen Grund angeben?« etc.) würde in diesem Fall bedeuten (und auch verstanden werden als): »Warum fordern Sie mich dazu auf?« und nicht (als) »Warum ist Ihre Äußerung eine Aufforderung?«. Es ist also *zu unterscheiden zwischen* (i') der Frage nach den Motiven dafür, warum der Sprecher etwas Bestimmtes tut (eine Aufforderung macht), und (ii') der Frage nach den Gründen dafür, daß es stimmt, daß er etwas Bestimmtes tut. Im Fall von explizit performativen Äußerungen stellt man dem Sprecher keine Fragen der Art (ii').

Zu letzterer Behauptung scheinen nun allerdings die Gegenbeispiele auf der Hand zu liegen: Man kann und wird auf Äußerungen wie »Ich verspreche Ihnen, daß ich das für Sie tun werde«, »Sie sind hiermit entlassen« etc. in bestimmten Situationen zweifellos mit Äußerungen wie »Sind Sie sicher?«, »Tun Sie das wirklich?« etc. reagieren, d. h. man kann und wird sich u. U. dessen *vergewissern,* ob es stimmt, daß der Sprecher die entsprechende Handlung vollzieht.

Sind damit die getroffenen Feststellungen darüber, wie explizit performative Äußerungen verstanden werden, widerlegt? Aus folgenden Gründen ist dies nicht der Fall: Bei der Untersuchung der Frage, ob die auf Feststellungen zutreffenden Gesichtspunkte auf explizit performative Äußerungen zutreffen, wurde nämlich vorausgesetzt, daß letztere als explizit performative Äußerungen verstanden werden, d. h. es wurde vorausgesetzt, daß die Äußerung »Ich fordere Sie auf, mir Ihre Versicherung anzugeben« als Aufforderung, die Äußerung »Ich verspreche Ihnen, daß ich das für Sie tun werde« als Versprechen verstanden wird. Zur Debatte steht, ob diese Äußerungen *auch* als Feststellungen verstanden werden. Für die als Gegenbeispiele angeführten Reaktionsweisen sind nun folgende Interpretationen möglich.

1. Fall: Diese Fragen bedeuten »Sind Sie dazu überhaupt befugt / in der Lage / berechtigt?« o. ä., dann drückt der Zuhörer seinen Zweifel daran aus, ob es sich überhaupt um eine explizit performative Äußerung handelt, d. h. er versucht zu erfahren, ob der von dem performativen Verb bezeichnete illokutionäre Akt tatsächlich vollzogen wurde. Zur Debatte steht hier die Richtigkeit der Feststellung »Er hat aufgefordert bzw. versprochen«. Bzgl. der Äußerung »Ich verspreche/fordere Sie auf . . .« wird nicht die Richtigkeit sondern der *Erfolg* hinsichtlich des versuchten Handlungsvollzugs angezweifelt. Angesichts der oben erwähnten Voraussetzung erweisen sich die angeführten Gegenbeispiele in diesem Fall als irrelevant.

2. Fall: Die Rückfragen des Angesprochenen sind zu verstehen als »Haben Sie sich das genau überlegt?«, »Bleiben Sie dabei?«, »Meinen Sie das ernst?«. In diesem Fall wurden die Äußerungen »Ich verspreche . . .«, »Ich fordere Sie auf . . .« durchaus im explizit performativen Sinne verstanden, die Rückfragen appellieren hier jedoch nicht an die Fähigkeit oder Bereitschaft, einen damit erhobenen Wahrheitsanspruch auszuweisen, sie betreffen vielmehr die Möglichkeit, daß ein »Rückzieher« gemacht wird.

Die Frage, ob bzw. wie explizit performative Äußerungen zu verifizieren seien, wurde in der diesbezüglichen Auseinandersetzung[15] in den folgenden Formen diskutiert: Sind explizit performative Äußerungen *»selbst-verifizierende«* Äußerungen, besitzen sie eine spezielle »selbst-verifizierende Kraft«, läßt sich ein plausibler Begriff des »pragmatisch selbst-verifizierenden Satzes« definieren? Abgesehen von Gales Nachweis,[16] daß der Versuch, den Begriff eines »pragmatisch selbst-verifizierenden Satzes« zu definieren, zu Widersprüchen führt, ist hier auf folgendes hinzuweisen: Selbst wenn explizit performative Äußerungen in irgendeinem Sinne »selbst-verifizierend« wären, würde das – im Gegensatz zu den Intentionen von Verfechtern dieser Auffassung – für den Nachweis, daß diese Äußerungen auch Feststellungen sind, nichts wesentliches beitragen. Da nämlich mit »selbst-verifizierenden« Äußerungen sicherlich kein als im Prinzip problematisierbar angesehener Wahrheitsanspruch erhoben wird, fehlt diesen Äußerungen ein Merkmal, das sich unseren Ergebnissen zufolge als für Feststellungen typisch herausgestellt hatte. Ich bezweifle daher, daß sog. »selbst-verifizierende« Äußerungen überhaupt als Feststellungen anzusehen sind.

Ohne explizite Bezugnahme auf Kategorien wie »Selbst-Verifikation« sind »Wahrheitsbedingungen« für explizit performative Äußerungen wie folgt formuliert worden:[17] Eine explizit performative Äußerung wie »Ich fordere Sie auf, mir Ihre Versicherung anzugeben« ist genau dann falsch, wenn der von dem performativen Verb (auffordern) bezeichnete illokutionäre Akt nicht zustandekommt (eine der Austin'schen Bedingungen (A1)-(B2) also verletzt ist). Meine (explizit-performative) Äußerung »Ich fordere Sie auf, mir Ihre Versicherung anzugeben« wäre demnach falsch, wenn meine (angeblich) dabei getroffene Feststellung – also der implizit vollzogene Akt – »glückt«, die Aufforderung – also der dabei explizit zu vollziehen versuchte Akt – jedoch nicht zustandekommt. (Daß es sich in diesem Fall um gar keine explizit performative Äußerung mehr handelt, wird dabei meist großzügig übergangen.) Um einzusehen, daß dieser Vorschlag inadäquat ist, betrachte man die explizit performative Äußerung »Ich stelle fest (state), daß die Katze im Sack ist« und stelle fest, wann sie nach der genannten Bedingung falsch wäre.

Daß im Zusammenhang mit explizit performativen Äußerungen überhaupt kein – solchen vermeintlichen Wahrheitsbedingungen entsprechender – Wahrheitsanspruch erhoben wird, wird bestätigt durch die Tatsache, daß die Forderung nach Einlösung eines solchen Anspruchs absurd erscheint. Niemand wird auf die explizit performative Äußerung »Ich fordere Sie auf, mir Ihre Versicherung anzugeben« mit der Frage »Woher wissen Sie denn das?« reagieren. Niemand wird in einem solchen Fall – etwa mit »Das dachte ich mir schon lange« – die Einlösung eines solchen Anspruchs unterstellen, oder mit »Das können Sie gar nicht wissen« eine solche Einlösung anzweifeln. Ich schließe daher, daß explizit performative Äußerungen das für Feststellungen herausgefundene Verifikationsmerkmal nicht besitzen.

Aus der Konventionalität illokutionärer Akte folgt, daß man nach jeder Äußerung, die den Vollzug eines solchen Aktes darstellt, Konformitätsforderungen ausgesetzt ist, die die Realisierung der für den jeweiligen Akt spezifischen $\Gamma 1$ und $\Gamma 2$-Bedingungen[18] betreffen. Zu fragen ist, ob nach explizit performativen Äußerungen Konformitätsforderungen an den Sprecher gestellt werden, die für das Verständnis einer Äußerung als Feststellung spezifisch sind. Diese Frage läßt sich so lange nicht beantworten, solange nicht klar ist, welche (ob überhaupt eine) *spezielle* Art von Meinungen und welche (ob überhaupt eine) *spezielle* Art der Verträglichkeit von Meinungen bzw. Handlungen im Falle von Feststellungen gefordert wird. Die Betrachtung der Manifestationsgesetze (14)-(17) führte lediglich zu dem Schluß, *daß* nach einer Feststellung vom Sprecher bestimmte Meinungen sowie ein bestimmtes Konsequenzverhalten verlangt werden, doch dies dürfte, wie angedeutet, vermutlich für alle illokutionären Akte gelten. Dem Hinweis, die bei Feststellungen geforderten Überzeugungen beträfen das Bestehen des festgestellten Sachverhalts, könnte der Vertreter der These, daß auch mit explizit performativen Äußerungen Feststellungen getroffen werden, entgegenhalten, daß auch von dem, der explizit performativ »Ich verspreche Ihnen, den Platz für Sie zu reservieren« äußert, verlangt wird, daß er glaubt, daß er versprochen hat (verspricht?), den Platz zu reservieren. Ungeachtet der Tatsache, daß sich auch hier einwenden läßt, daß die postulierte Überzeugung den mit der Äußerung »Er hat versprochen« bzw. »Ich habe versprochen« festgestellten Sachverhalt betrifft, werden sich unter dem Gesichtspunkt der mit *Meinungen* verbundenen Konformitätsforderungen für unsere Frage nach dem Feststellungscharakter von explizit performativen Äußerungen so lange keine Schlüsse ziehen lassen, solange keine Untersuchungen über den spezifischen Charakter der bei Feststellungen geforderten Überzeugungen vorliegen.[19] Es läßt sich lediglich vermuten, daß die bei Feststellungen verlangten Meinungskonformitäten (nur) von dem Postulat rein *logischer* Gesichtspunkte (inklusive der für sog. »praktische Schlüsse« angenommenen – vgl. etwa das Manifestationsgesetz (14)) diktiert sind. Da ungeklärt ist, welche (wenn überhaupt irgendwelche) logischen Beziehungen explizit performative Äußerungen eingehen können, ist in diesem Kontext mit einer derartigen Vermutung allerdings wenig anzufangen.

Hätten explizit performative Äußerungen die für Feststellungen charakteristischen »schwachen Kontextimplikaturen«, so ergäbe sich unter Zugrundelegung dieses »Kriteriums« für das Beispiel »Ich fordere Sie auf, mir Ihre Versicherung anzugeben«, daß der Angesprochene davon ausgeht, der Auffordernde würde es vorziehen, daß der Angesprochene weiß, daß der Auffordernde glaubt, daß es der Fall ist, daß er dazu auffordert, die Versicherungsnummer anzugeben. Dies ist nun allerdings sicher eine unzutreffende Darstellung dessen, wovon derjenige ausgeht, der – in der oben geschilderten Situation – mit dieser Äußerung konfrontiert ist und sie als expliziten Akt der Aufforderung versteht. Er wird davon ausgehen, daß der Sprecher es vorzieht, daß er das tut, wozu er aufgefordert ist; er wird vielleicht auch noch davon ausgehen, daß der Sprecher es vorzieht, daß er (der Angesprochene) weiß, daß der Sprecher *will* daß der Angesprochene das und das tut (seine Versicherung angibt), er wird jedoch sicher nicht die oben geschilderte Annahme machen. D. h., der Angesprochene wird, wenn er der Aufforderung nachgekommen ist, daraufhin aber vom Sprecher fragend oder verwundert angesehen wird, äußern: »Aber Sie wollten doch meine Versicherung wissen«; es wird jedoch nicht vorkommen, daß jemand, der einer Aufforderung nicht nachkommt und deshalb zur Rede gestellt wird, als Rechtfertigung vorbringt: »Ich habe Ihre Auffassung zur Kenntnis genommen und finde sie sehr interessant, möchte jedoch erst herausfinden, ob Sie sich auch völlig sicher sind«.

Ich fasse zusammen: An einem Beispiel habe ich zu zeigen versucht, daß bei der Rezeption explizit performativer Äußerungen jene Gesichtspunkte, die für das Verständnis dieser Äußerungen als *Feststellungen, daß man den entsprechenden Akt vollzieht,* charakteristisch wären, nicht vorliegen. Für vier der fünf herausgearbeiteten Kriterien ließ sich dieser Nachweis führen. In einem Fall mußte die entsprechende Frage offenbleiben; mit dem Verweis auf die Notwendigkeit weiterer Untersuchungen konnte nur eine vage Vermutung ausgesprochen werden. Zur Begründung meiner These, daß explizit performative Äußerungen *nicht* als Feststellungen, daß man den jeweiligen illokutionären Akt vollzieht, verstanden werden, ist es aber auch nicht erforderlich, daß sich bei *jeder* explizit performativen Äußerung für *jedes* der genannten Merkmale der entsprechende Nachweis führen läßt. Es genügt, wenn sich zeigen läßt, daß es nicht vorkommt, daß beim Verständnis von explizit performativen Äußerungen die meisten der für das Verständnis einer Äußerung als Feststellung typischen Merkmale vorliegen. Daß dies nicht vorkommt, ist der induktive Schluß, den ich aus der Analyse der betrachteten Beispiele ziehe.

o Eine englische Version dieses Aufsatzes mit dem Titel »Explicit performatives and statements« habe ich auf dem XII. Internationalen Linguisten-Kongreß 1977 in Wien vorgetragen.

1 Hartnack (1963).

2 Harrison (1967).

3 Vgl. Hedenius (1963) S. 131.

4 Vgl. Houston (1970) S. 142.

5 v. Savigny (1976) sowie ders., Der Begriff der normalen Sprache: Schritte einer zuhörerbezogenen Analyse des Bedeutungsbegriffs. In: v. Savigny (1974).

6 v. Savigny (1974) S. 263/64.

7 Vgl. v. Savigny (1976).

8 Im Gegensatz zu der Auffassung Holdcrofts (1974), nach der Feststellen deswegen kein konventioneller Akt ist, da zum Vollzug dieses Aktes nur normale »Ein- und Ausgabebedingungen«, jedoch keine speziellen nicht-grammatischen Konventionen erforderlich seien. Auf einem ähnlich eingeschränkten Begriff von Konvention fußen die Ausführungen Warnocks (1973) und Sesonskes (1965), denenzufolge die meisten illokutionären Akte keine konventionellen Akte sind.

Die Auffassung der vorliegenden Arbeit läßt sich demgegenüber so charakterisieren, daß die Konventionalität illokutionärer Akte darin besteht, daß man bei diesen Γ2-Fehler machen kann. Genauer: Die Austin'sche Auffassung, daß es für den Vollzug eines illokutionären Aktes Z eine Konvention geben muß, nach der man mit einer Äußerung X in einer Situation Y diesen Akt vollzieht, wird verstanden als: Es muß eine Reihe von für die Disposition »X in der Situation Y als Akt Z verstehen« charakteristische Manifestationsgesetze geben, für die gilt: Die darin formulierten Verhaltensregularitäten sind regelgeleitet im Sinne von (a)-(c) (s. o. S. 202).

9 Ich lasse – da für meine Zwecke nicht wesentlich – unberücksichtigt, wie sich der Unterschied zwischen Feststellungen (statements) und Behauptungen in entsprechenden Verhaltensregularitäten niederschlägt. Entgegen gelegentlichen Nivellierungen (vgl. etwa Geach 1971) möchte ich jedoch zumindest andeuten, in welcher Richtung hier Unterschiede auszumachen wären.

Zweifellos wird der Unterschied zwischen Feststellung und Behauptung in der Alltagssprache oft verwischt; fragt man z. B. jemanden, ob seine Äußerung eine Behauptung oder eine Feststellung war, wird man wohl fragend angesehen. M. E. wäre diese Frage wie folgt zu erläutern: Erhebst du nur den (erst einzulösenden) Anspruch, daß es so ist (behauptest du das einfach) oder ist das bereits das Resultat einer Untersuchung der Wirklichkeit (die Formulierung eines bereits – relativ – eingelösten Anspruchs). M. a. W., *Feststellungen* (statements) haben m. E. etwas Resümierendes, es wird unterstellt, daß man bereits eine Überprüfung des entsprechenden Sachverhalts vorgenommen hat, daher bereits über gewichtige Gründe und Argumente verfügt, der Wahrheitsanspruch ist bereits relativ fundiert; *Behauptungen* sind m. E. hypothetischer, der Wahrheitsanspruch ist hier projektiver (und provokativer), man versichert, daß man diesen Anspruch (erst) fundieren wird, gibt allerdings zu verstehen, daß man in der Lage ist, entsprechende Gründe und Argumente »zu beschaffen«.

10 Vgl. dazu Wunderlich, Behauptungen, konditionale Sprechakte und praktische Schlüsse. In Wunderlich (1976a); sowie Margolis (1967).

11 Wer explizit performative Äußerungen hierzu in Analogie bringen will, indem er darauf hinweist, daß die Beantwortung der Frage, ob jemand mit seiner Äußerung

ein Versprechen gegeben hat, ebenfalls »sprachjenseitige« Verifikation verlangt, der übersieht, daß es dabei um die Verifikation von »Er hat versprochen« geht.

12 Vgl. dazu Austin (1972) Vorlesung IV; Searle (1974), Wunderlich (1976).

13 Kasher (1974).

14 Etwa der Art: »It seems clear that this suggestion (expl. perf. Ä. als Feststellungen, G. G.) . . . would be theoretically to be much welcomed, as much simplifying any general doctrine of the indicative mood.« (Warnock 1973, S. 81).

15 Vgl. Lemmon (1962), O'Hair (1967), Gale (1970), Sampson (1971).

16 Vgl. Gale (1970).

17 Vgl. Warnock (1973) S. 84 f.

18 Vgl. Austin (1972) S. 35 ff.

19 Zweifellos lassen sich bei unterschiedlichen illokutionären Akten (entsprechend den unterschiedlichen Γι-Bedingungen) Unterschiede in der Art der geforderten Überzeugungen feststellen (bei Ratschlägen etwa die Überzeugung, daß das Geratene für den Beratenen vorteilhaft ist; bei Aufforderungen die Überzeugung, daß der Aufgeforderte in der Lage ist, der Aufforderung nachzukommen). Für unsere Frage ist jedoch nur von Interesse, ob sich bei explizit performativen Äußerungen – abgesehen von den für den jeweils explizit vollzogenen illokutionären Akt geforderten Überzeugungen – *auch noch* irgendwelche für Feststellungen charakteristische Meinungen nachweisen ließen.

Literaturverzeichnis

Austin, J. L., Truth. In: G. Pitcher (Hrsg.), Truth, Englewood Cliffs 1964, S. 18-31.

–, Zur Theorie der Sprechakte, Stuttgart 1972 (dtsch. Übers.).

Black, M., Austin on performatives, Philosophy 1963.

Cresswell, M. J., Logics and languages, London 1973.

Fingarette, H., Performatives, American Philosophical Quarterly 4, 1967, S. 39-48.

Gale, R. M., Do performative utterances have any constative function?, Journal of Philosophy 1970, S. 117-121.

Geach, P., Assertion. In: J. F. Rosenberg/C. Travis (Hrsg.), Readings in the philosophy of language, 1971, S. 250-261.

Grewendorf, G., Haben explizit performative Äußerungen einen Wahrheitswert? in diesem Band.

Harrison, J., Knowing and promising. In: A. P. Griffiths (Hrsg.), Knowledge and belief, Oxford 1967, S. 112-126.

Hartnack, J., The performatory use of sentences, Theoria 29, 1963, S. 137-146.

Hedenius, I., Performatives, Theoria 19, 1963, S. 115-136.

Holdcroft, D., Performatives and statements, Mind 1974, S. 1-18.

Houston, J., Truth valuation of explicit performatives, The Philosophical Quarterly 20, 1970, S. 135-149.

Kasher, A., Mood implicatures: a logical way of doing generative pragmatics, Theoretical Linguistics 1, 1974, S. 6-38.

Lemmon, E. L., On sentences verifiable by their use, Analysis 22, 1962, S. 86-89.

Margolis, J., ›Entitled to assert‹, Synthese 17, 1967, S. 292-298.

O'Hair, S. G., Performatives and sentences verifiable by their use, Synthese 17, 1967, S. 299-303.

Sampson, G., Pragmatic self-verification and performatives, Foundations of Language 7, 1971, S. 300-302.

Savigny, E. v., Der Begriff der normalen Sprache: Schritte einer zuhörerbezogenen Analyse des Bedeutungsbegriffs. In: ders., Die Philosophie der normalen Sprache, neu bearbeitete Ausgabe, Frankfurt 1974, S. 257-292.

–, Some elements of the form of a theory perhaps useful in describing a language. In: G. Ryle (Hrsg.), Contemporary aspects of philosophy, Stocksfield 1976, S. 86-102.

Searle, J. R., Behauptungen und Abweichungen. In: G. Grewendorf/G. Meggle (hrsg.), Linguistik und Philosophie, Frankfurt 1974, S. 86-102 (dtsch. Übers.).

Sesonske, A., Performatives, Journal of Philosophy 1965, S. 459-468.

Warnock, G., Some types of performative utterance. In: I. Berlin et al., Essays on J. L. Austin, Oxford 1973, S. 69-89.

Wunderlich, D., Behauptungen, konditionale Sprechakte und praktische Schlüsse. In: ders., Studien zur Sprechakttheorie, Frankfurt 1976a, S. 251-292.

–, Über die Konsequenzen von Sprechhandlungen. In: K. O. Apel (Hrsg.), Sprachpragmatik und Philosophie, Frankfurt 1976, S. 441-462.

Renate Bartsch
Die Rolle von pragmatischen Korrektheitsbedingungen bei der Interpretation von Äußerungen

In seinem für die Sprachphilosophie programmatischen Artikel »Truth and Meaning« stellte D. Davidson die These auf, daß die Bedeutung eines Indikativsatzes in einem ihrer wesentlichen Aspekte seine Wahrheitsbedingungen seien. Diese These beruht darauf, daß das Verstehen eines Satzes, also das Kennen seiner Bedeutung, insbesondere darin besteht, daß man weiß, worauf das Wahrsein dieses Satzes hinausläuft, d. h. daß man weiß, unter welchen Umständen der Satz wahr ist.

Damit haben wir aber nur *einen* wesentlichen Aspekt der Bedeutung von Aussagsätzen zur Sprache gebracht, nämlich den semantischen. Um eine Satzäußerung zu verstehen, müssen wir auch erkennen können, ob sie als ein Urteil, eine Behauptung, eine Vermutung, eine Deklaration, eine Frage, ein Wunsch, eine Aufforderung, ein Versprechen, eine Warnung, usw., gemeint ist. Dieser Aspekt des Verstehens ist der pragmatische.

Schon wenn wir eine schriftliche oder mündliche Äußerung A als ein **Urteil** verstehen, so verstehen wir sie unter zwei Aspekten:

(1) Wir verstehen den semantischen Inhalt von A (»Wahrheitsbedingungen und deren deiktischen Bezug auf die Situation«).

(2) Wir verstehen, daß mit diesem Inhalt durch den Sprecher oder Schreiber ein Wahrheitsanspruch oder eine Wahrheitsvermeinung verbunden ist (»Gebrauch als Repräsentativ in bezug auf eine Situation«).

Bei einer **Behauptung** kommt noch dazu, daß A als ein Urteil gemeint ist, das gegenüber jemandem ausgesprochen wird mit dem Ziel, dem anderen Information zu vermitteln, d. h. ihn glauben zu machen, daß man selbst A glaubt, verbunden mit dem Anspruch, daß auch andere, insbesondere er, das ebenfalls glauben sollen. Nur dieser Anspruch erklärt die typischen Reaktionsmöglichkeiten des Hörers: Stillschweigend oder bekräftigend akzeptieren oder negieren der Behauptung; und sie erklärt die mit einer Behauptung verbundenen Verpflichtungen des Sprechers, nämlich für seine Behauptungen geradestehen zu müssen, d. h. zur Rechenschaft gezogen werden zu können. Eine Behauptung ist immer eine **interaktive Handlung.**

Das Verstehen einer Äußerung umfaßt also immer auch das Erkennen dessen, als was für eine Handlung die Äußerung gemeint ist. Die Bedeutung einer Äußerung erkennen ist also zumindest dieses beides:

(1) Erkennen des semantischen Inhalts der Äußerung.

(2) Erkennen des Handlungspotentials der Äußerung.

Zum Erkennen des **Handlungspotentials** dienen **illokutive Indikatoren,** d. h. Indikatoren, die darauf hinweisen, welche Handlung oder welche Sorten von Handlungen im Sprechen vollzogen sein können. Diese Indikatoren können lexikalisch explizit sein, z. B. performative Verben wie *ersuchen, versprechen, warnen, fragen,* oder es können partielle Indikatoren sein, wie z. B. Kontext, Tempus, Modus, Person, Verbtyp (vgl. Franck 1977).

Mit den obigen Faktoren (1) und (2) haben wir die Interpretation im engeren Sinne angedeutet. Die volle **Interpretation einer Äußerung** A besteht aber zumindest aus den folgenden drei Faktoren:

(1) Erkennen des semantischen Inhalts der ganzen Äußerung (expliziter und partieller illokutiver Indikatoren und des dazu komplementären propositionalen Inhalts).

(2) Erkennen, ob durch das Äußern von A in der Situation s die Sprechhandlung H verrichtet ist.

(3) Erkennen der Rolle, die diese Handlung H in der Interaktion in s spielt.

Die Interpretationsschritte (2) und (3) geschehen meistens in Wechselwirkung, d. h. gemäß (2) sind of mehrere Handlungen mögliche Interpretationen einer Äußerung, die sich manchmal auch gar nicht auszuschließen brauchen; z. B. die Interpretation des Satzes »*Da steht ein Bulle auf der Weide*« gemäß (2) kann als Behauptung und dann aufgrund der Bewertung der Äußerung gemäß (3) als Warnung aufgefaßt werden, je nach Interaktionskontext.

Da allein **gültige** Handlungen auf konventionelle Weise **institutionelle Tatsachen** (das sind soziale Beziehungen, insbesondere

Rechte und Pflichten von Menschen untereinander) schaffen, müssen wir für das Erkennen der als illokutives Ziel intendierten institutionellen Tatsache wissen, unter welchen Bedingungen die Äußerung A **gültig ist als** Sprechhandlung H. Dies ist die zentrale Frage der mit Searles »What is a Speech Act?« (1965) begründeten philosophischen Sprachpragmatik. Da das illokutive Ziel einer Sprechhandlung das Schaffen einer bestimmten institutionellen Tatsache ist, sind in bezug auf diese institutionelle Tatsache allein gültige Sprechhandlungen geglückte Sprechhandlungen. Die Gültigkeitsbedingungen sind die Geglücktheitsbedingungen (»felicity conditions«) bezüglich des beabsichtigten illokutionären Effekts, d. h. der durch die Äußerung etablierten institutionellen Tatsache. Der dritte Aspekt der Interpretation von Äußerungen umfaßt Konsequenzen der Sprechhandlung, d. h. Folgen des Zustandebringens der institutionellen Tatsache für die Interaktion: Dies können sowohl Obligationen des Sprechers sein, die konstitutiv sind für die Sprechhandlung selbst und die geschaffene institutionelle Tatsache, aber es können auch weitere Konsequenzen sein, die nicht konstitutiv sind für die institutionelle Tatsache, die durch die Äußerung geschaffen wurde, sondern die aus der besonderen Konstellation der Äußerung im Kontext innerhalb der Interaktion abzuleiten sind, u. a. die sogenannten perlokutionären Effekte (Austin 1965).

Die philosophische Sprachpragmatik untersucht die verschiedenen Arten von Bedingungen der interaktiven Sprechhandlungen; die linguistische Pragmatik untersucht, welche sprachlichen Mittel auf welche Weise dazu dienen, Sprechhandlungen erkennbar zu machen und Interaktion zu steuern.

Es ist für eine Interaktionstheorie nötig, wenigstens folgende vier Arten von Bedingungen für Sprechhandlungen zu unterscheiden:

(1) **Erkennbarkeitsbedingungen:** Normale Bedingungen für sprachliches Produzieren und Wahrnehmen; Interpretationsstufe (1) der Äußerung gemäß den konventionellen Bedeutungen der Ausdrücke.

(2) **Korrektheitsbedingungen:**[1] Vorbereitende Bedingungen (preparatory conditions); Ehrlichkeitsbedingungen (sincerity conditions); Intention des Sprechers, daß die Äußerung als Ausdruck seiner Handlungsintention zählt (essential condition);

(3) **Gültigkeitsbedingungen:** Die Erkennbarkeitsbedingungen müssen erfüllt sein; und die Korrektheitsbedingungen dürfen nicht offen verletzt sein.

Anmerkung: Evidente pragmatische Nicht-Korrektheit hat Nicht-Gültigkeit zur Folge; und solange das Gegenteil aus der Äußerungssituation nicht evident ist, so lange wird angenommen, daß die Korrektheitsbedingungen erfüllt sind. D. h., die Erfülltheit der Korrektheitsbedingungen ist eine Präsupposition für die Wahrheit oder Unwahrheit einer Aussage, die aussagt, daß die und die Sprechhandlung durch einen Sprecher vollzogen sei. Insofern sind performative Äußerungen, wie z. B. *Ich verspreche Dir hiermit, daß ich morgen komme,* nur in den Situationen selbstverifizierend, d. h. wahr schon durch das Äußern selbst, in denen die Korrektheitsbedingungen nicht offen verletzt sind. Bei der Negation einer Sprechhandlungsbeschreibung wird in erster Instanz die Erfüllung der Erkennbarkeitsbedingungen negiert. Beruht die Negation darauf, daß Korrektheitsbedingungen evidentermaßen nicht erfüllt waren, so ist eine diesbezügliche Qualifikation der Negation nötig. Ein nicht-offenes Verletzen der Korrektheitsbedingungen durch den Sprecher, etwa Unehrlichkeit, beeinträchtigt die Gültigkeit der Sprechhandlung nicht. Dies gilt auch für ein nachträgliches Offenbaren der Verletzung der Korrektheitsbedingungen durch den Sprecher: dies enthebt den Sprecher nicht seiner Verantwortung für das, was er gesagt hat.

(4) **Akzeptierbarkeitsbedingungen:** Bedingungen für das rationale Reagieren des Hörers; Bedingungen für das Akzeptieren, Abweisen oder Ausstellen einer definitiven Reaktion.

Diese vier Sorten von Bedingungen sind eigentlich Gegenstand einer allgemeinen Handlungs- und Interaktionstheorie. Die Einschränkung und Anwendung auf die **linguistische Pragmatik** geschieht dadurch, daß die **Rolle der sprachlichen Mittel** in der Interaktion untersucht wird. Darum sind die Schlüsselbegriffe der linguistischen Pragmatik »pragmatisch passende Äußerung« und »pragmatisch sinnvolle Äußerung«, und damit die relativen Begriffe »pragmatisch passender Ausdruck bezüglich Situationsfaktoren a, b, c, . . .« und »pragmatisch sinnvoller Ausdruck bezüglich der Ziele e, f, g, . . .«. Beide Gesichtspunkte lassen sich zusammenfassen unter dem Begriff **»pragmatisch korrekte Äußerung«** oder »pragmatisch korrekter Ausdruck bezüglich der

Situationsfaktoren a, b, c. . . . und der Ziele e, f, g, . . .«. Ein
pragmatisch korrekter Ausdruck ist ein Ausdruck, für den es
eine Menge von in einer Situation realisierbaren Faktoren F gibt,
bezüglich derer er korrekt ist. Er ist pragmatisch inkorrekt, wenn
es keine Situation gibt, in bezug auf die er pragmatisch korrekt
ist, d. h. pragmatisch passend und pragmatisch zielgemäß verwendet werden kann.

Zwischen Gültigkeitsbedingungen und Akzeptabilitätsbedingungen ist in der philosophischen Literatur nicht immer unterschieden worden. So fassen Austins »felicity conditions« beide
zusammen. Searle behandelt Gültigkeitsbedingungen, ohne zwischen Gültigkeit und Korrektheit zu unterscheiden, und er behandelt Akzeptabilitätsbedingungen gar nicht. Habermas (1976)
und auch Apel (1976) geht es um Akzeptabilitätsbedingungen,
auch wenn sie über Gültigkeit sprechen. Da ihr Ansatz von
vornherein interaktionell ist, und zwar mit dem Ziel den konsen-
susorientierten Dialog zu charakterisieren und als notwendig für
die Möglichkeit jeder Kommunikation aufzuzeigen, spielen natürlich die Bedingungen für das rationale Akzeptieren von Äußerungen eine tragende Rolle. Searle dagegen stellt das Handeln des
Sprechers zentral und analysiert daher einen Begriff von subjekti-
ver Korrektheit oder Gültigkeit vom Standpunkt des Sprechers
aus. Subjektive Korrektheit und Gültigkeit fallen aber nicht
zusammen: Wenn der Sprecher glaubt, daß die Erkennbarkeits-
und Korrektheitsbedingungen erfüllt sind, dann glaubt er auch,
daß seine Äußerung als die und die Sprechhandlung *gilt*; weiß
aber der Sprecher, daß eine Korrektheitsbedingung nicht erfüllt
ist, und ist diese Nichterfülltheit für den Hörer nicht ersichtlich
und gibt der Sprecher dem Hörer keine Hinweise darauf, dann ist
die Äußerung zwar sprecher-subjektiv als die und die Handlung
nicht korrekt, wohl aber gilt sie als korrekt. D. h., sie gilt als
objektiv korrekt und ist damit gültig, d. h. gilt als die und die
Sprechhandlung. Von sprecher-subjektiver und objektiver Korrektheit ist noch zu unterscheiden die hörer-subjektive Korrektheit. Stimmt diese nicht überein mit der objektiven Korrektheit,
die etwa durch einen Beobachter, der die Sprache und Gewohn-
heiten, Überzeugungen und sozialen Normen der Sprachgemeinschaft kennt, auszumachen ist, dann spricht man davon, daß der
Hörer sich getäuscht hat in der Wahrnehmung und Interpretation
der Sprechsituation, und daß darum seine aus dieser Situation

abgeleiteten Erwartungen nicht gerechtfertigt sind und darum auch nicht einklagbar sind.[2]

Pragmatisch sinnvoll nennen wir eine Äußerung, wenn sie als Handlung zielgerichtet und zielgemäß ist. Damit ist die Handlung rational im Sinne von Allwood (1977). Dies kann auch auf nichtkonventionelle Weise der Fall sein.

Konventionell-pragmatisch sinnvoll ist eine Äußerung, wenn sie auf konventionelle Weise eine gültige Sprechhandlung konstituiert.

Eine konventional-pragmatisch sinnvolle Äußerung, die zielgerichtet und zielgemäß ist, nennen wir eine **pragmatisch korrekte** Äußerung.

Ein Ausdruck ist **strukturell-pragmatisch korrekt,** wenn es eine Situation gibt, in der er pragmatisch korrekt geäußert werden kann.

Es folgen nun einige Beispiele für Faktoren, bezüglich derer **Äußerungen** pragmatisch korrekt oder inkorrekt sind:

(a) Angemessenheit in bezug auf soziale Parameter, die bestimmen, ob jemand und auf welche Weise er bestimmte Sprechhandlungen in Interaktion mit bestimmten Personen vollziehen kann:

Damit z. B. Person A der Person B einen Befehl geben kann, muß A gegenüber B Autorität besitzen.

(b) Angemessenheit des illokutionären Ziels in bezug auf vorbereitende Bedingungen:

Damit man z. B. jemanden auffordern kann, eine Tür zu schließen, muß diese offen sein. Oder, damit man jemanden auffordern kann, einen schweren Gegenstand zu tragen, muß man annehmen können, daß er stark genug dazu ist.

(c) Angemessenheit bezüglich eines perlokutionären Ziels:

Eine Autoritätsperson befiehlt z. B. jemandem etwas, der auf Befehle schlecht reagiert. Dies beeinträchtigt das Erreichen ihres Ziels, daß nämlich der andere die gewünschte Handlung verrichtet. Hier wäre eine freundliche Aufforderung zieladäquater.

Pragmatisch inkorrekte Ausdrücke enthalten in sich selbst Teilausdrücke, die eine Verletzung der Korrektheitsbedingungen des in ihnen angezeigten Sprechhandlungstyps evident machen:

+ Es regnet in Wien; aber ich weiß nicht, ob es dort regnet.
  (explizite Verletzung der Ehrlichkeitsbedingung)
+ Es regnet in Wien; aber ich will nicht, daß Du das weißt.
  (explizite Verletzung der essentiellen Bedingung)

+ Die Tür ist zu; aber: Mach die Tür zu!
  (explizite Verletzung der vorbereitenden Bedingungen)
+ Du kannst zwar kein Englisch, aber Du mußt mir das doch
  ins Englische übersetzen.
  (explizite Verletzung der vorbereitenden Bedingungen)
+ Du hast ja auch schon ewig nichts mehr von Fritz gehört.
  Aber erzähl mir doch, wie es ihm geht.
  (explizite Verletzung einer vorbereitenden Bedingung)

Ein Begriff der pragmatischen Korrektheit von Ausdrücken ist der der Korrektheit oder Inkorrektheit in bezug auf Informationen, die der Sprecher besitzt. Dieser von Groenendijk und Stokhof (1978) untersuchte Begriff der epistemischen Korrektheit wird von ihnen durch eine rekursive Definition in ihrer Theorie der epistemischen Pragmatik charakterisiert.

In seinem Aufsatz »Explicit Performatives and Statements«[3] will G. Grewendorf die gegen Austin geäußerte These, daß explizit performative Äußerungen wahr oder falsch seien, widerlegen. Dies soll dadurch geschehen, daß er die These, daß explizite performative Äußerungen ›ganz normale‹ Behauptungen (›statements‹) seien, widerlegt. Er untersucht, welche Verhaltensdispositionen in bezug auf eine Äußerung bei Sprecher und Hörer vorliegen müssen, damit man sagen kann, sie sei als Behauptung aufgefaßt oder aufzufassen. Die Verhaltensdispositionen lassen sich beschreiben durch die Verhaltensregularitäten von Sprecher und Hörer, die in bezug auf die Äußerung eines Satzes als Behauptung als normales, im Bereich des zu Erwartenden liegendes Verhalten charakterisiert sind. Diese Regularitäten als Kriterium handhabend können wir herausfinden, ob explizit performative Äußerungen Behauptungen sind oder nicht. »The result of this investigation answers the question of whether explicit performative utterances have a truth-value or not.« (S. 11)

In dieser Gleichsetzung von Behauptungen mit Wahrheitswert tragenden Ausdrücken liegt meiner Ansicht nach die Crux von Grewendorfs Aufsatz: Zwar gelingt es ihm zu zeigen, daß in bezug auf bestimmte Kriterien dafür, daß eine Äußerung eine Behauptung ist, explizit performative Äußerungen von »normalen« Behauptungen abweichen. Aber damit ist nichts darüber gesagt, ob sie nun in bezug auf bestimmte Situationen einen Wahrheitswert haben oder nicht. Wenn etwas in einem Aspekt von einer bestimmten Sache abweicht, braucht es noch nicht auch in allen anderen Aspekten davon abzuweichen: d. h. wenn eine Äußerung die Kriterien A und B für Behauptungen nicht erfüllt, dann kann sie noch stets Kriterium C erfüllen, es sei denn, C setzt A und B voraus; aber das ist hier gerade nicht der Fall, wo A und B zwar C voraussetzen, aber nicht umgekehrt. A und B sind die folgenden Kriterien (1) und (2) und C ist »einen Wahrheitswert haben«.

Grewendorf (S. 10) benutzt die folgenden Kriterien:

(1) »By making a statement a speaker claims to make a *true* statement, a claim that is, *in principle, regarded as disputable,* with respect to which it is possible to agree or disagree«

(2) »A claim to have made a true statement is accepted only in combination with the expectation that the speaker is *in principle able and prepared to justify his statement* . . . Eventually the claim has to be verified extralinguistically«

In bezug auf (1) verhalten sich explizit performative Äußerungen abweichend und folglich auch in bezug auf (2), wenn man davon ausgeht, daß man erwartet, daß der Sprecher bereit ist, die Wahrheit seiner Aussage zu stützen. Der Sprecher wird es für unpassend halten, wenn sein Kommunikationspartner ihn auffordern sollte, seine explizit performative Äußerung als wahr zu erweisen, und darum auch nicht auf so eine Aufforderung eingehen. Sicherlich ist kein Disput möglich darüber, ob jemand, der in geeigneter Situation sagt »Ich frage Dich, ob Du morgen kommst« den anderen fragt, ob er morgen kommt. Sobald die Gültigkeitsbedingungen dafür, daß die Äußerung A als Sprechhandlung H gilt, erfüllt sind, ist die Wahrheit jedes den Vollzug der Sprechhandlung H aussagenden Satzes gesichert; und die Wahrheit eines solchen Satzes ist evident, wenn er ausgesprochen wird im situativen Zusammenhang mit der Erfüllung der Gültigkeitsbedingungen für H. Ist dies der Fall für die explizit performative Äußerung, so ist sie unter diesen Umständen selbstverifizierend. Demnach ist die explizit performative Äußerung »Ich behaupte, daß Jan morgen kommt« wahr, wenn die Situation so ist, daß der Satz diese repräsentiert. Dabei kommt es nicht darauf an, ob es wahr oder unwahr ist, daß Jan morgen kommt. Man muß also unterscheiden zwischen der Wahrheit des obigen Satzes, die bedeutet, daß ein Sprecher sich als ein das und das Behauptender einführt und damit die Tatsache bedeutet, daß er die und die Behauptung macht, und andererseits der Wahrheit des Behaupteten.

Aber auch alle selbstverifizierenden Äußerungen sind abweichend bezüglich Kriterium (1) und damit auch bezüglich (2). »Since a speaker certainly does not claim to make a true statement that is, in principle, disputable, with ›self-verifying‹ utterances, these utterances lack a feature that turns out to be typical for statements in our results. I therefore doubt that these so-called ›self-verifying‹ utterances can be regarded as statements at all.« (S. 15)

Dasselbe trifft aber auch auf viele andere Äußerungen von indikativen Sätzen zu: Alle logisch wahren Sätze (Tautologien), alle analytisch wahren Sätze (wie »Ein Junggeselle ist ein unverheirateter Mann«), alle innerhalb einer akzeptierten Theorie geltenden Definitionen und überhaupt alle für unbezweifelbar wahr geltenden Sätze, z. B. solche, die Grundüberzeugungen, die in der Sprachgemeinschaft herrschen, ausdrücken, oder in einer Situation auch für den Hörer ganz evidente Beobachtungsaussagen sind gemäß (1) keine Behauptungen, wenn sie geäußert werden. Insbesondere gilt auch noch situationsspezifisch, daß ein Sprecher, der gegenüber einem Hörer, von dem er weiß, daß dieser von der Wahrheit von p überzeugt ist, den Satz p äußert, keine Behauptung macht. Denn es ist ja sinnlos gegenüber jemanden, der von p überzeugt ist, zu beanspruchen, mittels der Äußerung von p eine wahre Aussage zu machen. Das würde bedeuten, offene Türen einzurennen. Es handelt sich dabei eher um eine Erinnerung oder Zustimmung und Demonstration von Übereinstimmung als um eine Behauptung. Beim Behaupten geht man davon aus, daß das, was man behauptet, für den Hörer neu oder zumindest nicht ganz selbstverständlich sein könnte. Eine solche situationsabhängige Disputierbarkeit von p liegt in der Verlängerung von Kriterium (1), so daß (1) eigentlich verallgemeinert werden müßte zu: »a claim that, from the hearer's point of view, is disputable, or, at least, is not already evident to him. A speaker will use an indicative sentence as a statement only if he believes this to be the case from the hearer's point of view.«

Sowohl das Kriterium (1) von Grewendorf als auch die hier vorgeschlagene Erweiterung klassifiziert viele Äußerungen von indikativen Sätzen als Nicht-Statements, obgleich sie in bezug auf die dabei relevanten Situationen ganz ohne Zweifel Wahrheitswerte haben, nämlich den Wahrheitswert »wahr«. Aus anderen Gründen gilt übrigens auch, daß Sätze, die ganz evident falsch sind, nicht als Behauptungen geäußert werden können. Denn dabei wäre die Aufrichtigkeitsbedingung für Behauptungen offen verletzt. In den Fällen, in denen der geäußerte indikative Satz ganz evidentermaßen wahr ist für den Hörer, wird die Bedingung verletzt, daß der Sprecher in der Behauptung etwas sagen muß, was der Hörer nicht schon glaubt, will die Behauptungshandlung rational sein in bezug auf das Ziel, den anderen zu informieren. Außerdem sind Aussagen über das eigene Befinden nur beschränkt disputable. Eine Abweisung kann hier nur über die Bezweiflung der Glaubwürdigkeit des Sprechers indirekt geschehen. Solche Aussagen über das eigene Befinden, wie »Ich habe Schmerzen«, sind **Mitteilungen** und keine Behauptungen. Beim Mitteilen geht man davon aus, daß der Hörer nicht einen Disput über deren Wahrheit beginnen kann, da er nicht über die Evidenz verfügen kann, über die der Sprecher verfügt; er kann lediglich die Aufrichtigkeit der mitteilenden Instanz bezweifeln.

Die hier erwähnten Gesichtspunkte, die eine Äußerung eines indikativen Satzes erfüllen muß, damit sie eine Behauptung sein kann, sind interaktionsmäßiger Art. Die Sprechaktkategorie »Behauptung« ist, so eng gefaßt, nicht nur eine pragmatische Kategorie, sondern spezifischer eine Kategorie der Interaktionstheorie, d. h. ihre Kriterien können nur in bezug auf Sprecher und Hörer und die Beziehungen zwischen diesen (z. B. Erwartungen und Annahmen über ihren gegenseitigen Informationsstand) formuliert werden.

Dagegen ist die Kategorie »einen Wahrheitswert haben in bezug auf Situationen« eine semantische Kategorie. Sie charakterisiert Sätze: »Satz p hat einen Wahrheitswert in bezug auf Situation s«. Dabei spielt es keine Rolle, ob p wirklich in einer Äußerung gebraucht wird. Die Kategorie »Behauptung« charakterisiert nun nicht Sätze, sondern Äußerungen von Sätzen (aber nicht nur von Sätzen, sondern in geeigneter Umgebung auch von Satzteilen). Wenn man sagt, eine Äußerung sei wahr, so ist das zu verstehen als »der geäußerte Satz ist in bezug auf die durch die Äußerungssituation spezifizierten Faktoren wahr«. Insofern kann man davon sprechen, daß eine Behauptung wahr oder unwahr ist.

Um nun bei unserem Vergleich auch über Gleiches zu sprechen, müssen wir die folgenden Aussagen vergleichen: »Ein Satz p hat einen Wahrheitswert in bezug auf Situation s« und »Satz *p* ist in Situation s als Behauptung geäußert«, beziehungsweise »Eine Äußerung A hat einen Wahrheitswert« und »Eine Äußerung A ist eine Behauptung«. Es ist wohl jedem deutlich, daß die beiden ersten Aussagen über Sätze nicht äquivalent sind: *p* kann sehr wohl einen Wahrheitswert haben, ohne als Behauptung geäußert zu sein. So ist der Satz »Auf dem Mond gibt es keine grünen Marsmännchen« wahr, ohne daß ihn, meines Wissens, jemals jemand behauptet hat. Auch die beiden Sätze über Äußerungen sind nicht äquivalent, da z. B. Äußerungen von Tautologien (semantischen sowie pragmatischen)[4] und selbstverifizierende Äußerungen einen Wahrheitswert haben in dem oben erklärten Sinne, aber nicht als Behauptungen zählen oder intendiert sein können (gemäß den gebrauchten engen Kriterien).

Ich halte Grewendorfs These und seine Argumentation dafür, daß explizit performative Äußerungen keine Behauptungen sind, für richtig bei den engen Kriterien für Behauptungen, die er gebraucht und denen ich im Prinzip zustimme. Jedoch halte ich seine These, daß sie keinen Wahrheitswert haben, für falsch, und zwar ist sie insbesondere falsch aufgrund seiner engen Kriterien für Behauptungen, die es ausmachen, daß Behauptungen und Wahrheitswert annehmende Äußerungen keineswegs zusammenfallen, insofern nämlich als durch diese Kriterien nur eine echte Teilmenge der Wahrheitswert annehmenden Äußerungen als Behauptung klassifizierbar ist. Explizit performative Äußerungen sind wahr, wenn sie getan werden in einer Situation, in der ihre Gültigkeitsbedingungen erfüllt sind, und sie sind falsch, falls diese nicht erfüllt sind; im letzten Fall gilt die in der Äußerung explizit ausgesagte Handlung als nicht vollzogen.

Man könnte eventuell sagen, explizit performative Äußerungen seien fehlerhafte Behauptungen. Damit würde man aber Behauptungen als eine besonders zentrale Sprechaktkategorie hinstellen, was sich kaum rechtfertigen läßt, wenn man Behauptungen in dem engen Sinne abgrenzt, wie hier geschehen. Außerdem: Wenn man »Behauptung« als eine Interaktionskategorie auffaßt, bei der oben diskutierte Bedingungen (1) und (2) essentiell sind, dann ist es die Frage, ob man hier in bezug auf explizite Performative noch von »Behauptungen«, und sei es auch nur »fehlerhaften Behauptungen«, sprechen sollte. Es handelt sich darum, daß einige essentielle Eigenschaften von Behauptungen durch explizit performative Äußerungen nicht erfüllt sind. Da diese aber doch wahr oder unwahr sein können, fallen sie in eine Kategorie, zu der unter anderem auch Behauptungen zu rechnen sind, aufgrund ihrer semantischen Eigenschaft, in bezug auf Situationen wahr oder unwahr sein zu können. Diese Kategorie, nennen wir sie »Repräsentativ«, ist keine genuine Kategorie der Interaktionstheorie, wohl aber der Pragmatik als Theorie des Gebrauchs von Ausdrücken, die jedes sprachliche Handeln, also auch den repräsentierenden Gebrauch von Ausdrücken umfaßt. Als Repräsentative zu gebrauchen sind alle Ausdrücke, die in bezug auf Situationen den Wahrheitswert »wahr« haben können. Dies sind die strukturell semantisch korrekten Indikativsätze (siehe hierzu Bartsch 1978). Die nicht trivialerweise wahren und nicht trivialerweise falschen Indikativsätze sind im Prinzip als Behauptungen verwendbar, aber nicht nur als Behauptungen, sondern auch als andere Sorten von Repräsentativen.

Wir können also sagen: Explizit performative Äußerungen sind auf jeden Fall Repräsentative; der in ihnen gebrauchte Satz repräsentiert, relativ zu der Gebrauchssituation, einen Sachverhalt, der als bestehend gilt, d. h. eine Tatsache ist, wenn die Gültigkeitsbedingungen für die Äußerung A als Handlung H erfüllt sind. Damit, daß der in explizit performativen Äußerungen gebrauchte Satz bei korrekt erscheinender Verwendung als wahr gemeint ist, d. h. funktioniert als ein einen Sachverhalt repräsentierender Satz mit Wahrheitsvermeinung gebraucht, ist vielleicht nicht viel gesagt. Aber immerhin ist damit erklärt, wieso durch Äußerung eines Satzes wie »Ich frage Dich, ob Du morgen kommst« in geeigneter Situation genau die Tatsache geschaffen ist, die behauptet werden kann in einem später geäußerten Satz »Ich habe Dich gefragt, ob Du morgen kommst«, und anderen Formulierungen derselben Tatsache. Die Gebrauchsbedingungen explizit performativer Sätze sind zugleich Wahrheitsbedingungen und Gültigkeitsbedingungen.

Eine Klärung der Frage, was für eine Art von Repräsentativ die explizit performativen Äußerungen dann sind, liefert Irene Heim in ihrem Paper »Zum Verhältnis von Wahrheitsbedingungen-Semantik und Sprechakttheorie«. Ihre These ist, daß explizite Performative Deklarative seien. Die Kategorie »Deklaration« ist wie die Kategorie »Behauptung« eine Kategorie der Interaktionstheorie. Semantisch gesehen haben Deklarativa, genauso wie Behauptungen, Wahrheitswerte; und pragmatisch gesehen sind sie auch Repräsentativa. Ihre besondere Eigenschaft ist, daß durch die Äußerung eines als Deklarativ brauchbaren Satzes der in diesem Satz ausgesagte Sachverhalt als Tatsache in die Welt gesetzt wird, wenn die Gültigkeitsbedingungen für die Deklaration erfüllt sind. Die außersprachlichen Institutionen, in die Deklarationen eingebettet sein müssen, sind von sozialer Art und interaktionsmäßig zu beschreiben. Im Unterschied zu Heim möchte ich darauf hinweisen, daß selbst bei Versprechen und Mitteilungen außersprachliche Institutionen, die interaktionsmäßig zu beschreiben sind, vorauszusetzen sind. Es ist mir unklar, was Heim meint, wenn sie davon spricht, daß hierbei »lediglich Konventionen der Sprache« im Spiel seien (S. 60). Lediglich Konventionen der Sprache sind meines Erachtens allein sprachspezifische syntaktische und phonologische Regeln.

Heim geht aus von Searles Definition der Deklaration: »Das definierende Kennzeichen dieser Klasse (von illokutionären Akten) ist, daß der erfolgreiche Vollzug eines ihrer Mitglieder die Übereinstimmung zwischen propositionalem Gehalt und Wirklichkeit herstellt« (S. 51). Diese Definition ist undeutlich, insofern es nicht klar ist, was mit »propositionalem Gehalt« gemeint ist. Aus anderen Beispielen Searles geht hervor, daß er den propositionalen Gehalt als komplementär zum illokutionären Potential (illocutionary force) ansieht, so daß die Äußerung aus einem Indikator des illokutionären Potentials und einem propositionalen Inhalt besteht. Dies sieht einfach aus bei Versprechen des expliziten Typs, wie in »Ich verspreche Dir, daß ich morgen komme«, wobei nach Searle der propositionale Inhalt ist, daß ich morgen komme. Was aber diese Zweiteilung sein soll bei Deklarativen wie »Ich taufe dieses Schiff ›Schlachtschiff Missouri‹« oder »Ich ernenne Sie zum Diskussionsleiter« ist zweifelhaft. Heim meint, mit Searle davon ausgehen zu können, daß »taufen« und »ernennen« als illokutionäre Indikatoren fungieren und der komplementäre propositionale Inhalt ist, daß das betreffende Schiff ›Schlachtschiff Missouri‹ heißt, bzw. daß der Angesprochene Diskussionsleiter ist.

Diese Auffassung erscheint mir verkehrt und sicherlich nicht verträglich mit Heims These, daß alle explizit performativen Äußerungen Deklarative seien. Denn dem entsprechend müßte sie in »Ich verspreche, daß ich morgen komme« den Searleschen propositionalen Inhalt von »daß ich morgen komme« als durch die Äußerung etablierte Tatsache ansetzen, was sie natürlich nicht tut. Durch die Äußerung ist lediglich die Tatsache hergestellt, daß ich versprochen habe, morgen zu kommen. Sie kann die Konsistenz dann eigentlich auch nur so erreichen, daß sie bei allen expliziten performativen Äußerungen ein verschwiegenes »Ich erkläre hiermit . . .« davorgesetzt denken muß. Dieses Problem ist aber leicht zu umgehen, wenn man sich nicht auf Searles Zweiteilung zwischen »illocutionary force« und »propositonal content« einläßt, sondern unter »propositionalem Inhalt« einer explizit performativen Äußerung, so wie bei jeder anderen Äußerung eines Indikativsatzes auch, den semantischen Inhalt der gesamten Äußerung versteht, einschließlich der durch die Verben expliziten illokutiven Indikatoren. Demnach ist dann der propositionale Inhalt obiger Sätze, daß ich das Schiff »Schlachtschiff Missouri« taufe, bzw. daß ich den Angesprochenen zum Diskussionsleiter ernenne. Bin ich nun autorisiert, die Taufe oder Ernennung durchzuführen und sind auch weitere eventuelle Bedingungen erfüllt, dann folgt aus der Tatsache, daß ich das Schiff so getauft habe auch, daß es so heißt, und aus der Tatsache, daß ich den Angesprochenen zum Diskussionsleiter ernannt habe auch, daß er ernannt ist.

Nach dieser Festlegung dessen, was der propositionale Inhalt ist, kann man die These von Heim, daß alle expliziten Performative Deklarative seien, auf konsistente Manier vertreten, ohne in die Schwierigkeiten zu geraten, die sich bei Heims Ansatz ergeben. Ganz parallel zu den eben erwähnten Beispielen für Deklarationen ist dann die Äußerung »Ich verspreche, daß ich morgen komme« eine Deklaration, durch die unter geeigneten Umständen der propositionale Inhalt, daß ich verspreche, daß ich morgen komme, wahr gemacht wird, d. h. die institutionelle Tatsache geschaffen wird, die darin besteht, daß ich versprochen habe, morgen zu kommen. Es ist dann auch nicht nötig mit Heim davon zu sprechen, daß eine Äußerung wie »Ich verspreche, daß ich morgen komme« zwei illokutionäre Rollen besäße und »insofern zwei verschiedene propositionale Gehalte« (S. 53), nämlich »Deklaration« und »Versprechen« sowie den propositionalen Inhalt des ganzen Satzes als auch den des eingebetteten *daß*-Satzes. Vielmehr können wir das Ganze so darstellen:

Performative Verben spezifizieren den Sprechakt der Deklaration. Eine Deklaration kann eine Taufe, eine Ernennung, ein Versprechen, ein Befehl, eine Frage, eine Behauptung etc. in die Welt setzen. Dies alles kann durch den Sprechakttyp der Deklaration geschehen, nämlich beim Gebrauch expliziter Performative, aber es kann auch anders geschehen. Ein Sonderfall ist die durch »Ich erkläre hiermit, daß ich . . .« spezifizierte Deklaration. Dies ist die performativ explizite Deklaration, wogegen alle anderen Deklarationen als Deklarationen nicht performativ explizit sind. »Ich erkläre hiermit, daß ich verspreche, morgen zu kommen« ist also eine Deklaration einer Deklaration. Es ist eine Deklaration, durch die explizit eine Deklaration als Faktum etabliert wird, ebenso wie »Ich verspreche, morgen zu kommen« eine Deklaration ist, die explizit ein Versprechen als Faktum etabliert.

Es gibt einige für alle Deklarationen geltende Gültigkeitsbedingungen, nämlich, daß der Sprecher autorisiert sein muß zu der betreffenden Handlung, die durch das performative Verb ausgedrückt wird. Diese Autorisierung kann von formellerer oder informellerer Natur sein: sie kann durch bestimmte Institutionen und die Rolle des Sprechers darin (z. B. Pastor in der Kirche, Lehrer in der Klasse) gegeben sein, oder auch im Laufe einer Interaktion zustande kommen; denn bestimmte Interaktionsbedingungen müssen bei einem bestimmten Stand der Interaktion erfüllt sein, damit ich mich als jemand, der etwas Bestimmtes verspricht oder der etwas Bestimmtes fragt, auf korrekte, für die anderen akzeptable Manier, verhalten kann. In gewisser Weise wird man so in der Interaktion als Versprechender, Fragender, Behauptender aufgebaut und autorisiert.

Heim meint, daß im Falle von »Dies gehört Dir« die primäre Rolle der Äußerung die deklarative ist und daß im Falle von »Ich verspreche zu kommen« die kommissive Rolle primär ist und nicht die deklarative (S. 69). Dies ist nun sehr verwirrend, wenn man bedenkt, daß das Versprechen doch gerade dadurch zustande kommt, daß man den Satz »Ich verspreche zu kommen« deklarativ verwendet und dadurch bei geeigneten Umständen die institutionelle Tatsache, daß ich versprochen habe zu kommen, herstellt. Der Verwirrung ist abzuhelfen, wenn man die kommissive Rolle des explizit performativen Satzes auffaßt als abgeleitet aus der deklarativen Rolle der Äußerung und der Bedeutung des Handlungsverbs »versprechen«, so wie man den Vollzug der Taufhandlung konstatieren kann aufgrund der deklarativen

Rolle der Äußerung und der Bedeutung des Handlungsverbs »taufen«.

Die Auffassung von Heim, daß alle expliziten Performative Deklarativa seien, erscheint mir richtig. Leider läßt sich Heim aber daran anschließend, wenn auch nur widerwillig und einen Ausweg in Aussicht stellend, zu der Annahme drängen, daß alle Äußerungen Deklarationen seien: »Bleiben wir für den Moment einmal bei der Deklarationsdefinition, die wir bis 5. im Auge hatten, und lassen in Gottes Namen alle Äußerungen Deklarationen sein« (S. 71). Heim hofft, daß eine noch zu entwickelnde Theorie über das Verhältnis von »illocutionary force« und »propositional content« diesen unerwünschten Schritt vermeiden hilft. Was sie dann selbst in dieser Richtung versucht, erscheint mir unnötig kompliziert, und in diesem Zusammenhang überhaupt unnötig, da es zur Lösung eines Problems dienen soll, das eigentlich gar nicht besteht und nur durch eine verkehrte Voraussetzung entstanden ist.

Das Problem, das Heim dazu führt, alle Äußerungen als Deklaration bezeichnen zu müssen, entsteht dadurch, daß sie eine unnötige und unfundierte Annahme macht, nämlich die, daß ein explizit performativer Satz und ein nicht explizit performativer Satz gleichbedeutend sind, wenn in einer Situation durch sie dieselben institutionellen Tatsachen hergestellt werden (S. 65):

»Nehmen wir z. B. ein (implizit performatives) Versprechen von Irene gegenüber Ignaz: »Ich fahre nie wieder Auto.« Da mit dieser Äußerung dasselbe Versprechen zustande kommt wie mit ihrem explizit performativen Gegenstück »Ich verspreche hiermit, daß ich nie wieder Auto fahre«, können wir über sie dasselbe sagen wie seinerzeit über die letztere Äußerung: nämlich, daß Irene mit ihr das Versprechen, nie wieder Auto zu fahren, zustande bringt; daß also, anders ausgedrückt, durch den Vollzug dieser Äußerung der Sachverhalt wahr gemacht wird, daß Irene Iganz verspricht, nie wieder Auto zu fahren; und daß *folglich* die Äußerung eine Deklaration ist mit dem propositionalen Gehalt, daß Irene Ignaz verspricht, nie wieder Auto zu fahren.«

Dies letzte folgt aber nun keineswegs: Wenn ein Versprechen durch eine Deklaration zustande kommen kann, nämlich durch eine deklarative Verwendung des explizit performativen Satzes, so folgt doch noch lange nicht das Umgekehrte, nämlich daß, wenn ein Versprechen zustande kommt, dies auch immer durch eine Deklaration zustande gekommen sein muß. – Und natürlich sind Fragesätze und Befehlssätze nicht als Deklarativa brauchbar; als solche sind nur Indikativsätze verwendbar. Aber selbst die Indikativsätze »Ich komme« oder »Ich fahre nie wieder Auto«, gebraucht um ein Versprechen zu geben, sind in diesen Fällen nicht als Deklarativa gebraucht und als solche überhaupt nicht brauchbar; denn ihre propositionalen Inhalte, nämlich, daß ich komme, bzw. daß ich nie wieder Auto fahre, werden keineswegs dadurch wahr, daß sie geäußert werden. Und es ist auch absurd, diesen Sätzen den propositionalen (d. i. semantischen) Inhalt zuzuschreiben, daß ich verspreche zu kommen, bzw. daß ich verspreche, nie wieder Auto zu fahren.

Ein Versprechen kann auf verschiedene Weisen zustande gebracht werden, worunter eine diejenige ist, bei der das performative Verb »versprechen« gebraucht wird. Mit dieser wird entweder durch den Sprecher eine anders vielleicht in der betreffenden Situation nicht zu erreichende Eindeutigkeit und formelle Festigkeit oder Formalität angestrebt, die kennzeichnend ist für Deklarative. Wenn es aber in einer Situation durch den Hörer ganz deutlich gemacht ist, daß er an einem Versprechen, daß ich komme, interessiert ist, dann genügt es zu sagen »Ich komme«. Dies ist nun für sich selbst genommen ein indikativer Satz, der nicht als Deklaration brauchbar ist, wohl aber als **Ankündigung** einer eigenen Handlung, was eine besondere Art von Repräsentativ ist. Als Repräsentativ und insbesondere auch als Ankündigung ist sie nur dann aufrichtig, wenn der Sprecher glaubt, was er sagt. Der Hörer kann also unter Voraussetzung der pragmatischen Korrektheit der Äußerung als Ankündigung davon ausgehen, daß ich die Aussage »Ich komme« auch selbst glaube. Da es sich um die Aussage über eine eigene zukünftige Handlung (im anderen Fall Unterlassung) handelt, kann er auch davon ausgehen, daß ich vorhabe zu kommen, d. h. diese Aussage wahr zu machen. Dies ist nun alles, was wir aus der Äußerung »Ich komme« entnehmen können. Da aber diese Äußerung gemacht wird in einer Situation, in der der Hörer deutlich zu erkennen gegeben hat, daß er wünscht, daß ich komme, und eine entsprechende persönliche Beziehung zwischen mir und dem Hörer besteht, sind in dieser Situation die Bedingungen für ein Versprechen deutlich erfüllt, bin ich gleichsam als ein Versprechender im Verlauf der Interaktion aufgebaut und brauche nur noch eine Ankündigung über mein zukünftiges

Verhalten zu machen. Diese gilt dann als Versprechen. Das hier gebrauchte Repräsentativ ist interaktionsmäßig gesehen seiner Form nach eine Ankündigung (Futur, 1. Person, Handlungsverb). Da die für ein Versprechen typischen Interaktionsbedingungen in der Situation deutlich sind, ist sie eine spezifische Art von Ankündigung, nämlich ein Versprechen. Das Versprechen ist also hier, in dieser Situation, nicht durch eine Deklaration, sondern durch eine Ankündigung zustande gebracht.

Der Gebrauch von Indikativsätzen

Da explizit performative Sätze mittels des performativen Verbs angeben, welches die Handlung ist, die der Sprecher durch ihren Gebrauch vollzieht, ist hier dem Hörer beinahe alle für die Interpretation nötige Information im geäußerten Satz selbst gegeben. Die Wahrheitsbedingungen des geäußerten Satzes, in ihrem deiktischen Bezug auf die Äußerungssituation und den Kontext, liefern die Information, die nötig ist, um zu wissen, als welche Handlung die Äußerung gemeint ist. Dazu kommt noch, daß die Korrektheitsbedingungen für die durch das Verb angegebene Handlung nicht (für den Hörer) erkennbar verletzt sein dürfen. Damit ist dann die Äußerung als die im Verb angegebene Handlung gültig, die dann durch den Hörer akzeptiert oder abgewiesen werden kann.

Um dieselbe Handlung nun durch Gebrauch eines gewöhnlichen, d. h. nicht performativen Indikativsatzes vollziehen zu können, ist es nötig, daß mehr Information durch die Situation gegeben ist; denn die Sprechhandlung wird ja nicht explizit in der Äußerung angegeben. Intendiert der Sprecher, daß der nicht performative Satz *p* als Vollzug der Sprechhandlung H aufgefaßt werden soll, dann ist es nötig, daß in der Situation die Korrektheitsbedingungen für H nicht nur nicht evidentermaßen verletzt sind, sondern es muß deutlich sein, daß sie, oder zumindest einige von ihnen, erfüllt sind. D. h. die Äußerungssituation muß für den Hörer deutlich erscheinen lassen, um welche Sprechhandlung es sich handelt. Dies kann dadurch geschehen, daß in der bisherigen Interaktion zwischen Sprecher und Hörer Mitteilungen getan wurden, die genau die Information enthalten, die die Korrektheitsbedingungen von H erfüllt. So konnte z. B. die Äußerung

»Ich komme morgen« darum als Versprechen interpretiert werden, weil zuvor der Hörer den Sprecher gebeten hatte zu kommen.

Da es hier nur ums Prinzip der Interpretation von Indikativsätzen geht, werden die Korrektheitsbedingungen nicht im Detail ausgearbeitet; für einzelne Sprechhandlungstypen kann man sich dabei auf bestehende Literatur beziehen. Es bleibt lediglich festzuhalten, daß für die Gültigkeit von explizit performativen Äußerungen als Handlung H die Korrektheitsbedingungen nicht offen (für den Hörer) verletzt sein dürfen, und daß der nicht explizit performative Vollzug von H stärkere Bedingungen verlangt, nämlich daß die Erfüllung von Korrektheitsbedingungen für H aus der Situation für den Hörer erkennbar sein muß. Welche der Korrektheitsbedingungen nun im Einzelfall als erfüllt erkennbar sein müssen, hängt davon ab, welche essentiell sind dafür, daß eine Äußerung als Handlung H in Frage kommen kann und welche essentiell sind, um die Eindeutigkeit der Interpretation als Handlung H, und nicht etwa H', zu sichern. Es folgen nun einige illustrative Beispiele.

Repräsentativa sind indikative Sätze, die gebraucht sind, um damit mögliche oder wirkliche Sachverhalte auszudrücken. Dies kann geschehen bei ihrem Gebrauch in Urteilen, Planungen, Annahmen, auch ohne dabei in Interaktion gebraucht zu sein. In Interaktion gebraucht werden sie, wenn nicht anders markiert, verstanden als nach Meinung des Sprechers eine Tatsache ausdrückend. D. h., es wird angenommen, daß der Sprecher sie als wahr meint. – Das heißt aber nicht, daß der Sprecher mit ihrer Äußerung gegenüber einem Hörer stets auch einen Wahrheitsanspruch erhebt. – Ohne auf anderen Gebrauch verweisende Markierungen können Indikativsätze in Interaktionen u. a. aufgefaßt werden als Behauptungen oder als Deklarationen. Eigenschaften der Situation und des Kontexts machen deutlich, als was sie gebraucht sind; auch Ambiguität zwischen zwei verschiedenen Gebrauchsweisen ist möglich und kann zu Mißverständnissen führen.

Eine theoretische Frage ist, ob die Interpretation als Behauptung Vorrang hat in dem Sinne, daß die Interpretation als Deklaration oder als andere Sprechhandlung nur in Frage kommt, wenn die Interpretation als Behauptung ausgeschlossen dadurch ist, daß Situationsmerkmale deutlich gegen die Erfüllung einer oder mehrerer Korrektheitsbedingungen für Behauptungen sprechen. Ich sehe zu einer solchen Vorrangstellung der Behauptung keinen Anlaß; eher scheinen mir die verschiedenen Gebrauchsweisen nebeneinander zu stehen, so, wie Äpfel und Birnen, wo man eine Frucht auch nicht erst daraufhin kontrollieren muß, ob sie ein Apfel ist, und falls sie die semantischen Bedingungen für »Apfel« nicht erfüllt, dann sehen kann, ob sie nicht vielleicht eine Birne ist. Die Äußerung samt Situation enthält Merkmale, aufgrund derer die Äußerung als die oder die Handlung zu erkennen ist.

Ein Beispiel: *Dies Buch gehört Dir*

Situation I. A und B ordnen den Nachlaß eines verstorbenen Verwandten; sie sind die einzigen Erbberechtigten. Was soll jeder kriegen? A sagt zu B: »Dies Buch gehört Dir.«

Zu den Situationseigenschaften gehören auch Wissensstand von Sprecher und Hörer. Darin unterscheiden sich Fall 1 und 2.

1. B weiß genau, daß ihm das Buch nicht gehört und daß A das auch weiß. Die Äußerung ist dann nicht als Behauptung aufzufassen, da sie als solche eine Korrektheitsbedingung offen verletzen würde; womit die Gültigkeit als Behauptung nicht gegeben ist. Die Äußerung kann aber als **Deklaration** verstanden werden, mit der A seine Besitzansprüche zugunsten von B aufgibt, indem er sie neu definiert.

Inwiefern kann diese Äußerung in dieser Situation das leisten?

Als Repräsentativ im interaktionellen Gebrauch, ohne eine das Gegenteil angebende Markierung, muß B annehmen, daß A will, daß die in der Äußerung gemachte Aussage für wahr gelten soll. Es liegt in As Macht, diese wahr zu machen; und A kann das tun durch Definieren der Besitzverhältnisse, d. h. durch die Aussage, daß die Situation der von ihm gewünschten Besitzverhältnisse besteht.

2. B denkt, das Buch gehört ihm selbst, oder könnte ihm selbst gehören. (Er hatte es früher einmal ausgeliehen und nie zurückbekommen.) Die Äußerung von A ist dann als **Behauptung** aufzufassen, oder, falls B schon angedeutet hat, daß dies sein Buch sein könnte, als **Zustimmung**.

Situation II: A und B trennen ihren gemeinsamen Haushalt. Was gehört wem?

1. B ist sich nicht sicher, wem das Buch gehört. As Äußerung »Dies Buch gehört Dir« wird in erster Linie als Behauptung aufgefaßt.

2. B weiß, daß ihm das Buch nicht gehört.

Er hat dann zwei Möglichkeiten.

a. Er kann die Äußerung von A als Behauptung auffassen und ihr widersprechen. Dies geht aber nicht, wenn er weiß, daß A weiß, daß ihm (B) das Buch nicht gehört. (Außer indirekt: B weiß, daß A weiß, daß B das Buch sehr gern hat; und B weiß, daß A weiß, daß B unter den Umständen nichts von A geschenkt nehmen will. Dann ist es möglich, daß A so tut, als ob das Buch nicht ihm gehört, sondern B, um auf diese Weise das Buch doch B zukommen zu lassen, ohne es ihm ausdrücklich schenken zu müssen. A macht dann eine unwahre Behauptung, wobei er will, daß diese als wahr gelten soll. B hat dann die Freiheit diese Fiktion aufrechtzuerhalten.)

b. B kann die Äußerung auch als Deklaration auffassen, durch die A seine Besitzrechte an ihn überträgt. Diese Interpretation wird gestützt, wenn eine Motivation von etwa folgender Art besteht: B glaubt, daß A glaubt, daß er das Buch gern haben möchte; oder aber: B glaubt, daß A glaubt, daß ihm (B) das Buch nicht gehört, und er ihn (B) damit ärgern kann, ihm gerade dieses Buch anzubieten, und es liegt nach Meinung von B auf der Hand, daß A ihn ärgern will.

Eine notwendige Bedingung für die Interpretation als gültige Deklaration ist, daß der Hörer aus der Situation zumindest nicht entnehmen kann, daß der Sprecher nicht zu der Deklaration berechtigt ist. Allerdings kann der Hörer, wenn andere Bedingungen für die Deklaration erfüllt sind, diese doch als Deklaration interpretieren, auch wenn der Sprecher dazu nicht berechtigt erscheint. Er kooperiert dann mit dem Sprecher darin, eine Fiktion aufrechtzuerhalten.

3. B glaubt, daß A glaubt, daß B glaubt, daß das Buch ihm (B) gehört. Als Behauptung wäre die Äußerung dann sinnlos, da sie nicht informativ wäre. Sie kann als Zustimmung verstanden werden dafür, daß B gerade dabei ist, das Buch an sich zu nehmen. Diese Interpretation ist dann wahrscheinlich, wenn B davon ausgeht, daß A glaubt, stets seine Zustimmung ausdrükken zu müssen, um eine Handlung von B als gütig zu qualifizieren. Eine andere Interpretation ist: A will indirekt ausdrücken, daß er das Buch gern haben möchte, und macht darum etwas so Evidentes wie die Besitzverhältnisse in diesem Fall extra thematisch. Um diese Interpretation wahrscheinlich zu machen, sind

einige weitere Faktoren als Stütze nötig, die As Verhaltensmuster und Bs Kenntnis davon betreffen: A fragt B nicht gern direkt um einen Gefallen, da er sehr stolz ist bzw. – was vielleicht dasselbe ist – Angst hat bei Ablehnung sein Gesicht zu verlieren. A hält nun das Buch zögernd in der Hand, besieht es noch einmal interessiert, gebraucht ein Intonationsmuster und Gesten, die Bedauern darüber ausdrücken, daß die Besitzverhältnisse bezüglich dieses Buches so sind, wie sie sind. Die Äußerung ist dann indirekter Ausdruck eines Wunsches gegenüber demjenigen, der den Wunsch erfüllen kann, eine Sprechhandlung, die dasselbe anstrebt wie eine Bitte, aber eben auf nicht direkte Manier. Diese Äußerung ist in dieser Interpretation als in doppelter Weise nicht direkte Bitte aufzufassen.

Zustimmungen erfüllen nicht die Bedingung, daß der Sprecher den Hörer informieren will über das Bestehen des ausgesagten Sachverhalts; denn der Hörer hat dasselbe ja schon zuvor behauptet oder so gehandelt, daß deutlich ist, daß er das Ausgesagte als wahr voraussetzt. Der Sprecher will also nur seine Übereinstimmung mit dem Hörer in diesem Punkt ausdrücken. Zustimmungen sind also keine Behauptungen, höchstens defekte Behauptungen. Aber mit dieser Klassifizierung würden wir Behauptungen primär stellen und andere Interaktionsformen als in bezug darauf defekt, ein Ausgangspunkt, für den hier keine Argumente angeführt sind. Es ist aber vielleicht methodisch sinnvoll, alle Korrektheitsbedingungen für Behauptungen aufzulisten und sich dann zu fragen, was für eine Interaktionsform wir haben, wenn ein Situationstyp vorliegt, in dem ein Indikativsatz geäußert wird, in bezug auf den die oder die Korrektheitsbedingung für eine Behauptung offensichtlich verletzt ist. Diese »Weglaß«-Methode ist aber nicht von großem systematischen Wert, da auch Merkmale hinzukommen können, die bei Behauptungen nicht notwendig sind. So kommt beim **Widersprechen** (Gegenreden) gegenüber den Behauptungen noch hinzu, daß der Hörer davor das Gegenteil dessen behauptet hat, oder zumindest so handelt, als ob er davon ausgeht. Das Gegenreden ist demnach eine spezifische Art von Behaupten, da es ein Merkmal mehr hat. Das Zustimmen hat ein Merkmal weniger als das Behaupten, da ihm die Informativität für den Hörer fehlt, soweit es das Bestehen des ausgesagten Sachverhalts betrifft. Damit hat es zugleich ein Merkmal mehr als das Behaupten, nämlich, daß der Hörer den ausgesagten Sachverhalt kenntlich selbst schon glaubt. Da dieses Merkmal für Zustimmen ein Merkmal für Behaupten aufhebt, sind Zustimmungen keine Behauptungen, und sind Behauptungen auch keine Zustimmungen.

Voraussagen sind Behauptungen über die Zukunft. **Ankündigungen,** wie z. B. »Dies Haus soll einmal Dir gehören« oder »Ich komme morgen«, unterscheiden sich von Behauptungen darin, daß der Hörer nicht auf dieselbe Manier ihren Wahrheitsgehalt bezweifeln kann wie bei Voraussagen. Er kann nicht einfach sagen »Das ist nicht wahr«, sondern muß so etwas erwidern wie »Ich kenne Dich schon, daraus wird nichts« oder »Darauf kann ich mich nicht verlassen«. Er muß also die Zuverlässigkeit oder Glaubwürdigkeit des Sprechers bezweifeln. Ankündigungen haben mit Deklarationen gemein, daß der Sprecher das Bestehen einer Sachlage aussagt, die er selbst herbeiführen kann. Aus der Annahme des korrekten Gebrauchs des repräsentierenden Ausdrucks ergibt sich, daß der Sprecher, will er sich korrekt verhalten, das, was er sagt, als wahr vermeinen muß. Das ist nur möglich, wenn er die Schritte unternehmen will, die die Aussage wahr machen; d. h. er hat hiermit zu erkennen gegeben, in bestimmter Weise handeln zu wollen. Diese Ankündigung eines eigenen Handelns finden wir auch in nicht performativ expliziten Versprechen und Drohungen. Dies sind Sonderfälle von Ankündigungen, die in solchen Situationen getan werden, in denen bestimmte Präferenzbeziehungen und soziale Beziehungen vorliegen (siehe obiges Beispiel für Versprechen).

Es ist möglich durch den Gebrauch von Indikativsätzen etwas zu erfragen, selbst ohne ein Frage-Intonationsmuster zu gebrauchen. Betrachten wir folgende Situation: A ist bestrebt, einen informierten Eindruck zu machen. Er will aber wissen, ob Hans kommt, und er weiß, daß B weiß, ob Hans kommt, und er glaubt auch noch, daß B glaubt, daß er (A) glaubt, daß B weiß, ob Hans kommt. A äußert zu B: »Du kaufst ja viel Bier. Naja, Hans kommt. Da muß was im Hause sein.« Aus der Reaktion von B erfährt nun A, was er wissen wollte. Inwiefern ist diese indirekte Manier zu fragen, günstiger für A? Hier hat A nur die halbe Chance um zu verlieren, (was für ihn heißt, als uninformiert dazustehen), nämlich wenn B der Äußerung »Naja, Hans kommt« widerspricht. D. h. seine Chance zu verlieren ist 50%. Wenn er aber direkt fragt, steht er auf jeden Fall als uninformiert da, verliert also mit 100%. Dies ist der Vorteil der Methode, »einen Versuchsballon loszulassen«, gegenüber dem direkten Fragen. Die Äußerung ist in obiger Situation nicht als Behauptung zu interpretieren, wenn der Hörer glaubt, daß der Sprecher glaubt, daß er (der Hörer) weiß, ob Hans kommt; und sie ist auch nicht als Behauptung intendiert, da der Sprecher weiß, daß der Hörer weiß, ob Hans kommt.

Es ist möglich, Indikativsätze als Aufforderungen zu gebrauchen, um das, was durch sie schon als bestehend ausgesagt wird, erst noch wahr zu machen. Betrachten wir folgende Situation:

Frau A ärgert sich über ihren schon feuchtfröhlichen Ehemann auf einer Party. Sie sagt zu ihm, so, daß es einige Umstehenden hören, »Willem, wir gehen«, eventuell noch etwas einlenkend mit der Zufügung »Es ist schon spät«. Eine noch unangenehmere Version ist »Willem geht jetzt«, mit einem eventuell abschwächenden »nicht wahr«. Äußerungen dieser Art sind keine direkten Deklarationen, da der Akt des Gehens nicht mit dem Aussprechen der obigen Sätze als vollzogen gelten kann. Es sind auch keine Behauptungen, da sie, was Willem betrifft, für jeden erkennbar keineswegs wahr sind, zumindest noch nicht in dem Augenblick. Als nicht weiter qualifizierter Indikativsatz, geäußert in einer Interaktion, ist er aber doch als Repräsentativ gebraucht, für dessen Wahrheit der Sprecher meint einstehen zu können. Das kann aber nur so sein, wenn das Wahrmachen dieser Äußerung dem Sprecher sicher erscheint. Die Äußerung des Sprechers ist unter dieser Voraussetzung zu verstehen: Sie funktioniert nur dann als Befehl, wenn der Sprecher sicher ist, daß sein Wort für den Angesprochenen Gesetz ist. Dies ist nur so bei einer autoritären Rolle des Sprechers gegenüber dem Hörer; und wir finden dann auch viele Beispiele für diesen Gebrauch von Indikativsätzen im sprachlichen Verhalten von Eltern gegenüber ihren Kindern und Ärzten gegenüber ihren Patienten. Anders als bei der Bitte gibt der Sprecher durch die Wahl des Indikativsatzes an, daß er sich nicht abhängig macht von der Erfüllung seines Wunsches oder Willens durch den Hörer; er gibt durch die Wahl der indikativischen Form an, daß er voraussetzt, daß sein Wille erfüllt wird. Insofern ist sie noch stärker als die Befehlsform, die dies letzte zumindest nicht explizit voraussetzt. Die indikativische Form in diesem Gebrauch kann abgeschwächt werden durch Intonation und Gesten, und zwar so, daß der repräsentativ gebrauchte Ausdruck eher als Suggestion erscheint: Der Sprecher suggeriert dem Hörer, den Satz wahr zu machen, und ihn dadurch sein Gesicht wahren zu lassen. Dadurch, daß dem Hörer bei dem suggerierenden Gebrauch des Indikativsatzes die Freiheit (zumindest nach außen hin) gelassen ist, verliert dieser beim Befolgen der Suggestion ebenfalls nicht sein Gesicht. Die indikativische Form kann auf einer Skala von Stärke und Abschwächung durch paralinguistische und extralinguistische Mittel gebraucht werden: von der Darstellung des Gewollten als unumstößliche Tatsache bis zur vorsichtigen Suggestion.

Was für ein Anlaß besteht nun, Fragen und Aufforderungen mittels Gebrauch von Indikativsätzen, die genau das in Frage Stehende oder das Verlangte schon als Aussage enthalten, als indirekte Sprechhandlungen zu klassifizieren, im Unterschied zu Ankündigungen, Zustimmungen oder Deklarativen? Indikativsätze als Fragen oder Aufforderungen verletzen die Gültigkeitsbedingungen für Behauptungen; aber das tun Ankündigungen, Zustimmungen und Deklarativa auch. Darüber hinausgehend aber sind Indikativsätze, die gebraucht werden, um etwas zu fragen oder jemanden zu der in ihnen ausgesagten Handlung aufzufordern, schon als Repräsentativa nicht korrekt, zumindest nicht subjektiv korrekt: In der Gebrauchssituation ist es dem Sprecher deutlich, daß sie von ihm nicht mit Wahrheitsvermeinung gebraucht sein können, sondern diese bloß suggerieren. Ist dieses auch dem Hörer deutlich, dann kann auch er sie nicht als Repräsentativa verstehen, sondern muß sie indirekt interpretieren, wenn er davon ausgeht, daß der Sprecher sich rational verhält. In dem Fall, daß der Sprecher erfolgreich vortäuscht, daß er *p* selbst glaubt, wird seine Äußerung vom Hörer nicht als Frage verstanden. Dies war gerade das Ziel des Sprechers in unserem Beispiel, obgleich er wissen wollte, ob *p*. Wenn er verliert dadurch, daß der Hörer antwortet *nicht p*, dann hat er zwei Möglichkeiten. Er kann seine Äußerung von *p* als Behauptung gelten lassen, indem er sagt, daß er dann wohl falsch informiert gewesen sei, wobei er die Behauptung wieder zurücknimmt. Oder er kann die Situation zu seinen Gunsten wenden, indem er sagt »Das wollte ich nun gerade wissen«; damit stellt er seine Äußerung des Indikativsatzes als eine raffinierte Weise hin, aus dem anderen Information herauszulocken, wobei er unterstellt, daß er nicht sicher gewesen sei, ob der andere eine direkte Frage honoriert hätte. Gemäß dieser zweiten Möglichkeit läßt er seine Äußerung von *p* als indirekte Frage gelten.

Neben den hier an Beispielen illustrierten Gebrauchsweisen gibt es noch viele andere, wie z. B. Erinnern, Ermahnen, Auf-etwas-Hinweisen: Ich kann jemanden darauf hinweisen, daß Jan kommt, oder ihn daran erinnern, indem ich äußere »Jan kommt«, und ich kann jemanden ermahnen, daß er schon wieder seine Finger in der Butter hat, indem ich sage »Du hast schon wieder Deine Finger in der Butter«. Dies alles sind keine Behauptungen nach den hier zugrunde gelegten strengen Kriterien. Bei geeignetem Kontext, d. h. in einer Situation mit einer bestimmte Charakteristika aufweisenden Interaktionsgeschichte zwischen Sprecher und Hörer, können durch den Gebrauch von Indikativsätzen sehr verschiedene Sprechhandlungen vollzogen werden, die der Hörer als solche erkennen kann. Dies kann explizit performativ geschehen, nicht nur durch einfache Verben, sondern auch durch komplexe Verbalausdrücke wie »darauf hinweisen« und andere, und dies kann ohne expliziten performativen Indikator geschehen, wenn Eigenschaften der Situation es nahelegen, daß mit der Äußerung eines nicht explizit performativen Indikativsatzes dieses oder jenes Inhalts diese oder jene Sprechhandlung vollzogen ist. Ich sehe keinen Anlaß anzunehmen, daß die Klasse der Gebrauchsweisen für Indikativsätze abgeschlossen ist. Welche Sprechhandlungen in welchen Situationstypen mittels Indikativsätzen vollzogen werden können, ist kulturell und sozialgeschichtlich bedingt.

Anmerkungen

1 Die Korrektheitsbedingungen, formuliert gemäß Searle (1969), ergeben sich aus dem Prinzip, daß Handeln rational sein muß, d. h. zielgerichtet und zielgemäß sein muß (»adequate« and »competent« in Allwood [1976]), wobei das Ziel zunächst einmal das der jeweiligen Sprechhandlung inhärente Ziel ist (»illocutionary goal«).

2 Vergleiche Bartsch (1978).

3 In der deutschen Version dieses Aufsatzes »Explizit performative Äußerungen und Feststellungen« (in diesem Band) gebraucht Grewendorf für den englischen Ausdruck *statement* den deutschen Ausdruck *Feststellung*, der meiner Meinung nach minder gut geeignet ist als *Behauptung*, da er nicht die in Grewendorfs Kriterien (1) und (2) enthaltenen interaktiven Aspekte wiedergibt. Feststellungen

kann ein Individuum auch für sich selbst allein treffen, sogar ohne sie auszusprechen. Grewendorf müßte, will er das Wort *Behauptung* vermeiden, von *in Interaktion geäußerten Feststellungen* sprechen, anstatt einfach von *Feststellungen*.

4 Vergleiche dazu Bartsch (1978).

Literatur

Allwood, J. 1976. Linguistic Communication as Action and Cooperation: A Study in Pragmatics. Gothenburg Monographs in Linguistics 2. Dept. of Linguistics Univ. of Göteborg.

Apel, K. O. 1976. Sprechakttheorie und transzendentale Sprachpragmatik zur Frage ethischer Normen. In: K. O. Apel (Hrsg.), Sprachpragmatik und Philosophie. Frankfurt a. M.: Suhrkamp.

Austin, J. L. 1965. How to Do Things with Words. New York: Oxford University Press.

Bartsch, R. 1978. Semantical and Pragmatical Correctness as Basic Notions of the Theory of Meaning. Erscheint in: Journal of Pragmatics.

Davidson, D. 1967. Truth and Meaning. In: Synthese 17. 1967.

Franck, D. 1977. Grammatik und Konversation. Ms. Universiteit van Amsterdam.

Grewendorf, G. 1977. Explicit Performatives and Statements, Paper presented to the working group on Speech Acts, 12th International Linguistic Congress, Vienna 1977.

Groenendijk, J. and M. Stokhof. 1978. Semantics, Pragmatics, and the Theory of Meaning. In: Journal of Pragmatics 2, 1978.

Habermas, J. 1976. Was heißt Universalpragmatik? In: K. O. Apel (Hrsg.), Sprachpragmatik und Philosophie. Frankfurt a. M.: Suhrkamp.

Heim, I. 1977. Zum Verhältnis von Wahrheitsbedingungen-Semantik und Sprechakttheorie. Veröffentlichung des Sonderforschungsbereichs 99. Linguistik. Universität Konstanz.

(III) Klassifikation und Identifikation von Sprechakten

Thomas T Ballmer
Probleme der Klassifikation von Sprechakten

1. Vorbemerkung

Das Kapitel, das ich hier vorlegen möchte, behandelt einige grundlegende Fragen der Klassifikation von Sprechakten. Wir werden in erster Linie *die Adäquatheit* einer der am weitesten ausgearbeiteten Sprechakt-Klassifikationen – der von Searle nämlich – *diskutieren*, aber wir werden auch – zumindest in groben Zügen – einen *anderen Weg* vorschlagen, der einige der Probleme von bisher vorgelegten Klassifikationen umgeht.

2. Searles Ansatz

Searle unterscheidet *fünf Klassen* von Sprechakten[1]: *Repräsentative, Direktive, Kommissive, Expressive* und *Deklarative*. Seine Klassifikation gründet sich dabei auf *drei Hauptkriterien: erstens,* welches ist die illokutionäre Absicht (der illokutionäre Zweck, »illocutionary point«) eines Sprechakts, *zweitens,* welches ist seine Anpassungsrichtung (direction of fit), *drittens,* welcher psychische Zustand wird in einem Sprechakt zum Ausdruck gebracht? Eine Reihe *zusätzlicher Kriterien* erlaubt weitere Untereinteilungen der Menge möglicher Sprechakte. Die wichtigsten unter diesen Kriterien sind (a) die Stärke eines Sprechakts, (b) der Status oder die Position von S (Sprecher) und H (Hörer) [dies gehört als Spezialfall zu einem anderen Kriterium: dem der außerlinguistischen Institutionen], (c) die Interessen von S und H, (d) von der illokutionären Rolle determinierte propositionale Gehalt, (e) die Relationen des Sprechakts zum übrigen Teil des Diskurses und zum Kontext, (f) außerlinguistische Institutionen, (g) die Möglichkeit, den Sprechakt mit einem Satz zu vollziehen, der ein performatives Verb enthält, der Typ des performativen Akts.

  Das Wesentliche von Searles Klassifikation ist in den folgenden Formeln festgehalten, die im *ersten Operator* die illokutionäre Absicht darstellen (⌐⊢¬ [Freges Urteilszeichen] bezeichnet die Absicht von Repräsentativen, ⌐!¬ [Ausrufezeichen] bezeichnet die Absicht von Direktiven, ⌜K⌝ bezeichnet die Absicht von Kommissiven, ⌜E⌝ bezeichnet die Absicht von Expressiven, ⌜D⌝ bezeichnet die Absicht von Deklarativen). Im *zweiten Operator* stellen die Formeln die Anpassungsrichtung dar (⌜↓⌝ Wort zu Welt [im Sinne Searles], ⌜↑⌝ Welt zu Wort, ⌜∅⌝ keine Anpassungsrichtung, ⌜↕⌝ beide Anpassungsrichtungen). Im *dritten Operator* stellen die Formeln den psychischen Zustand dar (⌜B⌝ für Meinen, Glauben, ⌜W⌝ für Wünschen, ⌜I⌝ für Intention, ⌜ ⌝ für keinen psychischen Zustand). ⌜p⌝ steht für Propositionen und ⌜A⌝ für Handlungen (Aktionen).

(1) Repräsentative Sprechakte ⊢ ↓ B (p)
    Direktive Sprechakte ! ↑ W (H tut A {in Zukunft/Willentlich})
    Kommissive Sprechakte K ↑ I (S tut A {in Zukunft/Willentlich})
    Expressive Sprechakte E ∅ (p)
    Deklarative Sprechakte D ↕ (p)[2]

Searle charakterisiert die *illokutionären Absichten* der von ihm klassifizierten Sprechakte folgendermaßen.

(2)	
⊢	S verpflichtet sich einem H gegenüber zur Wahrheit der ausgedrückten Proposition.
!	S versucht zu bewirken, daß H etwas Bestimmtes tut.
K	S verpflichtet sich zu einem zukünftigen Handlungsablauf.
E	S drückt den psychischen Zustand, der in der Aufrichtigkeitsbedingung festgelegt ist, aus.
D	S versucht eine Übereinstimmung zwischen propositionellem Inhalt und Wirklichkeit herzustellen.

Diese fünf illokutionären Absichten bilden das Fundament der Searleschen Typologie.

Aus Searles Kritik an der Griceschen Bedeutungsanalyse geht hervor (Searle 1969, S. 42 ff.), daß er einen Unterschied zwischen zwei Arten von Effekten machen will, nämlich zwischen den *illokutionären* und den *perlokutionären Effekten*. Illokutionäre Effekte sind solche, die das Verständnis des Hörers betreffen. Perlokutionäre Effekte betreffen im wesentlichen dessen Folgehandlungen. Da aber der Verständnisbegriff nicht hinreichend

geklärt ist und insbesondere keine klare Grenze zwischen sprachlichen, und anschließenden intellektuellen und körperlichem Verständnis besteht, scheint mir eine klare Grenzziehung zwischen
illokutionären (also das Verständnis betreffenden) und perlokuti-
ven (andere Handlungen und Nichthandlungen, insbesondere
Anschlußhandlungen betreffende) Effekte nicht möglich zu sein.

Infolgedessen darf man sich also bei einer Klassifikation von
Sprechakten *nicht* auf die *illokutionäre/perlokutionäre Unterscheidung* festlegen lassen. Der Searlesche Ansatz trifft leider
gewisse *willkürliche Vorentscheidungen* in dieser Hinsicht. So
wird an verschiedenen Stellen gesagt (z. B. Searle 1969) »I may
make a statement without caring whether my audience believes it
or not«. Daraus wird gefolgert, daß die illokutionäre Absicht von
Repräsentativen perlokutionäre Hörereffekte *nicht* miteinschlie-
ßen *kann*. Diese Aussage ist aus zwei Gründen anzuzweifeln,
erstens, weil der Gebrauch von Repräsentativen die Beeinflussung
der Ansichten des Hörers durchaus oft miteinschließt (z. B.
jemanden über etwas informieren), *zweitens*, weil die illokutio-
när-perlokutionäre Unterscheidung ihrerseits zweifelhaft ist.

Solche Gründe veranlassen uns, gewisse *naheliegende Veränderungen* an den Spezifikationen der Searleschen Sprechaktklassen
vorzunehmen. Ohne diese Veränderungen würde sich die nachfolgende Diskussion in, wie mir scheint, unwesentlichen Neben-
punkten verlieren. Dies würde dem Zweck dieses Papiers widersprechen, wo es doch darum geht, einen generellen Ansatz, wie er
schon öfters mit mehr oder weniger großer Elaboriertheit vorgeschlagen worden ist[3], kritisch zu beleuchten.

Eine dementsprechend etwas systematischere Neuformulierung
der illokutionären Absichten ist die folgende. Es mag gut möglich
sein, daß Searle mit dieser Neuformulierung – obwohl sie syste-
matischer ist – nicht ganz einverstanden wäre: eine Systematisie-
rung verändert notwendigerweise in gewisser Hinsicht den Charakter der Klassifikation. Ich versuche so fair wie möglich zu sein.

(2*a)	⊢	S möchte, daß H glaubt, daß p (und S versucht diesen Wunsch durch das Äußern eines geeigneten Ausdrucks zu realisieren.)
	!	S möchte, daß H veranlaßt, daß p (und S versucht diesen Wunsch durch das Äußern eines geeigneten Ausdrucks zu realisieren.)

K	S möchte, daß H glaubt, daß S veranlaßt, daß p (und S versucht diesen Wunsch durch das Äußern eines geeigneten Ausdrucks zu realisieren.)
E	S möchte, daß H über die Ansichten von S informiert ist oder (als Alternative:) S möchte, daß H glaubt, daß S glaubt, daß p (und S versucht diesen Wunsch durch das Äußern eines geeigneten Ausdrucks zu realisieren.)
D	S möchte, daß es wahr ist, daß p (und S versucht diesen Wunsch durch das Äußern eines geeigneten Ausdrucks zu realisieren.)

Innerhalb der illokutionären Absicht wollen wir das, was S erreichen will, den *Kern* der illokutionären Absicht nennen. Dieser Kern der illokutionären Absicht entspricht ungefähr dem perlokutionären Effekt. Die Kerne sind der Übersichtlichkeit halber im folgenden aufgeführt:

(2*b)	⊢	H glaubt, daß p
	!	H veranlaßt, daß p
	K	H glaubt, daß S veranlaßt, daß p
	E	H glaubt, daß S glaubt, daß p
	D	Es ist formal wahr, daß p

Streng genommen müßte die illokutionäre Absicht eines Sprechakts aus der Sicht des *Analysierenden* von der aus der Sicht des *Sprechers* (und des Hörers) unterschieden werden. Die illokutionäre Absicht des Analysierenden enthält die Bedingung, daß der Sprecher etwas *ausdrückt,* während die illokutionäre Absicht aus der Perspektive des Sprechers beinhaltet, daß der Angesprochene *versteht,* was er – dem Wunsch des Sprechers zufolge – glauben oder tun soll. Entschließt sich der Sprecher einmal, einen Sprechakt zu vollziehen, dann liegt für ihn die Absicht dieses Sprechakts darin, wie der Hörer (und möglicherweise der

Sprecher, die Zuhörerschaft, etc.) beeinflußt wird. Für den Sprecher gilt – ohne daß dies betont werden müßte –, daß er bestimmte sprachliche Mittel gebraucht und bestimmte Ansichten, Intentionen und Wünsche ausdrückt.

Die *illokutionäre Absicht* von Sprechakten kann in *unterschiedlicher Weise konzipiert* sein. Wir wollen dies am Beispiel der Repräsentativen und Direktiven demonstrieren. Eine sehr einfache und wenig durchdachte Konzeption wäre die folgende:

(2#a)	⊢	H glaubt, daß p
	!	H veranlaßt, daß p

Hier ist die illokutionäre Absicht (annähernd) identisch mit dem perlokutionären Effekt (im üblichen unscharfen Sinne der hier bemühten Unterscheidung zwischen illokutionär und perlokutionär). Das kann in solchen Fällen gemacht werden, wo Sprechakte sowohl *glücken* (i. e. alle Voraussetzungen für ihren »normalen« Vollzug erfüllt sind) als auch *gelingen* (in dem Sinne, daß der Hörer [schließlich] alles tut, wovon der Sprecher – aufgrund des Sprechakts – möchte, daß er es tut). Die illokutionäre Absicht ist hier identisch mit dem Kern der illokutionären Absicht (ein Begriff, der oben eingeführt wurde).

Eine *verfeinerte Konzeption* der illokutionären Absicht ist die folgende:

(2#b)	⊢	Es sollte der Fall sein, daß H glaubt, daß p (≡ H sollte glauben, daß p)
	!	Es sollte der Fall sein, daß H veranlaßt, daß p (≡ H sollte veranlassen, daß p)

Nimmt man diese Konzeptionen von Sprechakten als Basis, so könnten wir sagen, daß der Sprechakt dann *glückt,* wenn sich durch den Vollzug des Sprechakts die *illokutionäre Absicht* erfüllt hat, und daß der Sprechakt dann *gelingt,* wenn sich aufgrund der Handlungen/Nicht-Handlungen des Hörers der *Kern* der illokutionären Absicht erfüllt hat. Es besteht nun allerdings eine Kluft zwischen dem Glücken und dem Gelingen eines Sprechaktes. Ein Sprechakt kann glücken, ohne zu gelingen.

Auch noch schwächere Begriffe von illokutionärer Absicht könnten definiert werden:

(2#c)	⊢	H versteht, daß H glauben sollte, daß p
	!	H versteht, daß H veranlassen sollte, daß p

oder:

(2#d)	⊢	H hört, daß H glauben sollte, daß p
	!	H hört, daß H veranlassen sollte, daß p

oder:

(2#e)	⊢	S $\begin{Bmatrix} \text{drückt aus} \\ \text{folgert} \\ \text{wünscht} \end{Bmatrix}$ daß H $\begin{Bmatrix} \text{glauben sollte} \\ \text{versteht, daß H glauben sollte} \\ \text{hört, daß H glauben sollte} \end{Bmatrix}$ daß p
	!	S $\begin{Bmatrix} \text{drückt aus} \\ \text{folgert} \\ \text{wünscht} \end{Bmatrix}$ daß H $\begin{Bmatrix} \text{veranlassen sollte} \\ \text{versteht, daß H veranlassen sollte} \\ \text{hört, daß H veranlassen sollte} \end{Bmatrix}$ daß p

Diese zuletzt angeführten Begriffe von illokutionärer Absicht geben Anlaß zu noch schwächeren Begriffen des Glückens von Sprechakten.

3. Zielsetzung

Wie ich in diesem Papier ausführen werde, habe ich Grund, daran zu *zweifeln*, ob eine *Sprechaktklassifikation* möglich ist, selbst auf der Grundlage der von Searle aufgestellten Kriterien. Darüber hinaus werde ich Ergebnisse vorlegen, die es *fraglich* erscheinen lassen, ob die *Entwicklung einer Klassifikation von Sprechakten ein lohnendes Ziel* darstellt, jedenfalls auf dem allgemeinen Niveau, auf dem diese Klassifikationen zum gegenwärtigen Zeitpunkt betrieben werden. Es scheint – sogar im Hinblick auf die von Searle vorgeschlagene Klassifikation – *zweifelhaft* zu sein, ob Klassifikationen verwendbar sind, etwa für eine *Charakterisierung der logischen Konsequenzen* von Sprechakten. Bis jetzt ist kein anderer Adäquatheitstest seiner Sprechaktklassifikation vorgeschlagen worden. *Der umgekehrte Weg* – die Entwicklung einer angemessen interpretierten Bedeutungsrepräsentationssprache für Sprechakte und die anschließende Überprüfung der Möglichkeiten einer Klassifikation – scheint *vielversprechender* zu sein. Die Adäquatheit der Klassifikation kann dann nachträglich untersucht werden und wird möglicherweise sogar formal charakterisierbar sein (vgl. Ballmer (1978)).

Im folgenden werde ich einige der Schwierigkeiten aufzeigen, die sich bei einer Klassifikation von Sprechakten ergeben, und zwar *illustriert* am Beispiel der Klassifikation von Searle. Nach meiner Einschätzung scheint Searles Klassifikation gegenwärtig die am sorgfältigsten ausgearbeitete und am explizitesten dargestellte Sprechaktklassifikation zu sein. Sie ist der einzige Kandidat, der eine eingehende kritische Diskussion zuläßt. *Dies* ist der Grund dafür, daß ich sie als Grundlage für meine Darstellung gewählt habe.

4. Eigenschaften von Klassifikationen

Um von Searles Versuch eine Einschätzung geben zu können, die nicht nur oberflächlich bleibt, müssen wir zunächst festlegen, welches im allgemeinen die Bedingungen für Klassifikationen sind. Daher unterscheiden wir zwischen *phänomenologischen Klassifikationen* – die eine grobe Anordnung von Phänomenen sind und nicht sehr systematisch zu sein brauchen – und *prinzipiellen Klassifikationen* – die eine interne Struktur aufweisen, welche auf wesentliche Prinzipien des zur Diskussion stehenden Hauptgegenstands zurückgeht. Wir werden uns auf prinzipielle Klassifikationen beziehen, wenn es nicht explizit anders angegeben ist.

Grob gesagt ist eine *Klassifikation* ein Kategoriensystem, das erlaubt, eine Menge von Phänomenen in Klassen einzuordnen[4]. Normalerweise wird angenommen, daß kein Phänomen zu zwei Kategorien gehört, und daß alle möglichen Phänomene bezüglich der Kategorien eingereiht werden können, i. e. es wird angenommen, daß die Klassifikation disjunkt und vollständig ist. Wir wollen eine Reihe solcher Eigenschaften von Klassifikationen definieren.

Eigenschaft 1	Eine Klassifikation ist *vollständig (exhaustiv)* genau dann, wenn alle Phänomene einer bestimmten Art in die Kategorien der Klassifikation passen.
Eigenschaft 2	Eine Klassifikation ist *saturiert* genau dann, wenn jeder Kategorie der Klassifikation wenigstens ein tatsächlich aufgefundenes Phänomen entspricht.
Eigenschaft 3	Eine Klassifikation ist *disjunkt* genau dann, wenn ein Phänomen höchstens in eine Kategorie fällt.
Eigenschaft 4	Eine Klassifikation ist *distinktiv* genau dann, wenn verschiedene Phänomene unterschiedlich klassifiziert werden, i. e. in verschiedene Kategorien fallen.
Eigenschaft 5	Eine Klassifikation ist *homogen* genau dann, wenn die Analysetiefe für alle Kategorien die gleiche ist. Das bedeutet insbesondere, daß bei einer formalen Repräsentation der Kategorien in allen Kategorien (im wesentlichen) die gleiche Art von Operatoren und Prädikaten vorkommt. Um es informeller auszudrücken: die verschiedenen Kategorien haben alle das gleiche Gewicht und die gleiche Bedeutung.
Eigenschaft 6	Eine Klassifikation ist *transparent* genau dann, wenn die formale Repräsentation einer Kategorie die Relation dieser Kategorie zu den anderen Kategorien klärt. Ferner sollte dann die Form der Repräsentation so beschaffen sein, daß die Struktur der Kategorie daraus ersichtlich wird.
Eigneschaft 7	Eine Klassifikation ist *minimal-redundant* genau dann, wenn die Repräsentationen der Kategorien von semantisch und syntaktisch einfachster Form sind (Ausdrücke wie $\ulcorner p \wedge p \urcorner$, $\ulcorner \neg \neg p \urcorner$ sind nicht minimal-redundant).
Eigenschaft 8	Eine Klassifikation ist *notationsstabil* genau dann, wenn die Kategorien von ihrer Repräsentation unabhängig sind. Ein Spezialfall von instabiler Notation tritt dann auf, wenn eine unterschiedliche Klammerung bei den Kategorienre-

präsentationen eine Veränderung der Kategorien bewirkt.

Eigenschaft 9 Eine Klassifikation ist *logisch transparent* genau dann, wenn ihre Kategorien durch eine logische Form charakterisiert werden können.

Eigenschaft 10 Eine Klassifikation ist eine *schwache Klassifikation* genau dann, wenn nicht alle Phänomene in alle Kategorien der fraglichen Klassifikation eingeordnet werden. Dies ist eine extrem schwache Bedingung für Klassifikationen. Es scheint, als ob eine Klassifikation zumindest diese Bedingung für eine schwache Klassifikation erfüllen sollte.

Eigenschaft 11 Eine Klassifikation beruht auf *ontischen Prinzipien* genau dann, wenn die Operatoren und Prädikate, die in den Repräsentationen der zur Klassifikation gehörigen Kategorien vorkommen, sich auf ein umfassendes und prinzipielles ontisches System beziehen. (So wie die Definition dieses Klassifikationskriteriums jetzt dasteht, ist sie nicht sonderlich vielsagend. Ich glaube, daß sich eine andere, zufriedenstellendere Charakterisierung dessen finden ließe, was ich ausdrücken möchte.)

5. Diskussion der (modifizierten) Searleschen Klassifikation

Als vernünftige Bedingung für *(prinzipielle) Klassifikationen* sollte gefordert werden, daß, wenn nicht alle, so doch *viele* der hier aufgeführten Eigenschaften erfüllt sein sollten. Wir werden nun *zeigen,* daß *Searles Klassifikation* von Sprechakten diese Bedingung *nicht erfüllt.* Für einige der Eigenschaften kann leicht nachgewiesen werden, daß Searles Klassifikation sie nicht erfüllt, bei anderen ist das schwieriger zu zeigen, teilweise wegen der Komplexität des Hauptgegenstandes von Sprechakten, teilweise weil noch nicht endgültig geklärt ist, was ein Sprechakt ist, und teilweise auch, weil Searles Klassifikation formal noch nicht präzise genug ist.

5.1 SK *(Modifizierte Searlesche Klassifikation)* ist *nicht voll-*

ständig. Es gibt Akte, die als Sprechakte angesehen werden können, aber in keine von Searles Kategorien passen. Ein Beispiel mag diesen Punkt illustrieren. Ein Sänger produziert in einem Lied – nach Beendigung des Hauptteils, der bedeutungsvolle Sätze enthält – den Refrain, der aus ›tra la la la, tra la la la‹ besteht, wobei die einzige illokutionäre Absicht die ist, Äußerungen einer bestimmten Art zu produzieren, nämlich Äußerungen, die rhythmisch passend sind. Der fragliche Sänger trifft keine Feststellung (seine Absicht ist nicht die, dem Hörer Gründe dafür zu geben, einer bestimmten Ansicht zu sein oder etwas Wahres zu sagen), er erteilt keinen Befehl oder verpflichtet sich (das ist offensichtlich), ferner drückt der Sänger keinen psychischen Zustand aus, und ebensowenig trifft er eine neue Konvention, indem er die zur Diskussion stehende Äußerung tut. Searle hat Sprechakte, deren einzige Absicht das Produzieren eines bestimmten Laut-Pattern ist, nicht miteinbezogen. Ebensowenig gibt er in SK Platz für Sprechakte, deren einzige Absicht das Produzieren eines Zeichens von gewisser syntaktischer Form ist.[5] Beim Durchgehen einer vollständigen Liste von Verben, die Sprechakte bezeichnen (vgl. Berliner Gruppe 1975), findet man leicht andere Fälle, die nicht in SK passen. Allerdings ist die Unvollständigkeit einer Klassifikation leichter zu testen als ihre Vollständigkeit. Die Frage, wie SK auf ihre Vollständigkeit hin überprüft werden kann, bleibt offen. Es gibt zwei Wege, um zu etwas wie einem Vollständigkeitsnachweis einer Klassifikation zu kommen. Der einzige Weg ist der, eine umfassende Untersuchung »aller« Sprechakte einer bestimmten spezifischen, natürlichen Sprache anzustellen; der andere Weg ist der, der Klassifikation eine semantische Basis zu geben, für welche gezeigt werden kann, daß sie umfassend genug ist.

5.2 SK ist *nicht distinktiv,* weil es mehr als fünf Sprechakte, aber nur fünf Klassen gibt. Zieht man die zusätzlichen Klassifikationskriterien von Searle in Betracht, so ist es schwieriger, zu überprüfen, ob SK distinktiv ist oder nicht. Eine formale Darstellung all dieser weiteren Kriterien wäre sehr hilfreich. Es gäbe einen einfacheren Weg, diese Klassifikation zu widerlegen, wenn Searle eine ganze Dimension von Unterscheidungen ausgelassen hätte. Das hat er auch tatsächlich getan. Searle hat nämlich z. B. die Dimension Privatheit – Öffentlichkeit nicht eingeführt. Daher kann der Unterschied zwischen »ankündigen« und »sagen« in seinem System nicht ausgedrückt werden[6].

5.3 *Ob* SK *saturiert* ist oder nicht, hängt von weiteren Voraussetzungen ab. Die grobe Klassifikation von fünf Sprechaktkategorien *ist* sicherlich saturiert. In bezug auf die formalen Operatoren, die Searle vorschlägt, ist SK aber nicht saturiert. Es gibt beispielsweise keinen Sprechakt des Typs $\vdash \uparrow I\ p$, und es gibt keine Direktiven, die die Vergangenheit betreffen (das ist zumindest die allgemeine Überzeugung, wobei z. B. Gesetze ex post facto dabei willkürlich außer acht gelassen werden).

Dennoch, die Saturation kann als für eine Klassifikation erforderliches Merkmal angesehen werden, oder auch nicht. Eine nicht saturierte Klassifikation läßt Voraussagen zu. Eine Klassifikation sollte trotzdem nicht *wesentlich unsaturiert* sein, d. h. Kategorien enthalten, für die kein Phänomen existieren kann. Eine Klassifikation sollte *dicht* sein, i. e. nicht wesentlich unsaturiert.

5.4 SK ist *nicht disjunkt*. Wie Searle selbst sagt, gibt es Sprechakte, die in mehr als eine Klasse fallen. Sein berühmtes Beispiel sind Deklarepräsentative (declassertives), die in die Kategorien Repräsentative und Deklarative fallen. Richterliche Urteilssprüche sind ein solcher Fall. Ein Richter versucht etwa, die Leute zu überzeugen, daß jemand der Mörder ist, aber er erklärt diesen auch zum Mörder. Es ist eine Frage technischer Routine, eine Klassifikation, die nicht disjunkt ist, in der gerade demonstrierten Art und Weise als disjunkte Klassifikation umzudefinieren. Man führe lediglich entsprechende Ausweichkategorien ein.

Es existiert jedoch ein *ernsterer Typ* von fehlender Disjunktivität, nämlich dann, wenn die Kategorien so konstituiert sind, daß die Zugehörigkeit eines Phänomens zu einer Kategorie seine Zugehörigkeit zu einer anderen Kategorie impliziert.

Wenn Searle Sprechakte klassifiziert und nicht die Art und Weise, in der sie an der Oberfläche ausgedrückt werden, dann ergeben sich folgende Probleme: Direktive sind immer auch Repräsentative, Kommissive sind immer auch Repräsentative, Repräsentative und Expressive sind immer auch Deklarative.

Direktive sind Repräsentative, weil das Ausdrücken der Intention mit dem Ziel, H dazu zu bringen, p zu tun, das Ausdrücken der Ansicht impliziert, daß S die Intention hat, H dazu zu bringen, p zu tun – mit dem Ziel, H diese Information zu geben, wobei der wichtige Schritt dieser Derivation der ist, daß Direktive Informationen über die Intentionen von S liefern. Direktive informieren H über das, wovon S möchte, daß H es tut.

Kommissive sind Repräsentative aufgrund eines sehr ähnlichen Arguments. Repräsentative sind Deklarative, weil die Erklärung, festgestellt zu haben, daß etwas der Fall ist, dreierlei impliziert:
– die Ansicht (des Sprechers), daß p,
– das Ausdrücken (von seiten des Sprechers) der Ansicht, daß p,
– das Ausdrücken (von seiten des Sprechers) dieser Ansicht mit dem Ziel, H dazu zu *bringen,* die gleiche Ansicht zu haben.
Feststellungen sind spezifische *Deklarative.* Sogar *Expressive* können *als* (eine sehr schwache Form spezieller) *Deklarative angesehen* werden.

Die sprechakttheoretische (Quasi-)Äquivalenz der folgenden Satzpaare (d. h. der Satzpaare a und b und einmal c) illustriert noch einmal unsere Behauptung:

(3) Direktive ⊃ Repräsentative
(3a) [S sagt zu H:] Schließ' den Safe!
(3b) [S sagt zu H:] Du sollst den Safe schließen.
(4) Kommissive ⊃ Repräsentative
(4a) [S sagt zu H:] Ich werde dir helfen.
(4b) [S sagt zu H:] Ich verpflichte mich, dir zu helfen.
(5) Repräsentative ⊃ Deklarative
(5a) [S sagt zu H:] Der Zugang ist versperrt.
(5b) [S sagt zu H:] Ich erkläre hiermit, daß ich hiermit feststelle, daß die Tür versperrt ist.
(6) Expressive ⊃ Deklarative
(6a) [S sagt zu H:] Oh verflucht.
(6b) [S sagt zu H:] Ich äußere hiermit in voller Verantwortlichkeit, daß ich diese Situation verfluche.
(6c) [S sagt zu H:] Ich erkläre hiermit, daß ich hiermit in voller Verantwortlichkeit äußere, daß ich diese Situation verfluche.

5.5 SK ist *nicht homogen.* Die Analysetiefe der Kategorien ist unterschiedlich. Es ist von vielen Leuten kritisiert worden, daß Kommissive eine spezielle Art von Direktiven sind, sie sind Selbst-Direktive. Aber es gibt keine Selbst-Repräsentative, keine Selbst-Expressive und keine Selbst-Deklarative. Natürlich könnte man den Standpunkt vertreten, daß der Begriff der Selbst-Repräsentative keinen Sinn ergibt und daß es daher natürlicherweise in einer Sprache überhaupt keine Selbst-Repräsentativen gibt. Aber es ist klar, daß wir eine solche Frage diskutieren müssen, bevor wir uns entschließen, einen solchen Sprechakt-Typ auszuschließen. Betrachtet man sprachliche Daten, so scheint es in der Tat Selbst-Repräsentative zu geben, die von Verben wie ⌈rezitieren (einen Katechismus)⌉, ⌈beten (iterativ)⌉, ⌈sich in etwas hineinreden⌉ bezeichnet werden: Der Sprecher, der eine Selbst-Feststellung vollzieht, versucht sich selbst dazu zu bringen, etwas zu glauben oder sogar zu wissen.

Ebenso könnte man zunächst den Standpunkt vertreten, daß der Begriff der Selbst-Direktive keinen Sinn ergibt. Aber auch dies sollte diskutiert werden, bevor ein vernünftiger Schluß gezogen werden kann. Die illokutionäre Absicht einer Deklarative ist die, daß S möchte, daß es formal-wahr ist (für eine Zuhörerschaft H) daß p, daher ist die Absicht einer Selbst-Deklarative die, daß S möchte, daß es formal-wahr ist (für den Sprecher S), daß p. Wenn die illokutionäre Absicht einmal klargelegt ist, ist es nicht sonderlich schwierig, natürlichsprachliche Beispiele zu finden. Der Satz ⌈Ich nehme an, daß p⌉ bezeichnet – wenigstens in einer bestimmten Lesart – einen selbst-deklarativen Sprechakt. Etwas expliziter drückt dies der Satz ⌈Ich nehme für mich an, daß p⌉ aus. Um ein anderes Beispiel anzuführen: politische Bekenntnisse sind oft vom Typ der Selbst-Deklarative (⌈Ich bin ein . . .-ist⌉, ⌈Ich bin kein . . .-ist⌉).

Auf den ersten Blick scheinen Expressive eine subjektive Version irgendeines anderen Sprechakts zu sein, wenn man die Tatsache in Betracht zieht, daß ihre illokutionäre Absicht die ist, daß S möchte, daß H glaubt, *daß S glaubt, daß p.* In gewissem Sinne sehen Expressive so aus, als seien sie die subjektive Version von Repräsentativen, deren illokutionäre Absicht die ist, daß S möchte, daß H glaubt, daß p. Aber es gibt einen wichtigen Unterschied zwischen den Selbst-Repräsentativen und den Expressiven: bei Selbst-Repräsentativen möchte der Sprecher etwas glauben (und er möchte, daß H darüber informiert ist), bei Expressiven glaubt der Sprecher etwas (und möchte, daß H darüber informiert ist). Die nicht-subjektive Version von Expressiven sind nicht Sprechakte, sondern nur Zustände, die die Ansicht des Sprechers wiedergeben.

Die Zusammenfassung dessen, was bisher über die weitergehende Analyse von Sprechakten einschließlich der Selbst-Versionen gesagt worden ist, ergibt folgende Tabelle:

(7)	Sprechakt-Typ		Selbst-Sprechakt-Typ
⊢	S möchte, daß H glaubt, daß p	⊢ – selbst	S möchte, daß S glaubt, daß p (und möchte, daß H darüber informiert ist)
!	S möchte, daß H veranlaßt, daß p	K	S möchte, daß S veranlaßt, daß p (und möchte, daß H darüber informiert ist)
kein Sprech-akt-Typ	S glaubt, daß p	E	S glaubt, daß p (und möchte, daß H darüber informiert ist)
D	S möchte, daß es für H formal-wahr ist, daß p	D – selbst	S möchte, daß es für S formal-wahr ist, daß p (und möchte, daß H darüber informiert ist)

5.6 Searles Klassifikation SK ist *nicht transparent*. Die Buchstaben ⌜⊢⌝, ⌜!⌝, ⌜K⌝, ⌜E⌝, ⌜D⌝ sagen weder über die Struktur der Kategorien etwas aus, noch über die Relation der Kategorien untereinander. Sie legen es höchstens nahe, anzunehmen, daß die fünf Sprechakte verschieden sind. Streng genommen ist noch nicht einmal soviel damit gesagt, denn der gleiche Operator kann verschiedene Namen haben.

5.7 SK ist *nicht minimal-redundant*. Die halbformalen Ausdrücke sind syntaktisch nicht in der einfachsten Form, sie enthalten Terme, auf die verzichtet werden könnte. Die Anpassungsrichtung, der psychische Zustand und die Restriktionen des propositionalen Gehalts sind überflüssig. Sie können vom Indikator der illokutionären Rolle abgeleitet werden und sind somit redundant, d. h. entbehrlich.

5.8 SK ist *nicht notationsstabil*. Die Kategorien sind abhängig von ihrer Repräsentation. Betrachten wir die Äußerung der folgenden beiden Sätze:

(8a) [S sagt zu H:] In diesem Zimmer ist ein Spion.

(8b) [S sagt zu H:] Ich erkläre hiermit, daß ich hiermit feststelle,
daß in diesem Zimmer ein Spion ist.

(8a) und (8b) sind im fraglichen Kontext äquivalent, gehören
aber zu verschiedenen Arten von Sprechakten im Sinne Searles.
(8a) ist eine Feststellung, (8b) ist eine Erklärung, noch präziser
eine Erklärung, daß etwas festgestellt wird, was dasselbe ist wie
die Feststellung, weil jede Feststellung – wie wir oben aufgrund
eines ähnlichen Arguments gesehen haben – in einem offensichtlichen Sinn eine Erklärung ist. (8a) und (8b) sind in Searles
Notation als (9a) bzw. (9b) repräsentiert:

(9a) $\vdash \downarrow$ B (p)

(9b) D $\updownarrow$ Feststellen (p)

Somit ist derselbe Sprechakt eine Feststellung oder eine Erklärung, je nachdem, mit welchen Mitteln er an der Oberfläche
vollzogen wird, oder wie er formal repräsentiert wird. Diese enge
Entsprechung zwischen Oberflächenrealisierung und Bedeutungsrepräsentation verleitet einen anzunehmen, daß das, was
Searle leistet, eine Oberflächenklassifikation ist, was er aber
offenkundig verneint (vgl. Searle 1975). Er ist nicht in erster Linie
daran interessiert, die Arten und Weisen zu klassifizieren, in
denen Sprechakte an der Oberfläche ausgedrückt werden, sondern vielmehr die Sprachakte selbst. Daher müssen wir den
Schluß ziehen, daß SK, so wie sie im Augenblick aussieht, einen
unerwünschten Mangel aufweist.

5.9 Viele der Schwierigkeiten einer Sprechakt-Klassifikation ergeben sich aus der Tatsache, daß die illokutionäre Absicht von
Sprechakt-Typen nicht ein für allemal bestimmt werden kann; sie
hängt von theoretischen *und* kontextuellen Faktoren ab. In Situationen, wo der Hörer alles ausführt, was jemand von ihm ausgeführt haben möchte, kann die illokutionäre Absicht mit ihrem
Kern gleichgesetzt werden. Lediglich gewisse soziale Umgebun-
gen – aber natürlich nicht die differenzierteren und interessante-
ren – lassen eine solche Vereinfachung zu. In Situationen, wo dem
Hörer bestimmte Fähigkeiten fehlen, oder wo er Gründe und die
Freiheit hat, nicht voll zu kooperieren, wird die illokutionäre
Absicht der Sprechakte schwächer. Eine Klassifikation wie SK
hängt von der je spezifischen Wahl ab, die die Teilnehmer im
Hinblick auf die illokutionäre Absicht treffen. Als Illustration

können wir gerade den Extremfall nehmen, in dem der Hörer fast gar nicht zur Kooperation bereit ist. In diesem Fall degenerieren alle Sprechakt-Typen zu Expressiven.

Andere Schwierigkeiten einer Sprachakt-Klassifikation ergeben sich aus der Tatsache, daß es keinen invarianten Weg gibt, den propositionalen Gehalt zu definieren. Wenn S erklärt, daß er festgestellt hat, daß Zigaretten ungesund sind, dann gibt es zwei Wege, den propositionalen Gehalt zu definieren:

(10a) S hat festgestellt, daß Zigaretten ungesund sind ($\equiv p_o$)

(10b) Zigaretten sind ungesund ($\equiv p_1$)

Je nachdem, ob die erste oder die zweite Alternative gewählt wird, hat

(11) S erklärt, daß er festgestellt hat, daß Zigaretten ungesund sind

die logische Form:

(12a) $D\ p_o$

oder die logische Form:

(12b) $[D\ Festst\ p_1 \equiv] \vdash p_1$ (mit: $p_o \equiv Festst\ p_1$)

Somit kann ein Sprechakt, je nachdem, wie der propositionale Gehalt gestaltet ist, zu zwei verschiedenen Sprechakt-Typen gehören, in unserem Fall also ein Deklarativ oder ein Repräsentativ, sein.

Somit hängt die *logische Form* entscheidend von der Wahl des *propositionalen Gehalts* in SK ab. Somit scheint der Begriff der logischen Konsequenz davon abzuhängen, wie ein bestimmter Sprechakt analysiert wird – eine recht unerfreuliche Tatsache.

Aus dem gleichen Grunde ist es schwierig, zu entscheiden, wie etwa ein Kommissiv klassifiziert werden sollte.

(13a) S verspricht H, das Haus zu verlassen.

(13b) S erklärt H, daß S H einen Gefallen tun und das Haus verlassen wird.

(13c) S übernimmt eine Verpflichtung gegenüber H, indem er sagt, daß S H einen Gefallen tun und das Haus verlassen wird.

Sie könnte als reine Kommissive, Repräsentative und gleichermaßen als Deklarative klassifiziert werden. Diese Arbitrarität ist dem Begriff der Kommissive inhärent, *unabhängig von der Tatsache*, wie die Klassifikation von »empirisch« gegebenen Sprechakten in eine Klasse von Kategorien zu leisten ist.

Aber *noch in einer anderen Weise* hängt die *logische Form* vom *propositionalen Gehalt* ab. Nehmen wir das Beispiel:

(14) [S sagt zu H:] Ich sage dir, daß p.

Das sieht so aus, als ob es ein repräsentativer Sprechakt sei. Unglücklicherweise gibt es aber einen versteckten Parameter, und zwar p. Wenn p etwa »es regnet« ist, können wir mit Sicherheit annehmen, daß ein repräsentativer Sprechakt vollzogen worden ist. Wenn p etwa »du sollst deine Hausaufgaben machen« ist, scheint der vollzogene Sprechakt eher ein Direktiv als ein Repräsentativ zu sein.

Somit ist die Sprechakt-Klasse *nicht durch eine logische Form charakterisierbar*. Nicht jeder Sprechakt der Form

(15) ⊢ p

ist ein Repräsentativ, sondern für den Fall, daß p die Form hat »Sollte (H, Wahr-Machen (p))«, liegt ein Direktiv vor – eine weitere unerfreuliche Tatsache für diejenigen, die Sprechaktkategorien und Typen logischer Konsequenzen zueinander in Beziehung setzen wollen.

Das führt uns zu der Schlußfolgerung, daß SK *nicht logisch transparent* ist.

5.10 An dieser Stelle scheint es nützlich, auf eine Art der Komplexität von Sprechakten hinzuweisen, die enorme Schwierigkeiten für eine vernünftige Klassifikation von Sprechakten mit sich bringt.

In jedem Sprechakt gibt es einige (in Searles Sinn) repräsentative, direktive, kommissive, expressive und deklarative Komponenten. Betrachten wir folgende Äußerung:

(16) [S sagt zu H:] Das Telefon läutet.

Die Oberfläche sieht aus, als sei ein *Repräsentativ* ausgedrückt, in dem Sinn, daß der Sprecher möchte, daß der Hörer glaubt (was der Sprecher nämlich auch glaubt), daß das Telefon läutet. Aber in (16) ist auch eine *Direktive* ausgedrückt, in dem Sinn, daß der Sprecher will, daß der Hörer etwas tut, und zwar die Ansicht akzeptieren, daß das Telefon läutet. Der Sprecher, als kompetenter Sprecher seiner Sprache, hat die Fähigkeit, Information zu verbreiten. Er kann dem Hörer eine (schwache) Verpflichtung auferlegen, das zu glauben, was er, der Sprecher, ihm sagt. Der Hörer kann es ablehnen, diesem Direktiv zu gehorchen. Aber das ist unkooperativ, wenn der Hörer das, wovon der Sprecher möchte, daß er es glaubt, nicht widerlegen kann. Wenn es einen

Gegenbeweis gibt, ist die vom Sprecher auferlegte Verpflichtung allerdings nicht bindend und braucht natürlich vom Hörer nicht befolgt zu werden. In (16) ist auch ein *Kommissiv* ausgedrückt, in dem Sinn, daß der Sprecher will, daß der Hörer glaubt, daß der Sprecher für die Wahrheit des Satzes garantiert, den er geäußert hat. Darüber hinaus ist (16) *Ausdruck* eines psychischen Zustandes des Sprechers (d. h. expressiver Sprechakt), nämlich daß der Sprecher glaubt, das Telefon läute. Schließlich ist die Äußerung (16) noch eine *Deklaration*. Der Sprecher macht [es] durch die Äußerung ›Das Telefon läutet‹ formal wahr, daß er festgestellt hat, das Telefon läute.

Dies zeigt, daß ein Sprechakt, der an der Oberfläche *wie eine Repräsentative aussieht,* als jedem anderen Sprechakt-Typ von Searles Klassifikation zugehörig angesehen werden kann.

Da in Sprechakten jedes prima-facie-Typs gewisse Ansichten des Sprechers miteinbezogen sind, die *ausgedrückt* werden (Expressiv, Repräsentativ), gibt es gewisse *Verpflichtungen,* die er *sich selbst* (Kommissiv) und dem *Hörer* auferlegt (Direktiv), weil der Sprecher etwas *formal wahr* macht, indem er den Sprechakt vollzieht (Deklarativ), und weil der Sprecher die *Ansichten* des Hörers beeinflußt, scheint eine *Klassifikation* von Sprechakten auf dieser Grundlage nutzlos zu sein: *jeder* Sprechakt ist zugleich Expressive, Direktive, Kommissive, Deklarative und Repräsentative.

Somit kommen wir zu der Schlußfolgerung, daß SK und jede andere Klassifikation nach den gleichen Richtlinien *nicht* einmal die Erfordernisse einer *schwachen Klassifikation* erfüllt.

Wir wollen uns noch etwas eingehender mit dem Problem von Sprachaktklassifikationen befassen, die nicht einmal schwache Klassifikationen sind. Zu diesem Zweck werden wir einige spezifische Beispiele betrachten. *Erstens:* Versprechen sind Kommissive, wie wir wissen. Wenn nun ein Sprecher etwas verspricht, was der Hörer nicht wußte, bevor der Sprecher dies tat, dann ist das Versprechen auch ein Repräsentativ. Der Hörer hat eine Information bekommen. *Zweitens:* eine Drohung ist ein Kommissiv, daß der Sprecher oder einer seiner Helfer den Hörer bestrafen werde, wenn er sich nicht nach den Intentionen der Sprecher verhält. Wenn der Hörer nicht in der angekündigten Weise bestraft wird, hat der Sprecher seine Drohung nicht wahr gemacht. Eine Drohung ist aus offensichtlichen Gründen auch ein Direktiv. *Drit-*

tens: eine Beglückwünschung ist in vielen Fällen ein Expressiv, der Sprecher drückt seine Freude über irgendein Ereignis aus, das den Hörer betrifft. Aber gleichermaßen ist eine Beglückwünschung ein Deklarativ, da sie offiziellen Charakter hat, insofern sie den Beglückwünschten als ein besonderes geehrtes Mitglied einer gewissen (Unter-)gesellschaft erklärt. Wenn der Professor nach dem Examen auf den Studenten zugeht und den Satz äußert ›Ich beglückwünsche Sie zu der bestandenen Prüfung‹, ist die Beglückwünschung informativ und daher ein Repräsentativ.

Ohne zuviel Wert auf die Beispiele zu legen, sehen wir immer wieder, daß sogar die unkompliziertesten Fälle von Sprechakten in viele oder sogar alle vorgeschlagenen Sprechaktkategorien fallen, da sie immer auch in einem gewissen Maße von Kontextfaktoren abhängen. Dies zeigt, daß nicht Sprechakte, sondern lediglich *Sprechaktkomponenten* (oder *Sprechaktaspekte*) von Klassifikationen wie der Searles klassifiziert werden.

Die Berliner Gruppe (1975) scheint eine bislang unübliche Form der Klassifikation von Sprechakten vorgelegt zu haben, in der ein System von nahezu 500 *Sprechaktkategorien* vorgeschlagen wird. Diese Kategorien haben sich aus einer Analyse von 5000 *sprechaktbezeichnenden* und *sprechaktaspektbeschreibenden* deutschen *Verben* ergeben. Da so viele Kategorien vorgeschlagen werden, ist es sehr viel wahrscheinlicher, daß ein gegebener Sprechakt nicht in alle diese Kategorien fällt, und folglich ist es sehr viel wahrscheinlicher, daß es sich wenigstens um eine *schwache Klassifikation* handelt.

Dafür will ich ein Beispiel geben. Zu den Kategorien der Berliner Gruppe (1975) gehören z. B. Flüche, Tadel, Anklagen und Geheimnisenthüllungen. Es ist höchst unwahrscheinlich, daß die meisten Sprechakte, die vorkommen, Flüche *und* Tadel *und* Anklagen *und* Geheimnisenthüllungen sind, obwohl dies in speziellen Situationen geschehen könnte. Nehmen wir als Beispiel folgenden Fall: jemand, der weiß, daß der Hörer Kommunist ist, aber der auch weiß, daß der Rest der Zuhörerschaft dies nicht weiß und – weil sie rechtsstehend und mächtig ist – auch nicht wissen sollte, äußert: ›Du verdammter Kommunist‹. Das ist zugleich ein Fluch, ein Tadel, eine Anklage und eine Geheimnisenthüllung. Aber zu sagen: ›Es ist heiß in diesem Zimmer‹ ist keinesfalls ein Fluch, und es ist in überwältigend vielen Fällen sehr unwahrscheinlich, daß es ein Sprechakt der anderen eben genannten Kategorien ist.

Als ein lohnendes Unternehmen würde ich ein System für Sprechakttypen ansehen, das zahlreiche Ebenen vorsieht [ein »multilevel-frame«], und zwar in der Weise, daß die Kategorien der niedrigeren Ebenen einer prinzipiellen Klassifikation nahekommen und die Kategorien der höheren Ebenen die Basis liefern für die Charakterisierung eines Sprechakt-Typs, etwa als graduell mehr zu einem Typ und weniger zu einem anderen gehörig. SK würde eher zu den höheren Ebenen dieses vielschichtigen Systems für Sprechakttypen gehören. Die Berliner Gruppe (1975) hat einen Ansatz in dieser Richtung ausgearbeitet.

5.11 Ob SK auf *ontischen Prinzipien* beruht, kann bei der Fassung zum gegenwärtigen Zeitpunkt nicht endgültig entschieden werden. Wir wollen dennoch ein spezifisches Problem diskutieren, das diese Frage betrifft, und zwar am Beispiel der Anpassungsrichtung. Ich will versuchen, Gründe dafür anzuführen, daß SK – mit Bezug auf die Operatoren $\uparrow$, $\downarrow$, $\varnothing$ und $\updownarrow$ – auf ontischen Prinzipien zu beruhen *scheint, in Wirklichkeit* das aber nicht der Fall ist.

Auf Anscombe (1957) und Austin (1961) zurückgehend nutzt Searle die Anpassungsrichtung (direction of fit) aus. Für den Leser führt er diesen Begriff mit einem Beispiel von Anscombe ein. Das Beispiel ist folgendes: Ein *Mann* bekommt von seiner Frau eine Einkaufsliste. Der Kauf der auf der Liste aufgeführten Gegenstände besteht darin, die Welt (d. h. die Gegenstände) mit den Wörtern (d. h. der Liste) in Übereinstimmung zu bringen. Die Liste wird als gegeben angesehen, und die Gegenstände sind dadurch bestimmt, daß sie mit der gegebenen Liste verglichen werden. Die *Anpassungsrichtung* verläuft von Welt zu Wort, die Gegenstände werden der Liste angepaßt; die *Einflußrichtung*[7] verläuft, umgekehrt von Wort zu Welt, die Liste bestimmt – sofern kein Irrtum auftaucht – die Gegenstände. Searle gibt mit seinem Operator $\uparrow$ an, daß die *Anpassungsrichtung* von Welt zu Wort geht.

Ein *Detektiv* – so geht die kleine Geschichte weiter – folgt dem Mann und schreibt auf, was der Mann einkauft. Der Detektiv erstellt eine Liste. Er bringt die Wörter (d. h. seine eigene Liste) mit der Welt (d. h. den Gegenständen, die der Mann kauft) in Übereinstimmung. Die *Anpassungsrichtung* verläuft von Wort zu Welt, die *Einflußrichtung* genau entgegengesetzt, von Welt zu Wort. Searle gibt mit seinem Operator $\downarrow$ an, daß die *Anpassungs-*

richtung von Wort zu Welt geht. Searle gibt außerdem mit dem Operator $\emptyset$ an, daß es *keine Anpassungsrichtung* gibt (Expressive), und mit $\updownarrow$, daß *beide Anpassungsrichtungen* vorhanden sind (Deklarative).

Es *sieht so aus*, als ob Searle eine *ontische Struktur* erschöpfend repräsentierte und seine Klassifikation deshalb in dieser Hinsicht auf *ontischen Prinzipien* beruht. Daß etwas inadäquat ist, wird – wenn nicht schon durch andere Dinge –, so durch die Tatsache nahegelegt, daß es *keine* Anpassungsrichtung für die Expressiven gibt – ein Fall, in dem das Wort (nämlich die Äußerung) mit dem psychischen Zustand des Sprechers in Übereinstimmung gebracht wird. Ferner ergibt sich ein Dilemma im Fall beider Anpassungsrichtungen für Deklarative – ein Fall, wo das Wort (nämlich die Äußerung) doch mit den *Intentionen des Sprechers in Übereinstimmung* gebracht wird, um eine gewisse konventionelle Feststellung zu produzieren.[8] Wir wollen aber an dieser Stelle das Für und Wider von Searles Ansatz zur Anpassungsrichtung nicht weiter ergründen.

Searle unterläßt es leider, die an sich sehr illustrative Geschichte weiter zu verwerten. Wir wollen die Geschichte aber noch etwas weiter entwickeln. Nachdem der Ehemann die eingekauften Gegenstände nach Hause gebracht hat, überprüft seine *Frau*, ob die Gegenstände mit der Liste übereinstimmen. Die Antwort ist ein Ja oder ein Nein. Was die Frau hiermit tut, ist, daß sie *Wort* und *Welt* jeweils einen *Wert* zuordnet. Gleichermaßen könnte ein *Polizist* das Ergebnis des Detektivs überprüfen und ein Ja oder ein Nein als Antwort erhalten. Dies zeigt, daß es mindestens *drei grundlegende Richtungen* der Anpassung gibt: die *Welt* kann (wahr oder falsch) mit dem Wort (Mann) in Übereinstimmung gebracht werden; das *Wort* kann (wahr oder falsch) mit der Welt (Detektiv) in Übereinstimmung gebracht werden, und der Wahrheits-*Wert* (oder vielleicht ein anderer Wert) kann mit einer gegebenen Welt und einem gegebenen Wort (Frau oder Polizist) in Übereinstimmung gebracht werden.

Die Unterschiede zwischen den Anpassungsrichtungen können noch einmal durch folgende Tatsachen illustriert werden: der *Mann* kann einen Fehler nicht korrigieren, indem er seine Liste ändert oder sagt, daß seine Liste die Gegenstände enthält, die er nicht kaufen sollte; der *Detektiv* kann einen Fehler nicht korrigieren, indem er die Gegenstände in der Einkaufstasche des

Mannes umtauscht oder sagt, daß er die Gegenstände aufgeschrieben hat, die der Mann nicht gekauft hat; die *Frau oder der Polizist* können einen Fehler in ihrer Beurteilung nicht korrigieren, indem sie entweder die Liste verändern oder die fraglichen Gegenstände. Dies zeigt deutlich, was gegeben ist und was bestimmt werden muß. Für den Mann sind das Wort und ein Wahrheitswert (nämlich wahr), daß er das Wort ausführen sollte, gegeben; für den Detektiv sind die Welt und ein Wahrheitswert gegeben, und für die Frau und den Polizisten sind Welt und Wort gegeben. Diese Situationen können folgendermaßen dargestellt werden:

(17)

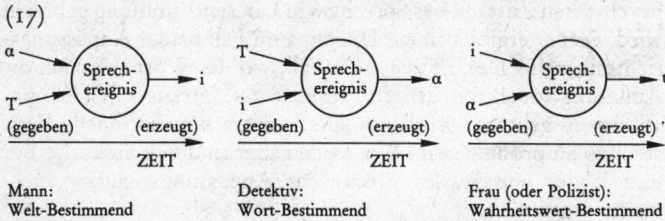

| Mann: | Detektiv: | Frau (oder Polizist): |
| Welt-Bestimmend | Wort-Bestimmend | Wahrheitswert-Bestimmend |

α sind Ausdrücke, i sind Welten und t sind Wahrheitswerte. Als Vereinfachung ist an einigen Stellen statt der Variablen ›t‹ die Konstante ›T‹ genommen, um Wahrheit zu bezeichnen.

Anstelle von Anpassungsrichtung ziehe ich *Einflußrichtung* (auch: *Wirkungsrichtung)* vor, was das Umgekehrte betont. In den Formeln, die Sprechakte (oder Sprechaktaspekte) darstellen, habe *ich* den Pfeil ⌈↓⌉ benutzt, um eine Einfluß-/Wirkungsrichtung von Wort zu Welt zu bezeichnen (vgl. Ballmer 1973). Die Einflußrichtung ist eine Kausalrelation zwischen den fraglichen Entitäten. Sie kann sicherlich als eine Art inverser Relation zur Anpassungsrichtung angesehen werden. Daher ist es schwierig, den Relationen »keine Anpassungsrichtung« und »beiden Anpassungsrichtungen« einen Sinn zu geben. Erstere würde anzeigen, daß bei expressiven Sprechakten kein Kausal-Fluß vorhanden ist; und die zweite, daß bei Direktiven Kausal-Schleifen vorhanden sind. Beide bedürften einer besonders sorgfältigen Rechtfertigung, wenn sie überhaupt als wahr aufrechterhalten werden könnten.

Wir sind nun soweit, zu diskutieren, wie Searle die Anpassungsrichtungen (oder entsprechend: Einflußrichtungen) im Hinblick auf die Sprechaktkategorien Repräsentative und Direktive (Kommissive) einschätzt. Repräsentative haben – in meinen Worten, bezogen allerdings auf Searles Betrachtungsweise – die Einflußrichtung von Welt zu Wort. Repräsentative im Searleschen Sinne sind folglich mit dem verbunden, was der Detektiv tut. Aber der Hauptpunkt der klassischen *Assertionen*, die der Prototyp der Searleschen Repräsentativen sind, ist der, daß sie die Wahrheit der ausgedrückten Proposition festsetzen, indem sie Welt und Wort vergleichen. Searles Gebrauch des Fregeschen Urteils-Operators weist darauf hin, daß er sich nach dieser klassischen Konzeption von Assertionen, und also auch von Repräsentationen richten möchte. Somit ist die Absicht hinter einer Assertion nach dem klassischen Verständnis nicht so sehr die, eine Äußerung hervorzubringen, wie im Falle des Detektivs, sondern vielmehr die, festzulegen, daß irgendeine Äußerung (Wort) in bezug auf einen Kontext (Welt) wahr ist, wie im Falle der Frau oder des Polizisten; und Repräsentative im eigentlichen Sinne sind – in angemessener Generalisierung – entsprechend der klassischen Sichtweise Wahrheitswert-bestimmend. Der Wahrheitswert wird mit der gegebenen Welt und dem gegebenen Wort in Übereinstimmung gebracht. Jedenfalls sind Repräsentative nach klassischem Verständnis nicht Wort-bestimmend.

Wir können aber einräumen, daß *Deskriptionen* in einem *natürlich-sprachlichen Sinn* Wort-bestimmend sind, i. e. Hervorbringen von Äußerungen, um die Welt wahrheitsgemäß darzustellen. Darin liegt ein wesentlicher Unterschied zwischen *Assertionen* und *Deskriptionen*. Für diese Fälle ist ein vom Urteils-Operator verschiedener Operator angebracht, etwa θ, der »Mund«-Operator, ein Äußerungsoperator.

Wir haben nun folgende drei Aspekte von Sprechakten, die als ontische Grundlage für eine logische Repräsentation von Sprechakten dienen können, aber nicht notwendigerweise eine Rolle bei ihrer Klassifikation zu spielen brauchen.

(18a) Welt ändert sich   (auf der Grundlage eines wahrheitsgemäßen Erkennens dessen, was ein Ausdruck bezeichnet)

Formalisierung: $\ulcorner\downarrow p\urcorner$

Interpretation: $h(\ulcorner\downarrow p\urcorner,i,t)\equiv(\ulcorner\downarrow p\urcorner,\xi(\ulcorner\downarrow p\urcorner,i,t),t)$

(18b) Wort ändert sich   (auf der Grundlage einer wahrheitsgemäßen Darstellung eines Zustandes der Welt)

Formalisierung:	$\ulcorner \theta\ \alpha \urcorner$
Interpretation:	$h(\ulcorner \theta \alpha \urcorner, i, t) \equiv (\ulcorner \theta\ \alpha \urcorner, i, t)$
(18c) Wert ändert sich	(auf der Grundlage einer Bewertung der Wahrheit eines gegebenen Ausdrucks oder einer gegebenen Äußerung bezüglich einer gegebenen Welt)
Formalisierung:	$\ulcorner \vdash p \urcorner$
Interpretation:	$h(\ulcorner \vdash p \urcorner, i, t) \equiv (\nvdash p, i, h(\ulcorner p \urcorner, i, t))$

($\ulcorner p \urcorner$) bezeichnet Propositionen, $\ulcorner \alpha \urcorner$ Ausdrücke). Die Interpretationsfunktion h operiert auf Tripeln aus Ausdrücken (Äußerungen), Welt und Wahrheitswerten, den drei grundlegenden Entitäten unserer für Sprechakte relevanten Ontologie. ξ ist die Kontextveränderungsfunktion, die die resultierende Welt in Abhängigkeit von verwendetem Ausdruck, ursprünglicher Welt und (Wahrheits-)Wert festlegt. Die Operatorzeichen $\ulcorner \updownarrow \urcorner$, $\ulcorner \theta \urcorner$, $\ulcorner \nvdash \urcorner$ bedeuten intuitiv, daß irgendeine Welt-Änderungs-Aktion ausgeführt worden ist, irgendeine Produktion von Worten vollzogen ist bzw. irgendeine Wahrheit-bestimmende Aktion durchgeführt worden ist bezüglich des Ausdrucks in ihrem Bereich, der Welt und dem Wahrheitswertkontext im Tripel.

Da in jedem Sprechakt eine *Äußerung hervorgebracht* wird und in jedem Sprechakt die *Welt verändert* wird, wenn im trivialen Sinne jene physikalischen Laute produziert oder sogar einige Ansichten geändert worden sind, können die Einflußrichtungen (oder entsprechend: die Anpassungsrichtungen) nicht unmittelbar als Basis für eine Sprechaktklassifikation dienen. Es ist eine offene Frage, ob Sprechakte immer einen Wert bestimmen. Sollte das nicht der Fall sein, so wären wenigstens zwei Klassen von Sprechakten vorstellbar, die Valuative (wie urteilen, tadeln, preisen) und die Nicht-Valuative (wie beschreiben, informieren, verlangen). Schwierig zu klassifizierende Fälle wären drohen, fluchen, lügen, wo zwar Wertbestimmungen vorliegen, aber nicht offenkundig.

Obwohl die Begriffe der Wort- und Welt-Änderung möglicherweise für eine Sprechakt-Klassifikation nicht von Nutzen sind, sind sie doch extrem wichtig für die logische Analyse von Sprechakten. Ohne ins Detail zu gehen, können wir dazu folgendes sagen.

Die logische Form von Sprechakten hat ungefähr die Form einer Kausalrelation zwischen einem Äußerungsakt und einer Änderung der Welt. Bezeichnet man die Kausalrelation mit ⌐⇒⌐ und gibt man ihr eine Semantik, die sich in groben Zügen an Lewis (1973) orientiert, so können wir die logische Form eines Sprechakts annähernd folgendermaßen darstellen:

(19) $\theta \alpha \Rightarrow \downarrow p$ (oder gelegentlich $\theta \alpha \Rightarrow \vdash p$)

Die Relation zwischen diesen kann die sein, daß α p bezeichnet (direkte Sprechakte) oder daß sie weniger direkt verbunden sind (indirekte Sprechakte).

6. Ein möglicher Einwand

Wir haben nun gezeigt, daß Searles Sprechakt-Klassifikation die meisten Eigenschaften einer prinzipiellen Klassifikation nicht erfüllt. Man könnte daher vermuten, daß die Bedingungen für eine prinzipielle Klassifikation, wie sie in diesem Papier vorgeschlagen werden, eventuell zu stark sind. Vielleicht gibt es überhaupt keine wissenschaftliche oder andere Klassifikation, die diesen Bedingungen entspricht. Diese Vermutung ist aber *falsch*. Denn das Periodensystem der chemischen Elemente und die SU(3)-Klassifikation der Elementarteilchen, um nur zwei Klassifikationen zu nennen, entsprechen den meisten der vorgeschlagenen Bedingungen. Selbst biologische Klassifikationen entsprechen sehr vielen dieser Bedingungen. Daher können wir durchaus den Schluß ziehen, daß noch keine Klassifikation von Sprechakten existiert, die einer *kritischen Betrachtung* standhalten könnte.

Es ist *keine einfache Angelegenheit*, die verschiedenen Vorschläge für Sprechakt-Klassifikationen – von denen Searles die bekannteste und am sorgfältigsten ausgearbeiteste ist – zu modifizieren, so daß eine vernünftige *prinzipielle Klassifikation* entsteht.

Wie zu Anfang dieses Artikels gesagt wurde, ist ein anderes Vorgehen ratsam, nämlich ein genügend reiches System von Bedeutungsrepräsentationen für Sprechakte zu entwickeln und – wenn möglich und erwünscht – Klassen *abzuleiten*.

7. Logische Formen

Eine vorläufige Formalisierung von Repräsentativen (20a), Direktiven (20b), Kommissiven (20c), Expressiven (20d) und Deklarativen (20e) sieht ungefähr folgendermaßen aus:

(20a)   ↓ Ausgedrückt (S, Meinen(S,p))∧
       ↓ Sollte (H, Meinen(H,p))

(20b)   ↓ Ausgedrückt (S, Meinen(S,Wünschen(S,p))) ∧
       ↓ Sollte (H, Meinen(H,Sollte(H,Wird-Tun(p))))

(20c)   ↓ Ausgedrückt (S,Meinen(S,Wird-Tun(S,p))) ∧
       ↓ Sollte (H,Meinen(H,Sollte(S,Wird-Tun(p))))

(20d)   ↓ Ausgedrückt (S,Meinen(S,p)) ∧
       ↓ Sollte (H,Meinen(H,Meinen(S,p)))

(20e)   ↓ Ausgedrückt (S,Meinen(In Position(S,Wahr-Machen
         (S,p)))) ∧
       ↓ Sollte (H,Meinen(H,Von jetzt an(p)))

Diese Formalisierung konzentriert sich auf den Aspekt der *Welt-Veränderung*. Es ist klar, daß diese logischen Formen als Teil einer umfassenderen Form aufzufassen sind, die die Struktur der Kausalrelation (19) hat. Wir wollen für einige der Formen von (20) Gründe anführen. *Erstens:* in jedem Sprechakt-Typ drückt der Sprecher etwas aus, d. h. er veranlaßt (Operator ↓), daß etwas ausgedrückt wird. Bei Repräsentativen ist es eine Ansicht des Sprechers, die ausgedrückt wird, aber das gilt gleichermaßen für *alle* anderen Sprechakte. In diesem Sinn (und nach einiger Überlegung sogar im buchstäblichen Sinn) ist jeder Sprechakt ein Expressiv. Und dies kann nachvollzogen werden, indem man die Formeln durchgeht, die in dementsprechend adäquater Weise die logische Form der verwendeten Ausdrücke repräsentieren. *Zweitens:* jeder Sprechakt ist ein Direktiv, in dem Sinn, daß der Hörer (oder der Angesprochene) etwas tun sollte, entweder eine Ansicht akzeptieren oder als Konsequenz eine andere Handlung ausführen. *Drittens:* jeder Sprechakt ist eine Assertion [Repräsentativ], in dem Sinn, daß der Hörer (oder der Angesprochene) etwas meinen (glauben) soll: »Meinen« (»Glauben«) als allgemeiner Begriff für einen schwächeren oder stärkeren epistemischen Operator. Dieser könnte als »Als selbstverständlich betrachtet« gelesen werden, aber wenn nötig auch als der sehr starke epistemische Begriff »Wissen«.

Wenn man das berücksichtigt, kann man eine besonders einfache Annäherung an die logische Form von Sprechaktaspekt-Typen, wie Repräsentative, u. s. f. von Searle finden:

(21a) Repräsentativer Aspekt: ↓ Festgestellt (S,p)
(21b) Direktiver Aspekt: ↓ Gefordert (S,p)
(21c) Kommissiver Aspekt: ↓ Versprochen (S,p)

(21d) Expressiver Aspekt: ↓ Ausgedrückt (S,p)
(21e) Deklarativer Aspekt: ↓ Erklärt (S,p)

Die logische Form ↓p erlaubt den Schluß auf p, wenn der Akt geglückt (und gelungen) ist. Wie aus unserer bisherigen Diskussion hervorgeht, wird es aber schwierig sein, die Schlußfolgerungen aus Festgestellt (S,p), Gefordert (S,p), Versprochen (S,p), Ausgedrückt (S,p) und Erklärt (S,p) auf dieser allgemeinen Ebene noch weiter zu systematisieren. Eine detaillierte Untersuchung der logischen Form jedes einzelnen Sprechakts scheint der einzig gangbare Weg zu sein, um einen vernünftigen Fortschritt zu erzielen (vgl. Ballmer 1978).

8. Schlußbemerkungen

Mit diesen Betrachtungen schließen wir diesen Artikel ab, welcher die Probleme der Sprechakt-Klassifikation diskutiert. Ausgehend von Searles Klassifikation, die unter den gegenwärtig verfügbaren die beste ist, sind wir der Frage nachgegangen, ob dies eine prinzipielle Klassifikation ist, in dem Sinne, in dem wir den Begriff in diesem Papier entwickelt haben. Das Ergebnis war im wesentlichen *negativ*. Die Gründe hierfür liegen hauptsächlich im komplexen Charakter der Sprechakte, der wahrscheinlich bisher noch nicht genug erforscht worden ist. Als Fazit haben wir vorgeschlagen, direkt mit der Bedeutungsrepräsentation von Sprechakten zu beginnen, um zu der logischen Form von Sprechakten zu kommen, und nicht den Umweg zu machen, zuerst eine Klassifikation einzuführen. Wenn man ein vernünftiges Lexikon der Bedeutungsrepräsentationen von Sprechakten erstellt hat, kann die Frage der Klassifikation auf viel sichereren und formal charakterisierbaren Grundlagen nochmals gestellt werden.

Es muß zum Schluß nochmals betont werden, daß es sich bei den genannten Problemen einer herkömmlichen Sprechaktklassifikation nicht um die Schwierigkeiten handelt, konkret verwendete Äußerungen oder Äußerungstypen in vorgeschlagene Klassen einzuordnen. Diese mehr praktische und methodische Schwierigkeit haben wir, obwohl sie für eine empirisch relevante Klassifikation wichtig wird, weitgehend außer acht gelassen. Es handelt sich vielmehr um viel fundamentalere Fragen, die mit der Möglichkeit einer aprioristischen Sprechakt-Klassifizierung überhaupt zusammenhängen.

1 Wir gehen hier von Searle (1975) aus.

2 Es ist nicht ganz klar, weshalb Searle nicht die einfacheren formalen Repräsentationen wählt: ⌐⊢p⌐, ⌐!A⌐, ⌐KA⌐, ⌐E p⌐, ⌐D p⌐. Er zieht überhaupt keine freien Kombinationen der verschiedenartigen Operatoren in Betracht und könnte leicht die durch ⌐↓⌐, ⌐↑⌐, ..., ⌐M⌐, ⌐W⌐, ... ausgedrückten Bedingungen mit der Semantik der Operatoren ⌐⊢⌐, ⌐!⌐, ⌐K⌐, ⌐E⌐, ⌐D⌐ in Einklang bringen.

3 Vgl. Austin (1962), Fraser (1975), Wunderlich (1976).

4 Statt zu sagen, daß Phänomene in die Kategorien der Klassifikation eingeordnet werden, können wir auch sagen, daß sie klassifiziert, eingereiht, hineingetan werden, daß sie zu diesen Kategorien gehören oder in diese hineinpassen.

5 Diese Beispiele lassen darauf schließen, daß die Unterscheidung zwischen phonetischem, phatischem und (il-)lokutionärem Akt weniger klar ist, als im allgemeinen angenommen wird, da beispielsweise der phonetische Akt in den (il-)lokutionären Akt aufgenommen werden kann.

6 Aus irgendeinem Grund möchte Searle »ankündigen« und »sagen« nicht als Sprechakte bezeichnen. Ein Argument ist, daß jede Art von Sprechakt in seinem Sinn etwa angekündigt werden kann. Es ist möglich, eine Feststellung anzukündigen, einen Befehl anzukündigen u. s. f. Deshalb, so folgert er, kann »ankündigen« keine Absicht beinhalten. Als guten Kandidaten für die Absicht des Ankündigers könnte aber beispielsweise vorgeschlagen werden: (öffentlich) bekanntgeben, daß man eine Proposition wahr machen wird oder einen Sprechakt vollziehen wird.

7 Den Begriff der Einflußrichtung ziehe ich dem der Anpassungsrichtung vor, da er mit der Kausalitätsrelation direkter in Verbindung gebracht werden kann.

8 Es scheint auch, daß die beidseitige Anpassungsrichtung zu einem Phänomen ganz besonderen Typs Anlaß gibt, zu kausalen Schlaufen: Die Welt wird dem Wort wird der Welt ... angepaßt.

Bibliographische Angaben

Anscombe, G. E., (1957), *Intentions*. Blackwell, Oxford.

Austin, J. L., (1961), »How to Talk . . .«. In: Urmson, J. O., Warnock, G. J. (eds.), *Philosophical Papers by the late J. L. Austin*. Clarendon, Oxford, pp. 181-200.

– (1962), *How to Do Things with Words*. Clarendon, Oxford.

Ballmer, Th., (1973), »Pilot Study in Text Grammar«. Technical University, Berlin, mimeo.

– (1978), *Logical Grammar*, North-Holland, Amsterdam.

Berliner Gruppe, (1975), *Sprachliches Handeln (Kategorien, Listen, Modelle)*. Wird erscheinen.

Fraser, B., (1975), »Hedged Performatives«. In: Cole, P., Morgan, J. L. (eds.), *Syntax and Semantics 3*. Academic Press, New York, pp. 187-210.

Lewis, D. K., (1973), *Counterfactuals*. Blackwell, Oxford.

Searle, J. R., (1969), *Speech Acts*. Cambridge Univ. Press, Cambridge.

– (1975), »A Taxonomy of Illocutionary Acts«. In: Gunderson, K. (ed.), *Language, Mind and Knowledge*. Univ. of Minnesota Press, Minneapolis, pp. 344-369.

Wunderlich, D., (1976), *Studien zur Sprechakttheorie*. Suhrkamp, Frankfurt/M.

Dieter Wunderlich
Was ist das für ein Sprechakt?

1. Einige vorbereitende Bemerkungen

1.1 Linguistische und philosophische Sprechaktanalyse

Wir wissen nicht, warum die Linguisten früher nicht so oft von Sprechakten geredet haben wie wir heute. Bedurfte es denn wirklich erst der Philosophen? Denn die einfache Tatsache, daß Sprechen eine menschliche Aktivität ist, die sich in einzelne bedeutungsvolle Abschnitte gliedert, sollte uns doch recht schnell zum Begriff des Sprechaktes führen. »Der Sprechakt ist die minimale Einheit der sprachlichen Kommunikation.« (Searle) Aber erst seit einem guten Jahrzehnt wird versucht, den Begriff des Sprechaktes im Rahmen einer anspruchsvollen Sprachtheorie zu explizieren. Das von Searle vorgelegte Paradigma für die Analyse von Sprechakten – am Beispiel des Versprechens – hat die folgende kanonische Form:

(A) Given that a speaker S utters a sentence T in the presence of a hearer H, then, in the literal utterance of T, S sincerely and nondefectively promises that p to H if and only if the following conditions 1-9 obtain: ... (Searle 1969, S. 57)

Searle versucht damit die Frage zu beantworten: Was ist ein Sprechakt? Speziell: Was ist der Sprechakt des Versprechens? Die notwendigen und hinreichenden Bedingungen für die Ausführung eines Sprechaktes werden in Begriffen der ausgedrückten Proposition und der Präferenzen, Annahmen und Intentionen des Sprechers formuliert. Diese Formulierungen sind unabhängig von einer Einzelsprache.

Für die Analyse bleibt offen, ob das Versprechen – oder irgendein anderer Sprechakt – in der deutschen, portugiesischen oder Suaheli-Sprache erfolgt. Als Philosoph zeigt sich Searle an der Frage: welche Äußerung im Deutschen (Portugiesischen usw.) ist ein Versprechen? oder: was ist diese Äußerung im Deutschen (Portugiesischen usw.) für ein Sprechakt? uninteressiert. Searle extrahiert zwar aus der Menge der Bedingungen für einen Sprechakt eine Menge von Regeln für die Verwendung sprachlicher Ausdrücke, z. B.

(B) The semantical rules for the use of any illocutionary force
indicating device Pr for promising are: ... (Searle 1969,
S. 62)

– diese Regeln bleiben aber merkwürdig blaß, indem sie lediglich
die Bedingungen umformulieren. Mit welchen Ausdrücken, Satzkonstruktionen oder Intonationen ein Versprechen indiziert werden kann, bleibt offen.

Diese Frage interessiert aber gerade den Sprachwissenschaftler.
Und zwar in einer mehrfachen Systematik:

1. Gegeben, ein Linguist wolle den Sprechakt U (Versprechen,
   Ratschlagen, Bitten o. ä.) untersuchen; dann fragt er sich, mit
   welchen Mitteln dieser Sprechakt in einer bestimmten Einzelsprache realisierbar ist, ob er auf einfache oder komplizierte
   Weise oder evtl. gar nicht in ihr ausführbar ist, unter welchen
   zusätzlichen Bedingungen, mit welchen Abschattierungen
   usw.

2. Gegeben, ein Linguist wolle das System einer Einzelsprache
   L (Deutsch, Portugiesisch, Suaheli o. ä.) untersuchen; dann
   fragt er sich (u. a.), welche Sprechakte mit den grammatikali-
   schen Mitteln dieser Sprache (wie Satzmodus) oder ihren lexikalischen Mitteln (wie bestimmten Routineformeln) realisierbar sind, welche Varianten zur Verfügung stehen usw.

3. Gegeben, ein Linguist wolle ein bestimmtes Textstück, einen
   Dialog, eine Erzählung in einer Einzelsprache L untersuchen;
   dann fragt er sich, wie er dieses Textstück gliedern kann und
   wie die einzelnen Abschnitte als Ausführung dieses oder jenes
   Sprechaktes identifizierbar sind. »Was ist das für ein Sprechakt?« – mit dieser Frage will ich besonders die Situation des
   Linguisten beleuchten, der sich mit empirischer Sprachanalyse
   befaßt, empirisch in dem Sinne, daß er Sprechaktivitäten untersucht, die die Mitglieder einer Sprachgemeinschaft zu primären
   Zwecken der Kommunikation und nicht schon zu Zwecken
   der wissenschaftlichen Analyse produziert haben.

Man könnte nun die Meinung vertreten, daß Searles Paradigma
– in der Form A oder in der Form B – lediglich den Rahmen
vorgibt, von dem aus der Linguist mit seiner einzelsprachlichen
Analyse starten kann. Diese Meinung ist aber aus zwei ganz
offenkundigen Gründen nicht aufrechtzuerhalten:

1. Im Rahmen des Schemas A (oder B) werden besondere Bedingungen für einen ganz bestimmten Sprechakt formuliert; die

Anwendung des Schemas setzt also die Identifizierung und genauere Analyse dieses Sprechaktes bereits voraus. Um Bedingungen für das Versprechen zu formulieren, müssen viele Fälle des Versprechens – in dieser oder jener Sprache, davon wird dann wieder abstrahiert – berücksichtigt werden. Darüber hinaus werden die Bedingungen in Begriffen formuliert, die in einer empirisch bezogenen Sprachanalyse alles andere als auf der Hand liegen: was sind denn die Wünsche, Annahmen und Intentionen der Sprecher? Vielleicht ist es gerade umgekehrt: wenn wir eine Äußerung als Versprechen, Bitte oder Ratschlag identifizieren können, dann läßt sich daraus ableiten, welche Wünsche, Annahmen usw. dem Sprecher zugerechnet werden dürfen. Mindestens sind die mentalen Zustände der Sprecher (Wünsche, Annahmen usw.) im Prinzip nicht einfacher zu erschließen als die vollzogenen Sprechakte.

2. Das Schema A verwendet bereits linguistische Bestimmungen, die teils theoretisch, teils idealisiert – bezogen auf gewöhnliche Kommunikationssituationen – sind, die also auf einer vorhergehenden Sprachanalyse aufbauen:

»sentence T«: Der Satzbegriff ist für eine Sprachtheorie zweifellos unverzichtbar, aber doch nicht ohne Probleme. In gewisser Hinsicht soll die Sprachtheorie diesen Begriff überhaupt erst explizieren. Es scheint so, daß in Searles Theorie ein sprachlicher Ausdruck genau dann ein Satz ist, wenn mit ihm bei einer wörtlichen Äußerung ein eigener (vollständiger?) Sprechakt vollziehbar ist – mithin wären ›Satz‹ und ›Sprechakt‹ Begriffe desselben theoretischen Niveaus. In der Analyse gesprochener Sprache bereitet die Abgrenzung einzelner Sätze bekanntlich große Schwierigkeiten, die im Prinzip vergleichbar sind mit den Schwierigkeiten bei der Abgrenzung einzelner Sprechakte. Es ist zwar möglich, den Satzbegriff rein syntaktisch zu definieren; aber gerade unter dieser Voraussetzung entstehen diverse neue Probleme bei der syntaktischen Ergänzung (bzw. analytischen Normierung) unvollständiger gesprochener Äußerungen.

»in the literal utterance of T«: Die Bedingungen, die eine Äußerung zu einem Versprechen machen, können ganz unabhängig davon sein, ob die Äußerung wörtlich oder nicht-wörtlich zu verstehen ist – eben weil ein Versprechen (jedenfalls von Searle) gar nicht in Begriffen irgendeiner Einzelsprache (und damit auch der an die Einzelsprache gebundenen Wörtlichkeit) charakterisiert wird. Was durch diese zusätzliche Bestimmung erreicht werden soll, ist offenbar dieses: etwas soll ein Versprechen sein nicht kraft irgendwelcher Umstände der Äußerungssituation (des verbalen Kontextes, der Erwartungen der Teilnehmer usw.), sondern allein schon kraft des geäußerten Satzes; es muß also zur Bedeutung dieses Satzes gehören, daß mit ihm – wenn er wörtlich verstanden wird – ein Versprechen gegeben werden kann. Allein dieses Vorgehen berechtigt Searle dazu, anschließend Regeln für die Verwendung solcher Sätze im Format B aufzuschreiben. Für den Linguisten erweist sich diese Zusatzbestimmung tatsächlich als die zentrale: er wird darauf hingelenkt, daß die möglichen Sprechakte einer Sprache bereits in den Sätzen dieser Sprache angelegt sein können. So wichtig aber das Prinzip der Wörtlichkeit für den Semantiker ist (was ist die wörtliche Bedeutung dieses Satzes?) und die Anwendung des Prinzips an dieser Stelle für eine Neuformulierung semantischer Theorien (was ist das Sprechaktpotential – als Teil der wörtlichen Bedeutung – dieses Satzes?), so wenig verläßlich ist das Prinzip für die empirische Sprachanalyse. Denn es ist wiederum eine bekannte Tatsache, daß Sprecher nur selten ihre Sprechakte vollständig und explizit-wörtlich ausformulieren, sondern sich in großem Maße auf die jeweils erreichten Umstände der Äußerungssituation verlassen. Auf jeden Fall ist die Zusatzbestimmung nicht unproblematisch voraussetzbar, sondern kann seinen jeweiligen Gehalt erst durch die linguistische Analyse bekommen.

»sincerely and nondefectively«: Searle bindet seine Analyse an eine idealisierte ›normale‹ Sprachverwendung. Beinahe jeder Satz jeder Sprache kann zu anderen Zwecken als den ›normalen‹, in seiner Bedeutung angelegten, verwendet werden: zum Memorieren von Vokabeln, zum Ausprobieren von Reimen, zum Irritieren eines Hörers usw. Und da die Sprechaktbedingungen in Begriffen der mentalen Zustände des Sprechers formuliert werden, muß durch die Ernsthaftigkeitsbestimmung sichergestellt werden, daß der Sprecher diese mentalen Zustände tatsächlich besitzt. Genauer gesagt, wenn wir unabhängig Kenntnis von der Ernsthaftigkeit des Sprechers haben oder sie jedenfalls unterstellen, dann dürfen wir daraus, daß er den Sprechakt U vollzieht, schließen, daß er die mentalen Zustände a, b usw. besitzt und mit seiner Äußerung offenbaren wollte. Es ist offenkundig, daß nicht alle realen Dialoge derartige Annahmen als Annahmen des Analysators zulassen, gleichwohl mag es sein, daß die Adressaten, solange sie keinen Anlaß haben, Gegenteiliges anzunehmen, von solchen Annahmen ausgehen.

1.2 Die allgemeine Struktur von Sprechakten

Zu jedem Sprechakt gehört ein propositionaler Gehalt sowie eine illokutionäre Kraft, die den propositionalen Gehalt in der Interaktionssituation ›situiert‹: als etwas, das behauptet, erfragt, gefordert, vorgeschlagen, definiert usw. wird.

Es ist eine offene Frage, ob der propositionale Gehalt in allen Typen von Sprechakten eine vollständige Proposition ist oder in einigen Typen von Sprechakten nur ein jeweils charakteristischer Teil einer Proposition ist oder eine aus einer Proposition hergestellte ›propositionsähnliche‹ Struktur hat. Searle scheint der ersten Auffassung zuzuneigen, ich selbst habe die zweite Auffassung vertreten (Wunderlich 1976, S. 69, 134; 1978 a). Eine Proposition kann wahr oder falsch sein, und das trifft offensichtlich auch für den Gehalt einer Behauptung oder Feststellung zu. Es bereitet jedoch Schwierigkeiten, vom Gehalt einer Aufforderung oder einer Frage zu sagen, er sei wahr oder falsch. Der Gehalt einer Aufforderung kann vielmehr durch eine nachfolgende Handlung erfüllt werden oder nicht, der Gehalt einer Frage kann durch eine nachfolgende Erwiderung erfüllt werden oder nicht.

»Schneid dir die Haare«: der Gehalt dieser Aufforderung (oder einfach: die Aufforderung) ist genau dann erfüllt, wenn der Adressat es wahr macht, daß er sich die Haare schneidet; und die illokutionäre Kraft der Aufforderung besteht darin, für den Adressaten diese Bedingung für sein zukünftiges Verhalten einzuführen, also letztlich ihn dazu zu bewegen, sich die Haare zu schneiden. Der propositionale Gehalt der Aufforderung ›sagt‹ dem Adressaten, was er tun muß, um die Aufforderung zu befolgen.

»Wann fährt der Zug ab?«: der Gehalt dieser Frage (oder einfach: die Frage) ist genau dann erfüllt, wenn der Adressat (oder sonst jemand) eine Zeitangabe »t« bereitstellt, so daß, zusammen mit den Angaben im Fragesatz, die ›vollständige‹

Proposition konstruierbar wird, daß der Zug um t abfährt – d. h. Frage und Antwort zusammen bestimmen erst die relevante Proposition. Problematisch für die theoretische Analyse ist allerdings die jeweilige Ebene, auf der von Propositionen gesprochen werden soll: »daß der Zug abfährt«, »daß der Zug um t abfährt«, »daß der Zug um t in R (in Richtung S) abfährt« bezeichnen jeweils Propositionen unterschiedlicher Spezifikation. Im ersten Fall ist die Proposition zeit- und ortsabhängig, im letzten Fall ist sie zeit- und ortsunabhängig.

An jeder Äußerung, die als Vollzug eines eigenständigen Sprechaktes angesehen werden soll, muß also ein propositionaler Gehalt und eine zugeordnete illokutionäre Kraft identifiziert werden – eine Aufgabe, die in der empirischen Analyse keineswegs trivial ist. Methodisch kann man zunächst so vorgehen, daß man geeignete Redebeschreibungen vornimmt: die illokutionäre Kraft kann durch einen verbalen Ausdruck, der propositionale Gehalt durch nominale, infinitive oder satzmäßige Komplemente wiedergegeben werden.

»Schneid dir die Haare«:

$$S \text{ verlangte von } H \begin{cases} \text{das Schneiden seines Haares} \\ \text{sich die Haare zu schneiden} \\ \text{daß er sich die Haare schneiden möge.} \end{cases}$$

»Wann fährt der Zug ab?«: S fragte H, wann der Zug abfährt.

Das Verfahren der Redewiedergabe ist geeignet, solche Teile der Äußerungen aufzufinden, die die illokutionäre Kraft ausdrücken, spezifizieren oder kommentieren, und nicht den propositionalen Gehalt:

»Wir kommen jetzt zum Tagesordnungspunkt 7«:

    S rief den Tagesordnungspunkt 7 auf
    (und nicht: S behauptete, daß sie jetzt zum Tagesordnungspunkt 7 kämen)
    Der propositionale Gehalt ist ein Tagesordnungspunkt, also keine Proposition, sondern allenfalls der Name für eine Proposition oder die Bezeichnung eines Sachverhalts.

»Ich gratuliere zum Examen«:

    S gratulierte H zum Examen.
    Der propositionale Gehalt ist ein zurückliegendes Ereignis.

»Ich ernenne Sie hiermit zum Beamten auf Widerruf«:

    S ernannte H zum Beamten auf Widerruf.

Der propositionale Gehalt ist ein nominales Paar aus einer Person und einer beruflichen Stellung.

»Ich muß Ihnen leider sagen, daß wir das Gerät nicht auf Lager haben«:

S teilte – mit dem Ausdruck des Bedauerns über die Unmöglichkeit einer alternativen Auskunft – mit, daß sie das Gerät nicht auf Lager haben.

Der propositionale Gehalt ist der Sachverhalt, daß sie das Gerät nicht auf Lager haben.

Eine besondere Klasse von Sprechakten bilden die Anreden (»Liebe Anna«, »Du, Peter«). Sie nehmen eine ähnlich ausgezeichnete Rolle ein wie die Eigennamen unter den Wortarten. Eigennamen dienen dazu, Personen oder Gegenstände zu identifizieren, kraft einer Vertrautheitsgeschichte, die letztlich auf eine Namengebungssituation zurückgeht. Die Anrede, soweit sie Eigennamen verwendet, dient dazu, einen Adressaten zu identifizieren und seine Aufmerksamkeit zu erlangen. Ihr propositionaler Gehalt ist der Angesprochene, also eine Person; der ›propositionale Akt‹ der Anrede ist nichts als ein Referenzakt. Daneben gibt es allerdings Anreden (»Sehr geehrter Herr Doktor«), die nur deskriptive Kennzeichnungen und epithetische Attribute verwenden. Die deskriptiven Kennzeichnungen funktionieren hier im wesentlichen so wie die Eigennamen, während die epithetischen Attribute eher wie gewisse Arten von Begrüßungen funktionieren: als Zeichen der qualifizierenden Anerkennung oder Kontaktaufnahme.

Einfache Begrüßungen (»Guten Morgen«), Verabschiedungen (»Tschüß«), Trinksprüche (»Prost«), Wohlergehenssprüche (»Guten Appetit«, »Hals- und Beinbruch«, »Gesundheit«) usw. sind schließlich Sprechakte ohne propositionalen Gehalt; diese Sprechakte werden mithilfe von Routineformeln (deren wörtliche Bedeutung zwar nicht unerheblich, aber nur in geringen Grenzen variierbar ist) nur an ganz bestimmten (oft durch nichtverbale Begleitumstände ausgezeichneten) Stellen einer Interaktionsbeziehung vollzogen. (Vgl. Coulmas 1978)

In den Analysen von Searle wird die illokutionäre Kraft durch charakteristische mentale Zustände des Sprechers und durch das, als was die Äußerung ›zählt‹ (»counts as«), analysiert. Die mentalen Zustände für sich genommen sind allerdings nicht geeignet, eine illokutionäre Kraft zu charakterisieren, da sie unabhängig von jeder Äußerung bestehen können. Es handelt sich hier genauer um pragmatische Voraussetzungen, die mit dem Sprechakt assoziiert sind, in dem Sinne, daß normalerweise, wenn der Sprechakt ausgeführt wurde, das Bestehen dieser Zustände vom Hörer gefolgert werden darf. Und so wie der Gehalt einer Aufforderung erfüllt werden kann oder nicht, kann der mit der Aufforderung assoziierte (bzw. assoziierbare) Wunsch des Sprechers erfüllt werden oder nicht: dies gehört zusammen. Da mit einem Sprechakt normalerweise pragmatische Voraussetzungen assoziiert sind, genügt es oft, das Bestehen dieser Voraussetzungen zu thematisieren, um dieselbe illokutionäre Kraft wie durch den Sprechakt selbst zu induzieren: so kann die Äußerung eines Wunsches z. B. als Bitte oder Aufforderung verstanden werden.

Die illokutionäre Kraft eines Sprechaktes ist durch die herbeigeführte Veränderung in einer Interaktionsbeziehung charakterisierbar: Veränderungen im Stand der Verpflichtungen und Commitments für die Fortsetzung der Interaktion, Veränderungen im Informationsstand und im Stand der gegenseitigen sozialen Beziehung. In diesen Begriffen sollte präzisiert werden, als was eine Äußerung ›zählt‹.

1.3 · Probleme der Sprechaktklassifizierung

Zu den Problemen der Abgrenzung und Identifizierung von Sprechakten im Ablauf von Sprechaktivitäten kommt das Problem der geeigneten Klassifizierung hinzu. Es gibt eine Reihe von Vorschlägen, die letztlich alle unbefriedigend sind. Am prominentesten ist der Versuch von Searle (1976), fünf Klassen von Sprechakten zu unterscheiden:

Symbol für den Typ	direction of fit (Richtung der Zuordnung von Welt und Wörtern)	assoziierter mentaler Zustand des Sprechers in Bezug zum prop. Gehalt	propositionaler Gehalt
Repräsentative	⊢ ↓ die Wörter sollen der Welt entsprechen (die		Glauben	p beliebige Proposition

		(die Proposition soll wahr sein, bzw. wird als wahr beansprucht)		
Direktive	!	↑ die Welt soll den Wörtern entsprechen (die Proposition soll wahr gemacht werden)	Wunsch	H tut a der Adressat vollzieht eine Handlung
Commissive	C	↑ die Welt soll den Wörtern entsprechen	Intention	S tut a der Sprecher vollzieht eine Handlung
Expressive	E	∅ kein Bezug zwischen Welt und Wörtern	verschiedene Zustände sind möglich	p beliebige Proposition
Deklarationen	D	↕ Welt und Wörter korrespondieren einander (die Proposition ist kraft des Sprechaktes wahr)	∅ keine besonderen Zustände erforderlich	p beliebige Proposition

Wichtigstes Kriterium für die Klassifizierung ist das ›direction of fit‹, die Richtung, in der Welt und Wörter einander zugeordnet werden: die Wörter bilden einen Ausschnitt der Welt ab (Repräsentative), die Welt soll so verändert werden, daß die Wörter einen Teil von ihr abbilden (Direktive und Commissive), Wörter und Welt sind allein kraft des Sprechaktes in Übereinstimmung (Deklarationen) und Fehlen eines Bezugs zur Welt, weil nur mentale Zustände des Sprechers ausgedrückt werden (Expressive). So überzeugend die hier zugrundeliegende Idee der Situierung einer Proposition durch unterschiedliche Perspektiven in der ›Wortung der Welt‹ auf den ersten Blick auch sein mag, es ergeben sich eine Reihe mehr oder weniger schwerwiegender Einwände an der vorgelegten Klassifikation.

1. Problematisch ist, ob der propositionale Gehalt in allen Fällen mit einer Proposition gleichgesetzt werden darf. Meinen Einwand bezüglich der Aufforderungen (Direktive) habe ich oben schon angedeutet und in Wunderlich (1976, S. 125 ff.) näher ausgeführt: Searle vernachlässigt hier offenbar den Unterschied zwischen Aufforderungen »Schneid dir die Haare!«, Normeinführungen »Du sollst dir die Haare schneiden« und Vorhersagen »Du wirst dir die Haare schneiden«.

Bei den Expressiven müßte der propositionale Gehalt verändert werden, um eine Proposition anstelle eines Ereignisses zu erhalten: »Ich gratuliere dir dazu, daß du das Examen bestanden hast« statt »Ich gratuliere dir zum Examen« (Ich bin nicht sicher, ob diese Sätze wirklich bedeutungsäquivalent sind.).

Bei den Deklarationen drückt die Proposition das Resultat des Sprechaktes aus. Entweder müßte das Verb, das die illokutionäre Kraft der Äußerung ausdrückt, mit zum propositionalen Gehalt gerechnet werden – und zwar in einer Perfekt-Form –: »Hierdurch geschieht es, daß du auf den Namen Sophie getauft bist« statt »Ich taufe dich hiermit auf den Namen Sophie«, oder das Verb müßte (in nominalisierter Form) zur Beschreibung des Sprechaktes verwendet werden »Durch diese meine Taufe geschieht es, daß du Sophie heißt«, oder auf das Verb müßte ganz verzichtet werden: »Hierdurch geschieht es, daß du den Namen Sophie besitzt«. Derartige Normalformen können die Tauf-Äußerung grundsätzlich nur unter der Resultatsperspektive und nicht unter der Akt-Perspektive erfassen. Dieses Verfahren ließe sich aber auch auf alle anderen Sprechakte anwenden, und man käme dort ebenfalls zu einer anderen Bestimmung des propositionalen Gehalts. Z. B. »Hierdurch geschieht es, daß du unter der Obligation stehst, dir die Haare zu schneiden« statt »Schneid dir die Haare«. Wenn aber alle Sprechakte in die Lesart von Deklarationen gebracht werden können, wird die vorgenommene Klassifikation witzlos. Entweder muß der propositionale Gehalt von Deklarationen (als einer besonderen Klasse von Sprechakten) anders als bei Searle bestimmt werden, oder alle Sprechakte werden als Deklarationen analysiert (vgl. hierzu Heim 1977): Deklaration ist dann der allgemein mögliche explizit performative Modus von Sprechakten und nicht eine besondere Art von Sprechakten.

2. Nach dem Kriterium des ›direction of fit‹ unterscheiden sich Commissive (Versprechen) nicht von Direktiven (Aufforderungen). Der einzige Unterschied besteht darin, daß jemand eine eigene Handlung verspricht, aber zu einer Handlung des Adressaten auffordert. Die Sprechakte unterscheiden sich im Sprecher-Hörer-Bezug des propositionalen Gehalts. Die Tatsache nun, daß für Direktive der Imperativ-Modus zur Verfügung steht, für Commissive kein grammatischer Modus (in allen mir bekannten Sprachen), und die weitere Tatsache, daß mit Aufforderungen eine Interaktion inhaltlich initiiert werden kann, während Commissive nahezu immer eine gewisse Interaktionsgeschichte schon voraussetzen, läßt vermuten, daß Commissive lediglich auf Direktive hin bezogene Sprechakte sind: eine Aufforderung, die nicht sofort erfüllbar ist, kann vom Adressaten durch ein Versprechen übernommen bzw. akzeptiert werden.

> X: »Komm doch heute abend bitte mal vorbei.«
> Y: »Ich will es versuchen.«
> X: »Kommst du auch wirklich? Es ist wichtig.«
> Y: »Klar, ich verspreche es dir.«

Commissive scheinen in natürlicher Weise Erwiderungen auf problematisierende oder insistierende Aufforderungen zu sein, d. h. sie sind sequentiell von Aufforderungen abhängig, so wie Antworten auf Fragen reagieren.

Allein unter dem Gesichtspunkt des ›direction of fit‹ ist es unverständlich, weshalb der propositionale Gehalt von Direktiven auf Handlungen des Adressaten beschränkt sein sollte. Schon in einfachen Aufforderungen liegt der Skopus der Aufforderung oft nicht in der Handlung, sondern in der Art und Weise der Handlungsausführung, ausgedrückt durch ein Adverbial: »Fahr schneller!« »Iß mit der Gabel!« Ebenfalls gibt es Aufforderungen, die lediglich einen Zustand thematisieren, der erreicht werden soll – allerdings sind diese im allgemeinen nicht im Imperativmodus realisierbar: »In 10 Sekunden herrscht Ruhe!«, »Bis morgen ist dein Zimmer aufgeräumt!« Ähnliches gilt für übertragene Aufforderungen: »Herr X soll morgen um 5 Uhr zur Sprechstunde kommen!«; sie lassen sich nicht im Imperativmodus realisieren; damit aber der Adressat der Aufforderung von der Aufforderung Kenntnis erhält, muß der Adressat der Äußerung eine bestimmte Informationshandlung ausführen. Wenn es darum geht, daß die Welt den Wörtern entsprechen soll, so müßten auch alle Optativ-Äußerungen zur Klasse der Direktive gerechnet werden, zumal keine andere Klasse dafür in Frage kommt: »Heute soll endlich mal die Sonne scheinen!« Die Frage ist, ob das Kriterium ›direction of fit‹ oder das Kriterium des Imperativ-Modus bei der Ausgrenzung der Klasse der Direktive ausschlaggebend sein soll.

Searle rechnet auch Gebote, Verbote und Erlaubnisse zu den Direktiven: hier ist es augenscheinlich, daß der Imperativmodus kein Kriterium sein kann, weil es zahlreiche andere Realisierungsmuster gibt, z. B. Konstruktionen mit Modalverben. Schließlich werden auch Ratschläge als Direktive klassifiziert. Mit Ratschlägen ist im allgemeinen nicht der Wunsch des Sprechers assoziiert, daß der Adressat die betreffende Handlung ausführt oder unter bestimmten Bedingungen ausführt. Es ist nicht einmal so, daß vom Adressaten erwartet wird, daß er die Handlung ausführt; es genügt, daß er sie in seinen praktischen Handlungsentscheidungen berücksichtigt. Mithin soll nicht die Welt den Wörtern entsprechen, sondern der Gehalt des Ratschlags soll Gegenstand mentaler Prozesse des Adressaten sein. Diese Überlegungen machen wahrscheinlich klar, daß es eines ist, intuitiv eine Klasse von Direktiven abzugrenzen, aber etwas anderes, wirklich stichhaltige Kriterien zu finden, die nicht klare Fälle von Aufforderungen ausschließen und auf der anderen Seite klare Fälle von Nicht-Aufforderungen wieder einschließen.

3. Searle scheint auch Fragen unter die direktiven Sprechakte zu subsumieren. Aber nahezu alles, was als Kriterium herangezogen werden kann, spricht dagegen. Fragen sind (in den meisten Sprachen) durch einen eigenen Satzmodus markiert. Der propositionale Gehalt von Fragen kann relativ beliebig sein (zu jedem Deklarativsatz ist eine Entscheidungsfrage und sind zahlreiche Ergänzungsfragen möglich), er ist nicht auf Handlungen des Adressaten beschränkt. Die Welt soll nicht den Wörtern des Fragesatzes entsprechen; allenfalls soll die Antwort so gegeben werden, daß die Wörter der Welt entsprechen. Zutreffend ist allein, daß mit einer Reihe von Fragen ein Wunsch des Sprechers nach einer Antwort assoziiert ist.

Searle geht vermutlich davon aus, daß Fragen unter Umständen in Form von Aufforderungen formuliert werden können. »Wann fährt der Zug ab?« lautet dann: »Sag mir, wann der Zug abfährt«. In einem Eulenspiegel-Spiel wird daraufhin die ›Antwort‹ gegeben: »Wann der Zug abfährt«. Genau diese, die Sprache karikierende Auffassung macht sich aber Searle zu eigen: denn wenn der Adressat die genannte Handlung ausführen soll, also die Welt so ändern soll, daß sie den Wörtern entspricht, dann ist die Äußerung »wann der Zug abfährt« genau diejenige Handlung, die die Aufforderung erfüllt. Gemeint ist natürlich, daß der Adressat eine *Antwort* geben soll auf die Frage, wann der Zug abfährt, also eine Zeitangabe machen soll, und daß der Sprecher erwartet, daß die durch die Antwort vervollständigte Proposition, daß der Zug um t abfährt, eher zur Klasse der wahren als zur Klasse der falschen Propositionen gehört. Eine Analyse des Sprechaktes der Frage und der Relation von Frage und Antwort ist nicht schon dadurch geleistet, daß man auf den trivialen Umstand verweist, die Frage sei initiativ, indem sie ein Antwortverhalten des Adressaten zu induzieren vermag. Im übrigen trifft die Umschreibung von Fragen nach dem Muster »Sag mir . . .« nur für Informationsfragen und Examensfragen zu, nicht aber für deliberative Fragen, didaktische Fragen, Überraschungsfragen, rhetorische Fragen.

2. Sequenzierung einfacher Sprechakte

2.1 *Einige verwendete Begriffe*

Nahezu kein Sprechakt wird isoliert vollzogen. Sprechakte folgen im allgemeinen auch nicht in beliebiger Reihenfolge aufeinander. Vielmehr sind Sprechakte oft in – ihrerseits variablen und ausbaufähigen – Sequenzmustern organisiert. Diese Sequenzstruktur von Sprechakten kann einerseits charakteristisch sein für ganze Diskursarten, andererseits kann sie sich auch in der besonderen Struktur einzelner Sprechakte widerspiegeln. Darüber hinaus gibt es komplexe Sprechakte oder Sprecheinheiten, die sich aus mehreren einzelnen Sprechakten zusammensetzen.

Im Rahmen der Analyse zusammenhängender Diskurse werden

Begriffe benötigt wie turn (Redebeitrag), move (Zug), Sprechakt-Sequenzmuster, komplexe Sprecheinheit und Diskursart.

Während der Zeit, in der ein Teilnehmer spricht bzw. zu einem Diskurs beiträgt, hat er den turn oder macht einen Redebeitrag. Ein Redebeitrag kann aus einer minimalen Äußerung bestehen, die keinen vollständigen Sprechakt ausmacht, aber auch aus einer ganzen Serie von Sprechakten. Jeder Redebeitrag enthält Stellen, an denen ein anderer Sprecher starten kann. Redebeiträge können sich überlappen, obwohl die Tendenz besteht, solche Situationen zu reduzieren (vgl. Sacks/Schegloff/Jefferson 1974).

Mit dem Begriff des move oder Zuges wird die Funktion eines Sprechaktes für den Ablauf des Diskurses charakterisiert. Es gibt typisch initiative Sprechakte wie die Frage, die Aufforderung, den Vorschlag, und es gibt Sprechakte, die sich nur aufgrund ihrer nachgeordneten Position innerhalb einer Sequenz ausmachen lassen, wie die Antwort, die Bestätigung, die Rückfrage, das Eingeständnis, das Sich-erkenntlich-Zeigen. Einige dieser Sprechakte sind reine reaktive Züge. Eine Antwort z. B. ist als Sprechakt zunächst im allgemeinen eine Behauptung oder eine Feststellung, deren Funktion als Antwort sich allein durch ihre Reaktion auf eine vorhergehende Frage erweist, die Antwort ist also ein behauptender Sprechakt und ein reaktiver Zug. Eine Rückfrage andererseits ist sowohl reaktiv (z. B. reagiert auf eine Frage, die sie in Kraft läßt) wie auch initiativ, nämlich fordert eine eigene Antwort heraus. Wie sich zeigen wird, ist besonders wichtig für die Diskursanalyse das Kriterium der Initiativität eines Sprechaktes, daneben aber auch die jeweilige Reichweite einer Initiative (wielange bleibt die initiative Kraft des Sprechaktes erhalten?). Mit dem Begriff des Zuges wird nur die Funktion des Sprechaktes für den diskursiven Ablauf gekennzeichnet; daneben gibt es aber weitere kontextuell bestimmte kommunikative Funktionen von Sprechakten.

Ein Sprechakt-Sequenzmuster ist eine konventionell geordnete Abfolge von Sprechakten. Die Positionen in der Sequenz müssen durch Sprechakte einer bestimmten Art besetzt werden und werden im allgemeinen von den Teilnehmern im Wechsel ausgeführt. Wenn ein Sprecher mit einem Sprechakt des Sequenzmusters startet, dann wird erwartet, daß der jeweilige Adressat das Muster fortsetzt, auch wenn er es evtl. zeitweilig durch eine Rückfrage, einen aufschiebenden Kommentar o. ä. unterbricht.

Manchmal sind an gewissen Positionen eines Musters gewisse Alternativen oder Expansionen möglich. Ebenfalls besteht oft die Möglichkeit, in einen Teil des Musters wieder neu einzusteigen, so daß sich eine repetitive Struktur entwickelt.

Besonders prominente Sprechakt-Sequenzmuster sind die adjacency pairs im Sinne von Sacks/Schegloff/Jefferson, wie Frage-Antwort, Vorschlag-Stellungnahme zum Vorschlag, Eröffnungs- und Abschluß-Paare eines Gesprächs. Häufig sind ebenfalls Muster mit drei Positionen. So umfaßt die minimale Prozedur zur Verständnissicherung eine Bezugsäußerung, eine Bestätigung und eine Rückbestätigung:

X: »Die Vorlesung findet im Hörsaal D statt«
Y: »Ah, im Hörsaal D«
X: »Ja«

Die Danksagung für eine erhaltene Leistung umfaßt die Bezugshandlung, die Danksagung und die Anerkennung des Dankes:

X (überreicht ein Papiertaschentuch): »Hier, bitte schön«
Y: »Danke sehr«
X: »Gern geschehen«

In welchem Sinne darf man sagen, derartige Sequenzmuster seien konventionell? Das wichtigste Kriterium dafür scheint zu sein, daß jede einzelne Position des Musters als notwendig erachtet werden muß, damit ein gemeinsam akzeptierter Interaktionszustand erreicht wird. Dies bemißt sich z. T. an den eingespielten Erwartungen der Teilnehmer, die ihrerseits von den vorkommenden Häufigkeitsregularitäten geprägt sind. Ich will diese Frage hier nicht vertiefen. Es dürfte aber auf der Hand liegen, daß es in diesem Bereich unterschiedliche Grade der Konventionalität und auch mehr oder weniger institutionalisierte Muster gibt.

Eine komplexe Sprecheinheit besteht aus mehr als einem Sprechakt eines der Teilnehmer. Er führt mehrere Schritte in einer Abfolge aus, die ihrerseits von Zuhörern jeweils kommentiert und in der Folge davon von ihm selbst expandiert oder reduziert werden können. Typische komplexe Sprecheinheiten sind die Erzählung, die Argumentation, die Beschreibung. Sie haben normalerweise einen Anfang, einen variablen Mittelteil und einen Abschluß; keiner dieser Teile kann völlig fehlen, aber sehr wohl stark reduziert werden. Die Struktur komplexer Sprecheinheiten spiegelt gewissermaßen die Struktur einer komplexen Interaktionsaufgabe wider, und diese kann vom jeweiligen Zuhörer in der einen oder anderen Weise modifiziert werden. Neben den genannten komplexen Sprecheinheiten sind sicher auch komplexe Sprechakte wie Vorwerfen, Kritisieren u. ä. zu erwähnen, die ebenfalls durch mehrere einzelne Sprechakte realisierbar sind, aber ohne unbedingt charakteristische Teile aufweisen zu müssen. Die begrifflichen Abgrenzungen dürfen in diesem Bereich, solange nicht genauere Untersuchungen vorliegen, sowieso nicht allzu streng gehalten werden.

Die Diskursart charakterisiert einen Diskurs als Ganzen. Typische Beispiele sind die Wegauskunft, die Instruktion, das Interview, die Beratung. Jeder solche Diskurs kann sowohl Beschreibungen, Argumentationen wie auch Erzählungen enthalten, und sicherlich wird er Stadien mit charakteristischen Arten von Sprechakt-Sequenzmustern enthalten. Die Struktur einer Diskursart hängt wiederum von der interaktiv zu bewältigenden Aufgabe ab, wie auch von der Struktur der Erfahrungen und sozialen Beziehung der Teilnehmer, der Struktur des behandelten Ausschnitts der Realität, der institutionellen Ausprägung usf.

Hiermit will ich meine tour de force durch die Begrifflichkeit der Diskursanalyse beenden und alles weitere am Sprachmaterial aufzeigen. Der Gefahr, daß dadurch die Systematik leicht zu kurz kommt und der Struktur des ausgewählten Sprachmaterials gewissermaßen anekdotisch, nämlich fallanalytisch nachgefahren werden muß, will ich gerne ins Auge sehen.

2.2 Dialog über das Zähneputzen

Im Rest der Abhandlung will ich einige Eigenschaften von Sprechakten, die sie im Diskurszusammenhang haben, an kleineren Beispielen des Sprachgebrauchs aufzeigen. Diese Beispiele sind ohne jeden Anspruch aus unterschiedlichen Materialsammlungen entnommen. Sie dienen dazu, einige der methodologischen Probleme zu beleuchten, die sich bei der empirischen Fragestellung »Was ist das für ein Sprechakt?« stellen. Ich beginne mit einem Beispiel von relativ einfacher und unproblematischer Struktur.

Beispiel 1 (entnommen aus Martens 1974, S. 182)
M = Mutter, V = Vater, K = 3jähriger Sohn Klaus
 1 M: Klaus! Kommst du mal zu mir?
 2 K: Warum?

3 M: Ach, du bist noch dabei, die Kissen zu transportieren.
4   Wenn du fertig bist, kommst du.
    Wenn du fertig bist mit deinen Kissen, kommst du dann
    her, ja?
5 K: Warum?
6 M: Dann gehen wir Zähne putzen.
7 K: ( ) das macht der Papi.
8 M: Ach ja, soweit kommt's.
9 K: Vati, tust du mir die Zähne putzen?
10 V: Kannst du doch alleine.
11 K: Nein, machst du mir.
12 V: Gut.
13 K: Komm, Papi!

Die Abgrenzung und Numerierung der einzelnen Sprechakte
folgt Martens. Ich gebe nun einen Ausschnitt aus dem Kommentar von Martens wieder, in dem sie die einzelnen Sprechakte
identifiziert (überschrieben mit »Sprechhandlungsebene«):

1 Aufforderung
2 Frage als Aufforderung zur Begründung von 1
3 Vorläufige Zurücknahme der Aufforderung
4 Konkretisierte Aufforderung durch Wiederholung von 1
5 Wiederholung der Frage 2
6 Begründung der Aufforderung
7 Zurückweisen der Handlung M durch Wunsch an V
8 Ablehnender Kommentar
9 Bitte an V
10 Zurückweisen der Aufforderung in Form einer Behauptung
11 Wiederholung der Bitte als Forderung
12 Zustimmung zur Forderung 11
13 Aufforderung zur Durchführung der Handlung

Welches methodologisches und alltagspraktisches Wissen hat
die Autorin verwendet, um die Sprechakte in der angegebenen
Weise abzugrenzen und zu identifizieren?
Jeder turn wird als eigener Sprechakt gezählt, soweit er nicht
mehr als die Äußerung eines Satzes umfaßt. Die eine längere
Äußerung der Mutter (3 und 4) wird als Realisierung von zwei
verschiedenen Sprechakten aufgefaßt. Hierbei umfaßt 4 zwei
selbständige Sätze, der zweite ist jedoch eine expandierte Wiederholung des ersten. Sowohl dieser Umstand wie auch die ingesamt

recht durchsichtige Struktur des Dialogs verdankt sich zum Teil sicher der Tatsache, daß das Gespräch mit einem 3jährigen Kind geführt wird. Andererseits enthält der Dialog keine deutlichen Anzeichen dafür, daß das Kind die Gesprächsregeln nicht kennen würde. Allenfalls könnte die zweimalige Äußerung »Warum?« als routinisierte kindliche Reaktion ohne den Gehalt einer Begründungsfrage angesehen werden – doch auch dazu bietet der Dialog keinen besonderen Anlaß. Deshalb werde ich den Dialog – so wie die Autorin – einfach als Stück normalen Dialogs zwischen sprachkompetenten Teilnehmern ansehen und dem Umstand, daß ein Kind daran beteiligt ist, im Rahmen der Sprachanalyse weiter keine Rechnung tragen. (Zweifellos offenbart sich dieser Umstand aber in der inhaltlichen Analyse.)

In den Abschnitten 1 bis 8 sind die Mutter und Klaus, von 9 an sind Klaus und der Vater am Dialog beteiligt. Die Initiative zum ersten Teil geht von der Mutter aus, mithilfe der Anrede »Klaus!« – damit wird die primäre Kommunikationsbedingung hergestellt, nämlich die Aufmerksamkeit von Klaus geweckt. Entsprechend beginnt Klaus seine Initiative in 9 mit der Anrede »Vati«, erst dadurch wird es möglich, den Vater als neuen Gesprächsteilnehmer heranzuziehen. Diese Funktion der Anreden wurde von Martens in ihrem Kommentar übergangen – sicherlich nicht übersehen, sondern stillschweigend in der Analyse verwendet. Es wäre berechtigt, die Anreden eigens zu identifizieren, unabhängig davon, ob ihnen der Status eines eigenen Sprechaktes zugesprochen wird. Anreden in der Anfangsposition haben im übrigen einen anderen Stellenwert als solche in einer mittleren oder in einer Endposition (vgl. 13) – denn hier muß der Sprecher davon ausgehen, daß ihm die Aufmerksamkeit bereits gehört. Die Anrede in 13 scheint eher die Funktion zu haben, den Adressaten der Aufforderung eindeutig festzulegen und ihn zur Durchführung der Handlung hier und jetzt zu bewegen. (Vermutlich war diese Anrede von einer entsprechenden Geste begleitet.)

In 1 wird ein Fragesatz geäußert, dennoch wird die Äußerung als Aufforderung identifiziert. Es handelt sich um eine implizite (bzw. indirekte) Aufforderung von relativ geringer Stärke, oder auch einfach um eine Wunschäußerung. Sicher ist das Vorkommen des Partikels »mal« ein Indikator dafür, ebenfalls der eingespielte Gebrauch solcher Fragesatzformen. Würde man die Äußerung tatsächlich als Frage verstehen wollen, müßte man »mal« als

»irgendwann mal« interpretieren, und eine solche Frage ist in diesem Familienkontext wenig sinnvoll.

Die Erwiderung »Warum?« kann nur im Kontext der vorhergehenden Äußerung verstanden werden. Um sie als Frage zu verstehen, müssen wir einen propositionalen Gehalt kontextuell ergänzen, z. B. »Warum soll ich zu dir kommen?« oder »Warum möchtest du, daß ich zu dir komme?«, nicht aber: »Warum fragst du mich das?« oder »Warum forderst du mich auf, zu dir zu kommen?« Die Frage zielt nicht auf eine Begründung des vorhergehenden Sprechaktes, sondern auf die Begründung des propositionalen Gehalts des vorhergehenden Sprechaktes. Dies wird im Kommentar von Martens nicht deutlich. Ich denke auch nicht, daß es sich um eine ›Frage als Aufforderung‹ handelt, eher schon um eine hinhaltende Frage. Vielleicht transportiert die Frage auch eine andere Frage, nämlich: »Was soll ich bei dir?« – der Fokus liegt nicht auf der Begründung des Sollens oder des Möchtens, sondern auf einer Bestimmung des Handlungsziels. Dies wird deutlicher in der Erwiderung 6 auf die gleichlautende Frage 5. Wörtlich gibt die Mutter in 6 keine Antwort auf die Warum-Frage (etwa »weil dies und das«), sondern sie konstruiert einen textuellen Anschluß an ihre eigene Äußerung 4: »Wenn du fertig bist mit deinen Kissen (und wenn du dann hergekommen bist), dann gehen wir Zähne putzen«. Die Aufforderung der Mutter erweist sich also als Steuerung der gemeinsam vorzunehmenden späteren Handlungen (die wahrscheinlich in der abendlichen Situation von Klaus bereits erwartbar sind), und die Frage von Klaus bezieht sich auf diese Handlungen.

Die Äußerung 3 ist für sich genommen eine Feststellung. Dabei drückt u. a. die Interjektion »ach« schon aus, daß der Inhalt der Feststellung Neuigkeitswert für die Sprecherin hat (und deren Handlungsplanungen zu beeinflussen vermag), nicht aber für den Adressaten. Es kann sich nicht um eine informierende Feststellung handeln, sondern nur um eine Display-Feststellung, die ausdrückt, daß das, was für den Adressaten klar ist, nunmehr auch für die Sprecherin klar ist. Im Kontext der vorangegangenen Aufforderung 1 darf man diese Feststellung tatsächlich als vorläufige Suspendierung der Aufforderung interpretieren – nur so bekommt sie ihren Sinn bzw. ihre kommunikative Funktion; denn wer Kissen transportiert, kann nicht gleichzeitig herkommen. Damit erscheint die Feststellung auch als natürliche Reaktion auf die Frage »Warum?«, indem sie dieser Frage eine die Befolgung der Aufforderung aufschiebende Kraft einräumt. Diese Interpretation wird gestützt durch die anschließende Äußerung 4, in der die Aufforderung nunmehr konditional wiederholt wird. Am Beispiel dieser Äußerung 3 wird deutlich, daß es eines ist, Äußerungen zu isolieren und kraft ihrer grammatischen Form als Sprechakt von dieser oder jener Art zu identifizieren, und etwas anderes, die kommunikative Funktion dieses Sprechaktes im Kontext der Diskurssituation zu bestimmen. Die Diskursanalyse muß beides tun, darin besteht ihr qualitativer Fortschritt gegenüber der isolierten Sprechaktanalyse. Die kommunikative Funktion eines Sprechaktes ergibt sich aus seiner sequentiellen Stellung; dabei sind sowohl die vorhergehenden wie auch die nachfolgenden Sprechakte zu berücksichtigen. Anzumerken ist, daß es sich hier nicht um einen indirekten Sprechakt, etwa der Suspendierung einer Aufforderung, handelt, der sich als kontextuelle Lesart einer wörtlich genommenen Feststellung ergibt, denn die Äußerung 3 ist natürlich auch eine Feststellung, während die Äußerung 1 *nicht* auch eine Frage ist.

Der Äußerung 7 geht eine unverständliche Passage voran, aus der vermutlich die Ablehnung der in 6 erwähnten Handlung ›Zähneputzen mit der Mutter‹ bereits hervorgeht. Das Pronomen »das« in der Äußerung 7 verweist auf eine Handlung – denn nur Handlungen werden ›gemacht‹ –, die in der vorhergehenden Äußerung erwähnt sein muß; allerdings ist genau diese Handlung darin nur implizit ausgedrückt. Aus der kontrastiven Hervorhebung des Handlungsagenten (»der Papi« gegenüber der Mutter) sowie unserer Kenntnis der üblichen Familiensituation mit Kleinkindern können wir schließen, daß es sich um eine Handlung für oder zugunsten von Klaus handelt: nämlich ›mit mir gehen, um meine Zähne zu putzen‹ oder ›mir die Zähne putzen‹. Anders kann ›Zähneputzen gehen‹ in unserem Kontext kaum verstanden werden. Aber auch hier braucht man sich nicht auf bloße Deutungen zu verlassen, sondern kann einfach die Äußerung 7 heranziehen, in der Klaus die betreffende Handlung aus seiner Sicht genau benennt. Was in der Perspektive der Mutter ›wir gehen Zähne putzen‹ heißt, wird in der Perspektive von Klaus ›mir die Zähne putzen‹. Diese Perspektivität der Handlungsbezeichnungen verdient deshalb hervorgehoben zu werden, weil sie oft Anlaß zu Deutungsdiskrepanzen der Gesprächsteilnehmer gibt und den Ablauf eines Diskurses überhaupt erst erklärbar macht. In unserem Beispiel werden die Perspektiven allerdings unproblematisch eingenommen und verstanden. Die Äußerung 7 kann nun insgesamt als eine Feststellung angesehen werden. Offensichtlich aber, wie aus dem weiteren Dialog hervorgeht, kann sich Klaus nicht schon auf eine Absprache oder ein Angebot des Vaters berufen, sondern stellt lediglich seinen Wunsch fest. Dieser kontrastiert mit der Handlung, die die Mutter vornehmen will. Im Kontext der vorhergehenden Äußerung hat die Feststellung also die Funktion einer Ablehnung: »Das soll der Vater machen und nicht du.« Die Mutter reagiert mit der Äußerung 8. »Soweit« ist wiederum eine Proform und weist auf den propositionalen Gehalt der vorhergehenden Äußerung »daß der Vater die die Zähne putzt«. Die Mutter bewertet den Wunsch bzw. das Ansinnen des Sohnes mit der idiomatischen Formulierung als nicht in Frage kommend. Die Äußerung kann als Kommentar im Kontext von 7 verstanden werden, denn bewertende Äußerungen stehen außerhalb des unmittelbaren Ablaufs und der unmittelbaren Steuerung von Handlungen, sie thematisieren allein das zugrundeliegende System von Werten. Insofern läßt die Äußerung die vorhergehende Aufforderung in 4 zwar weiterhin in Kraft, aber erneuert sie auch nicht. Die Bedeutung der Äußerung 8 ergibt sich nicht allein aus den verwendeten Wörtern; »soweit kommt's« mit der entsprechenden Intonation und der vorhergehenden (abwertenden) Interjektion heißt ja eher: »soweit kommt es nicht«.

Mit der Initiative in 9 unternimmt Klaus den Versuch, es doch soweit kommen zu lassen. Ist diese Äußerung nun als Frage oder als Bitte zu identifizieren? Meines Erachtens gibt die eine oder die andere Analyse keinen Unterschied im Resultat, und dies liegt am besonderen propositionalen Gehalt. Thematisiert wird eine Handlung des Adressaten zugunsten des Sprechers. Antwortet der Adressat mit »ja«, so darf von ihm erwartet werden, daß er für die Wahrheit seiner Antwort einsteht, also die betreffende Handlung ausführt – im Resultat dasselbe, als folge er der Bitte. Antwortet der Adressat mit »nein«, so ist diese Antwort genau dann wahr, wenn er die betreffende Handlung unterläßt, was dasselbe ist, als lehne er die Bitte ab. Hier zeigt sich, daß nicht die illokutionäre Kraft von Fragen oder Bitten für sich genommen werden kann, sondern nur in Bezug zum jeweiligen propositionalen Gehalt. Aus der Äußerung 10 des Vaters kann eine negative Antwort geschlossen werden, da es keiner Hilfe bedarf, wenn jemand etwas alleine tun kann. Andererseits ist die Ablehnung nicht explizit ausgedrückt. Im Kontext von 10 ist »Nein« in der Äußerung von 11 als Bestreiten der Behauptung zu verstehen: »Ich kann es nicht alleine.« Denkbar wäre allerdings auch ein Modalitätswechsel: »Ich will es nicht alleine.« Der Deklarativsatz in 11 drückt die Feststellung eines Wunsches aus; bezogen auf den Adressaten hat diese Feststellung die Kraft einer Aufforderung, wieder dank des besonderen propositionalen Gehalts. Die Äußerung 12 kann wiederum nur relativ zur vorhergehenden Äußerung verstanden werden. »Gut« könnte die positive Bewertung einer Handlung oder eines Ereignisses oder auch einer Sache ausdrücken. Die Äußerung 11 thematisiert aber eine zukünftige Handlung des Adressaten, in Bezug darauf kann »Gut« nur als Erklärung eines Einverständnisses verstanden werden: »Ich bin bereit, diese Handlung auszuführen«, denn wenn eine eigene zukünftige Handlung als positiv bewertet wird, so sollte man wohl bereit sein, sie auszuführen. In der Klassifikation von Searle wäre 12 ein commissiver Sprechakt, aber ohne daß es dazu eines besonderen Indikators bedarf. Die Äußerung 13 übernimmt das Einverständnis und fordert zur Durchführung der Handlung hier und jetzt auf.

In den Äußerungen 9, 11 und 13 finden wir drei verschiedene Realisierungsformen einer Bitte oder Aufforderung: als Fragesatz, als Deklarativsatz und als Imperativsatz. Diese Abfolge ist vermutlich nicht vertauschbar; die drei Realisierungsformen drücken eine zunehmende Bestimmtheit der vermittelten Bitte aus. (Deshalb kann Martens auch von der »Wiederholung einer Bitte als Forderung« sprechen.) Die Bitte in der Frageform läßt die negative Antwort genau so wie die positive Antwort zu, also überläßt die Entscheidung dem Adressaten; die Bitte in der Feststellungsform hat die positive Entscheidung schon getroffen und läßt nur noch die Zustimmung offen; die Bitte in der Befehlsform setzt die Zustimmung grundsätzlich voraus und steuert das gewünschte Verhalten direkt. Es scheint so etwas wie ein Gesetz der sequentiellen Verstärkung von Sprechakten zu geben, wenn es darum geht, eine anfängliche Unsicherheit oder Unklarheit der Reaktionen zu überwinden.

Der ganze Dialog entwickelt sich in der Abarbeitung von

Widerständen. Die Sprechakte folgen insofern in natürlicher Weise aufeinander, als sie sich jeweils auf den vorhergehenden beziehen. Jedoch ist dieser Bezug oft nicht durch konventionelle Sequenzmuster vorgegeben. Einem konventionellen Muster folgt 6 auf 5, soweit wir 6 als Antwort auf 5 verstehen wollen, ferner 12 auf 11, soweit wir 12 als Übernahme einer Aufforderung verstehen, sowie 13 auf 12, soweit wir 13 als Versuch der Inkraftsetzung dieser Übernahme verstehen. Die übrigen Sprechaktabfolgen bilden zwar auch ein Sequenzmuster aus, das vielleicht erwartbar oder typisch innerhalb der betreffenden Familienbeziehung ist, das aber die Durchführung gemeinsamer Aufgaben nicht voranbringt und insofern nicht gesellschaftlich standardisiert ist. Im ersten Teil des Dialogs (1 bis 8) gehen die Widerstände von Klaus aus. Durch 2 wird die anfangs geäußerte Aufforderung aufgeschoben. Nachdem diese Aufforderung in 4 in spezifizierter Form wieder in Kraft gesetzt ist, wird sie durch 5 wiederum aufgeschoben, durch 6 bleibt sie nach wie vor in Kraft. Der Einwand 7 hat wieder aufschiebende Wirkung, die jedoch in 8 nicht angenommen wird, also auch jetzt bleibt die Aufforderung aus 4 in Kraft. Um dieses Phänomen der In-Kraft-Haltung bestimmter interaktiver Verpflichtungen zu beschreiben, könnte man von der jeweiligen Reichweite von Sprechakten bzw. Sprechaktresultaten sprechen. Der sich von Schritt zu Schritt in anderer Richtung entwickelnde Diskurs der Äußerungen 1 bis 8 wird zu einer diskursiven Einheit durch die anhaltende Kraft der initiativen Aufforderung. Diese Kraft geht gewissermaßen erst verloren, als Klaus in 9 eine Initiative in Richtung auf den Vater ergreift und damit den Dialog mit der Mutter beendet, ohne daß diese eingreift. Die Berechtigung zu diesem Initiativewechsel gibt offenbar die kommentierende Äußerung 8, die zwar die Kraft der Aufforderung nicht aufhebt, aber doch die direkte handlungssteuernde Funktion der Aufforderung abschwächt. Die Initiative in 9 war übrigens bereits durch den Einwand 7 vorbereitet, es handelt sich also nicht um einen abrupten Wechsel, zudem bleibt die thematische Einheit gewahrt. Im zweiten Teil des Dialogs (9-13) sind die Widerstände, die der Vater entgegenbringt, nur gering, sie äußern sich nur im Einwand 7. Darum ist der Dialog hier schnell beendet. Während die Erwiderungen von Klaus im ersten Teil des Dialogs, nämlich 2, 5 und 7, selbst gegeninitiativen Charakter haben, sind die Erwiderungen des

Vaters im zweiten Teil ausschließlich reaktiv. Dialoge können nur durch initiative Züge beider Teilnehmer ausgebaut werden; äußert einer der Teilnehmer nur reaktive Züge, kommt der Dialog schnell zum Erliegen.

3. Komplexe Sprechakte

Im vorangehend diskutierten Beispiel vom Zähneputzen stellte die Abgrenzung der Sprechakte kein sonderliches Problem dar. Ich möchte nun zwei charakteristische Erscheinungen betrachten, in denen gerade diese Abgrenzung und damit dann erst recht die Identifizierung der Sprechakte problematisch ist. Im einen Fall handelt es sich um längere Äußerungen nur eines Sprechers innerhalb eines turns, im anderen Fall um eine schrittweise Ausarbeitung von Sprechakten im Rahmen eines turn-wechsels. In beiden Fällen geht es letztlich darum, daß ein Sprechakt nicht schon durch die Äußerung eines einzelnen Satzes konstituiert wird, oder auch, anders gesagt, daß ein komplexer Sprechakt nur durch mehrere mehr elementare Sprechakte zustande kommt.

3.1 Komplexe Redebeiträge

Für den Fall des komplexen Redebeitrags mögen folgende Beispiele stehen:

Beispiel 2 (entnommen aus Martens 1974, S. 207)
M = Mutter:
1 Nö, also,
2 ich könnte mir vorstellen, daß ich mit allem,
3 egal was ich raussuche,
4 Rechnungen bezahlen,
5 also da fragt mein Mann ein Jahr später, wenn die nächste Rechnung fällig ist,
6 haste die letzte bezahlt,
7 also der würde alles vergessen.

Beispiel 3 (entnommen aus: Texte gesprochener deutscher Standardsprache II 1974, S. 317)
ae = Diskussionsteilnehmer in der SWF-Sendereihe »Meinung gegen Meinung« mit dem Thema »Sex vor der Ehe«:

1 ja
2 aber ich muß da ( ) da dem eigentlich entgegenhalten ( )
3 daß das natürlich Ergebnisse sind, die durch Befragung ( ) von ( ) Personen gewonnen wurden, die bereits einen sehr langen Sozialisationsprozeß hinter sich haben,
4 das heißt, sie haben schon siebzehn Jahre lang in einer bestimmten Umgebung gelernt, ( ) welche Rolle sie eigentlich zu vertreten haben,
5 und von da aus jetzt zurückzuschließen auf ( ) Anlagen
6 denn das ist es ja, was man man man macht im Grunde ja,
7 wenn man sagt von Natur aus, dann macht man eine Annahme darüber, wie Sexualität vor irgendwelchem Lernprozeß ( ) in dem Einzelnen angelegt sei,
8 und diesen ( ) darüber gibt es ( ) zahlreiche Mußmaßungen,
9 aber es gibt keine Bestätigung dafür,
10 daß ( ) zum Beispiel ( ) daß ( ) die die daß dieses Rol/die das Rollenstereotyp, was wir haben,
11 Frau passiv Mann aktiv,
12 auch zum Beispiel für die Sexualität gültig ist oder nicht gültig ist,
13 es gibt darüber keine schlüssigen Beweise,
14 sondern ( ) da gehen schon immer wieder Konzepte erd/ einer einer bestimmten ( ) Rollenverteilung mit ein zunächst.

Beispiel 4 (entnommen aus dem Material »Märkisches Viertel«, siehe Wunderlich 1976, S. 335)
Fritz = Diskussionsteilnehmer:
1 Ja,
2 dazu muß ich folgndet sagen
3 Peta, paß auf
4 det diskutiern wa det jetzt vor da Öffentlichkeit
5 paß auf
6 un folgndet sprech ick disch dadrauf hin sehr sehr besonders an
7 vier fünf Mann/un zum Beispiel die vier fünf Mann
8 die nenn ich jetzt mit den Naamen
9 un das 's der Hucker, das bi/is der Rudi, das ist der Krawallo, un das is der Manfred, der Ronni und das is meine Person
10 un folgendermaßen
11 ham *die* vier fünf Mann vor diesen Jugndlichen, die jetzt hier sitzn,

12 jetzt reicht's
13 ham die vier fünf Mann sich *einmal schlecht* jejenüber diesn
    Jugndlichen benommen?
14 det möchte ick jetzt von diesn Jugndlichn hörn, die hier sitzn
15 is wirklich wahr
16 hat man *einen einzigen* Jugndlichn tätlisch anjegriffn von
    diesen fünf vier Mann?
17 det möscht ick hörn
18 wea/wer dazu wat sagen kann, der bitte, sacht,
19 ja, man hat uns tätlisch anjegriffn.

   Die Beispiele 2 bis 4 stellen jeweils einen vollständigen Redebeitrag eines Sprechers dar. Die Segmentierung der Beispiele ist
tentativ, sie dient der besseren Übersichtlichkeit und der Referenz auf die Textabschnitte.
   Schon im Beispiel 2 wird deutlich, daß die syntaktischen Konstruktionen oft nicht abgeschlossen oder mit anderen Konstruktionen vermischt sind. Es bietet sich also keine einfache Segmentierung nach Sätzen an. Dennoch bildet der Redebeitrag eine
gewisse Einheit. Zunächst scheint »Nö, also« nur als ein Startsignal zu gelten (in den anderen Beispielen findet sich »ja« als
Startsignal); dieses stellt keinen eigenen Sprechakt dar, sondern
bereitet einen Sprechakt oder längeren Redebeitrag vor. In 5 und
7 wird »also« nochmals wiederholt und bindet damit gewissermaßen den Redebeitrag als Einheit zusammen; der ganze Beitrag
dient als ein Argument, zur Abgrenzung einer Position. In 2 wird
offenbar versucht, hypothetisch eine generelle Aussage zu formulieren. »Ich könnte mir vorstellen« hat hier die Funktion einer
performativen Formel, sie spezifiziert die Aussage bzw. situiert
den propositionalen Gehalt als vorstellbar. Die generelle Aussage
wird nicht abgeschlossen, in 3 betont die Frau sogleich, daß sie
durch jedes beliebige Vorkommnis gestützt werden kann, ein
solches wird dann in 4 gewählt. Der Beweis soll also durch eine
beliebige Exemplifizierung geführt werden: angenommen, für
alle x gelte F, wird dann ein beliebiges a als x gewählt und gezeigt,
daß für a F gilt, dann ist der Beweis erbracht, daß für alle x F gilt.
   Nunmehr wird in 5 und 6 das gewählte Vorkommnis berichtet,
»also« drückt dabei sozusagen die Einbettung innerhalb des
Beweisgangs aus. Diese Äußerungen sind narrativ. 5 und 6 stellen
zusammen einen Sprechakt der erzählenden Behauptung dar, der

seinerseits als Zitat eine Frage wiedergibt. Eine Erzählung ist im allgemeinen eine komplexe sprachliche Einheit, die aus vielen einzelnen Sprechakten gebildet wird, für die gewisse Sequenzierungseigenschaften bewahrt werden müssen. Daneben gibt es aber Erzählungsfragmente, die sogar in einem einzigen Sprechakt vorgebracht werden können, wenn deren Expandierung unwichtig erscheint oder den Zuhörern überlassen werden kann und wenn durch dieses Fragment die kommunikative Funktion der Erzählung erreicht werden kann. Hier dient die Erzählung als Beleg für ein generelles Argument. Ein Beleg kann sie nur sein, wenn die Wahrheit des Gehalts beansprucht wird – insofern sind die Äußerungen 5 und 6 auch als Behauptung zu identifizieren. Ein konstitutives Moment für jede Erzählung ist, daß in ihr eine Abfolge von bestimmten stattgefundenen Einzelereignissen thematisiert wird. Das ist hier der Fall: im einen Jahr gibt es eine Rechnung, im folgenden Jahr gibt es wieder eine Rechnung und da stellt der Mann eine bestimmte Frage.

In 7 formuliert die Frau schließlich die generelle Aussage (Behauptung), die sie – wiederum durch »also« angezeigt – aus dem erzählten Einzelfall extrahiert bzw. durch ihn als belegt ansieht. Aus dem wiedergegebenen Textausschnitt geht nun nicht deutlich genug hervor, was der Mann vergessen würde, und damit auch, welche kommunikative Funktion diese Behauptung hat. Soviel kann aber entnommen werden, daß dem Mann in bestimmten Dingen Vergeßlichkeit und damit eine gewisse Unfähigkeit, bestimmte Handlungen (etwa in der Führung des Haushalts) auszuführen, unterstellt wird. Diese negative Bewertung kann nun dazu dienen, die eigene Position innerhalb der Familienbeziehung herauszustreichen, aufzuwerten, und sie kann auch dazu dienen, einen Vorwurf an die Adresse des Mannes zu transportieren: Du solltest nicht alles vergessen und Dich mehr um Dinge der Haushaltsführung kümmern. Daß diese Äußerung implizit als Vorwurf verstanden wird, zeigt die nachfolgende Reaktion des Mannes: »Was heißt vergessen?« – das ist nicht eine Frage nach der Bedeutung des Wortes »vergessen«, sondern eine Aufforderung, die Behauptung, er würde alles vergessen, zu legitimieren. Das ganze Argument, das die Frau in ihrem Redebeitrag (wenn auch nur bruchstückhaft) geliefert hat, lief aber gerade darauf hinaus, ihre Behauptung zu legitimieren.

Um zusammenzufassen: die Analyse eines Redebeitrags, wie

ihn das Beispiel 2 darstellt, muß zunächst einmal herausarbeiten, worin die Einheit des Redebeitrags besteht (oder eventuell, aus welchen mehreren Einheiten er besteht), sodann, wie dieser Redebeitrag aus mehreren zusammengehörigen einzelnen Sprechakten konstituiert ist, und schließlich, was die kommunikative Funktion dieses Beitrags ist, nach der Maßgabe seiner Teileigenschaften. Der Redebeitrag 2 läuft auf eine generelle wertende Behauptung hinaus, die die Funktion eines Vorwurfs hat, und die durch eine erzählende Einzelbehauptung gestützt wird. So wie die Erzählung ist auch die Argumentation eine komplexe sprachliche Einheit, die im Sonderfall auch in einem einzigen Sprechakt vorgebracht werden kann. Ein Vorwurf wird oft als einzelner Sprechakt angesehen. Hier wird der Vorwurf nur implizit realisiert, nämlich transportiert durch die generelle Behauptung. Gleichzeitig wird er aber auch durch die erzählende Behauptung transportiert und zugleich bekräftigt; das ganze Argument scheint nur deshalb geführt zu werden, um den Vorwurf zu erhärten. Von welchem Status ist nun der Vorwurf? Offenbar ist es ein komplexer Sprechakt, und – wenn man das Beispiel einmal verallgemeinern darf – es scheint so, daß er im allgemeinen nur implizit realisiert wird. Es gibt offenbar keine akzeptierbare kanonische Form, um etwas vorzuwerfen; und je subtiler der Gegenstand des Vorwurfs und die soziale Beziehung zwischen den Teilnehmern ist, um so verdeckter wird der Vorwurf vorgenommen werden. »Ich werfe dir vor, daß . . .« (eine Form, die möglich wäre) erscheint dann fast schon als Brutalität. Zu jedem Vorwurf scheint eine Handlungszuschreibung zu gehören (dies wird u. a. in dem Erzählungsfragment 5 und 6 geleistet) und eine negative Handlungsbewertung von der Art, daß alternative vermeidende Handlungen denkbar und vorziehbar wären (dies wird in der wertenden Behauptung 7 geleistet). Diese Handlungsbewertung muß aus der Handlung selbst schon ableitbar und daher im allgemeinen unproblematisch behauptbar oder voraussetzbar sein (sie ist aus der zitierten Frage des Mannes 6 ableitbar, da diese tatsächlich von Vergeßlichkeit zeugt). Problematisch bleibt die Handlungszuschreibung, deshalb wird das Vorkommnis als Beleg erzählt. Wenn man auf dieser Linie weiterfährt in der Analyse von Vorwurfshandlungen und alle herausgearbeiteten konstitutiven Elemente in einem bestimmten Einzelfall auffinden kann, dann kann man diesen Fall als Vorwurf identifizieren.

Weshalb sollte man dann noch von einem *impliziten* Vorwurf sprechen? Der Grund ist wohl der, daß der Vorwurf (a) ein komplexer Sprechakt ist, der durch mehrere Einzelsprechakte zustande gebracht werden kann, und (b) keine kanonische Form zur Verfügung steht und insofern der Vorwurf nicht weiter explizierbar zu sein scheint. An unserem Beispiel zeigt sich aber, daß die Redeweise von expliziten und impliziten oder direkten und indirekten Sprechakten durchaus fragwürdig ist und nur im Rahmen einer Bedeutungstheorie fixierbar ist, aus der abgeleitet werden kann, was in jedem Einzelfall Wörtlichkeit zu bedeuten hat.

Auch das Beispiel 3 stellt eine Argumentation dar, und zwar einen argumentativen Einwand. Der Äußerungsabschnitt 2 enthält die performative Wendung »ich muß entgegenhalten«, die einmal an den vorhergehenden Redebeitrag anknüpft und zugleich den Inhalt des eigenen Redebeitrags spezifiziert. Dadurch wird die kommunikative Funktion des Beitrags von Anfang an offengelegt. Entgegenhalten ist kein Sprechakt, sondern die kommunikative Funktion eines Sprechaktes (oder auch mehrerer Sprechakte) relativ zu einem vorhergehenden verbalen Kontext. Die Besonderheit des Redebeitrags ist, daß die Abschnitte 2 bis 12 zu einer einzigen Satzkonstruktion gehören, die nur in 6 und 7 durch eine Parenthese unterbrochen wird. (Durch ein solches Verfahren kann u. a. abgesichert werden, daß niemand versucht, den Beitrag zu unterbrechen, da im allgemeinen Stellen innerhalb eines eindeutig noch nicht abgeschlossenen Satzes dafür nicht zur Verfügung stehen.) Dennoch ist es nicht zwingend, diesen Satz als Realisierung nur eines Sprechaktes zu betrachten. »das heißt« (in 4) und »zum Beispiel« (in 10) stellen nur schwache Satzverknüpfungen her, im Anschluß werden neue oder präzisierende Feststellungen gemacht: Das ganze Argument könnte vielleicht kurz so wiedergegeben werden: »Von diesen Ergebnissen, die durch die Befragung schon längst sozialisierter Personen gewonnen wurden, kann man nicht schlüssig auf natürliche Rollenanlagen von Mann und Frau zurückschließen.« 13 und 14 fassen dieses Argument zum Abschluß nochmals zusammen. »Zunächst« am Schluß des Redebeitrags könnte als Signal zur Redeabgabe verstanden werden, im Sinne von »das war's zunächst«.

Der Beitrag enthält eine Reihe von selbständigen Behauptungen, die z. T. in untergeordneten Sätzen ausgeführt werden, z. B.

»diese Personen haben schon einen langen Sozialisationsprozeß hinter sich« (in einem explikativen Relativsatz, in 3), »die Personen haben gelernt, welche Rolle sie zu vertreten haben« (in einem weiteren explikativen Satz, der lediglich aus der Relativsatzposition herausgenommen wurde, in 4), »man macht eine Annahme darüber, wie Sexualität angelegt sei« (in der erläuternden Parenthese 7), »wir haben das Rollenstereotyp, daß die Frau passiv und der Mann aktiv ist« (in einem restriktiven Relativsatz in 11), »es gibt keine Bestätigung dafür, daß dieses Rollenstereotyp für die Sexualität gültig ist« (in einer »aber«-Konstruktion in 9, 10 und 12). Alle diese Behauptungen sind für sich vertretbar und anfechtbar. Dadurch, daß sie in einem komplexen Satz zusammengezogen sind, entsteht eine komplexe Behauptung, in dem die elementaren Teile durch eine Anzahl unterschiedlicher argumentativer und explikativer Konnektoren verbunden sind. Diese komplexe Behauptung wird als Gegenargument angeführt. Als solches hat es auch die Kraft einer Kritik. Konstitutiv für die Kritik ist wohl, daß eine Handlungszuschreibung unproblematisch vorausgesetzt werden kann (der Beitrag richtet sich gegen eine vorhergehende Ausführung, die nicht bestritten werden kann) und daß eine negative Handlungsbewertung vorgenommen wird, die ihrerseits aber problematisierbar ist. Deshalb wird der ganze Beitrag daraufhin abgefaßt: »So darf man nicht schließen.« Bemerkenswert ist, daß an der Stelle, an der das negative Prädikat zu erwarten ist (z. B. »unzulässig«), nämlich im Abschnitt 5, die Satzkonstruktion durch eine erläuternde, wenn nicht gar entschuldigende Parenthese unterbrochen und anschließend nicht wieder aufgenommen wird. Die Kritik dieses Einwands bleibt hier in der Tat implizit, und das wäre einige sozialpsychologische Betrachtungen wert: in einer öffentlichen Diskussion scheint direkte Kritik mit Hilfe negativ wertender Prädikate tabuisiert. Statt dessen werden dann eher deskriptive Feststellungen getroffen: »es gibt keine Bestätigung dafür«, »es gibt darüber keine schlüssigen Beweise« (9 und 13).

Zusammenfassend muß man wohl sagen, daß angesichts eines argumentativen Beitrags wie in Beispiel 3 die Sprechakttheorie nichts wesentlich Neues beizutragen vermag. Die Analyse muß sich hier primär syntaktisch-semantischer Methoden bedienen.

Komplizierter als die vorhergehenden ist das Beispiel 4. Zunächst besteht der Beitrag, schon ganz oberflächlich gesehen, aus einer Reihe sehr verschiedenartiger Sätze. Diese realisieren auch ganz verschiedene Sprechakte. Hinzu kommen mehrere Unterbrechungen und wiederholende Neuansätze. Schließlich enthält der Beitrag insofern eine strategische Umorganisierung, als er zunächst augenscheinlich an Peter, einen der anwesenden Studenten, adressiert ist, dann aber mit einer Frage oder Aufforderung an alle anwesenden Jugendlichen fortgeführt und auch beendet wird.

Der Beitrag enthält mehrere redeorganisierende Wendungen. Die beiden ersten, nämlich 2 und 6, sind in eine explizite performative Formel gekleidet, mit den Redeverben »sagen« bzw. »ansprechen«.

Mit »sagen« wird einfach eine Stellungnahme, Feststellung, Positionsbestimmung o. ä. eingeleitet, mit »ansprechen« erhält diese eine persönliche Note: es geht um eine Klärung, Erinnerung, möglicherweise um einen impliziten Vorwurf, jedenfalls scheint sie von besonderer Bedeutung für die Beziehung zum betreffenden Adressaten. In 3 bis 5 wird der Beitrag unterbrochen, daher wird die neue Redefokussierung in 6 erforderlich. In 8 und 9 wird der Beitrag wiederum unterbrochen, so daß »folgendermaßen« in 10 die Funktion hat, wieder auf die Aussage, die der Sprecher machen will, zurückzuführen. Solche Äußerungen wie 10 sind (wie auch schon das Startsignal »ja« in 1) Markierungssignale, zwar keine eigenständigen Sprechakte mit propositionalem Gehalt, aber unverzichtbar, um dem Zuhörer anzuzeigen, an welcher Stelle sich der Sprecher in der Entwicklung seines Redebeitrags befindet, oder, wenn der Redebeitrag so wie hier auf mehreren Ebenen geleistet wird, um den Übergang zu einer neuen Ebene oder den Zurückgang zu einer vorhergehenden Ebene anzuzeigen. (Diese Funktion hat übrigens auch »also« im Beispiel 2, wobei die spezifische Bedeutung von »also« als Argumentationspartikel hinzukommt.)

Die erste Unterbrechung wendet sich durch die Anrede »Peta« an *einen* der Zuhörer; für ihn besonders ist der Redebeitrag bestimmt, und das wird dann auch in 6 nochmals hervorgehoben: »ich spreche dich darauf an«. Andererseits soll die Differenz, die hier offenbar vorliegt, nicht zwischen den beiden ausgehandelt werden, sondern in aller Öffentlichkeit behandelt werden. Wie sich dann zeigt, soll die Öffentlichkeit für die vom Sprecher vorgebrachte Positionsbehauptung mobilisiert werden, dadurch daß sie in 14 ff. aufgefordert wird, die Aussage zu bestätigen (dazu anschließend noch mehr). Die Äußerung 4 stellt also eine Willenserklärung des Sprechers dar, zugleich an Peter eine Ermahnung (da er offenbar Anstalten machte, die Diskussion in kleiner Gruppe weiter zu führen) oder zumindest eine Begründung für die Ermahnung »paß auf«, falls Peter bloß einfach unaufmerksam oder in ein Seitengespräch mit einem anderen Teilnehmer verwickelt war (zwischen diesen Lesarten läßt sich aus dem Text allein nicht entscheiden), und außerdem stellt 4 auch eine Vorbereitung für die weiteren Redebeiträge dar: »Wir diskutieren das jetzt« und ist insofern initiativ. Die Äußerung könnte als Variante des Adhortativs »Laßt uns das jetzt diskutieren« aufgefaßt werden. Die eine Äußerung 4 kann also sehr wohl als multipler Sprechakt verstanden werden, und zwar unterschiedlich in der Adressierung an Peter und in der, auch geleisteten, Vorbereitung der anderen Zuhörer. Die nächste Unterbrechung erfolgt erst nach der Referenz auf »die vier fünf Mann«, offenbar um keine Zweifel an der Identität der Personen aufkommen zu lassen. In 9 finden wir einen expliziten Referenzakt, und zwar wird eine Liste von Namen produziert, um den Zuhörern diese Personen zu vergegenwärtigen; dies wird explizit performativ vorbereitet in 8. Interessant ist die Form der Einzeläußerungen »das ist der Hucker« usw., mit denen ja auch unbekannte Personen identifiziert werden könnten, indem man jeweils auf sie zeigt. Es sieht hier so aus, als hätte der Sprecher alle diese Personen auf einem imaginären Tableau versammelt und würde sie nun der Reihe nach abhaken, und zwar genau nach dem Muster der Personenvorstellung. Die Personenvorstellung selbst ist gewissermaßen die Wiederholung einer Namensgebung, sie beansprucht einerseits (im allgemeinen jedenfalls), daß die Feststellung, der hätte diesen Namen, zutrifft, und ist andererseits für den Adressaten von der Kraft einer Deklaration (im Sinne Searles). Davon kann hier aber nicht die Rede sein, die genannten Personen sind allen bekannt. Es wird nur das sprachliche Muster der Personenvorstellung für den Referenzakt verwendet.

Erst in 11 wird die bis dahin nur vorbereitete Aussage begonnen, dann erfolgt mit 12 nochmals eine aside gesprochene Ermahnung an die unruhigen Zuhörer (unter Verwendung einer dafür gebräuchlichen sprachlichen Formel), bis dann schließlich in 13 die ganze Aussage geliefert wird. Auf den ersten Blick könnte es sich um eine Frage handeln, denn es wird ein Fragesatz geäußert. Die Betonung von »einmal schlecht« (und auch die Gesamtintonation) läßt aber eher auf eine rhetorische Frage schließen, mit der die Aussage gemacht werden soll, daß die vier fünf Mann sich *niemals* schlecht gegenüber den Jugendlichen benommen haben. Diese rhetorische Frage ist von dem Typ, daß die Negation der Proposition, aus der die Entscheidungsfrage konstruiert wird, beansprucht wird. (Zweifellos gibt es auch rhetorische Fragen von anderem Typ.) Diese Negation ließe sich durch eine einfache Behauptung ausdrücken. Die rhetorische Frage hat darüber hinaus die illokutionäre Kraft, daß der Adressat zu einer negativen Antwort mobilisiert wird, d. h. die Behauptung sozusagen aus eigener Kraft nachvollziehen soll. In 16 wird die rhetorische Frage leicht modifiziert wiederholt (das negative Wertprädikat durch eine Handlungsbeschreibung ersetzt). Wieder mit einer charakteristischen Betonung auf dem Wort, das in der beanspruchten Negation auszutauschen ist: »keinen« statt »einen einzigen« so wie »niemals« statt »einmal« in 13. Ich denke, daß es sich hier um ein formales Merkmal für rhetorische Fragen handelt. Daneben wird aber auch aus dem Kontext deutlich, daß die Frage rhetorisch ist. Zunächst waren die performativen Äußerungen 2 und 6 bereits daraufhin angelegt. Außerdem aber macht der Sprecher in 15 einen expliziten Wahrheitsanspruch, der sich nicht auf den propositionalen Gehalt einer echten Frage, sondern nur den einer Behauptung beziehen kann.

Etwas befremden müssen die Wunschäußerungen 14 und 17, die auf die beiden rhetorischen Fragen folgen. Der Sprecher will von seinen Zuhörern etwas hören. Es kann sich offenbar nicht darum handeln, daß er eine Antwort auf die Frage hören will, denn es handelt sich ja nicht wirklich um eine Frage. Das Pronomen »det« verweist auf einen propositionalen Gehalt, und zwar den, der in der Konstruktion der Frage verwendet wurde, nämlich daß sich jemand einmal schlecht gegenüber den Jugendlichen benommen hat (im Fall von 14). Dies ist aber gerade diejenige Aussage, die negiert wird bzw. zur Übernahme deren Negation die Zuhörer mobilisiert werden. Warum will der Sprecher dennoch die positive Aussage hören? Er reizt seine Zuhörer: probiert doch den Widerspruch – ihr werdet finden, es geht nicht. Ob die Zuhörer dies kraft ihrer Überzeugung finden sollen oder nur kraft ihrer Furcht, in eine Situation zu kommen, einen Widerspruch äußern zu müssen – vor der sie zurückschrecken werden–, das mag dahingestellt bleiben. In der ersten Leseart hätten wir es mit einem weiteren rhetorischen Mittel zu tun (dem Zuhörer die Sinnlosigkeit eines Widerspruchs zu suggerieren), in der zweiten Leseart mit einer implizierten Drohung (wagt nur zu widersprechen, ihr wißt, ich denke anders, und ihr werdet die Folgen spüren).

Auf die Spitze wird diese rhetorische Sequenz durch die Schlußaufforderung in 18 und 19 getrieben. Hier wird der Gehalt der widersprechenden Äußerung den Zuhörern bereits wörtlich vorgegeben, und nicht mit dem widersprechenden »doch«, sondern dem bejahenden »ja« (als hätte es sich in 16 um eine wirkliche Frage gehandelt) eingeleitet. Der Sprecher scheint sich sehr sicher zu fühlen. Andererseits, die Zuhörer sind ja keine Papageien. Wer wird schon eine wörtlich vorgegebene Äußerung übernehmen, wenn er sich nicht lächerlich machen will? Dieser Abschluß sichert gewissermaßen durch einen Trick, daß die widersprechende Entgegnung nicht passieren wird. Auch diese Aufforderung erweist sich als rhetorisch. Denn die Aufforderung zu einer Handlung, die offensichtlich sinnlos ist (und nach allem Vorhergehenden wurde genügend vorbereitet, daß der Widerspruch sinnlos sei), kann nicht wirklich als Aufforderung verstanden werden; vielmehr dient sie dazu, die Behauptung, daß die Handlung sinnlos sei, zu verstärken, nämlich den Zuhörer zu dieser Schlußfolgerung zu mobilisieren.

Zusammenfassend läßt sich festhalten, daß der genannte Redebeitrag in komplexer Weise mit rhetorischen Mitteln eine Behauptung aufstellt, adressiert an Peter und vor aller Öffentlichkeit, indem die anderen Jugendlichen als Zeugen beansprucht werden. Diese Behauptung nun ordnet sich ein als bezogen auf vorhergehende Äußerungen (»dazu« in der Einleitung 2). Ohne vieles darüber zu wissen, können wir doch vermuten, daß in diesen Äußerungen wahrscheinlich angedeutet wurde, daß die vier, fünf Mann als Schläger aufgetreten sind. Der Sprecher gehört zu dieser Gruppe, im Namen der ganzen Gruppe will er diesen (impliziten) Vorwurf zurückweisen, unter Mobilisierung der anderen Jugendlichen. In diesem Kontext hat der Redebeitrag also die Funktion einer Vorwurfszurückweisung, und zwar in einer Vorwärtsstrategie: der propositionale Gehalt des Vorwurfs wird explizit in einer rhetorischen Frage formuliert, die die Kraft

hat, die Negation des Vorwurfs als Positionsbehauptung auszudrücken und den provozierten Widerspruch der Jugendlichen als
sinnlos zu suggerieren.

3.2 Ausarbeitung von Sprechakten in der Sequenz

Eine Reihe von Sprechakten haben die Eigenschaft, daß sie
bestimmte Präferenzen oder Wertsysteme des Adressaten voraussetzen: z. B. Angebote, Vorschläge, Ratschläge. Wenn diese Präferenzen oder Wertsysteme nicht unproblematisch angenommen
werden können, muß die Interaktion erst einen bestimmten
Verlauf genommen haben, aus dem für den Sprecher klar geworden ist, welche Präferenzen oder Wertsysteme auf seiten seines
Adressaten bestehen, bevor er den Sprechakt realisieren kann.
Denn im allgemeinen ist es ja so, daß ein Sprecher versucht, seine
Sprechakte erfolgreich durchzubringen, oder wenigstens keine
unzumutbaren Sprechakte zu vollziehen, und unter Umständen
muß er die Bedingungen dafür erst kennenlernen oder überhaupt
erst herstellen. Andererseits muß er, wenn es sich um eine
Wunschäußerung oder eine Bitte handelt, seine eigenen Präferenzen aufdecken; und wenn der Adressat zu einer bestimmten
Handlung gebracht werden soll, muß der Sprecher dessen eventuelle Bereitschaft dazu, z. B. eine generelle Kooperations- oder
Hilfsbereitschaft feststellen. Schließlich spielt auch eine Rolle,
welchen Grad an Durchsetzungsvermögen jemand aufzubringen
bereit ist, und welche Belastbarkeit ihm zuzumuten ist. Z. B.
setzen Vorwurf, Kritik, Ablehnung einer Bitte oder eines Vorschlags eine gewisse Belastbarkeit des Adressaten voraus: er wird
mit Problemen konfrontiert, die seine Handlungsinterpretationen
oder die Organisierung seiner Präferenzen und seines Wertsy-
stems betreffen.

Die erwähnten Sprechakte haben alle irgendwie mit dem Stand
der sozialen Beziehung zwischen Sprecher und Adressat zu tun.
Zum angemessenen Management dieser Beziehung scheint es zu
gehören, daß die genannten Sprechakte erst bei Erreichen eines
bestimmten Standes der Interaktion vollzogen werden. Das Kriterium dafür ist im allgemeinen nicht konventionell in dem Sinne,
daß eine bestimmte Sequenz von Sprechakten einzuhalten sei.
sondern eher von psychologischer Art, abhängig von der konkreten Entwicklung der Interaktion und vom jeweiligen Einfüh-

lungsvermögen. Ein Mittel nun, einen Sprechakt von den genannten Arten vorzubereiten, ist, ihn zunächst tentativ, versuchsweise
auszuführen. Er kann dann in der Folge abgeschattet oder verstärkt werden, abhängig von den jeweiligen Reaktionen, die aber
auch ihrerseits wieder versuchsweise sein können. Diese Abfolge
von Äußerungen kann dazu dienen, den intendierten Sprechakt
entweder zu unterlassen oder ihn klarer herauszuarbeiten, wobei
durch Klärung der sich aus dem Sprechakt ergebenden Verbindlichkeiten gleich sichergestellt werden kann, daß und wie er
aufgenommen wird.

In Wunderlich (1978a) habe ich das Beispiel einer Sequenz
diskutiert, in der ein Sprecher erst in einer Serie von drei Schritten
ein bestimmtes Angebot klar herausarbeitet, und der Adressat
ebenfalls drei Schritte benötigt, um seine Ablehnung des Ange-
bots akzeptierbar zu machen. Ich will mich nicht wiederholen.
Deshalb habe ich hier ein anderes Beispiel ausgewählt, in dem es
um eine Bitte und deren vorläufige, allerdings nicht akzeptierte
Ablehnung geht. Ähnliche Beispiele lassen sich in beliebiger
Anzahl auffinden. Aber was deutlich gesagt werden sollte: Nicht
jedes Beispiel offenbart die allgemeine Struktur in der gleichen
Weise; nicht nur kann die Struktur verschiedene Modifikationen
besitzen, sie kann auch erst aufgefunden werden, wenn gleichzeitig die Besonderheiten des Beispiels berücksichtigt werden.
Schließlich muß ich zugeben, daß ich auch erst eine vage Vorstellung von der allgemeinen zugrundeliegenden Sequenzstruktur
besitze.

Beispiel 5 (entnommen aus Martens 1974, S. 196)
M = Mutter (34 Jahre, Finanzinspektorin)
V = Vater (35 Jahre, Finanzoberinspektor)
 1 M: So, und dann, würdest du denen die Eisenbahn aufbaun?
 2 V: Kann ich machen, ja.
 3   Aber da könn' ja nur zwei spielen.
 4 M: Ei ja, des bei den anderen teilweise auch nur.
 5   Kann sogar nur einer manchmal
 6 V: Ja, aber wo soll ich die Eisenbahn aufbauen
 7 M: und dann
 8 V: die nimmt doch viel zu viel Platz weg
 9 M: geht die hier net hin?
10 V: Ja, ich denke, hier wolt mer überhaupt nix veranstalten?

11 M: Ja, aber die Eisenbahnspiele, s' is doch hier net so
     schlimm, hm?
12 V: Dann sitze ich die ganze Mittach an der Eisenbahn,
13   das weiß ich jetzt schon.
14   Geht doch keiner weg.
15 M: Ja, aber immerhin, des wär doch dann/
16   Willst sonst zwei Stunden rumbringen mit den Bälgern?
17   Ich schaff das sonst nicht
18 V: Ne
19 M: Und Kasperletheater?
20 V: Muß mer dienstfrei machen
21   Wie gesacht, ich hab das ja noch nie gemacht.

Zum Kontext dieses Beispiels ist hinzuzufügen, daß die Mutter
eine Geburtstagseinladung und die dabei durchzuführenden Kin-
derspiele vorbereiten will. Sie möchte, daß der Vater daran mit-
wirkt, und jetzt ist sie dabei, ihm Vorschläge zu unterbreiten.
Zuerst ging es um eine Erörterung, welche Spiele möglich und
wie konkretisierbar sind. Mit »So« in der Äußerung 1 schließt die
Mutter diese Erörterung ab und kommt zu einem nächsten
Punkt. Die Frage in der Äußerung 1 thematisiert eine direkte
Mitwirkung des Vaters an der Vorbereitung: um Eisenbahn zu
spielen, muß die Eisenbahn aber aufgebaut werden; gesetzt den
Fall, wir halten den Vorschlag für gut, muß einer von uns das
unternehmen, ich habe sonst noch vieles vorzubereiten, wirst du
es dann tun? Die Äußerung ist – bezogen auf das Eisenbahn-
spiel –, ein Vorschlag und zugleich ist sie eine Bitte – bezogen auf
die Vorbereitung des Eisenbahnspiels. (Vgl. weiter oben, daß
Fragen nach einer Handlung des Adressaten unter Umständen zu
denselben Folgerungen führen wie eine explizite Bitte und deshalb bereits als Bitte klassifizierbar sind.) Die Bitte ist allerdings
konditional, nämlich an die Annahme des Vorschlags gebunden,
und der Vorschlag ist damit ausgezeichnet, daß eine Bitte in
seinem Gefolge steht.
  Mit der Äußerung 2 gibt der Vater seine Bereitschaft zu erkennen, die thematisierte Handlung zu übernehmen, und bestätigt
damit auch den Vorschlag. Dann schließt er mit »aber« in Äußerung 3 jedoch einen Einwand gegen den Vorschlag an, kontextuell ist »da« als »beim Eisenbahnspielen« zu ergänzen. Als allgemeine Funktion von »aber« in Anfangsstellung einer Äußerung

kann angenommen werden, daß die Kraft einer vorhergehenden Äußerung dadurch eingeschränkt wird, daß eine neue Proposition zu erwägen gegeben wird; dies kann als Einwand klassifiziert werden. Dabei kann die Proposition der vorhergehenden Äußerung durchaus übernommen werden – deutlicher noch in »ja, aber« –, nur wird deren Relevanz bezweifelt. Der Vater gibt durch seine Feststellung, daß beim Eisenbahnspielen nur zwei spielen können (unbetontes »ja« in intrasententialer Position: »was dir bekannt sein dürfte«), zu bedenken, ob der Vorschlag wirklich gut sei. Hiermit hebt er teilweise die mitgeteilte Bereitschaft wieder auf.

Die Mutter entkräftet in 4 und 5 den Einwand durch die Feststellung, daß die besagte Eigenschaft auch für die anderen vorgeschlagenen Spiele gilt. Darauf schließt der Vater in 6 und 8 einen weiteren Einwand an. Die Frage in 6 thematisiert ein entstehendes Problem, für das durch die Feststellung in 8 die Begründung geliefert wird (unbetontes »doch« in intrasententialer Position: »was im Gegensatz zu deinen offenbaren Annahmen steht, obwohl es dir bekannt sein dürfte«). Die Erwiderung 9 der Mutter fragt nach nochmaliger Bestätigung der Feststellung 8, dadurch problematisiert sie diese Feststellung und unternimmt insofern wieder einen Versuch zur Entkräftung des Einwands. Der Vater gibt in 10 keine direkte Bestätigung oder nähere Begründung für seine Feststellung 8, sondern thematisiert wieder eine neue Proposition, die dem Vorschlag entgegensteht. Mit 11 geht die Mutter darauf ein, sie erwünscht eine Bestätigung dafür, daß die neu eingebrachte Proposition nicht von Relevanz ist, insofern wieder ein Versuch zur Entkräftung des Einwands.

Dieses dreimalige Wechselspiel von Einwand und Entkräftung des Einwands zeigt, daß die Mutter am Vorschlag festhalten will, obwohl der Vater sich unwillig zeigt – trotz der anfangs ausgedrückten Bereitschaft, die die Mutter in die falsche Richtung gelenkt hat. Der Vater zeigt nun mit seiner Äußerung 12 bis 14 eine Konsequenz des Vorschlags auf, die für ihn nachteilig oder sogar unannehmbar ist. Die Mutter soll daraus erkennen, daß der Vater diese Konsequenz nicht wünscht und daher auch den Vorschlag nicht akzeptieren will. Im Lichte dieser Feststellung zeigt sich, daß der Vater die ganze Zeit nichts anderes versucht hat, als den Vorschlag, zumindest die daran geknüpfte Bitte der Mutter aus 1 abzulehnen. Die Formulierung von Einwänden kann also implizit oder insgesamt genommen die Kraft einer Ablehnung haben; diese Ablehnung wird hier aber erst Stück für Stück ausgearbeitet. Sie ist auch mit der Äußerung 12 bis 14 noch nicht explizit ausgesprochen.

Aber sie ist deutlich genug, um die Mutter einen weiteren Entkräftungsversuch in 15 abbrechen zu lassen. In 16 und 17 wird nun auch die Mutter deutlicher, indem sie ihrerseits Konsequenzen formuliert. »Sonst« ist jedoch auf einen vorhergehenden propositionalen Gehalt bezogen. In 16 muß es sich um den Gehalt der Ablehnung handeln: »Willst du, wenn du nicht Eisenbahn spielen willst, in anderer Weise zwei Stunden mit den Bälgern rumbringen?« In 17 handelt es sich um die Negation der in dieser Frage verwendeten Proposition: »Wenn du nicht zwei Stunden mit den Bälgern rumbringst (rumbringen willst), dann schaffe ich das nicht«. Die Konsequenz, daß sie es nicht schafft, ist negativ zu bewerten (und diese Bewertung sollte vom Vater geteilt werden); diese Konsequenz ist nur zu vermeiden, wenn sich der Vater zwei Stunden mit den Kindern befaßt, d. h. die Frage in 16 positiv beantwortet. Die Frage muß also als Bitte und die nachfolgende Feststellung als Appell verstanden werden. Diese Bitte bezieht sich nicht mehr allein auf die Vorbereitung, sondern auch die Durchführung der Kinderbetreuung. Die Mutter ist bereit, ihren Vorschlag zurückzuziehen, wenn der Vater nur ihre Bitte in anderer Weise erfüllt – und auch dafür gibt sie in 19 noch einen Vorschlag. Hinter ihren Entkräftungsversuchen stand also die ganze Zeit bereits der Versuch, diese Bitte, auf die es ihr ankommt, akzeptiert zu sehen, bevor sie explizit mit einem Appell versehen ausgesprochen werden muß.

Der nun konkretisierten Bitte begegnet der Vater wieder mit zwei – ganz unterschiedlich gelagerten – Einwänden, aus denen seine Ablehnung hervorgeht. In der Folge davon (im Beispiel nicht mehr abgedruckt) stellt die Mutter eine weitere Erörterung zunächst zurück. Wie die Geschichte ausgeht, wissen wir nicht; das berührt auch unsere Analyse nicht mehr.

Das Beispiel hat gezeigt, daß beide Parteien unnachgiebig sind und erst nach einer Reihe erfolgloser Versuche ihre Intentionen endlich klarer ausdrücken: die Bitte und die Ablehnung der Bitte herausarbeiten. Der Konflikt wurde nicht schon beseitigt, als er vielleicht erkennbar war, sondern schließlich offen dargelegt – ohne dadurch allerdings gelöst zu werden.

4. Komplexe Sprecheinheiten: Erzählungen

Bereits im Beispiel 2 konnte ein kurzes Erzählungsfragment identifiziert werden, das dort in eine Argumentation eingebettet war. Erzählungen sind im allgemeinen komplexe Sprecheinheiten, die durch eine Reihe von Sprechakten zustandekommen. Sie haben ihrerseits ein bestimmtes strukturelles Muster und müssen, damit sie zustandekommen können und ihre Funktion erfüllen, bestimmte interaktionelle Bedingungen einhalten (vgl. dazu Kallmeyer/Schütze 1977). Eine Erzählung führt von einer aktuellen Situation weg, wofür es einen Anlaß oder eine Auslösung geben muß, dann muß sie eine narrative Sequenz enthalten, in der mehrere Einzelereignisse nacheinander berichtet werden, und schließlich muß die Erzählung durch eine Bewertung abgeschlossen und auf die aktuelle Situation zurückgeführt werden. An der Auslösung und an der Bewertung muß immer auch der Adressat der Erzählung beteiligt sein, zumindest muß er Einverständnis und Teilnahme oder Endbestätigung signalisieren. Darüber hinaus kann er durch Zwischeneinwürfe Expandierungen veranlassen. Eine Erzählung kann relativ kurz (bis hin zu einem Erzählungsfragment), aber auch sehr ausführlich sein. Ich will hier nur Beispiele für ganz kurze und in den beiden ersten Fällen auch fragmentarische Erzählungen erörtern. Es handelt sich um typische Alltagserzählungen, die in ähnlicher Form nahezu in jedem Alltagsgespräch produziert werden, wenn einander Bekannte sich zwanglos treffen. Alle drei Beispiele sind einer einzigen Szene entnommen, in der ein junger Mann einer Studentin beim Anbringen eines Rollo und eines Blumenbretts hilft. Hierbei gibt es mehrmals Situationen, in denen die Frau zusieht, kommentiert und die eine oder andere Begebenheit anspricht. Die drei ausgewählten Beispiele sind in ihrer ganzen Länge wiedergegeben, davor und danach passiert thematisch etwas anderes.

Beispiele 6 bis 8 (entnommen aus Material zum Projekt »Modalitäten«, Aufnahme und Transkription A. Redder)
I = eine jüngere Frau
D = ein jüngerer Mann

Beispiel 6

1 I: Wo is denn die Beule in eurem Auto?
2 D: Vorne unter der Stoßstange

---

3 I: Wie is das denn passiert?
4 D: Bitte?

---

5 I: Wie is das passiert?
6 D: Is einer beim . Parken, also beim Zurücksetzen . mit seiner
   Anhängerkupplung da
7 I: hm̌
8 D: das is natürlich nich schlimm,
9   nur . der Lack ist abgeplatzt . .
10 und das rostet auch schon, hab ich grade gesehen
11 I: jaja
12 ja, wenn der Lack ab is, is blöd

---

13 ich hab mir auch ne Beule ins Auto gefahren
14 D: ja?
15 I: hm̌, vorne
16 D: hm̌
17 I: aber . so der Lack is nich ab und .
18 ich will da mit dem ( ) mal drüber reden morgen

Beispiel 7

---

1 I: das Rollo für mein Wohnzimmer hab ich ja immer noch
   nich
2   aber das is auch nich so wichtig ((lacht))
3 D: das is noch'n Trick

---

4 I: ja ((lacht))
5   ich bin schon mal da gewesen bei . äh Möbel-Mann
6   ich wollte nur so'n braunes Bastrollo kaufen
7 D: hm
8 I: und das gibts bei Möbel-Mann
9   und da hatten sie jetzt nich das richtige
10 und da muß man sich so ein' Parkplatz suchen und so
11 das is irgendwie . ich weiß auch nich . . . is mir'n
   bißchen zu schwierig

1 D: ja, der Kater guckt schon so, als ob er Lust hätte, da oben
      rumzuturnen
2 I: da oben?
3 D: ((lacht))
4 I: da kommt der ja nicht ran ((lacht))

---

5   der sitzt seit drei Tagen nur noch den Beleidigtensessel, du
       ((lacht))
6 D: ((lacht)) was is das?
7 I: hinten einer von diesen dicken
8   der hat doch jetzt auch (. . .)
9   (ich war) jetzt in dieser Woche wenig zu Hause
10   weil ich hatte Hauptseminar
11   und konnt nich kaufen, ne
12 D: hm
13 I: und da hatt ich dann einen Tag kein Futter
14   da hat der arme Kerl (. . .)
15   un äh bin ich dann um halb sechs aufgestanden,
16   weil ich was arbeiten mußte
17   und da hat der arme Kerl drei Stunden vorm Kühlschrank
       gesessen ((lacht))
18 D: ((lacht)) hch
19 I: bis ich zum Metzger gehen konnte
20   ihm ne Scheibe Leber kaufen
21   weil wenn ich aufstehe is Frühstückszeit für ihn,
22   konnt ihm ja nicht erklären,
23   daß es zwei Stunden früher is als sonst
24 D: ehe
25 I: war ganz schön sauer

Im Beispiel 6 stellt I, die Frau, zunächst eine reine Informationsfrage (1), die durch die Äußerung 2 beantwortet wird. Von dieser
Frage aus ist es nur ein kleiner Schritt zur nächsten Frage: »Wie
ist das denn passiert?« Eine solche Frage löst eine Erzählung aus,
sie läßt sich nur mit narrativen Aussagen beantworten. D, der
Mann, erwidert in 6 mit einem narrativen Fragment: die Umstände (»beim Parken«), die Aktion (»beim Zurücksetzen«) und ihr
Resultat (»mit seiner Anhängerkupplung« – stößt er die Beule in

unser Auto), das teilweise schon vorausgesetzt wird. Dieses
Fragment könnte leicht zu einer Sequenz ausgebaut werden, aber
die Fragerin zeigt sich in 7 befriedigt. Die Erzählung stand unter
dem Fokus einer Beule im Auto. Deshalb richtet sich auf diese die
Bewertung und auch eine Begründung für die Bewertung. Damit
und mit der anschließenden Bestätigung ist die Erzählung als
komplexe Einheit schon abgeschlossen. Sie hat hier aber noch ein
Nachspiel in einem noch kürzeren zweiten Erzählungsfragment.
Die Fragerin macht eine narrative Aussage über ein ganz ähnliches Ereignis (in 13), ohne allerdings auch nur den Ansatz einer
narrativen Zerlegung zu machen, und sie gibt in 17 gleich implizit
eine parallele Bewertung dazu (wenn der Lack nicht ab ist, ist es
also noch weniger schlimm), die sie in 18 durch Mitteilung eines
Handlungsplans ergänzt.

Im nächsten Beispiel, Nr. 7, beginnt die Frau mit einer Feststellung und einer Bewertung. Auf den Einwurf von D in 3, daß es
(wohl für das Anbringen des Rollo im Wohnzimmer) noch einen
Trick gibt, reagiert sie mit Unverständnis und Lachen. Dieses
einseitige Lachen, zusammengenommen mit der vorhergehenden
Feststellung, bildet möglicherweise die Auslösung der Erzählung.
Denn eine Erzählung ist geeignet, eine einseitige Situation zu
renormalisieren; um das zu tun, bedarf es keines Einverständnisses des Adressaten. Auch hier ist die narrative Sequenz sehr kurz,
sie besteht nur aus den Aussagen in 5, 6 und 9, unterbrochen
durch eine Bestätigung und die Feststellung in 8. Die Bewertung
in 10 und 11 erfolgt im Hinblick auf die Eingangsfeststellung:
denn da die ganze Erzählung ausweisen soll, daß die Frau trotz
eines Versuchs noch nicht zu einem Rollo gekommen ist, kann
die Bewertung begründen, weshalb keine weiteren Versuche unternommen wurden.

Während das Beispiel 6 eine klare Auslösung, Bewertung und
Endbestätigung durch den Adressaten der Erzählung, dafür jedoch nur ein kurzes narratives Fragment enthält, fehlt im Beispiel
7 nahezu jede Beteiligung des Adressaten, insbesondere eine
Endbestätigung. Dies hängt allerdings wohl damit zusammen,
daß der Adressat gerade intensiv mit Aufräumungsarbeiten befaßt
war. Aber noch aus einem anderen Grunde hebt sich die Erzählung kaum aus dem übrigen Aktivitätskontext heraus. Die anfängliche Feststellung (in 1) bezieht sich schon indirekt auf eine
vorhergehende Frage, indem sie eine negative Antwort erklärt:

–3 D: hast du sonst noch was?
–2 I: nee ((lacht))
–1 D: ((lacht))
  1   das Rollo für mein Wohnzimmer hab ich ja immer noch
        nicht.

Die narrativen Aussagen erläutern dann die Erfolglosigkeit des
Kaufversuchs, die übrigen Aussagen (die Feststellung in 10 und
die auf ihr aufbauende Bewertung in 11) begründen das Unterlassen weiterer Versuche. Die Bestandteile der Erzählung können
also einzeln für sich auf die Feststellung in 1 bezogen werden,
während eine eigentliche Bewertung der narrativen Aussagen
fehlt. Daraus erklärt sich, daß das Beispiel 7 eher als Grenzfall
zwischen einer argumentativ-erläuternden und einer erzählenden
Einheit erscheint.

Eine weitaus ausgestaltetere Erzählung zeigt das Beispiel 8. Es
enthält einige (mit Klammern angedeutete) unverständliche Pas-
sagen, die jedoch das Verständnis kaum beeinträchtigen dürften.
Auslösung und narrative Sequenz sind in diesem Fall komplex,
während sich die Bewertung auf die eine Äußerung 25 beschränkt. Die Bewertung knüpft an die Äußerung 5 an: wer im
Beleidigtensessel sitzt, der ist sauer. Deshalb kann die Feststellung in 5 als die eigentliche Auslösung angesehen werden. Voran-
gegangen war jedoch eine Eindrucksbeschreibung von D (in 1)
und eine Entkräftung des Eindrucks durch I (in 4); die Feststellung in 5 gibt nur eine Erklärung dafür. Das beiderseitige Lachen
drückt Einverständnis aus und kann die Ablösung einer Erzählung befördern. Nach der Auskunft, welcher der Sessel der
Beleidigtensessel ist, entwickelt I von 8 ab die narrative Sequenz,
um darin zu begründen, weshalb der Kater im Beleidigtensessel
sitzt. Die Auslösung der Erzählung ist auf der kognitiv-themati-
schen Ebene zu lokalisieren; der Umstand aber, daß es zu der
Erzählung kommt, ist eher auf der Ebene der sozialen Beziehung
(hier der Ausnutzung eines gemeinsamen Lachens) zu lokalisieren.

Die narrative Sequenz reicht von Äußerung 8 bis 23. Sie ist
ihrerseits wieder strukturiert. 8 gibt vermutlich eine Begründung
für das Beleidigtsein (»der hat doch jetzt auch so wenig zu fressen
gekriegt«?), 9 bis 11 schildert die Umstände, 13 bis 14 die
Vorgeschichte, und mit 15 beginnt eine Detailphase, die in 17
kulminiert. Diese Kulmination macht es erst wert, die Erzählung

auszubauen. Sie wird folgerichtig durch Lachen angezeigt und entsprechend erwidert. 19 bis 20 setzen den narrativen Teil fort, in dem sie die Lösung der Kulminationssituation berichten, während 21 bis 23 – immer noch als narrative Aussagen – Erklärungen für das Verhalten des Katers anbieten.

Die anderen Beispiele zeigten keine ausgeformte narrative Sequenz, aus nur einem Beispiel lassen sich jedoch kaum irgendwelche Generalisierungen rechtfertigen. Deshalb will ich hier nicht diskutieren, inwieweit die in Beispiel 8 realisierte narrative Struktur (Umstände + Vorgeschichte, Detailphase + Kulmination, Lösung + Erklärungen) von allgemeinem Charakter ist. Wahrscheinlich wird man aber diese oder ähnliche Teile einer narrativen Sequenz meistens ausmachen können, sofern überhaupt eine ausgestaltete Erzählung vorliegt. Ich habe hier absichtlich auch zwei Grenzfälle diskutiert – einmal minimale narrative Sequenz, einmal geringe Abhebung aus dem Kontext –, um zu verdeutlichen, daß eine Erzählung nicht allein aus einer Reihe von narrativen Aussagen besteht, sondern noch aus weiteren Rahmenaktivitäten. Sie kann entweder in der einen oder in der anderen Hinsicht defektiv sein bis schließlich zu einem Grade, wo man nicht mehr geneigt ist, von einer Erzählung zu sprechen. Allgemein sollte für komplexe Sprecheinheiten gelten, daß man folgende Fragen zu beantworten sucht:

(a) Welche Struktur haben die für die Sprecheinheit zentralen Sprechakte (hier: die Sequenz der narrativen Behauptungen);
(b) welches sind die interaktiven Rahmenaktivitäten (hier: die Auslösung und die Bewertung);
(c) wie können die Antworten zu a und b auf die komplexe Aufgabe oder kommunikative Funktion der Sprecheinheit bezogen werden?

5. Probleme der empirischen Sprechaktanalyse

In ihrem allgemeinen Teil befaßt sich die Sprechakttheorie mit den folgenden Fragestellungen:
1. Was ist die allgemeine Struktur von Sprechakten: worin besteht ihr propositionaler Gehalt und ihre illokutionäre Kraft, welche kontextuellen oder situativen Bedingungen sind konstitutiv für den Sprechakt?

2. Was ist die allgemeine Struktur von Sprechakt-Sequenzen: inwiefern sind Sprechakte initiativ oder reaktiv, welche Sequenzmuster sind aufgrund der Eigenschaften der Sprechakte möglich, und welche Eigenschaften erhalten Sprechakte aufgrund ihrer Position in einer Sequenz?

3. Was ist die allgemeine Struktur von komplexen Sprechakten oder komplexen Sprecheinheiten: welche Aufgaben müssen interaktiv bewältigt werden, welche Einzel-Sprechakte bringen einen komplexen Sprechakt oder eine komplexe Sprecheinheit zustande, wie müssen diese Einzel-Sprechakte verknüpft werden?

4. Was ist der allgemeine Einfluß von Institutionen, also organisierten Systemen des gesellschaftlichen Lebens, auf das Reservoir von Sprechakten einer Sprachgemeinschaft: welche spezifischen Aufgaben müssen erfüllt werden, welche Sprechakte werden neu entwickelt und mit welchen Mitteln, welche Sprechakte werden modifiziert, welche Sprechakt-Sequenzmuster und komplexe Sprecheinheiten werden herausgebildet?

5. Welches sind die allgemeinen Verfahren, nach denen die wörtliche Bedeutung von Äußerungen mit kontextuellen Prämissen (Wahrnehmungswissen, vorhergehende Äußerungen, Diskurswissen, Weltwissen, institutioneller Hintergrund, Annahmen über mentale Zustände der Teilnehmer, Kooperationsprinzipien, Rationalitätsprinzipien usw.) vereinigt werden muß, um indirekte oder implizite Bedeutungen zu erschließen?

6. Wie lassen sich Sprechakte nach Maßgabe der in den Fragestellungen 1 bis 5 entwickelten Gesichtspunkte klassifizieren, welche Kriterien sollen dafür herangezogen werden?

Im jeweils sprachspezifischen Teil (Sprechakttheorie des Deutschen, des Portugiesischen usw.) müssen die allgemeinen Fragestellungen auf eine besondere Einzelsprache bezogen werden. Das muß nicht heißen, daß die im allgemeinen Teil gewonnenen Ergebnisse nun völlig verändert oder neu entwickelt werden müssen. Viele, wenn nicht die meisten dieser Ergebnisse können ja nur anhand schon einzelsprachlicher oder sprachvergleichender Untersuchungen erhalten werden. Und natürlich kann man nicht von einer allgemeinen Struktur von Sprechakten, Sprechakt-Sequenzen usw. sprechen, wenn man erwartete, daß sich im Portugiesischen andere Ergebnisse als im Deutschen herausstellen würden.

Die sprachspezifische Untersuchung von Sprechakten muß vor allem diese Fragestellungen beantworten:

7. Welches sind die sprachspezifischen Mittel, um bestimmte allgemeine Sprechakte zu realisieren (Satzkonstruktionen, Wortstellungen, besondere lexikalische Mittel, Intonationsmuster, Routineformeln, explizite performative Formeln, spezielle implizite Realisierungsverfahren)?

8. Welche besondere Phänotypologie läßt sich ausmachen von Sequenzmustern, institutionellen Sprechakten, komplexen Sprechakten und Sprecheinheiten, Routinen für die Erschließung indirekter oder implizierter Bedeutungen?

9. Über welche Sprechaktbezeichnungen und Bezeichnungen von komplexen Sprechakten, Sprechaktzusammenhängen, Sprechaktpositionen verfügt die betreffende Sprache – d. h. welches Maß an Sprechaktidentifizierung und Sprechaktklassifizierung stellt diese Sprache durch ihre lexikalischen Mittel bereits bereit?

Ich habe in diesem Aufsatz versucht aufzuzeigen, daß ein weiterer Fortschritt der Sprechakttheorie u. a. von genauen Analysen realer Diskursabläufe (notabene: im Rahmen einer Einzelsprache) abhängt. Ich habe dafür einige ganz beliebige Beispiele ausgewählt. Aus den Ergebnissen darf man noch keine allgemeinen Schlußfolgerungen im Hinblick auf die Fragestellungen 1 bis 6 erwarten. Wohl aber kann man in ihnen einen Beitrag zu den Fragestellungen 7 bis 9 sehen – und darum könnten dann auch die Fragestellungen 1 bis 6 in einem neuen Lichte gesehen werden: z. B. welche Hypothesen könnten hier vorweg aufgestellt werden, welche der Fragestellungen erfordern welche Art von empirischer und von theoretischer Analyse?

Im Mittelpunkt meiner Betrachtungen stand eine methodologische Fragestellung: wie stellen wir fest, welche Art von Sprechakt in einer bestimmten Äußerung innerhalb eines Diskurses vollzogen wurde (das heißt auch: vom Adressaten der Äußerung so wahrgenommen wurde), welche grundsätzlichen methodischen Probleme müssen dabei vom Analysator gelöst werden? Ich will diese Probleme hier abschließend zusammenfassen:

1. Das Abgrenzungsproblem:

Der gesamte Ablauf des Redewechsels muß in einzelne Äußerungseinheiten zerlegt werden, die jeder für sich ein interaktives

Signal oder Markierungssignal, einen unselbständigen (kontextuell zu ergänzenden) oder einen selbständigen Sprechakt darstellen. Dabei muß z. B. die Frage gelöst werden, ob schon die Äußerung eines Teilsatzes oder erst die Äußerung eines selbständigen Gesamtsatzes – u. U. aus mehreren Teilsätzen bestehend – einen Sprechakt darstellt.

2. Das Identifizierungsproblem:

Die abgegrenzten Äußerungseinheiten müssen als Sprechakte von dieser oder jener Art identifiziert werden. Nach welchen Kriterien werden diese Identifizierungen vorgenommen: welche Rolle spielt dabei der Wortlaut der Äußerung, die eventuelle Identifizierung als Routineformel, die kontextuelle Ergänzung der Äußerung, der Bezug zum verbalen oder situativen Kontext, die Kenntnis von Bedingungen, die für einen Sprechakt bestimmter Art gelten? Welche Bezeichnungen werden für den Sprechakt gewählt: Bezeichnungen, die die untersuchte Sprache bereits zur Verfügung stellt, oder neu zu bildende Termini?

3. Das Klassifizierungsproblem:

Verwandte Sprechakte sollten zu einer gemeinsamen Klasse zusammengefaßt werden. Wieviele Klassen oder Typen von Sprechakten sollen unterschieden werden? Was sind die Kriterien dafür, in welchem Maße sind sie unabhängig voneinander? Welcher empirische oder theoretische Zweck wird mit der Klassifizierung verfolgt? Wie kann das Problem offensichtlich multipler Sprechakte theoretisch gelöst werden: sind hierfür Eigenschaften der Sprechakte oder der sprachlichen Form oder der Sprechsituation verantwortlich? Wie stellt sich daneben das Problem der impliziten oder indirekten Sprechakte?

4. Das Spezifizierungsproblem:

Die Sprechakte einer gemeinsamen Klasse können in verschiedener Hinsicht variieren. Welche Kriterien gibt es für Unterklassen? Welche verbalen Mittel oder situativen Umstände können einen Sprechakt spezifizieren, und in welcher Hinsicht: was ist die Stärke der illokutionären Kraft oder der durch den Sprechakt bewirkten Verpflichtungen, was ist die soziale oder kommunikative Funktion des Sprechaktes, was ist seine Reichweite, wie hängen propositionaler Gehalt und illokutionäre Kraft wechselseitig voneinander ab?

5. Das Kompositionsproblem:

Einfache Sprechakte können zu größeren, ihrerseits strukturierten Einheiten zusammengefaßt werden. Welche Beziehung muß dabei zwischen den einzelnen Sprechakten bestehen, was ist die interne und interaktive Struktur der komplexen Einheiten, welche kommunikativen Funktionen können durch sie erzielt werden?

6. Das Projektionsproblem:

Um Sprechakte aufgrund des Wortlautes von Äußerungen zu identifizieren, ihre Spezifizierung innerhalb einer Klasse verwandter Sprechakte oder ihren Anteil an einer komplexen Einheit zu erkennen, muß die wörtliche Bedeutung der Äußerungen beachtet werden. Die wörtliche Bedeutung konstituiert sich aus den geäußerten Wörtern nach Maßgabe der verwendeten syntaktischen Konstruktionen und Intonationsmuster. Welche verbalen Mittel haben Anteil am propositionalen Gehalt, welche an der illokutionären Kraft, welche an der Plazierung des Sprechaktes im Diskurs, welche kommentieren den Sprechakt oder die mit dem Sprechakt assoziierten mentalen Zustände, welche verweisen auf den verbalen Kontext?

In der Analyse eines zusammenhängenden Diskurses oder Textes müssen diese Probleme wenigstens teilweise – bezogen auf den Einzelfall – gelöst werden. Wir sind dazu zunächst imstande, weil wir uns als kompetente Sprachteilhaber verstehen. Gleichzeitig können wir aber als Analysatoren Rechenschaft über die vorgenommenen Problemlösungen ablegen und so schrittweise zu einem genaueren Verständnis und zu einer begründeten theoretischen Rekonstruktion vorstoßen. Mir scheint dies, auf die Länge gesehen, der einzig praktikable Weg zu sein, um erkennbare Fortschritte zu machen.

Literatur

Florian Coulmas, (1979), On the Sociolinguistic Relevance of Routine Formulae. J. of Pragmatics 3, H. 3.

Irene Heim, (1977), Zur Problematik der Darstellung illokutionärer Rollen in der Cresswell-Semantik. Konstanz. Mimeo.

Karin Martens, (1974), Sprachliche Kommunikation in der Familie. Kronberg: Scriptor.

Harvey Sacks / Emanuel Schegloff/Jefferson, (1974), A simplest systematics for the organization of turn-taking for Conversation. Language 50, 696-735.

John R. Searle, (1969), Speech Acts. Cambridge. University Press.

– (1976) A classification of illocutionary acts. Language in Society 5, 1-23.

Texte gesprochener deutscher Standardsprache II, (1974), München: Hueber.

Dieter Wunderlich, (1976), Studien zur Sprechakttheorie. Frankfurt: Suhrkamp.

– (1978a), Methodological Remarks on Speech Act Theory. In: Kiefer/Searle (eds.) Demnächst.

– (1978b), Wie analysiert man Gespräche? Beispiel Wegauskünfte. Linguistische Berichte 58, 41-76.

Dorothea Franck
»Ein Mann – ein Wort«: Überlegungen zu aufhebenden Sprechakten

1. Was ist das Interessante an aufhebenden Sprechakten?

Sprechakte ändern den Bestand an aktuell gültigen Obligationen,[1] Verbindlichkeiten und Ansprüchen unter den Kommunikationsteilnehmern; gelegentlich werden auch noch Rechte und Pflichten Dritter miteinbezogen. Diese *Änderungen des Obligationenstands* können in zwei Richtungen erfolgen: entweder man etabliert neue Obligationen oder man hebt bestehende Obligationen auf. In der Sprechakttheorie lag zunächst der Hauptakzent auf dem Etablieren. Daher soll hier die Frage diskutiert werden, ob, inwieweit und wie man das, was man mit Worten getan hat, wieder ungetan machen kann. Man könnte vorbringen, daß aufhebende Sprechakte kein gesondertes Problem darstellen, da sie lediglich eine Art Etablierung mit umgekehrtem Vorzeichen sind. Im folgenden soll gezeigt werden, daß es doch der Mühe wert ist, Aufhebungen etwas genauer zu betrachten, da wir dadurch Einsichten in ein paar allgemeinere Fragenkomplexe gewinnen können, wie z. B.:

– die Frage nach der Art der Gültigkeit sprachlich etablierter Obligationen. Inwieweit können sie überhaupt wieder rückgängig gemacht werden? Bedingungen und Beschränkungen der Aufhebung qualifizieren die Gültigkeit der Etablierung.
– Die Frage nach der Aufhebungsmöglichkeit ist zugleich ein Differenzierungskriterium für verschiedene Arten von Bedeutungsaspekten.
– Normen der Konsistenz für aufeinanderfolgende Äußerungen eines Sprechers und Erwartungen hinsichtlich der Verläßlichkeit des Gesagten, die bei Aufhebungen gefährdet werden können, verweisen auf den sozialen Charakter von Obligationen: ein Sprecher kann oft nach Belieben Obligationen etablieren; die Möglichkeit, sie ohne Nachteile wieder aufzuheben, ist aber oft beschränkt bzw. mit sozialen Sanktionen wie Gesichtsverlust verbunden.

- Beziehungen zwischen Sprechakten sowie typische Verwendungsweisen bestimmter Ausdrücke können mit dem Konzept der Aufhebung erfaßt werden.
- Bei der Beschreibung von Interaktionsstrategien und -manövern spielt die Unterscheidung von »normalen« Aufhebungen und verschleierten Quasi-Aufhebungen und Dementis eine Rolle.

1.1 Was sind Aufhebungen?

Zunächst ein paar Beispiele. ›E‹ steht für den etablierenden Sprechakt, ›A‹ für den aufhebenden, d. h. A steht zu E in *Aufhebungs-Relation*. A und E stammen mit Ausnahme von (4) jeweils vom selben Sprecher.

(1) E: Die Erde bewegt sich um die Sonne.
   A: Die Erde bewegt sich nicht um die Sonne.
(2) E: Die Erde bewegt sich nicht um die Sonne.
   A: Die Erde bewegt sich doch um die Sonne.
(3) A: Herr Ober, ich hatte einen Hasenbraten bestellt. Aber ich möchte doch lieber den Linseneintopf.
(4) E: (Amtsgericht in O zum Zeitpunkt T_1)
   Der Angeklagte wird für schuldig befunden . . . und zu tausend DM Geldstrafe verurteilt.
   A: (nächsthöhere Instanz) Das Urteil vom Amtsgericht in O vom Zeitpunkt (T_1) wird in zweiter Instanz aufgehoben; das Urteil lautet auf Freispruch.
(5) E: Bitte, kannst du mir ein paar Zigaretten holen!
   A: Ach nein, entschuldige! Ich sehe gerade, ich hab noch welche.

In allen obenstehenden A-Sprechhandlungen wird eine in E etablierte Obligation außer Kraft gesetzt. Eine Verminderung des Obligationenstandes kann jedoch auch mit anderen Sprechakten, die keine Aufhebungen sind, erreicht werden, z. B. durch Erfüllung oder durch Korrektur. Obligationen, die auf eine zukünftige Handlung gerichtet sind, »erlöschen« natürlich, wenn sie eingelöst bzw. erfüllt werden. *Erfüllungen* sind z. B. eine Antwort auf eine Frage, eine Ausführung eines Befehls oder eines Versprechens. Die Gültigkeit der Obligation wird in diesen Fällen nicht angetastet, sondern eher noch implizit bestätigt.

Schwieriger ist die Abgrenzung von Aufhebungen gegenüber *Korrekturen,* in diesem Fall also Selbstkorrekturen. Wie Aufhebungen beziehen sie sich auf einen vorangegangenen Äußerungsakt des gleichen Sprechers. Wenn die Korrektur eine Äußerung betrifft, die dazu diente, eine Obligation zu etablieren, so kann durch die Korrektur u. a. auch die Obligation wegfallen oder sich ändern. Wesentlich für Selbstkorrekturen (so wie wir sie hier verstehen) ist jedoch, daß sie sich auf ein Versehen bei der zu korrigierenden Äußerung berufen. Es kann sich dabei um Ausrutscher beim Aussprechen (slip of the tongue) handeln oder um momentane Unaufmerksamkeit, Vergeßlichkeit und ähnliche Versehen. In der Korrektur stellt der Sprecher klar, daß er das, was der Hörer aus seiner Äußerung konkludieren muß, z. T. gar nicht sagen wollte. Die normalen Intentionalitätsunterstellungen werden nachträglich für das zu korrigierende Element abgelehnt und dazuhin die Verantwortung für das Gesagte. Vgl.:

(6) Martin komm hierher. Ach nein, eh, Michael mein ich.

Aus dem Vergleich von (5) und (6) wird jedoch deutlich, daß der Übergang von Aufhebung zu Korrektur ein fließender sein kann. Dazu kommt noch, daß unvermeidliche, aber dem Sprecher peinliche Aufhebungen auch als Korrektur getarnt werden können. Dazu jedoch mehr bei der Besprechung der interaktiven Eigenschaften von Aufhebungen und Quasi-Aufhebungen.

Als Kriterien für aufhebende Sprechakte können wir vorläufig festhalten:
– Aufhebungen beziehen sich immer auf einen bestimmten vorangegangenen etablierenden Akt (E). Wenn die Bezugnahme auf E nicht explizit gemacht ist, so ist sie zumindest vorausgesetzt.
– Die wesentliche Funktion von A ist es, bestimmte Obligationen aus E ungültig zu machen, ohne sie zu erfüllen.
– A muß von derselben Person – oder bei institutionellen Akten von einer speziell dazu ermächtigten Instanz – vollzogen werden wie E. Bei hierarchischen Beziehungen zwischen Personen kann u. U. eine ranghöhere Person von einer rangniedrigeren Person etablierte Obligationen aufheben.

Über diese Bedingungen hinaus ist jedoch an weiteren Einschränkungen zu beachten: Nicht alles, was in E »getan«, etabliert wurde, ist aufhebbar. Und: Aufgrund der sozialen Natur von Obligationen können Aufhebungen nicht unbeschränkt ins Belieben des Sprechers von E gestellt werden. Oft muß die Einwilligung zu A von anderer Seite, z. B. von dem Adressaten von E, vorliegen. Diese Einschränkungen werden in Abschnitt 3 und 4 noch genauer diskutiert.

2. Die sprachliche Form von Aufhebungen und die Bedeutungsrelation zwischen A- und E-Äußerung

Zwischen A und E besteht normalerweise die Beziehung aperter *Inkonsistenz;* A widerspricht E, ausgedrückt durch Negation oder antonyme Formulierungen. In vielen Fällen besteht kein Unterschied zu Ausdrücken von Sprechakten des Bestreitens und Widersprechens. So könnte man sich (1) genausogut durch zwei verschiedene Sprecher gesprochen vorstellen. Dies gilt jedoch nicht für (2), obwohl logisch-semantisch gesehen dort die gleiche Art von Inkonsistenz wie in (1) zwischen A und E herrscht. Das intrasententielle DÓCH deutet einen Bezug zu einem vorangegangenen Sprech- oder Denk-Akt desselben Sprechers an. Bei der Verteilung von (2) auf zwei verschiedene Sprecher müßte es heißen:

(2′) S_1: Die Erde bewegt sich nicht um die Sonne.
     S_2: Doch, die Erde bewegt sich um die Sonne.

Das intrasententielle DÓCH kann ebensogut in nicht-deklarativen Sätzen stehen und macht in den Fällen, wo kein expliziter Bezug zu E ausgedrückt wird, deutlich, daß der Sprecher sich dieses Bezugs dennoch bewußt ist, sodaß z. B. nicht der Eindruck eines unfreiwilligen *Selbstwiderspruchs* entstehen kann. Denn nicht bei jeder Inkonsistenz zwischen Äußerungen desselben Sprechers muß es sich um eine Aufhebung handeln. Sprecher können sich selbst widersprechen, vor allem wenn es sich nicht um direkten, sondern abgeleiteten, impliziten Widerspruch handelt. Nicht immer sind sich Sprecher der vollen Tragweite und aller Konsequenzen ihrer Aussprachen bewußt; außerdem kann es durchaus Meinungsverschiedenheiten geben über den Bereich dessen, was alles mit einer Aussage impliziert wird.

(7) Ich will dóch lieber den Linseneintopf.

könnte anstelle von (3) gesagt werden, wenn man davon ausgehen kann, daß der Ober die Bestellung noch im Kopf hat.

(8) Ich kann morgen dóch nicht kommen.
(9) Nimm dóch etwas zu trinken mit.

Mit dem DÓCH in (8) und (9) deutet der Sprecher an, daß er nicht vergessen hat, daß er zuvor etwas anderes angekündigt bzw. angeraten hat.

Obwohl man das DÓCH aufgrund seiner vielseitigen Verwendbarkeit nicht einfach als Aufhebungs-Indikator bezeichnen kann, so gilt immerhin, daß Aufhebungen ein besonders typischer und deutlicher Verwendungskontext sind.

In empirischen Beispielen für Aufhebungen ist, wie auch in (5) angedeutet, häufig die Aufhebungsformulierung kombiniert mit entschuldigenden, abschwächenden oder auch emphatischen Elementen. Dies beruht auf dem sozial nicht unproblematischen Charakter von Aufhebungen: der Sprecher muß z. B., wenn es sich um eine Behauptung handelt, einen Irrtum zugeben (wie in (1) oder (2)) oder einen vorschnellen Entschluß revidieren, also entweder einen Fehler oder Wankelmütigkeit eingestehen. In solchen Fällen wird dann auch häufig eine rechtfertigende Argumentation mitgeliefert.

Allerdings haben längst nicht alle aufhebenden Sprechakte so einen *Eingeständnis*- oder *Rückzugscharakter*. Es kann zu den ganz normalen Rechten eines Sprechers gehören, bestimmte Obligationen nach einer bestimmten Frist aufzukündigen oder seine Meinung in einer Sache zu revidieren. Allerdings wird dann die Grenze zu anderen nicht primär aufhebenden Sprechakten fließend, zu Meinungsänderungen, von vornherein vorgesehenen Vertragskündigungen, zu etablierenden Akten beliebiger Art, die natürlich immer etwas am vorausgesetzten Obligationenstand ändern. Hier zeichnet sich ab, daß sich Aufhebungen nicht ohne Probleme und Künstlichkeit als eigene, inhaltlich bestimmte Sprechaktklasse abgrenzen lassen. Sie lassen sich nur kontextuell, mit Bezug auf das vorausgesetzte E bestimmen; ansonsten können sie fast jeder herkömmlichen Sprechaktklasse angehören. Deutlich wird diese relative Bestimmung bei der Betrachtung von Sprechaktpaaren mit umkehrbarer E/A-Relation wie z. B. bei Erlaubnis vs. Gebot (oder Verbot).

Betrachten wir die folgenden Beispiele:

(10) Es ist verboten, den Rasen zu betreten.
(11) Es ist erlaubt, den Rasen zu betreten.
(12) Du darfst gehen.
(13) Du darfst nicht gehen.
(14) Du brauchst nicht zu gehen.
(15) Du mußt gehen.

(10) und (11), (12) und (13), (14) und (15) können jeweils sowohl E wie A füreinander sein. Je nachdem, von welchem ursprünglichen Obligationenstand man ausgeht, kann man Erlaubnisse als E und Ge- bzw. Verbote als dazugehöriges A auffassen oder die Erlaubnis als A zu einem vorangegangenen Ge- oder Verbot. Wenn eine Erlaubnis eine positive Handlung erlaubt, ist die dazugehörende Aufhebung ein Verbot (z. B. (12) als E und (13) als A). Wenn sich die Erlaubnis auf eine Unterlassung bezieht, ist ihre Aufhebung ein Gebot (z. B. (14) als E und (15) als A). Wenn es zu den Sätzen, die ein Gebot bzw. Verbot ausdrücken, einen Satz mit genau komplementärer Bedeutung gibt, fällt die Unterscheidung zwischen Gebot und Verbot zusammen. Vgl. (16) und (17)

(16) Du mußt hierbleiben.
(17) Du darfst hierbleiben.

wobei (16) für (13) und (17) für (14) stehen kann.

Die genauere Untersuchung solcher E:A-Beziehungen hängt eng zusammen mit der Semantik der in Geboten, Verboten und Erlaubnissen vorkommenden Modalverben, die z. T. unter Zuhilfenahme solcher Konzepte aus der Sprechaktebene leichter geklärt werden kann als mit rein propositional-semantischem Instrumentarium.

2.2 Aufhebung und Negation

Die »Logik« der Aufhebung läuft in vieler Hinsicht parallel zur Semantik der Negation. Man könnte Aufhebungen (zusammen mit Widersprechen) ein pragmatisches Korrelat der Negation nennen. Bei Aufhebungen von Behauptungen zeigt sich das am deutlichsten. Die »Normalform« einer Aufhebung ist die Negation der E-Behauptung. Ähnlich wie bei der Negation kann es auch bei Aufhebungen Unklarheiten über den genauen Bereich der Negation bzw. der aufhebenden Kraft geben: ist sie »schwach« oder »stark«? Zudem kann undeutlich sein, welche der Voraussetzungen von E auch nach A noch gelten und welche mit der Aufhebung mit verfallen. Bei einer starken, d. h. im Bereich genau abgegrenzten Aufhebung müßten eigentlich die (semantischen) Präsuppositionen und die (pragmatischen) Voraussetzungen von E nach wie vor gelten, – analog zur starken Negation. Aber manche Voraussetzungen werden nach der Aufhebung so irrelevant, daß fraglich ist, ob man ihnen noch Gültigkeit zusprechen kann. So z. B. wenn ein Sprecher ein Versprechen zurückzieht: setzt er dann immer noch voraus, daß die versprochene Handlung von Vorteil für den Adressaten gewesen wäre oder daß er imstande ist, die Handlung auszuführen? Da Aufhebungen jedoch sehr häufig von Argumentationen begleitet werden, warum die Aufhebung notwendig oder berechtigt ist, verschwinden in den meisten Fällen solche Undeutlichkeiten. In der Rechtfertigung der Aufhebung beruft sich der Sprecher oft explizit auf nicht (mehr) gültige Voraussetzungen von E, die die Aufhebung notwendig machen. Vgl.

(18) Ich hab dir ein Fahrrad versprochen. Daraus wird nun leider doch nichts. Ich werde nächste Woche entlassen, dann haben wir keinen Pfennig mehr übrig.

Zu beachten ist außerdem, daß aufhebende Sprechakte mehr tun können als nur eine Obligation aus E zu »streichen«: sie re-etablieren und thematisieren zumeist dadurch auch einen anderen Obligationenstand, der mit dem Obligationenstand vor E zusammenfallen kann, aber auch neue Obligationen oder Spezifizierungen des Obligationenstands enthalten kann. Vgl.:

(19) E: Hier dürfen jetzt nur noch Fahrräder fahren.
     A: Ach nein, Mopeds sind hier auch erlaubt.
(20) Ich sagte, daß es ein Schwarz-weiß-Film sei. Aber er ist natürlich in Farbe.

Bei komplementären Prädikaten wie in (20) oder bei Sprechakten mit umkehrbarer A-E-Relation ist mit der Aufhebung immer automatisch die komplementäre Obligation etabliert. In allen anderen Fällen wird, wenn keine besonderen Spezifikationen angegeben werden, der neue Obligationenstand nach A nur ex negativo bestimmt; dennoch ergibt sich im allgemeinen ein Zuwachs an Information gegenüber dem Stand zum Zeitpunkt vor E, da zumindest die in E etablierte Möglichkeit ausgeschaltet ist. Auch hier zeigt sich wieder die Parallele zur Negation. Vgl.:

(21) E: Du kannst hier ruhig schwarz fahren.
     A: Nein, tu's lieber nicht.
(22) E: Leg mal ne Beatle-Platte auf.
     A: Ach nein, lieber was anderes. Sonst regt sich Oma auf.

Obligationen können nicht nur aufgehoben sondern auch anders modifiziert, z. B. abgeschwächt werden. Aus einem BESTIMMT kann ein VIELLEICHT werden, aus einem SOFORT ein IRGENDWANN, aus einem DU MUSST UNBEDINGT ein DU KANNST, WENN DU WILLST usw.

2.3. Sprechaktbezeichnende Ausdrücke für Aufhebungen

Es gibt eine ganze Reihe sprechaktbezeichnender Ausdrücke, die die aufhebende Funktion des Sprechakts hervorheben: ›Zurückziehen‹, ›widerrufen‹, ›zurücknehmen‹, ›revidieren‹, ›außer Kraft setzen‹, ›nichtig erklären‹, ›rückgängig machen‹, ›abschaffen‹, ›fallen lassen‹ usw. Diese Ausdrücke müssen mit einer Bezeichnung für E ergänzt werden. Die Kombination der obigen Ausdrücke mit Namen für E ist nicht beliebig: man ›revidiert ein Urteil‹ oder ›nimmt eine Beleidigung zurück‹. Dies ist ein weiterer Hinweis für die »Unselbständigkeit« und Unvollständigkeit von Aufhebungen im Vergleich zu anderen Sprechaktbestimmungen.

3. Aufhebbare und nicht-aufhebbare Bedeutungsaspekte

Nach den bisherigen Ausführungen könnte vielleicht der Eindruck entstehen, als könnte unbeschränkt alles, was in irgendeiner Weise sprachlich gesagt oder etabliert wurde, mittels Aufhebungen wieder ungetan gemacht werden. Abgesehen davon, daß bei mündlicher Kommunikation der Äußerungsakt selbst natürlich niemals mehr »ungetan« gemacht werden kann (die Schallwellen sind verflogen, aber die Beteiligten erinnern sich an das

Gesagte), ist die Aufhebbarkeit von Obligationen bzw. Bedeutungsaspekten abhängig von der Art des Ausgedrücktseins. Jeder Sprechakt etabliert ein ganzes Bündel an Bedeutungsaspekten unterschiedlicher Relevanz, Explizitheit und Verbindlichkeit. Manche Bedeutungsaspekte werden explizit in den Fokus der Aufmerksamkeit geschoben, andere als Präsupposition ausgedrückt und wieder andere lediglich implizit als Voraussetzung oder expressive Konnotation angedeutet. Wenn z. B. über etwas gesprochen wird, worüber nichts gesagt werden durfte, ist daran nichts mehr zu ändern. Oder wenn ein Sprecher wütend in Beschimpfungen ausbricht und »unanständige« Ausdrücke gebraucht oder zudringliche Annäherungsversuche unternimmt und er daraufhin merkt, daß seine Wut sich gegen einen Unschuldigen richtete bzw. das Opfer seiner Zudringlichkeit seine Chefin ist, so kann eine Aufhebung nichts mehr ausrichten. Er kann dann höchstens durch Entschuldigung u. ä. Wiedergutmachung anstreben oder durch Ausreden oder Umdefinieren (z. B. als Scherz ausgeben) den Schaden begrenzt halten. Die *expressiven* und *stilistischen* Aspekte einer Äußerung sind nicht aufhebbar, zumindest nicht durch normale Aufhebungen. Nur explizit etablierte Obligationen können ohne weiteres aufgehoben werden, und auch dies nur solange es keine besonderen Beschränkungen dafür gibt (wie z. B. bei der katholischen Ehe) und im Rahmen der allgemeinen sozialen Normen für Konsistenz und Verläßlichkeit im kommunikativen Verhalten. Es empfiehlt sich daher, eine Unterscheidung zu treffen zwischen dem, was ein Sprecher mit einer Äußerung gezielt an Obligationen etabliert und dem, was er darüberhinaus expressiv, z. T. sogar unwillentlich, verrät, – über seine augenblickliche Stimmung, seine Situationseinschätzung, seine emotionale Einstellung gegenüber dem Hörer und dem Gesprächsgegenstand sowie über seine Bildung, verbale Fertigkeit und Persönlichkeitsmerkmale, die mit einem bestimmten Kommunikationsstil und Ausdrucksrepertoire verbunden werden.

Es können also nicht Sprechakte aufgehoben werden, sondern nur die zentralen in E etablierten Obligationen, also nur ein Teil der Interaktionsbedingungen[2] von E. Allerdings ist die aufzuhebende Obligation normalerweise die essentielle Bedingung des E-Sprechaktes und die aufhebende Kraft die essentielle Bedingung des A-Sprechakts.

4. Aufhebungen und Interaktion

Wenn wir Sprechhandlungen als mit sozialen Konsequenzen verbundene Schritte in der Interaktion analysieren, ergeben sich bei den Aufhebungen einige Beschränkungen und Besonderheiten, die zu allgemeineren Einsichten in Normen der Interaktion und in die soziale Natur von Obligationen sowie zu Erklärungen für bestimmte Strategien und Tricks in der Interaktion führen können.

4.1. Adressatenabhängigkeit der Obligation

Am Kriterium der Aufhebbarkeit von Obligationen wird deutlich, wie die Obligationen, wenn sie einmal etabliert sind, aus der Verantwortung und Befugtheit des etablierenden Sprechers heraustreten und eine soziale, von mehreren involvierten Parteien getragene und bewachte Gültigkeit erhalten. Aufhebungen sind in besonderem Maß von der Zustimmung der Obligationsbetroffenen abhängig, insbesondere dann, wenn die Aufrechterhaltung der Obligation Interessen der Betroffenen berührt. Die Nicht-Einhaltung von Versprechen ist beispielsweise problematischer als die einer Drohung, da der Adressat des Versprechens nicht nur ein Recht auf die Einhaltung geltend machen kann, sondern dies auch umso eher tun wird, da er Vorteile davon erwartet.

Obligationen aus Sprechakten sind immer Obligationen gegenüber einer oder mehreren anderen Personen. Dabei macht es natürlich einen Unterschied, ob es um Handlungsverpflichtungen des Sprechers oder um Wahrheitsansprüche bei Behauptungen oder um direktive Handlungsobligationen für den Hörer oder Dritte geht. Wenn sich der Sprecher selbst zu einer Handlung verpflichtet, so etabliert er nicht nur eine Pflicht für sich selbst, sondern gleichzeitig ein Recht für den Adressaten, die Erfüllung dieser Obligation einzuklagen oder die Nicht-Erfüllung mit Sanktionen zu belegen. Die tatsächliche *Einklagbarkeit* hängt natürlich von der Autorität des Adressaten gegenüber dem Sprecher ab. Auch bei Fremdobligationen, d. h. wenn der Sprecher den Hörer zu einer Handlung verpflichten will, ist die Rechte- und Pflichten-Verteilung und damit auch die Einklagbarkeit abhängig von den beiden Faktoren: relativer Status der Beteiligten und Eigeninteresse an der Einhaltung der Obligation. Die Einklagbarkeit von Aufforderungen sowie Verboten und Geboten liegt beim Sprecher, vorausgesetzt der Adressat hat eingewilligt in die Etablierung der Obligation oder der Sprecher hat soviel Macht, daß es dieser Einwilligung gar nicht bedarf. Immer dann, wenn der Ausführende kein eigenes Interesse an der Erfüllung der Obligation hat, muß dies kompensiert werden durch die Autorität dessen, der die Erfüllung einklagen kann.

Die Unterscheidung von *Fremd-* und *Eigenobligationen* ist also sehr wichtig für die Analyse der an Sprechakte geknüpften Rechte und Pflichten. Sie muß jedoch kombiniert werden mit dem Faktor der *Interessen* und der Berücksichtigung der *Machtverhältnisse* unter den Beteiligten.

Auch dann, wenn qua Autoritätsverhältnis eine Aufhebung möglich wäre, gibt es weitere Beschränkungen. In Beispiel (3) bei einer Bestellung im Restaurant, wird die Änderung der Bestellung im allgemeinen nur dann akzeptiert, wenn noch nicht mit der Ausführung der Erfüllung, d. h. mit der Zubereitung des Gerichts begonnen ist. Aufhebungen können also nur so lange gemacht werden, wie noch keine irreversiblen Konsequenzen aus E entstanden sind. Der Sprecher muß jedenfalls die Verantwortung für E tragen, wenn er es versäumt, rechtzeitig einen aufhebenden Sprechakt vorzubringen.

4.2 *Allgemeine Verläßlichkeits- und Konsistenznormen*

Auch wenn alle obengenannten Bedingungen erfüllt sind und z. B. im konkreten Fall der Hörer in die Aufhebung eines Versprechens einwilligt oder der Sprecher genügend Macht hat, um auf diese Einwilligung zu verzichten, so kann die Aufhebung dennoch mit sozialen Risiken verbunden sein. Wenn ein Sprecher allzu oft Gesagtes widerruft und einmal eingegangene Verpflichtungen immer wieder infrage stellt, so verliert er an positiver Einschätzung als verläßlicher Kommunikationspartner. Wenn wir absehen von solchen Aufhebungen, die institutionell vorgesehen sind wie z. B. eine Kündigung eines Vertrags o. ä., haben Aufhebungen häufig den Charakter eines Eingeständnisses eines Fehlers bei der Etablierung der fraglichen Obligation, denn man etablierte sie ja nicht, um sie kurz darauf wieder aufzuheben. Die Bedrohung des Images als Kommunikationspartner ist sozial so gefährlich, daß auch dann, wenn von den gegebenen Machtverhältnissen her eine Aufhebung möglich wäre, oft davon abgesehen wird oder zumindest wiedergutmachende Elemente hinzugefügt werden wie Entschuldigungen und rechtfertigende Argumentationen. Von den Mitgliedern der Gesellschaft wird ein Minimum an Zuverlässigkeit und an Konsistenz in Meinung und Handlung erwartet, da sonst die Organisation koordinierter oder kooperativer Tätigkeit und die gegenseitige Orientierung an Meinungen und Handlungen der anderen in Gefahr kommt. Jemand, der ununterbrochen seine Meinungen ändert und seine Pläne umstößt, ist unakzeptabel. »Ein Mann – ein Wort«: nicht umsonst wird diese Verläßlichkeitsnorm der gesellschaftlich höher gewerteten Gruppe, dem Mann, – dann natürlich in einem normativ überhöhten Sinn –, zugeschrieben; »minderwertige«, d. h. natürlich machtlosere, Gruppen wie Frauen sind oft wohl notgedrungen weniger zuverlässig, da sie von den Entscheidungen anderer abhängig sind.

4.3 Aufhebungstricks und Quasi-Aufhebungen

Allerlei unehrliche und getarnte Aufhebungsmanöver können nun in ihrer Funktion erklärt werden. Manche Aspekte des in E Gesagten können überhaupt nicht aufgehoben werden, andere können es wohl, sind jedoch mit Gesichtsverlust des Sprechers bedroht, da damit ein Fehler eingestanden wird und allgemein die Verläßlichkeit des Sprechers angetastet werden könnte. Als Ausweg gibt es zunächst offene Wiedergutmachungen, bei denen der Sprecher die Aufhebung als solche ausgibt, aber sie mit entschuldigenden und erklärenden Formulierungen verbindet. Darüber hinaus gibt es die Möglichkeit, die Verantwortung für E abzustreiten, indem er die Aufhebung als Korrektur »tarnt«, d. h. er bestreitet, E so, wie es aufgefaßt wurde, gemeint zu haben; er schiebt alles auf eine versehentlich falsche Formulierung oder er pocht darauf, mißverstanden zu sein. Im letzteren Fall handelt es sich um nachträgliches *Umdefinieren* von E als Sprechakt: man gibt es z. B. als (mißlungenen) Scherz aus oder man leugnet, bestimmte Implikaturen, die der Hörer daraus abgeleitet hat, intendiert zu haben.

Solche Manöver sind jedoch auch nicht ohne Risiko, da sie unaufrichtig sind und als unaufrichtig erkannt werden können; und die Gefahr, als unaufrichtig zu gelten, ist größer als die, als wankelmütig betrachtet zu werden. Ein solches Risiko mag ein Sprecher jedoch dann eventuell auf sich nehmen, wenn eine normale Aufhebung gar nicht möglich ist; wenn er z. B. nachträglich merkt, daß er mit E so sehr »ins Fettnäpfchen getreten ist«, daß eine Entschuldigung nichts mehr retten könnte, insbesondere dann, wenn es sich um nicht-aufhebbare Bedeutungsaspekte handelt, z. B. wenn er sich total im Ton vergriffen hat gegenüber dem Hörer. Dem Umdefinieren als Scherz oder als »anders gemeint« sind natürlich auch inhaltlich enge Grenzen gesetzt; schließlich ist das, was man aus einer Äußerung konkludieren darf, durch Konventionen geregelt; der Sprecher kann nicht völlig unplausible und unmotivierte Interpretationen vom Hörer erwarten. Tut er das doch, so liegt die Verantwortung für das (echte oder vorgebliche) Mißverständnis bei ihm selbst. Angesichts der Abhängigkeit der relevanten Interpretation, d. h. der Interpretation, die als die vom Sprecher intendierte gelten darf, von Situationsfaktoren und Unterstellungen gemeinsamen Wissens und angesichts der Offenheit für immer tiefere bzw. indirektere Bedeutungen, bleibt andererseits immer eine Marge, innerhalb derer Mißverständnisse möglich bleiben und erst im weiteren Verlauf der Kommunikation ausgeräumt werden können. Innerhalb dieser Marge können dann umdefinierende Operationen und nachträgliche Klärungen stattfinden.

Wer für Mißverständnisse und Fehlinterpretationen verantwortlich gemacht wird, hängt, solange es sich nicht um klare Verstöße gegen allgemein anerkannte Konventionen handelt, z. T. auch wieder vom relativen Status von Sprecher und Hörer ab. Je höher der Status als Kommunikationsteilnehmer ist, desto wahrscheinlicher wird kommunikatives Ungenügen in der Produktion oder der Interpretation bei der anderen Seite gesucht. Kanonisierte Dichter beispielsweise haben immer Recht; wer sie nicht oder nicht richtig versteht, ist selber schuld.

Ähnlich verhält es sich mit gesetzlichen Bestimmungen in juristischer Fachsprache. Allerdings gilt gerade in institutionellen Kontexten eine besonders strenge Normierung dessen, was gesagt werden kann und wie es gesagt werden muß, so daß der Willkür des individuellen Sprechers wenig Spielraum bleibt.

5. Schlußfolgerungen und offene Probleme

Aufhebungen sind nur sequentiell zu definieren: sie sind ein Schritt in einer Kommunikationssequenz, auch wenn Äußerungen des Kommunikationspartners außer Betracht bleiben. Die wesentliche Bedingung von Aufhebungen stellt eine bestimmte – nämlich eine aufhebende – Relation zu einem vorangegangenen etablierenden Akt her; die Bestimmung als Sprechakt ist daher nur sequentiell und relational, nicht inhaltlich nach der Art der Obligation, wie bei den herkömmlichen Sprechaktklassifikationen. Aufhebungen können dann auch unter verschiedene Klassen fallen, wie in den angeführten Beispielen von Behauptungen, Aufforderungen, Erlaubnissen, Ratschlägen usw. sichtbar wurde. Obwohl es außer Zweifel steht, daß sequentielle, interaktionsbezogene Eigenschaften von Sprechakten stärker in die Sprechakttheorie integriert werden müssen, erscheint es daher dennoch problematisch, den »klassischen« Sprechaktklassifikationen[3] lediglich eine oder mehrere mehr sequenz-bezogene Klassen hinzuzufügen, wie dies z. B. bei dem Klassifizierungsvorschlag in Wunderlich 1976 getan wird. Es scheint für die Weiterentwicklung der Sprechakttheorie fruchtbarer zu sein, hervorzuheben, daß das ganze Spektrum an Sprechaktarten in mehr als eine Klassifikation zerlegt werden kann; die Unterschiede zwischen Sprechakten müssen je nach Fragestellung an verschiedenen Kriterien gemessen werden. Wichtiger als Verbesserungsvorschläge zu den bestehenden Sprechaktklassifikationen, so verbesserungsbedürftig diese auch sein mögen, ist gegenwärtig wohl die Erweiterung der Bestandsaufnahme an sprechaktrelevanten bzw. -unterscheidenden Kriterien einschließlich solcher Aspekte und Nuancen, die bei einer weniger abstrakt-philosophischen, mehr empirie- und interaktionsgerichteten Untersuchung zutage treten.

Einige Unterscheidungen aus dem Vorhergegangenen sollen kurz noch einmal genannt und z. T. durch weitere Differenzierungen ergänzt werden.

Außer den in den Beispielen genannten expliziten Aufhebungen gibt es natürlich auch implizite und indirekte Aufhebungen. Zudem: Wenn ein Sprecher etwas sagt, was inkompatibel ist mit anderen vorangegangenen Sprechakten von ihm selbst, so braucht dies nicht unbedingt eine Aufhebung sein. Insbesondere dann, wenn der Widerspruch zwischen den verschiedenen Äußerungen nur ein indirekter, abgeleiteter ist oder nicht ganz deutlich ist, inwieweit überhaupt ein Widerspruch vorliegt, kann es sich auch um eine unwissentliche Inkonsistenz handeln. Um Verwechslung mit Selbstwidersprüchen zu vermeiden, enthalten viele Aufhebungsäußerungen Formulierungen, die die Aufhebungsfunktion verdeutlichen wie ACH NEIN, DOCH NICHT, oder performative Formeln. Wenn mit dem aufhebenden Akt nicht nur alte Obligationen aus E aufgehoben werden, sondern neue an deren Stelle gesetzt werden, so braucht die aufhebende Funktion nicht gesondert zum Ausdruck gebracht werden, die Aufhebung erfolgt dann implizit. So z. B. wenn es in einem Mietvertrag lautet:

(23) Die Miete beträgt ab 1. 1. 1978 DM 800,–

Wenn die Miete davor niedriger oder höher war, verfallen diese früheren Bestimmungen von selbst. Wenn man solche impliziten Aufhebungen sowie partielle (abschwächende) Aufhebungen auch als Aufhebungen betrachtet, so fallen so viele Sprechakte unter diese Kategorie, daß die Unterscheidung beinahe sinnlos wird. Man sollte daher unterscheiden zwischen Sprechakten, die aufhebende Elemente oder Implikationen enthalten, aber den Hauptakzent auf eine andere Bedingung legen, und genuinen Aufhebungen, bei denen die aufhebende Funktion im Vordergrund steht.

Eine andere wichtige Unterscheidung ist die zwischen Aufhebungen und Korrekturen, auch wenn, wie wir gesehen haben, die Übergänge fließend sein können. Bei Aufhebungen steht der Sprecher dazu, daß er zum Zeitpunkt der Äußerung von E E, bzw. das was man in der gegebenen Situation mit den gebräuchlichen Interpretationsprozeduren daraus schließen darf, auch gemeint hat. Bei Korrekturen hingegen beruft sich der Sprecher auf ein Versehen in der Formulierung; er hat danach durch Selbstkontrolle oder durch Hörerhinweise gemerkt, daß er etwas anderes gesagt hat, als er auszudrücken meinte. Er bestreitet also, die ihm aufgrund der Äußerung unterstellbaren Intentionen gehabt zu haben.

Korrekturen sind ein Hinweis auf das Prinzip des ›recipient design‹ in natürlichen Kommunikationssituationen: der Sprecher muß das, was er sagen will, so formulieren, daß derjenige, mit dem er gerade spricht, seine Intentionen in der gewünschten Weise erschließen kann. Wenn der Sprecher die Interpretationsleistung des Hörers falsch oder ungenügend antizipiert, riskiert er mißverstanden zu werden. Wenn er Anzeichen für ein solches Mißverständnis sieht, kann er sich nachträglich korrigieren. Allerdings wird der Hörer bei allzu häufigen Korrekturen sich fragen, ob die Verständigungsbasis ausreichend ist oder, wenn es sich mehr um Versprecher handelt, ob der Sprecher im Vollbesitz seiner geistigen Kräfte ist.

Um den Zusammenhang zwischen manchen Aufhebungen und Korrekturen zu verdeutlichen, muß unterschieden werden zwischen berichtigenden und neutralen Aufhebungen. Unter berichtigenden Aufhebungen verstehen wir solche, bei denen die Aufhebung motiviert ist durch eine Fehleinschätzung der Voraussetzungen von E und die damit das Eingeständnis eines Fehlers verbinden. Sowohl berichtigende Aufhebungen wie Korrekturen beinhalten, daß der Sprecher sich selbst einer Fehlleistung zeiht, bei Korrekturen hinsichtlich der Wahl der Formulierung bzw. dem nötigen Grad an Aufmerksamkeit bei der Artikulation; bei Aufhebungen auf inhaltlicher Ebene: er hat E zu Unrecht für adäquat gehalten oder E entgegenstehende Entwicklungen zu wenig vorausgesehen. Offen bleibt jedoch in vielen Fällen, ob der Sprecher zum Zeitpunkt der Äußerung von E die Möglichkeit gehabt hätte, die Inadäquatheit von E bereits sehen zu können. Vgl. z. B. (5).

Ein möglicher Einwand gegen die weiter oben genannten sozialen Einschränkungen des akzeptablen Gebrauchs von Aufhebungen und Korrekturen im Zusammenhang mit Verläßlichkeits- und Sorgfältigkeitsnormen in normaler Kommunikation könnte sein, daß diese Beschränkungen und sozialen Sanktionen nicht zur systematischen Beschreibung von Sprechakten und ihrer Bedingungen gehörten. Dem ist jedoch entgegenzuhalten, daß eine Sprechakttheorie unrealistisch bleibt, wenn sie nicht den wesentlichen sozialen Charakter von Obligationen und Normen des Umgangs mit ihnen mit berücksichtigt. Zudem schlagen die Bedingungen für Aufhebungen auf die Etablierung, bzw. auf die Gültigkeit der etablierten Obligation, zurück. In offiziellen schriftlichen Kontrakten wird normalerweise die Möglichkeit der Aufhebung der etablierten Obligation spezifiziert; die Beschränkungen der Aufhebbarkeit beeinflussen die Art der Gültigkeit der Obligation. (In der Alltagskommunikation werden solche Bedingungen normalerweise nicht expliziert, da sie bei den Teilnehmern vorausgesetzt werden können.) So charakterisiert es die katholische Taufe und Ehe als etablierende Akte, daß es keine Möglichkeit der Aufhebung gibt, – wenn man von der »Hintertür« der Eheannullierung absieht, die darauf basiert, daß die Etablierung gar nicht wirklich stattgefunden haben soll. Wer diese Etablierungen brechen will, kann dies nur, indem er sich aus diesem Normensystem herausbegibt und sich von den angedrohten Sanktionen, nach dem Tode in der Hölle zu braten, nicht beeindrucken läßt.

In diesem ketzerischen Zusammenhang soll auch noch kurz die Problematik erzwungener Widerrufe erwähnt, aber nicht weiter analysiert werden. Angesichts der sozialen Natur von Sprechhandlungen, die Intentionen des Sprechers nur als Anspruch, nicht als direkte Widerspiegelung erschließbar machen, kann mit Gewalt nicht mehr erzwungen werden als eben »Lippendienst«. Dies scheinen die Verfechter und Ausführenden des sog. Radikalenerlasses in der BRD nicht ganz begriffen zu haben.

Ich möchte daher, fast schon subversiv, schließen mit dem Galilei zugeschriebenen

»eppur si muove«.

Anmerkungen

Dieses Papier ist eine überarbeitete Version von Franck 1976. Ich danke den Mitgliedern der Amsterdamer Pragmatik-Diskussionsgruppe, insbes. Teun van Dijk, für Anregungen und Hinweise.

1 Ich verstehe ›Obligation‹ hier, in Ermangelung eines besseren Ausdrucks, in dem allgemeinen und breiten Sinn wie das engl. Wort ›commitment‹. Darunter fallen also nicht nur konkrete Handlungsobligationen für Sprecher oder Hörer, sondern alle Verbindlichkeiten zwischen den Beteiligten und Betroffenen, die sich aus einem Sprechakt ergeben können, wie z. B. auch Wahrheitsansprüche, Rechte des Hörers usw.

2 Zum Begriff ›Interaktionsbedingung‹ siehe Wunderlich 1976.

3 Vgl. hierzu Austin 1962 und Searle 1973.

4 Zu ›recipient design‹ siehe Sacks, Schegloff, Jefferson 1974, S. 727.

Literatur

Austin, J. L., 1962, How to Do Things with Words. Oxford U. P.

Franck, D., 1976, Aufhebende Sprechakte. Beitrag zur 2. Arbeitstagung Linguistische Pragmatik, März 1976.

Sacks, H., Schegloff, E. A., Jefferson, G., 1974, A Simplest Systematics for the Organization of Turn-Taking for Conversation. Language, Vol. 50, Nr. 4, pp. 696-735.

Searle, J., 1973, A Classification of Illocutionary Acts. UC Berkeley, mimeo.

Wunderlich, D., 1976, Studien zur Sprechakttheorie. Frankfurt a. M. Suhrkamp.

(IV) Sprechakttheorie und Grammatik

Roland Posner
Bedeutung und Gebrauch der Satzverknüpfer in den natürlichen Sprachen

> Wenn ein Diplomat »ja« sagt, meint er »vielleicht«;
> wenn er »vielleicht« sagt, meint er »nein«; und wenn er
> »nein« sagt, ist er kein Diplomat.
> Wenn eine Dame »nein« sagt, meint sie »vielleicht«;
> wenn sie »vielleicht« sagt, meint sie »ja«; und wenn sie
> »ja« sagt, ist sie keine Dame.
>
> *Voltaire*

Man muß weder ein Diplomat noch eine Dame sein, um in einschlägigen Situationen das Wort »vielleicht« einmal für »ja« und ein andermal für »nein« verwenden zu können. Was aber ist die Bedeutung eines Wortes wie »vielleicht«, wenn damit jeder nach Wunsch einmal »ja« und einmal »nein« meinen kann? Ist es überhaupt sinnvoll, hier noch von einer festen Wortbedeutung zu sprechen? Wenn nicht, was meint dann eigentlich Voltaire, wenn er behauptet, daß sowohl der Diplomat, der »ja« sagt, als auch die Dame, die »nein« sagt, »vielleicht« *meint*? – Sagen und Meinen, Zeichenbedeutung und Zeichengebrauch, kodierte Information und deren Verwendung in der Kommunikation scheinen sich nicht immer zu decken. Welche Inhaltselemente einer Mitteilung sind aber auf die lexikalische Bedeutung und welche auf den speziellen Gebrauch der Zeichen in der betreffenden Situation zurückzuführen? Semiotisch gesprochen, geht es dabei um die Abgrenzung von Semantik und Pragmatik in der Beschreibung von Kommunikationsverhalten. Ich will dieses Grundlagenproblem hier von der Linguistik her aufrollen und dabei über folgende Punkte sprechen:

1. zwei Strategien der Sprachbeschreibung
2. Bedeutungsmonismus
3. Gebrauchsmonismus
4. Gleichsetzung von Bedeutung und Gebrauch
5. Gebrauch von Bedeutungen
6. Bedeutung versus Andeutung
7. Satzverknüpfer: Bedeutungsmaximalismus
8. Satzverknüpfer: Bedeutungsminimalismus

9. Verhältnis von Semantik und Pragmatik in der Interpretation
komplexer Sätze

1. Zwei Strategien der Sprachbeschreibung

Wer sprachliche Äußerungen macht, um Kommunikationsziele
zu erreichen, muß in der Lage sein, die Wörter seiner Sprache
angemessen zu verwenden. Wie aber geht er dabei vor? Woran
orientiert er sich bei der Verwendung der Wörter?

Ist jedem Wort eine feste Bedeutung zugeordnet, die die Sprachbenutzer bei ihren Äußerungen reproduzieren?

Oder gibt es gar keine festen Wortbedeutungen, sondern nur
Regeln des Wortgebrauchs, nach denen die Sprachbenutzer ihre
Äußerungen formulieren?

Hinter diesen Fragen verbergen sich zwei konkurrierende Strategien der Sprachbeschreibung. Einer Konzeption, die nur mit
der Annahme von Bedeutungen und Bedeutungsrelationen auszukommen glaubt *(Bedeutungsmonismus)*, steht eine Konzeption
gegenüber, die allein mit Regeln des Wortgebrauchs operiert
(Gebrauchsmonismus). Alle beiden Konzeptionen bedienen sich
umfangreicher Spezialterminologien, die heute gleich differen-
ziert und weitgehend parallel ausgebaut nebeneinander stehen:
- Sprechen die Vertreter der einen Konzeption von Wortbedeutung, Bedeutungsmerkmal und Merkmalsrealisation, so sprechen die Vertreter der andern von Wortgebrauch, Gebrauchs-
  regel und Regelanwendung;
- geht es den einen um Bedeutungskategorien, um wörtliche
  oder übertragene Bedeutung, um Eindeutigkeit oder Mehrdeutigkeit, so geht es den andern um Gebrauchsweisen, um wörtlichen oder übertragenen, um konsistenten oder inkonsistenten
  Sprachgebrauch;
- handelt es sich für die einen um Merkmalshierarchien, Merk-
  malsvereinigung, Merkmalsdurchschnitt und Merkmalsoppo-
  sition, so handelt es sich für die andern um Regelhierarchien,
  Regelvereinigung, Regeldurchschnitt und Regelopposition;
- anstelle von präsupponierten Bedeutungsmerkmalen ist die
  Rede von Gebrauchsbedingungen; Beschränkungen in der
  Merkmalsrealisation erscheinen als Regelanwendungsbe-
  schränkungen; Merkmalsveränderung tritt als Regelverände-

rung auf; und Bedeutungswandel stellt sich als Wandel im Sprachgebrauch dar.[1]

Man könnte versucht sein, die beiden Ansätze zu terminologischen Varianten der gleichen Theorie zu erklären, würden sie nicht auch von verschiedenen empirischen Hypothesen ausgehen und verschiedene methodische Verfahrensweisen darauf gründen: Bedeutungsmonisten sind gewöhnlich der Auffassung, daß Wortbedeutungen empirisch direkt zugänglich sind und daß die Regeln des Wortgebrauchs – falls es so etwas überhaupt gibt – leicht aus den Wortbedeutungen zu ermitteln sind. Gebrauchsmonisten neigen demgegenüber zu der Auffassung, daß nur der Gebrauch eines Wortes empirisch gegeben ist und daß die Wortbedeutung – falls es so etwas überhaupt gibt – aus den Gebrauchsregeln ermittelt werden muß. Gemeinsam ist beiden Ansätzen freilich der Anspruch, eine vollständige linguistische Erklärung davon geben zu können, wie ein Sprachbenutzer seine Wörter verwendet.

Ich möchte im folgenden zeigen, daß keine dieser Positionen den Anforderungen genügt, die theoretisch und methodisch an die Sprachbeschreibung zu stellen sind. Anders als die diversen Monismen werde ich für eine Theorie eintreten, die der Bedeutung und dem Gebrauch der Wörter in der Sprachverwendung eine komplementäre Funktion zuweist.

Als Demonstrationsobjekt wähle ich die Satzverknüpfer des Deutschen. Denn obwohl uns seit der Entdeckung der Wahrheitstafeln in der Logik des späten 19. Jahrhunderts auch für die Verwendung der Satzverknüpfer in den natürlichen Sprachen ein exakter Explikationsvorschlag vorliegt, sind die Zweifel über die Adäquatheit dieser Explikation bis heute nicht verstummt. Erst die Untersuchungen des kalifornischen Sprachphilosophen Herbert Paul Grice über »Logik und Gespräch«[2] haben dieser Diskussion neuerdings eine Wende gegeben, die zur Grundlage für einen kontinuierlichen Fortschritt auf dem Gebiet der Satzverknüpfer zu werden verspricht. Auch der Gricesche Ansatz ist freilich nicht ohne Widerspruch geblieben, und so werden auch die wesentlichen Argumente gegen ihn zur Sprache kommen müssen. Damit aber deutlich wird, welchen Stellenwert die Griceschen Überlegungen für die empirische Semantik haben können, gehe ich zunächst kurz auf einige historische Durchgangsstadien des Bedeutungsmonismus und des Gebrauchsmonismus mitsamt ihren sprachpsychologischen Varianten ein.

2. Bedeutungsmonismus

Ende des 19. Jahrhunderts versuchte die aus der Aufklärung überlieferte Begriffssemantik den Anschluß an die neu entwickelte empirische Psychologie zu finden. Dabei kamen Auffassungen zusammen, die sich so charakterisieren lassen: Kommunizieren heißt Begriffe weitergeben, und um Begriffe weiterzugeben, muß man Wörter äußern, deren Bedeutungen Begriffe sind. Nach Wilhelm Wundt erweckt »jedes selbständige Begriffswort [. . .] eine [. . .] bestimmte Begriffsvorstellung, die um so anschaulicher ist, eine je konkretere Bedeutung das Wort hat«.³ Und Edward Titchener lehrte: »Das Wort ›Hund‹ hat für uns eine Bedeutung, weil die Wahrnehmung dieses Wortes in uns die Vorstellung eines Hundes hervorruft.«⁴ Danach ist zwar nicht jedes Wort ein selbständiges Begriffswort und allein zur Vermittlung von Vorstellungen geeignet, doch jedes Wort hat (mindestens) eine konstante Bedeutung, die bei der Zusammenfügung mit andern Wörtern ihren Beitrag zur Gesamtbedeutung leistet. Der Sprecher gibt also seine Begriffe weiter, indem er geeignet gewählte Wörter äußert, zu denen der Hörer passende Begriffsvorstellungen assoziiert. Assoziationen lassen sich nach dem Reiz-Reaktions-Schema interpretieren und testen. Zur Überprüfung der assoziierten Vorstellungen werden dem Rezipienten genormte Testaufgaben gestellt, vom Zeichnen bis hin zum Ankreuzen der Eigenschaften der vorgestellten Gegenstände. Das psychologische Experiment schafft uns auf diese Weise empirischen Zugang zur Wortbedeutung. –

Leider haben die in großem Maßstab durchgeführten Assoziationsexperimente diese Theorie nicht in der erhofften Weise bestätigt. Die durch ein Wort hervorgerufenen Vorstellungen fallen nämlich je nach Kontext recht verschieden aus. So wurde es allmählich zum Topos bedeutungsmonistischer Wortsemantik festzustellen: »Die Grenzen der Wortbedeutung sind verwaschen, verschwommen, zerfließend.«⁵ Auch Sprachforscher wie Karl Otto Erdmann, der derartige Feststellungen zum Ausgangspunkt seiner »Aufsätze aus dem Grenzgebiet der Sprachpsychologie und Logik« machte, vermochten nicht, ihnen durch die Einführung neuer Distinktionen ihre Brisanz zu nehmen.

3. Gebrauchsmonismus

Die Konsequenzen aus diesen Erfahrungen wurden in der behavioristischen Psychologie gezogen. Wenn der Assoziationstest keinen verläßlichen Zugang zur Wortbedeutung liefert, so ist er methodisch unbrauchbar. Und wenn wir zu der Annahme gezwungen sind, daß Wortbedeutungen fließend sind, so verliert der Bedeutungsbegriff auch seinen theoretischen Wert für die Beschreibung der Sprachverwendung. John Watson formulierte das mit aller Deutlichkeit: »Vom Standpunkt des Behavioristen aus ist das Problem der Bedeutung eine reine Abstraktion.«[6] Und Burrhus F. Skinner schloß sich ihm an mit der lakonischen Bemerkung: »Der Sprecher äußert nicht Ideen oder Vorstellungen, sondern eben Wörter.«[7]

Noch Charles W. Morris hält sich etwas darauf zugute, daß sein semiotisches Programm ganz ohne die Annahme von Bedeutungen auskommt.[8] Er glaubt allerdings durch die Einbeziehung von Dispositionen erneut den Anschluß an die experimentelle Psychologie zu finden. Doch während die Assoziationspsychologen Wort und Bedeutung noch mit Reiz und Reaktion auf die gleiche Stufe gestellt und die Wortbedeutung als direkt beobachtbare Variable angesehen hatten, sieht Morris im Wortgebrauch eine Disposition, die in der Kommunikationssituation zwischen Reiz und Reaktion vermittelt. Auch die Regeln des Wortgebrauchs können somit nicht direkt beobachtet, sondern nur als intervenierende Variable aus dem manifesten Verhalten erschlossen werden. Damit wird die Hypothese vom unmittelbaren empirischen Zugang zum Wortgebrauch ebenso zurückgenommen[9] wie im Falle der Wortbedeutung. Auch das Erdmannsche Problem verschwindet in dieser Konzeption nicht, es erhält nur eine klarere Formulierung. Denn nach wie vor bleibt zu erklären, wie ein und dasselbe Wort in grundverschiedenen Verhaltensdispositionen eine Rolle spielen kann.

4. Gleichsetzung von Bedeutung und Gebrauch

Diese empirischen Probleme und methodischen Schwierigkeiten haben den beiden monistischen Positionen auch viel von ihrer ursprünglich vorhandenen *theoretischen* Anziehungskraft genommen. Selbst Ludwig Wittgenstein hatte sich ja nicht nur methodische Vorteile von dem Ratschlag versprochen: »Don't ask for the meaning, ask for the use.«[10] Er hatte auch geglaubt, dieser Maxime eine theoretische Grundlage geben zu können, indem er formulierte: »Man kann für eine große Klasse von Fällen der Benutzung des Wortes ›Bedeutung‹ – wenn auch nicht für alle Fälle seiner Benutzung – dieses Wort so erklären: Die Bedeutung eines Wortes ist sein Gebrauch in der Sprache.«[11]

Da jedoch auch er nur Beispielanalysen gab und keine zufriedenstellenden Methoden zur systematischen Erfassung und Beschreibung des Wortgebrauchs lieferte, sorgte die Wittgensteinrezeption mehr für den Ausbau der gebrauchsmonistischen Terminologie als für die Einführung neuer Kriterien, die ihrer Anwendung eine zusätzliche Rechtfertigung hätten geben können. Was sich durchsetzte, war die verkürzte These: »Die Bedeutung eines Wortes ist sein Gebrauch.« Und bei dem Mangel an Kriterien war es kein Wunder, daß diese undifferenzierte Gleichsetzung bald in beiden Richtungen angewendet wurde. Auf diese Weise bildete sich die heute weitgehend übliche gedankenlose Kontamination der Bedeutungsterminologie mit der Gebrauchsterminologie heraus.

Auch für diese Kontamination ist aber eine theoretische Rechtfertigung denkbar, wenn auch nur in Form einer Analogie: Sind Bedeutung und Gebrauch nicht einfach als zwei Aspekte desselben Phänomens anzusehen, die so miteinander korreliert sind wie Teilchengeschwindigkeit und Wärme in der Thermodynamik oder wie Welle und Korpuskel in der Quantenphysik? – Wer zu einer solchen Auffassung neigt, sollte sich freilich klarmachen, daß die beiden Aspekte in der Physik jeweils experimentell nachweisbar sind und das Nebeneinander der beiden Terminologien dort somit empirisch begründet werden kann.

Wie steht es damit in der Sprachwissenschaft?

Über das weitgehende Fehlschlagen eines direkten experimentellen Nachweises von Bedeutungen oder Gebrauchsregeln haben wir schon gesprochen. Dennoch ist zu sagen, daß in der Sprachbeschreibung Phänomenbereiche, die sich leichter bedeutungstheoretisch erfassen lassen, anderen Phänomenbereichen gegenüberstehen, für die eine gebrauchstheoretische Beschreibung näher liegt. Betrachten wir zum Beispiel die Farbwörter »gelb« und »blond«. Falls wir unter der Bedeutung dieser Wörter die Längenbereiche im Spektrum der Farbwellen verstehen wollen, die von gelben oder blonden Gegenständen ausgestrahlt werden, so haben »gelb« und »blond« annähernd dieselbe Bedeutung. Trotzdem werden sie ganz verschieden gebraucht, ja ihre Verwendung schließt sich gegenseitig aus: Als »blond« bezeichnet man gemeinhin menschliches Haar; was sonst in diesen Wellenbereich fällt, wird als »gelb« oder als »gelblich« bezeichnet. Es gibt zwar noch gewisse Randgebräuche, wie zum Beispiel das Reden von einem »kühlen Blonden«; doch besteht auch hier keine gegenseitige Austauschbarkeit, denn niemand wird sagen: »Herr Ober, bitte ein kühles Gelbes«. Im Falle von »gelb« und »blond« können wir also von komplementärer Distribution bei gleicher Bedeutung sprechen.

Ähnlich instruktiv ist das folgende Beispiel. Wenn wir Klein-Peter beim Friseur sagen hören: »Mutti, guck mal, Anna wird gemäht«, kommt uns das zwar lächerlich vor, aber wir verstehen im Normalfall ohne weiteres, was er meint. »Mähen« ist ein Wort, das einerseits soviel bedeutet wie »kürzer schneiden«, andererseits ist der Gebrauch dieses Wortes jedoch so beschränkt, daß menschliches (und tierisches) Haar ausgeschlossen wird.[12] Wir müssen also mit *Gebrauchsbedingungen* rechnen, die die Verwendung eines Wortes stärker einschränken, als die Wortbedeutung es zulassen würde. Im Lexikon erscheinen diese Gebrauchsbedingungen meist als eingeklammerter Zusatz zur Bedeutungsangabe, z. B. »blond: gelblich (von menschlichem Haar)« oder »mähen: kürzer schneiden (von Pflanzen mit Flächenwuchs)«.

In den letzten Jahren ist es üblich geworden, Gebrauchsbedingungen als präsupponierte Bedeutungsmerkmale zu verstehen und sie auf diese Weise in die Wortbedeutung zu integrieren. Demnach würde »blond« soviel wie »gelbhaarig« bedeuten und »mähen« soviel wie »Pflanzen mit Flächenwuchs kürzer schneiden«. Doch läßt sich dieser Versuch nur um den Preis allergrößter Schwierigkeiten durchhalten.[13] Wie wenig wir auf die Angabe von Gebrauchsbedingungen verzichten können, läßt sich wiederum am Beispiel der Farbwörter demonstrieren. Überträgt man die Farbe eines Stoffmantels, den eine Versuchsperson als »rot« bezeichnet, unter bestimmten Umständen auf eine glatte Plastikwand, und fragt man die Versuchsperson nun nach der Farbe dieser Wand, so wird sie diese oft als »braun« bezeichnen.

Obwohl die Wellenlängen gleich geblieben sind, wechselt man also das Farbwort, wenn der Anwendungsbereich wechselt. Bedeutungsmonisten könnten hier ähnlich wie bei »gelb« und »blond« geneigt sein zu formulieren: Zur Bedeutung von »rot« gehört das präsupponierte Bedeutungsmerkmal »rauhe Oberfläche«, und zur Bedeutung von »braun« gehört das präsupponierte Bedeutungsmerkmal »glatte Oberfläche«; doch das ist falsch, denn selbstverständlich ist es völlig akzeptabel, auch rauhe Oberflächen als »braun« und glatte Oberflächen als »rot« zu bezeichnen. Anders als bei »gelb« und »blond« berührt der Übergang vom einen Anwendungsbereich zum andern hier nicht die Akzeptabilität des Wortgebrauchs, sondern die der Bedeutung der Wörter »rot« und »braun«: Angewandt auf glatte Oberflächen bezeichnet »rot« einen anderen Ausschnitt des Farbspektrums als angewandt auf rauhe Oberflächen. Dasselbe gilt für »braun«. Die Wortbedeutung tritt hier in Wechselbeziehung zu den Umständen des Wortgebrauchs.

Diese kurzen Beispiele dürften die These der Gleichsetzbarkeit von Bedeutung und Gebrauch für unsere Zwecke ausreichend relativieren und zeigen, daß auch die beiden Terminologien nicht in allen Bereichen der Wortsemantik völlig austauschbar sind.

5. Gebrauch von Bedeutungen

Den Unterschied zwischen Bedeutungsmerkmalen und Gebrauchsbedingungen hat von den heutigen Sprachphilosophen Herbert P. Grice am deutlichsten herausgearbeitet. In den William-James-Lectures, die er 1968 an der Harvard-Universität gehalten hat[14], gelingt es ihm außerdem, sich von der platten Gegenüberstellung »Bedeutung versus Gebrauch« freizumachen. Anders als Watson oder Skinner ist Grice bereit zu behaupten, daß wir in der Kommunikation nicht nur mit Wörtern oder Wortketten, sondern auch mit Wortbedeutungen und Satzbedeutungen umgehen. Es geht ihm um den Gebrauch von Bedeutungen. Er versucht herauszufinden, nach welchen Regeln wir Wort- und Satzbedeutungen gebrauchen, um unsere Kommunikationszwecke zu erreichen.

Vergleichen wir zum Beispiel die folgenden fünf Sätze:
(1) Trage bitte den Mülleimer hinunter!

(2) (a) Ich möchte, daß du den Mülleimer hinunterträgst.
    (b) Kannst du den Mülleimer hinuntertragen?
    (c) Willst du den Mülleimer hinuntertragen?
    (d) Hast du den Mülleimer hinuntergetragen?

In der Alltagskommunikation einer Familie können offensichtlich alle fünf Sätze zum gleichen Zweck verwendet werden, nämlich als Aufforderung, den Mülleimer hinunterzutragen. Trotzdem sagen wir nicht zu Unrecht, wenn wir jeden Satz aus dem obigen Kontext herausnehmen und für sich genommen beschreiben: (1) ist ein Aufforderungssatz, (2a) ist ein Behauptungssatz, und (2b) bis (2d) sind Fragesätze. Wie aber kann man jemanden mit einer Behauptung oder Frage dazu bringen, eine Aufforderung auszuführen? Wie ist es zu erklären, daß etwa der heranwachsende Sohn, der die Frage der Mutter hört: »Hast du den Mülleimer hinuntergetragen?«, dies tatsächlich als Aufforderung versteht, den Mülleimer hinunterzutragen? Das ist ein Problem der Art, wie Grice es sich stellt.[15] Zur Lösung dieses Problems müssen wir den nichtverbalen Kontext einbeziehen und bestimmte Erklärungsprinzipien aus der Theorie rationalen Handelns zu Hilfe nehmen. Gehen wir einmal von der Situation aus, in der Mutter und Sohn in der Küche vor dem vollen Mülleimer stehen; beide können mit eigenen Augen sehen, daß der Mülleimer voll ist, und daraus den Schluß ziehen, daß er noch nicht hinuntergetragen und geleert worden ist. Trotzdem fragt die Mutter: »Hast du den Mülleimer hinuntergetragen?« – Versteht der Sohn diesen Satz in seiner wörtlichen Bedeutung als Informationsfrage, so kann er nicht viel damit anfangen: Er weiß, daß die Frage mit »nein« zu beantworten wäre, und er weiß auch, daß die Mutter dies weiß. Die Frage erscheint in dieser Situation also absurd und ihre Äußerung durch die Mutter irrational. Rational wäre ein Handeln, das der folgenden Maxime entspricht:

(M1) Gestalte dein Handeln so, daß es dem anerkannten Zweck dient, den du gerade zusammen mit deinen Handlungspartnern verfolgst.

Diese Maxime bezeichnet Grice als Kooperationsprinzip; es läßt sich durch geeignete Spezialisierung auch auf Kommunikation, verstanden als sprachliches Handeln, anwenden:

(M2) Gestalte deine Äußerung so, daß sie dem anerkannten Zweck dient, den du gerade zusammen mit deinen Kommunikationspartnern verfolgst.

Welchen Zweck wird die Mutter nun verfolgen, wenn sie mit ihrem Sohn in der Küche vor dem vollen Mülleimer steht? Aus der Selbstdarstellung der Mutter weiß der Sohn: »Die Mutter achtet auf Ordnung und Sauberkeit und will mich dazu anhalten.« Dient die Frage der Mutter aber diesem Zweck? – »Wörtlich verstanden, nein.« Dient sie denn einem andern Zweck? – »Wörtlich verstanden, ebenfalls nein.« Wollte die Mutter denn ungereimtes Zeug reden? – »Nein, so etwas tut die Mutter normalerweise nicht.« Um so einem Schluß also zu entgehen, zieht der Sohn es vor, den Satz umzuinterpretieren und der Äußerung einen neuen Sinn zu geben, indem er sie mit dem anerkannten Kommunikationszweck in Beziehung setzt: »Die Mutter achtet auf Ordnung und Sauberkeit und will mich dazu anhalten. Ordentlich wäre es, den vollen Mülleimer hinunterzutragen und zu leeren. Ihre Frage soll mich also auf etwas aufmerksam machen, was sie und ich zwar wissen, woraus ich aber noch nicht die gewünschte Konsequenz gezogen habe. Die gewünschte Konsequenz wäre offensichtlich, daß ich den Mülleimer jetzt hinuntertrage. Da ich auch weiterhin mit der Mutter kommunizieren und dabei auch meine eigenen Kommunikationszwecke zur Geltung bringen möchte, werde ich den jetzt vorliegenden Kommunikationszweck ernst nehmen und mich so verhalten, als hätte mich meine Mutter aufgefordert, den Mülleimer hinunterzutragen und zu leeren.« – Diese Überlegungen führen den Sohn zu dem Ergebnis, daß die Frage als Aufforderung zu behandeln sei. Solche Räsonnements des Rezipienten laufen meist automatisch ab und bleiben daher weitgehend unterhalb der Bewußtseinsschwelle. Ihre Einbeziehung läßt sich aber nicht umgehen, wenn man das Rezipientenverhalten angemessen erklären will.

Auch der Sprecher rechnet natürlich mit einem derartigen Räsonnement. Die Mutter hat ihre Äußerung ja nur als Frage formuliert, weil sie voraussetzen konnte, daß ihr Kommunikationspartner in der Lage ist, daraus die intendierte Aufforderung zu rekonstruieren: Sie hat die wörtliche Bedeutung von (2d) dazu verwendet, die wörtliche Bedeutung von (1) mitzuteilen. Dabei hat sie nicht nur Wörter mit lexikalischen Bedeutungen nach grammatischen Regeln zu einem Satz zusammengesetzt, um die wörtliche Bedeutung des Satzes zu erzeugen, sondern auch die Satzbedeutung nach pragmatischen Regeln dazu gebraucht, um eine Mitteilung zu machen, zu der man sonst andere Wörter und andere grammatische Regeln verwendet: Sie hat eine Behauptung oder Frage zur Andeutung einer Aufforderung benutzt.

In welchen Situationen zieht man es nun vor, das räsonnierende Verstehen des Kommunikationspartners einzusetzen, statt wörtlich zu sagen, worauf es einem ankommt? Die Antwort liegt nahe, wenn wir überlegen, was ein unwilliges Kind auf die Sätze unter (1) und (2) erwidern könnte, wenn es sie wörtlich nehmen würde:

(1') Nein, das tu' ich nicht.
(2') (a') Den Wunsch kannst du dir selbst am besten erfüllen.
　　 (b') Das kann ich schon, ich hab nur keine Lust dazu.
　　 (c') Das will ich zwar, doch leider hält mich eine viel wichtigere Beschäftigung davon ab.
　　 (d') Nein, denn ich hatte Dringenderes zu erledigen.

Wie man sieht, lassen die Äußerungen unter (2) dem Kommunikationspartner die Wahl, sie nicht als Aufforderung, sondern als Behauptung bzw. als Frage zu verstehen und auf ihre wörtliche Bedeutung zu reagieren. So interpretiert, können sie dann Anlaß für ein Gespräch darüber werden, ob die Bedingungen für die sinnvolle Erteilung einer Aufforderung erfüllt sind. Der Sprecher gibt dem Kommunikationspartner damit zumindest formal die Möglichkeit, ihn durch eine entsprechende Argumentation von der Aufforderung abzubringen, noch bevor sie erteilt worden ist; er erspart sich und ihm dadurch einen offenen Konflikt und den damit verbundenen Gesichtsverlust. Der Gebrauch der Bedeutungen von (2a) bis (2d) zur Andeutung einer Aufforderung ist also höflicher als der Gebrauch der wörtlichen Bedeutung von (1).

Falls diese Erklärung zur Entstehung von Andeutungen sich als richtig erweist, haben wir gleichzeitig ein starkes Argument für die Annahme der Existenz von Bedeutungen. Die ganze Erklärung würde nämlich in sich zusammenfallen, wenn man an der Reduktion von Bedeutung auf Gebrauch festhalten wollte.

6. Bedeutung versus Andeutung

Die Konstruktion von Andeutungen entspricht dem Bestreben des Rezipienten, das Sprachverhalten des Kommunikationspartners als rationales Verhalten zu interpretieren. Wird ein Satz geäußert, dessen Bedeutung – wörtlich verstanden – kein Beitrag zum anerkannten Gesprächszweck ist, so fragt sich der Rezipient, ob der Sprecher etwas anderes meint, als was er – wörtlich verstanden – gesagt hat. Ausgehend von dem für gültig gehaltenen Kommunikationszweck durchmustert er die Situationsumstände nach Zusatzinformationen, aus denen sich zusammen mit der wörtlichen Bedeutung eine Mitteilung erschließen läßt, die dem Kommunikationszweck entspricht[16]. Dieses Räsonnement ist ein heuristischer Prozeß; es verläuft zwar nach Regeln, aber seine Ergebnisse sind nicht zwingend ableitbar, denn meist ist weder der anerkannte Kommunikationszweck explizit gegeben, noch steht eindeutig fest, welches die relevanten Situationsumstände sind.

Damit das Räsonnement überhaupt in Gang kommt, ist es wichtig festzustellen, gegen welche Maxime rationalen Handelns die Äußerung verstoßen hätte, falls sie wörtlich verstanden worden wäre. Daher hat Grice versucht, das Kooperationsprinzip durch eine Reihe speziellerer Maximen zu ergänzen, die besonders für den Informationsaustausch im Gespräch Geltung beanspruchen können.[17] Bei der Aufstellung dieser Gesprächsmaximen orientiert er sich an der Kantschen Kategorientafel:

(M3) I Maximen der Quantität
      1. Mach deinen Gesprächsbeitrag so informativ wie möglich ...
      2. Mach deinen Gesprächsbeitrag nicht informativer als nötig ...
  II Maximen der Qualität
      1. Versuche Behauptungen so zu formulieren, daß sie wahr sind.
      2. Behaupte nichts, wofür du keine hinreichenden Gründe hast.
 III Maxime der Relation
      Sage nur Relevantes ...
 IV Maximen der Modalität
      1. Vermeide Unklarheit ...
      2. Vermeide Mehrdeutigkeit ...
      3. Vermeide Weitschweifigkeit ...
      4. Vermeide Ungeordnetheit ...

Die Pünktchen in diesen Formulierungen sollen darauf hinweisen, daß die Maximen der Quantität, Relation und Modalität nur im Hinblick auf den anerkannten Gesprächszweck der jeweils ablaufenden Gesprächsphase Geltung beanspruchen. – Die Maximenliste ist weder vollständig noch systematisch befriedigend gegliedert, und die Einzelmaximen sind weder gleichgewichtig noch inhaltlich völlig unabhängig voneinander (vgl. etwa die Beziehung zwischen I/2 und III). Diese Schönheitsfehler sprechen aber nicht dagegen, daß alle erwähnten Maximen tatsächlich zur Erzeugung und Interpretation von Gesprächsandeutungen herangezogen werden. Auch bei der Beschreibung dieser Prozesse muß daher auf sie Bezug genommen werden.

Ein Beispiel, das gerade Logikern einiges Kopfzerbrechen bereitet hat, mag das erläutern: Ein Schiffsmaat versteht sich nicht mit seinem Kapitän. Der Kapitän ist Antialkoholiker, während der Maat häufig betrunken ist. Der Kapitän möchte ihm deshalb gerne eine Ordnungsstrafe verpassen lassen, wenn das Schiff wieder in den Hafen kommt. Eines Tages, als der Kapitän Wache hat und der Maat wieder zu grölen anfängt, wird es dem Kapitän zu viel, und er schreibt in das Logbuch:

(3) (a) Heute, 23. März, der Maat ist betrunken.

Als der Maat einige Tage später selbst Wache hat, sieht er diesen Logbucheintrag und überlegt, wie er dagegen angehen kann, ohne sich weiter zu kompromittieren. Schließlich macht auch er einen Eintrag ins Logbuch, der lautet:

(3) (b) Heute, 26. März, der Kapitän ist nicht betrunken.

Es handelt sich hier zwar nicht um ein Gespräch zwischen zwei Personen; die Griceschen Gesprächsmaximen sind aber trotzdem anwendbar, denn die Institution des Logbuches dient einem anerkannten Kommunikationszweck, der durch die Befolgung der Maximen verwirklicht werden kann. Beide Eintragungen sind wahre Aussagen, doch besteht ein wichtiger pragmatischer Unterschied zwischen ihnen, der sich in der Reaktion des Lesers zeigt. Während die Eintragung des Kapitäns ohne Zögern aufgenommen und verstanden wird, stellt jeder, der auf die Eintragung des Maats stößt, unwillkürlich die Frage: »Warum steht das hier? Welche Relevanz kann die Feststellung, daß der Kapitän an einem bestimmten Tag nicht betrunken war, in einem Logbuch haben?« Nach der Feststellung, daß diese Eintragung wörtlich genommen gegen die Maxime der Relation verstößt, ist das weitere Räsonnement einfach: »Vorausgesetzt, daß der Schreiber überhaupt eine kommunikative Kooperation mit dem Logbuchleser herstellen wollte, muß er selbst seine Eintragung für relevant gehalten haben. Logbücher dienen zur Aufzeichnung besonderer Vorkommnisse während der Schiffsreise. Offensichtlich wollte der Logbuchschreiber darauf hinweisen, daß die Nüchternheit des Kapitäns am 26. März ein besonderes Vorkommnis der Reise war. Nüchternheit ist dann ein besonderes Vorkommnis, wenn man gewöhnlich betrunken ist. Unter den genannten Voraussetzungen wollte der Logbuchschreiber mit seiner Eintragung über den Kapitän also andeuten, daß der Kapitän auf der Schiffsreise gewöhnlich betrunken war.« – Das durch den Maat in Gang gesetzte Räsonnement des Logbuchlesers hat somit auf der Grundlage von Annahmen über den Kommunikationszweck und spezielle Situationsumstände aus einer trivialen wahren Aussage eine ziemlich diffamierende falsche Aussage hergestellt. Dieses Beispiel zeigt, wie man mit wahren Aussagen lügen kann, falls die Äußerung dieser Aussagen gegen eine der Griceschen Gesprächsmaximen verstößt. In unserem Fall handelte es sich um die Maxime der Relation (III); Beispiele für Verstöße gegen die anderen Maximen lassen sich leicht finden.

Das Besondere der diffamierenden Andeutung ist, daß sie kaum gerichtlich belangbar sein dürfte. Denn vor die Alternative gestellt, den Maat wegen falscher Angaben oder wegen groben Unfugs zur Verantwortung zu ziehen, wird sich jedes Gericht für letzteres entscheiden. –

Die beiden Beispiele aus Haushalt und Seefahrt haben demonstriert, daß bei vielen sprachlichen Äußerungen eine Diskrepanz zwischen Sagen und Meinen besteht, die sich als Diskrepanz zwischen (grammatisch bestimmbarer) wörtlicher Bedeutung und (pragmatisch bestimmbarer) Gesprächsandeutung explizieren läßt. Und die Analysen haben gezeigt, nach welchen Regeln das verstehende Räsonnement des Rezipienten abläuft, das aus wörtlichen Bedeutungen Andeutungen erzeugt. Damit sind nun auch die Grundlagen für eine zweistufige Beschreibung des Sprachverhaltens gelegt: In jeder Äußerung ist einerseits die wörtliche Bedeutung des betreffenden sprachlichen Ausdrucks festzustellen und andererseits zu untersuchen, welchen Gebrauch der Sprecher von dieser Bedeutung macht.

So einleuchtend diese Konzeption scheint, auch sie führt zu theoretischen und methodischen Fragen, die nur schwer zu beantworten sind: Wie kann ein Sprachwissenschaftler denn feststellen, welche Inhaltselemente einer Mitteilung als wörtliche Bedeutung eines Wortes oder Satzes angesehen werden müssen? Mit welchem Recht bezeichnen wir eigentlich den Satz »Hast du den Mülleimer hinuntergetragen?« als Fragesatz, wenn er offensichtlich auch als Aufforderung verwendet wird? Wieso verbinden wir eigentlich mit dem Wort »betrunken« gerade das Gegenteil von Nüchternheit, wenn man offenbar mit seiner Verneinung ebenfalls mitteilt, daß die betreffende Person das Gegenteil von nüchtern war?

Fest steht nur eines: Durch die Gleichbehandlung aller auffindbaren Sprachgebräuche können wir der wörtlichen Bedeutung eines Wortes oder Satzes nicht näherkommen. Vielmehr müßten unter den vielen Gebrauchsweisen eines Wortes oder Satzes diejenigen ausgezeichnet werden, von denen angenommen werden kann, daß die wörtliche Bedeutung in ihnen keinen situationsspezifischen Modifikationen unterliegt.

Spätestens an dieser Stelle wird unsere Fragestellung aber bereits zirkulär: Die Bedeutung eines sprachlichen Ausdrucks wird dann keiner situationsspezifischen Uminterpretation unterzogen, wenn seine Äußerung keine Gesprächsmaximen verletzt. Und die Äußerung eines sprachlichen Ausdrucks verletzt dann keine Gesprächsmaximen, wenn es nicht nötig ist, seine wörtliche Bedeutung situationsspezifisch umzuinterpretieren. Unter dieser Perspektive erscheint die wörtliche Bedeutung tatsächlich so wie Wittgensteins Käfer in der Schachtel: Selbst wenn wir annehmen, daß er existiert, wissen wir noch lange nicht, wie groß er ist.[18]

Aus diesem Dilemma gibt es nur einen Ausweg, und der besteht in der versuchsweisen Rekonstruktion des räsonnierenden Verstehens selbst:

1. Laut Voraussetzung geht jeder Rezipient ja von der wörtlichen Bedeutung eines Ausdrucks aus und ermittelt erst auf dieser Grundlage etwaige Gesprächsandeutungen entsprechend den besonderen situativen Umständen. Eine vergleichende Analyse der Verstehensprozesse zu allen wesentlichen Gebrauchsweisen eines Ausdrucks könnte somit ergeben, welche Inhaltselemente immer beteiligt sind und welche Elemente nur in bestimmten Situationsklassen eine Rolle spielen. Von Inhaltselementen, die beim Verstehen aller Gebrauchsweisen eines Ausdrucks beteiligt sind, ist anzunehmen, daß sie zur wörtlichen Bedeutung des Ausdrucks gehören. Von allen sonstigen Inhaltselementen ist anzunehmen,

daß sie erst im Laufe des verstehenden Räsonnements situationsabhängig erzeugt, das heißt angedeutet werden. Dies ist das Postulat der *Variabilität*.

2. Da Gesprächsandeutungen sich mit dem Wechsel der Gesprächssituation ändern, können sie gezielt durch den Kontext gestrichen werden; ja sie lassen sich sogar durch verbale Zusätze außer Kraft setzen, ohne daß ein Widerspruch entsteht. Dies ist das Postulat der *Streichbarkeit (cancellability)*.[19] – Zum Beispiel hätte die Mutter in der Küche im Anschluß an einen der Sätze unter (2) sagen können: »Das soll aber keine Aufforderung an dich sein, das jetzt zu tun«, und es wäre keine solche Aufforderung angedeutet worden. Ebenso hätte auch der Maat einen diffamierenden Gebrauch seiner Eintragung verhindern können, ohne sich in Widersprüche zu verwickeln, indem er zu (3b) hinzugefügt hätte: »Der Kapitän ist nie betrunken.« Solche Zusätze können allerdings nicht verhindern, daß andere Andeutungen entstehen, falls die Gesamtäußerung wörtlich verstanden immer noch gegen eine Gesprächsmaxime verstoßen würde.

3. Schließlich ist zu betonen, daß Gesprächsandeutungen sich nicht einfach dadurch umgehen lassen, daß man eine andere Formulierung mit gleicher wörtlicher Bedeutung wählt. In Situationen, in denen sie suggeriert werden, sind Andeutungen nicht von der wörtlichen Bedeutung ihrer Trägeräußerung abtrennbar, denn sie sind ja auf einen spezifischen Gebrauch dieser Bedeutungen und nicht etwa auf den Gebrauch spezieller Wörter zurückzuführen. Dies ist das Postulat der *Unabtrennbarkeit (nondetachability)*.[20] An den Andeutungen der Mutter und des Maats hätte sich z. B. nichts geändert, wenn die Mutter statt (2d) gesagt hätte: »Ist der Eimer von dir hinuntergetragen worden?« und wenn der Maat statt (3b) geschrieben hätte: »Heute, 26. März, der Kapitän ist nüchtern.«

Die Eigenschaften der Variabilität, der Streichbarkeit und der Unabtrennbarkeit sind wertvolle Indizien, sie reichen aber als Kriterien für die Nichtzugehörigkeit eines Inhaltselements zur wörtlichen Bedeutung eines Ausdrucks bei weitem nicht aus.[21] Trotzdem sind wir gezwungen, mit ihnen zu arbeiten, solange es kein besseres Analyseinstrumentarium gibt. Die Unvollkommenheit des Verfahrens bestätigt nur noch einmal die Erfahrungen, die sowohl Bedeutungsmonisten als auch Gebrauchsmonisten haben machen müssen, nämlich, daß weder die Wortbedeutung noch die Regeln des Wortgebrauchs dem Wissenschaftler direkt zugänglich sind, sondern aus dem manifesten Sprachverhalten erschlossen werden müssen.

Wenn nun theoretisch feststeht, daß sich jedes Sprachverhalten sowohl auf wörtliche Bedeutungen als auch auf Regeln des Bedeutungsgebrauchs stützt, so bleibt zu Beginn der Untersuchung konkreter Äußerungen immer noch die Aufgabe, abzuschätzen, wieviel vom Inhalt der Äußerungen jeweils auf die wörtliche Bedeutung zurückgeführt und wieviel als Andeutung rekonstruiert werden muß. Dieses methodische Problem gewinnt an Wichtigkeit angesichts der Tatsache, daß noch von kaum einem Wort einer natürlichen Sprache eine völlig erschöpfende Bestandsaufnahme aller seiner Gebrauchsweisen vorliegt. Solange wir uns aber in der Rolle des hypothesenbildenden Wissenschaftlers befinden, stehen uns hier wieder zwei Strategien offen, die die Positionen der alten Monismen in relativierter Form fortsetzen. *Bedeutungsmaximalisten* versuchen, soviel wie möglich auf die wörtliche Bedeutung der sprachlichen Ausdrücke zurückzuführen und neigen zu der Annahme reichhaltiger Wortbedeutungen und vieldeutiger Wörter. *Bedeutungsminimalisten* dagegen räumen den pragmatischen Regeln zur Uminterpretation gegebener wörtlicher Bedeutungen einen größeren Spielraum ein und neigen zur Annahme minimaler Wortbedeutungen und eindeutiger Wörter.[22] Betrachten wir die Konsequenzen dieser Strategien nun am Beispiel des Gebrauchs der Satzverknüpfer in den natürlichen Sprachen, speziell des Wortes »und« im Deutschen.

7. Satzverknüpfer: Bedeutungsmaximalismus

Wenn die logische Partikel »et« (je nach Notation geschrieben als »&«, »∧«, ».«) zwischen zwei Aussagesätzen steht, macht sie daraus einen Aussagesatz, der genau dann wahr ist, wenn die beiden Teilsätze wahr sind. Diese Feststellung, die der Definition des aussagenlogischen Junktors »et« zugrunde liegt, scheint auch für die Verwendung des Wortes »und« zwischen Aussagesätzen des Deutschen zuzutreffen. Was liegt daher näher, als anzunehmen, daß das erwähnte Definitionsmerkmal die Bedeutung dieses Satzverknüpfers ist.

Doch hat die wahrheitsfunktionale Definition von »und« Konsequenzen, gegen die viele Gebrauchsweisen des natursprachlichen »und« verstoßen. Zum Beispiel läßt sie ohne weiteres zu, daß Sätze mit beliebiger Bedeutung miteinander verknüpft werden. Dem Sprachbenutzer erscheinen aber Ausdrücke wie

(4) (a) $2 \times 2 = 4$, und »Güte« ist logisch nicht weiter analysierbar.

    (b) Müller hat gerade ein Tor geschossen, und die Aale laichen in der Sargasso-See.

als absurd und inakzeptabel. Des weiteren stellt die wahrheitsfunktionale Definition von »und« an die beiden miteinander verknüpften Aussagesätze völlig die gleichen Anforderungen, sie muß daher auch ihre Vertauschung zulassen. Ein Sprecher des Deutschen interpretiert aber Sätze wie (5a) und 5b) ganz verschieden:

(5) (a) Peter heiratete Anna, und Anna bekam ein Kind.

    (b) Anna bekam ein Kind, und Peter heiratete Anna.

Diese beiden Beobachtungen werden von niemandem bestritten, umstritten ist nur, wie sie theoretisch einzuordnen sind.

Der Bedeutungsmaximalist zieht folgende Konsequenzen: Die Bedeutung des Wortes »und« ist reicher als die Bedeutung des aussagenlogischen Junktors »et«. Sie umfaßt neben dem wahrheitsfunktionalen Merkmal der *Konjunktivität* noch das Merkmal der *Konnexität* und das Merkmal der *Sukzessivität*. Aufgrund der Konnexität teilt der »und«-Satz mit, daß der vom zweiten Teilsatz bezeichnete Sachverhalt in den gleichen Zusammenhang gehört wie der vom ersten Teilsatz bezeichnete Sachverhalt. Aufgrund der Sukzessivität teilt er mit, daß der vom zweiten Teilsatz bezeichnete Sachverhalt in einem späteren Zeitintervall eintritt als der vom ersten Teilsatz bezeichnete Sachverhalt.

Gegen eine solche Bedeutungsanalyse sind aber eine ganze Reihe von Einwänden möglich:

1. Wie steht es denn mit den drei Eigenschaften der Variabilität, Streichbarkeit und Unabtrennbarkeit? – Zunächst ist festzustellen, daß nicht durch jeden Gebrauch des satzverknüpfenden »und« eine Reihenfolge zwischen den durch die Teilaussagen bezeichneten Sachverhalten festgelegt wird:

(6) (a) $2 \times 2 = 4$, und $\sqrt{4} = 2$.

    (b) Der Mond dreht sich um die Erde, und die Erde dreht sich um die Sonne.

Die Sukzessivität ist somit *variabel* und nicht fest mit dem

Gebrauch von »und« verbunden. Ob sie ins Spiel kommt, ist von der Interpretation der durch »und« verknüpften Teilsätze abhängig. Daher kann man die Reihenfolge-Annahme auch nicht durch die bedeutungserhaltende Umformulierung dieser Teilsätze ausschalten; sie ist also *unabtrennbar*. – Andererseits läßt sich die Reihenfolge-Annahme ohne weiteres durch geeignete verbale Zusätze *streichen*. Wer etwa auf (5a) die Äußerung von (7) folgen läßt:

(7) Doch weiß ich nicht, in welcher Reihenfolge das geschah.

entzieht der Folgerung, daß das Kind *nach* der Hochzeit kam, die Grundlage. Diese Feststellungen sprechen dafür, die Sukzessivität nicht als Bedeutungsmerkmal des Wortes »und«, sondern dort, wo sie vorkommt, als Gesprächsandeutung anzusehen. Wo nämlich von zeitgebundenen Ereignissen die Rede ist, läßt sich die Reihenfolge der geäußerten Sätze auch ohne Hilfe des Wortes »und« mit der Reihenfolge der durch sie bezeichneten Ereignisse in Beziehung setzen, und der Sprecher würde gegen die Gesprächsmaxime »Vermeide Ungeordnetheit . . .« (IV/4) verstoßen, wenn er die zeitliche Reihenfolge nicht auf beiden Ebenen gleich halten würde.

Ein solcher Einwand kann einem Bedeutungsmaximalisten aber nicht viel anhaben, denn nach ihm ist das Fehlen von Annahmen über die Reihenfolge der Sachverhalte in (6) anders zu erklären: Wer von »Schokoladenherzen«, »Papiertigern« oder »steinernen Rosen« spricht, setzt ja auch nicht voraus, daß die Herzen in Funktion und die Tiger und Rosen belebt sind. Selbst bei so einfachen Prozessen wie der Hinzufügung eines Attributs zu einem Substantiv kann es demnach zur Tilgung von Bedeutungsmerkmalen dieses Substantivs kommen.[23] Die Tilgung erfolgt nach dem Prinzip des zu vermeidenden Widerspruchs, und zwar schon bei der Amalgamierung der semantischen Merkmale. – Machen wir damit nun die Probe aufs Exempel: Im Falle von (6) würde ein Widerspruch entstehen, wenn man von den dort erwähnten Sachverhalten einerseits anzunehmen hätte, daß sie zeitlos sind, und andererseits, daß sie nacheinander eintreten. Daher, so der Bedeutungsmaximalist, wird das Bedeutungsmerkmal Sukzessivität bei jeder Interpretation dieser Sätze automatisch getilgt.

Mit diesem neuen Erklärungsvorschlag stehen uns jetzt zwei Konzeptionen zur Erfassung von variablen Inhaltselementen zur

Verfügung. Sie nehmen für den konkreten Interpretationsprozeß inverse Operationen an. Während der Rezipient nach Meinung der einen von einer merkmalarmen wörtlichen Bedeutung ausgeht und daraus auf der Grundlage von situationsspezifischen Zusatzinformationen mit Hilfe der Gesprächsmaximen die erforderliche Interpretation der Äußerung gewinnt, geht der Rezipient nach Meinung der andern von einer reichhaltigen wörtlichen Bedeutung aus und unterdrückt nach gewissen Präferenzregeln diejenigen Bedeutungsmerkmale, die mit dem verbalen oder nichtverbalen Kontext in Konflikt geraten würden.

Bemerkenswert ist dabei, daß beide Konzeptionen sich auf gleichartige theoretische Apparate stützen. Wie das Prinzip vom zu vermeidenden Widerspruch zeigt, benötigen nämlich auch die Bedeutungsmaximalisten außer Lexikon und Grammatik noch zusätzliche Interpretationsmaximen pragmatischer Art. Wenn aber selbst die Bedeutungsmaximalisten nicht ohne pragmatische Regeln auskommen, so muß erlaubt sein zu fragen, warum sie diesem Instrument so wenig vertrauen, warum sie es nur bedeutungsrestriktiv und nicht kreativ einsetzen. Die Vermutung liegt nahe, daß sie mit diesem Verhalten Opfer einer Hypostasierung des eigenen Bedeutungsbegriffs werden.

2. Um die bedeutungsmaximalistische Analyse des Wortes »und« zu stützen, setzt man es vielfach zu dem Wort »aber« in Bezug.[24] »Aber« scheint mit »und« die Bedeutungsmerkmale der Konjunktivität und der Konnexität gemeinsam zu haben. Anstelle der Sukzessivität wäre ihm als drittes Bedeutungsmerkmal Adversativität zuzuschreiben: Jemand, der »aber« sagt, stellt den im folgenden Satz erwähnten Sachverhalt als unerwartet oder gegensätzlich zum gegenwärtigen Kontext hin.[25]

Diese Parallelisierung ist jedoch irreführend. Denn anders als die Sukzessivität bei »und« ist die Adversativität bei »aber« nicht variabel. Sie ist auch nicht streichbar; wer sagt:

(8) (a) Anna ist Marthas Tochter, aber (sie ist) mit Peter verheiratet.

und sogleich fortfährt:

(9) Doch möchte ich nicht behaupten, daß zwischen beiden Sachverhalten ein Gegensatz besteht.

der macht sich unglaubwürdig; denn es bleibt unerfindlich, warum er unter diesen Umständen in (8a) überhaupt das Wort »aber« in den Mund genommen hat. – Adversativität ist auch nicht unabtrennbar; sie muß bei im übrigen bedeutungsgleichen Umformulierungen eines »aber«-Satzes nicht erhalten bleiben. Vergleichen wir (8a) mit (8b):

(8) (b) Anna ist Marthas Tochter, und (sie ist) mit Peter verheiratet.

Hier ist von Unerwartetheit oder Gegensätzlichkeit keine Spur.

Während außerdem ein »und«-Satz in Abhängigkeit vom Kontext und von der Bedeutung der verknüpften Teilaussagen einmal Sukzessivität mitteilt, ein andermal nicht, ist »aber« ohne Adversativität gar nicht denkbar. Anders als in »Papiertiger« und »Schokoladenherz« verschwindet dieses Bedeutungsmerkmal selbst bei drohendem Widerspruch nicht:

(10) (?) $2 \times 2 = 4$, aber $2 \times 2 = 4$.

Statt zu behaupten, daß die Bedeutung von »aber« aufgrund der Bedeutung der Teilsätze hier auf die Merkmale Konjunktivität und Konnexität zusammenschrumpft, werden wir den Satz (10) eher schlicht für inakzeptabel halten.[26]

Dies gibt nun auch für die bedeutungsmaximalistische Erklärung von »und« zu denken. Der Versuch, die Interpretation von Satzverknüpfern nach dem Modell der Attributsamalgamierung zu beschreiben, erweist sich auch bei vielen anderen Beispielen als undurchführbar.

3. Es gibt freilich noch weit stärkere Einwände gegen die bedeutungsmaximalistische Beschreibung von Äußerungen mit »und«. Vergleichen wir die Sätze (11a) bis (11g) mit den Versionen unter (11′), in denen das Wort »und« so durch eine ausführlichere Formulierung ersetzt ist, daß jeweils wenigstens eine mögliche Interpretation der Ausgangssätze erhalten bleibt. Daß diese Umformulierungen aufgrund oberflächensyntaktischer Regularitäten meist eine Inversion nach sich ziehen, kann in unserem Zusammenhang außer Betracht bleiben.

(11) (a) Anna ist in der Küche, und (sie) bäckt Krapfen.

(11′) (a′) ... und dort/und da ...

(11) (b) Anna versank in einen tiefen Schlaf, und (sie) bekam eine frische Gesichtsfarbe.

(11′) (b′) ... und währenddessen/und dabei ...

(c) Das Fenster war of-
     fen, und es zog.

(c′) . . . und von dort/
     und daher . . .

(d) Peter heiratete
     Anna, und sie bekam
     ein Kind.

(d′) . . . und dann/und
     danach . . .

(e) Paul haute auf den
     Stein, und (er) zer-
     trümmerte ihn.

(e′) . . . und damit/und
     dadurch . . .

(f) Gib mir dein Bild,
     und ich gebe dir
     meins.

(f′) Wenn du mir dein
     Bild gibst, so gebe
     ich dir meins.

(g) Die Zahl 5 ist eine
     Primzahl, und (sie
     ist) nur durch 1 und
     durch sich selbst
     teilbar.

(g′) . . . und daher/und
     deshalb . . .

Die Umformulierungen zeigen auf den ersten Blick, daß Sukzessivität in »und«-Sätzen selbst bei zeitgebundenen Ereignissen
nicht immer eine dominierende Rolle spielt. Auch ist mit der
Tilgung von Bedeutungsmerkmalen in den Beispielen unter (11)
nichts mehr auszurichten, denn hier werden neben Konjunktivität und Konnexität noch ganz andere Relationen zwischen den
Bedeutungen der Teilsätze mitgeteilt, die sich auf gar keine Weise
aus der Sukzessivität gewinnen lassen.

Diese Feststellungen lassen einem Bedeutungsmaximalisten
keine andere Wahl als anzunehmen, daß das Wort »und« vieldeu-
tig ist. Er wird sagen: Es gibt nicht nur ein sukzessives »und« (wie
in (d)), sondern auch ein simultanes »und« (wie in (b)), ein lokales
»und« (wie in (a)) und ein direktionales »und« (wie in (c)), ein
instrumentales »und« (wie in (e)), ein konditionales »und« (wie in
(f)), und ein explanatives »und« (wie in (g)). Er wird geneigt sein
anzunehmen, daß alle diese verschiedenen »und« die Bedeutungsmerkmale der Konjunktivität und der Konnexität gemeinsam
haben und sich jeweils nur in bezug auf das dritte Bedeutungsmerkmal unterscheiden.

Auch diese Position scheint allerdings nur so lange plausibel,
wie man keine weiteren Fragen stellt: Zunächst ist zu beobachten,
daß das Wort »und« ja auch in den Umformulierungen unter
(11′) vorkommt, die die Ausgangssätze inhaltlich explizieren
sollen. Wenn das Wort »und« links soviel bedeutet wie einer der

rechts aufgeführten Ausdrücke »und dort«, »und währenddessen«, »und von dort«, »und dann« usw., was bedeutet das Wort »und« denn dann in diesen Ausdrücken? – Es ist klar, daß dafür keine der schon genannten sieben Bedeutungen in Frage kommt. Vielleicht läßt sich die Interpretation dieses »und« durch Tilgung eines der jeweils an dritter Stelle genannten alternativen Bedeutungsmerkmale des vollen »und« erhalten? – Dieser Vorschlag wäre durchführbar. Doch von welchem unserer sieben »und« sollte man dabei ausgehen? Vom sukzessiven oder vom simultanen, vom instrumentalen oder vom konditionalen? –

Solange diese Frage sich nicht klären läßt, scheint es einfacher, eine achte Bedeutung zu postulieren. Diese würde allerdings der wahrheitsfunktionalen Bedeutung des aussagenlogischen Junktors »et« bereits recht nahekommen.

4. Ein noch stärkerer Einwand liegt in der Feststellung, daß man das »und« in den Sätzen unter (11) auch weglassen kann, ohne daß der Inhalt sich dabei ändert.[27] An der Stelle des »und« steht dann nur noch ein Komma, wie in den Sätzen unter (12), oder ein anderes Satzzeichen:

(12) (a) Anna ist in der Küche, sie bäckt Krapfen.
    (b) Anna versank in einen tiefen Schlaf, sie bekam eine frische Gesichtsfarbe.
    (c) Das Fenster war offen, es zog.
    (d) Peter heiratete Anna, Anna bekam ein Kind.
    (e) Paul haute auf den Stein, er zertrümmerte ihn.
    (f) Gib mir dein Bild, ich gebe dir meins.
    (g) Die Zahl 5 ist eine Primzahl, sie ist nur durch 1 und durch sich selbst teilbar.

Da man mit den Sätzen unter (12) weitgehend dasselbe mitteilen kann wie mit denen unter (11) oder (11'), stellt sich die Frage: Woher kommen in den Sätzen unter (12) die Inhaltselemente, die in (11') explizit formuliert sind? Sollen wir sagen, das Komma habe jeweils eine andere Bedeutung, also sieben verschiedene Bedeutungen? Oder sollen wir sagen, die Bedeutung liege irgendwie in der Luft und sei »zwischen den Zeilen« zu lesen? – Wenn man überhaupt, wie der Bedeutungsmaximalist, von sieben verschiedenen Bedeutungen ausgeht und sie in (11) alle auf das Wörtchen »und« projiziert, müßte man konsequenterweise bereit sein, in (12) dasselbe mit dem Komma (oder mit der Artikulationspause zwischen den Sätzen) zu tun.

Wer diese Lösung scheut, dem blcibt nur die Möglichkeit, von Ellipse oder von Kontextbedingtheit der Inhaltselemente zu sprechen. Er muß sich aber dann die Frage gefallen lassen, ob eine solche Lösung nicht auch für die »und«-Sätze unter (11) angemessen wäre.[28]

5. Das schlagende Argument gegen die bedeutungsmaximalistische Analyse der Satzverknüpfer ist freilich, daß die Liste der Sätze unter (11) noch beliebig verlängert werden könnte und sich auf diese Weise immer neue »und«-Bedeutungen erzeugen ließen. Je nach den realen Verhältnissen, die die Gesprächsteilnehmer zwischen den von den Teilsätzen bezeichneten Sachverhalten annehmen, könnte man zusätzlich von einem adversativen »und«, einem konsekutiven »und«, einem diagnostischen »und« usw. reden, wie in den Sätzen unter (13):

(13)	(a)	Peter ist ein Reaktionär, und er schwärmt für Mao.	(13')	(a') . . . und trotzdem/ und dennoch . . .
	(b)	Die Schleuse wurde geöffnet, und der Dampfer konnte weiterfahren.		(b') . . . so daß . . .
	(c)	Die Kontrollampe leuchtete auf, und die Ölpumpe fiel aus.		(c') . . . das zeigte, daß . . .

Bei vieldeutigen Wörtern können wir die Zahl der Einzelbedeutungen meist an den Fingern einer Hand abzählen. Dreideutige Wörter sind nichts Ungewöhnliches, zur Not würde man auch siebenundzwanzigdeutige Wörter hinnehmen, doch ein unendlichdeutiges Wort wäre eine *contradictio in adjecto*. Abgesehen von der praktischen Schwierigkeit, daß ein Lexikon keine unendlich langen Lexikoneinträge erlaubt, könnten wir uns in einem solchen Fall auch gar nicht erklären, wie die Sprachbenutzer mit einem unendlichdeutigen Wort umzugehen lernen. Die einzige Lösung wäre die Annahme eines generativen Regelsystems zur Erzeugung der unendlich vielen Bedeutungen. Ein solches Regelsystem gehört aber *per definitionem* nicht ins Lexikon, sondern müßte entweder einer prälexikalischen Beschreibungskomponente oder einer postgrammatischen Komponente zugerechnet werden. Nach allem, was wir bisher festgestellt haben, ist die Annahme, wir hätten es mit unendlich vielen Wortbedeutungen zu tun, aber sowieso überflüssig.

8. Satzverknüpfer: Bedeutungsminimalismus

Das Debakel des bedeutungsmaximalistischen Ansatzes hat uns wieder auf die Ausgangsposition des vorigen Abschnitts zurückgeworfen. Versuchen wir daher einmal, mit den Bedeutungsmerkmalen auszukommen, die allen erwähnten Verwendungen des Wortes »und« gemeinsam sind: mit der *Konjunktivität*, die besagt, daß zwei Aussagesätze, die mit »und« verbunden sind, genau dann wahr sind, wenn der Gesamtsatz wahr ist, und mit der *Konnexität*, die besagt, daß die von den Teilsätzen bezeichneten Sachverhalte dem gleichen Zusammenhang angehören. Und versuchen wir, alle vermeintlichen zusätzlichen Bedeutungen auf der Grundlage von Gesprächsmaximen zu rekonstruieren.

Ein Bedeutungsminimalist würde freilich noch einen Schritt weitergehen: Er würde fragen, ob nicht auch die Konjunktivität und die Konnexität in dieser Weise wegerklärt werden können. – Für die Konnexität ist leicht zu sehen, wie das vor sich gehen kann. Die Beispiele unter (4), deren Absurdität uns zur Postulierung eines solchen Merkmals für »und« veranlaßt hatte, verlieren nämlich nichts von ihrem Charakter, wenn man das »und« wegläßt:

(14) (a) $2 \times 2 = 4$, »Güte« ist logisch nicht weiter analysierbar.

(b) Müller hat gerade ein Tor geschossen, die Aale laichen in der Sargasso-See.

Auch asyndetisch formuliert, ist die Äußerung dieser Sätze solange irrational, wie der Sprecher sich nicht auf situationsspezifische Zusatzinformationen verlassen kann, die dem Rezipienten erlauben, selbst einen Zusammenhang zwischen den mitgeteilten Sachverhalten herzustellen. Die Konstruktion eines Zusammenhangs zwischen unmittelbar nacheinander erwähnten Sachverhalten ist also gar nicht von der Verwendung des Wortes »und« abhängig, sie ist vielmehr bei allen koordinierten Sätzen erforderlich, wenn der Rezipient nicht annehmen will, daß der Sprecher gegen eine der Gesprächsmaximen verstößt. In Frage kommen hier die Maximen der Modalität (IV, insbesondere IV/1: »Vermeide Unklarheit . . .«, und IV/4: »Vermeide Ungeordnetheit . . .«) sowie die Maxime der Relation (III: »Sage nur, was im Hinblick auf den Gesprächszweck relevant ist«). Nichts hindert uns, jederzeit verfügbare Räsonnements dieser Art auch dann anzuwenden, wenn das Wörtchen »und« vorkommt. Es ist daher tatsächlich überflüssig, Konnexität zu einem speziellen Bedeutungsmerkmal des Wortes »und« zu erklären.

Von der Leichtigkeit, mit der die Konnexität als Gesprächsandeutung erkennbar ist, darf man sich jedoch nicht verleiten lassen, auch die Konjunktivität aus der Bedeutung des Wortes »und« entfernen zu wollen. Zwar stimmt es, daß die Konjunktivität in vielen Fällen auch erhalten bleibt, wenn man den Satzverknüpfer »und« wegläßt. Das gilt insbesondere für koordinierte Hauptsätze (vgl. die Beispiele unter (12)). Interessant wird es jedoch bei der Kombination von »und« mit anderen Satzoperatoren in komplexen Satzgefügen. Betrachten wir folgendes Gespräch:

(15) A: Anna hat geheiratet, sie hat ein Kind bekommen.

   B: $\left\{ \begin{array}{l} \text{Das stimmt nicht.} \\ \text{Das ist schön.} \\ \text{Das ist schade.} \end{array} \right\}$

   A: $\left\{ \begin{array}{l} \text{Was stimmt nicht?} \\ \text{Was ist schön?} \\ \text{Was ist schade?} \end{array} \right\}$

   B: Es $\left\{ \begin{array}{l} \text{stimmt nicht} \\ \text{ist schön} \\ \text{ist schade} \end{array} \right\}$, daß Anna

       geheiratet hat und ein Kind bekommen hat.

In der letzten Äußerung von B kann man das Wort »und« nicht mehr einfach weglassen oder durch ein Komma ersetzen. Die Daseinsberechtigung des Wortes »und« liegt in seiner zusammenfassenden (nicht in seiner zusammenhangstiftenden) Funktion. Durch den Satz, mit dem B seinen Kommentar »Das stimmt nicht« erläutert, stellt er klar, daß seines Erachtens eine der beiden Teilaussagen in der ersten Äußerung von A falsch ist, daß er aber offenlassen möchte, welche es ist. Das – und nur das – ermöglicht ihm das Bedeutungsmerkmal der Konjunktivität, wie man leicht aus folgender Tabelle ablesen kann:

(M₄)	p	q	p ∧ q	¬ (p ∧ q)
	W	W	W	F
	W	F	F	W
	F	W	F	W
	F	F	F	W

(Die Kleinbuchstaben »p« und »q« stehen für die Teilaussagen, »¬« steht für »Es stimmt nicht, daß . . .«, und die Großbuchstaben »W« und »F« stehen für die Wahrheitswerte »wahr« und »falsch«. Für die Operatoren »Es ist schön, daß . . .« und »Es ist schade, daß . . .« erhalten wir ganz analoge Resultate.) Wer die Formel in der rechts außen liegenden Spalte der Tabelle für wahr erklärt, hält sich in der Tat drei verschiedene Möglichkeiten für die Wahrheitsbewertung der Teilaussagen *p* und *q* offen. (Vgl. die Werteverteilungen für *p* und *q* auf den entsprechenden Zeilen in den links außen liegenden Spalten.) Das Gesprächsbeispiel zeigt, daß wir in bestimmten Fällen zur Mitteilung der Konjunktivität auf das Wort »und« angewiesen sind: Nimmt man es weg, so geht auch die Konjunktivität verloren, sie ist in diesen Fällen also mit der Bedeutung des Restsatzes nicht unabtrennbar verbunden.

Auch das zweite und dritte Gricesche Kriterium für das Vorliegen einer Gesprächsandeutung wird von der Konjunktivität nicht erfüllt. Sie ist weder variabel[29], noch ist sie streichbar. Wer behauptet:

(16) Peter heiratete Anna, und Anna bekam ein Kind; der Gesamtsatz ist wahr, doch einer der Teilsätze ist falsch.

der verwickelt sich in Widersprüche.

Nachdem somit auch positiv nachgewiesen ist, daß Konjunktivität als Merkmal der wörtlichen Bedeutung von »und« angesehen werden muß, ist nun der Nachweis zu führen, daß zumindest die sieben hier besprochenen weiteren Inhaltselemente als Gesprächsandeutungen rekonstruierbar sind.

ad (11a): Wer ausdrücklich darauf hinweist, daß Anna in der Küche ist, dann aber *ohne weitere Ortsangabe* sagt, daß sie Krapfen bäckt, macht sich der *Unterdrückung relevanter Information* schuldig, wenn er damit sagen will, daß die Krapfen an einem anderen Ort gebacken werden. Dies wäre ein Verstoß gegen I/1. Um ihn nicht annehmen zu müssen, interpretiert der

Rezipient die Formulierung von (11a) als *Andeutung der Orts-gleichheit* (. . . und dort/und da . . .).

ad (11b): Wer ausdrücklich darauf hinweist, daß Anna in den Schlaf fiel, dann aber *ohne weitere Zeitangabe* sagt, daß sie eine frische Gesichtsfarbe bekam, macht sich der *Unterdrückung relevanter Information* schuldig, wenn er damit sagen will, daß der Wechsel der Hautfarbe sich zu einer ganz andern Zeit vollzog. Das wäre ebenfalls ein Verstoß gegen I/1. Um ihn nicht annehmen zu müssen, interpretiert der Rezipient die Formulierung von (11b) als Andeutung der Gleichzeitigkeit (. . . und währenddessen/und dabei . . .).

ad (11c): Wer zunächst ausdrücklich ein offenes Fenster erwähnt, dann aber *ohne Angabe eines anderen Ursprungsorts* von Luftzug spricht, macht sich der *Mitteilung irrelevanter Information* schuldig, wenn er damit nicht sagen will, daß der Luftzug vom Fenster ausgeht. Das wäre ein Verstoß gegen III. Um ihn nicht annehmen zu müssen, interpretiert der Rezipient die Formulierung von (11c) als *Andeutung einer Richtungs- und Ursprungsangabe* (. . . und von dort/und daher . . .).

ad (11d): Wer zunächst berichtet, daß eine Frau heiratete, und gleich danach *ohne weitere Zeitangabe* sagt, daß sie ein Kind bekam, macht sich *ungeordneter Berichterstattung* schuldig, wenn er damit sagen will, daß die Heirat erst nach der Geburt erfolgt ist. Das wäre ein Verstoß gegen IV/4. Um ihn nicht annehmen zu müssen, interpretiert der Rezipient die Formulierung von (11d) als *Andeutung einer gleichlaufenden Reihenfolge von Bericht und Berichtetem* (. . . und dann/und danach . . .).

ad (11e): Wer zunächst ausdrücklich von einer bestimmten Einwirkung auf einen Gegenstand spricht und dann *ohne Angabe weiterer Mittel* ein Einwirkungsresultat beschreibt, macht sich der *Mitteilung irrelevanter Information* schuldig, wenn er damit nicht sagen will, daß dieses Resultat mit Hilfe dieser Einwirkung erzielt worden ist. Das wäre ein Verstoß gegen III. Um ihn nicht annehmen zu müssen, interpretiert der Rezipient die Formulierung von (11e) als *Andeutung eines instrumentellen Zusammenhanges* zwischen den erwähnten Ereignissen (. . . und damit/und dadurch . . .).

ad (11f): Wer zu einer Gefälligkeit auffordert und im gleichen Satz eine eigene Handlung voraussagt, die als kompensatorische Handlung geeignet ist, macht sich der *Mitteilung irrelevanter*

Information oder aber *unklarer Verhandlungspraktiken* schuldig, wenn er mit dieser Äußerung nicht die kompensatorische Handlung von der Befolgung der Aufforderung abhängig machen will. Das wäre ein Verstoß gegen III bzw. IV/1. Um ihn nicht annehmen zu müssen, interpretiert der Rezipient die Formulierung von (11f) als *Andeutung eines Bedingungszusammenhanges* zwischen den beiden erwähnten Handlungen (wenn . . ., so . . .).

ad (11g): Wer von einer Zahl in ein und demselben Satz zwei Aussagen macht, von denen jede die andere impliziert, macht sich der *Weitschweifigkeit* schuldig, wenn er nicht die eine Aussage dazu benutzt, die andere zu rechtfertigen oder erklären. Das wäre ein Verstoß gegen IV/3. Um ihn nicht annehmen zu müssen, interpretiert der Rezipient die Formulierung von (11g) als *Andeutung eines explanativen Zusammenhangs* zwischen den beiden Aussagen (. . . und daher/und deshalb . . .).

Diese Skizze der Entstehungsweisen von Gesprächsandeutungen wäre nicht vollständig ohne die folgenden Feststellungen:

1. Gesprächsandeutungen sind kontext- und situationsabhängig. Jede Hinzufügung von verbalen Äußerungen oder spezifischen Situationsdetails kann das Räsonnement des Rezipienten in eine andere Richtung lenken. Die acht Verstehensskizzen können also nur mit dieser Einschränkung Anspruch auf Gültigkeit erheben.

2. Die Charakterisierung der Anlässe für die Räsonnements ist in der vorliegenden Form noch völlig *ad hoc* auf die Formulierungen der Beispielsätze zugeschnitten. Durch einen gezielten und systematischen Vergleich der andeutungserzeugenden Eigenschaften verwandter Äußerungen wäre eine beträchtliche Verallgemeinerung und damit ein Gewinn an Erklärungsadäquatheit in der Beschreibung von Gesprächsandeutungen möglich. Hier liegt einer der methodischen Ansatzpunkte für den Aufbau einer deskriptiven Stilistik.

3. Die Gesprächsandeutungen haben ihren Bezugspunkt meist in spezifischen Eigenschaften der mitgeteilten wörtlichen Bedeutungen. Wenn ein Satz mehrere solche Eigenschaften zugleich aufweist, können auch mehrere Andeutungen zugleich auftreten. So ist

– (11a) durchaus nicht nur lokal, sondern auch simultan interpretierbar;

- (11b) ist nicht nur simultan, sondern auch explanativ und lokal interpretierbar;
- (11c) ist nicht nur direktional, sondern auch simultan und explanativ interpretierbar;
- (11d) ist nicht nur sukzessiv, sondern auch explanativ interpretierbar;
- (11e) ist nicht nur instrumental, sondern auch simultan, explanativ und lokal interpretierbar;
- (11f) ist nicht nur konditional, sondern auch sukzessiv interpretierbar.

Die Tatsache, daß wir Mehrfachandeutungen erhalten, ist eine weitere Bestätigung für den bedeutungsminimalistischen Ansatz, denn sie erklärt den vagen und vielsagenden Charakter andeutender Sprachverwendung. Welche der möglichen Andeutungen jeweils dominiert, hängt davon ab, wie die entsprechenden Bedeutungsdimensionen in den betreffenden Sätzen realisiert sind. So spielt etwa die Zeit in (11a) eine geringere Rolle als in (11b) bis (11e), da (11a) im Präsens und nicht im Präteritum formuliert ist. Der Ort spielt in (11a) eine größere Rolle als in (11b) oder (11d), da (11a) im Gegensatz zu den anderen Sätzen eine Ortsangabe enthält (»in der Küche«). Der gedankliche Zusammenhang spielt in (11g) eine ausschließliche Rolle, da die von seinen Teilsätzen bezeichneten Sachverhalte zeit- und ortslos gültig sind.

4. Art und Resultate der skizzierten Räsonnements lassen erkennen, daß die genannten Andeutungen nicht der Konjunktivität des »und« als gleichberechtigte Bedeutungsmerkmale hinzuzufügen sind, sondern daß sie erst durch die zusammenfassende Funktion dieses Wortes ermöglicht werden. Auch der Konnexität stehen sie nicht gleichwertig gegenüber, sie verkörpern vielmehr spezielle Arten jenes Zusammenhangs zwischen den formulierten Sachverhalten, dessen Existenz durch den Zusammenhang der Formulierungen suggeriert wird. Ich nenne sie daher *»Konnexitäts-Andeutungen«*. Charles W. Morris hat schon 1938 mit der »These von der dualen Kontrolle der Sprachstruktur« darauf hingewiesen, als er schrieb: »Der Zusammenhang der Ereignisse auf der einen Seite und der Zusammenhang der [kommunikativen] Handlungen auf der anderen Seite läßt auch [die] Zeichen in einen gegenseitigen Zusammenhang treten [. . .].«[30] –

9. Verhältnis von Semantik und Pragmatik
in der Interpretation komplexer Sätze

Die Skizzen der andeutungserzeugenden Räsonnements haben
die Brauchbarkeit der Griceschen Gesprächsmaximen gezeigt
und plausibel gemacht, daß auch all die weiteren Andeutungs-
möglichkeiten, die ein Sprecher des Deutschen mit einem »und«-
Satz wahrnehmen kann, durch den Rezipienten pragmatisch rekonstruiert werden. Die in der Aussagenlogik definierte Wahr-
heitsfunktion hat sich als einziges Bedeutungsmerkmal des natursprachlichen Satzverknüpfers »und« herausgestellt, und die Annahme, daß auch andere Satzverknüpfer der natürlichen Sprachen
eine rein wahrheitsfunktionale Bedeutung haben, hat an Plausibilität gewonnen. Demnach wäre die wörtliche Bedeutung zumindest der Satzverknüpfer »und«, »oder«, »wenn« sowie »nicht«
mit der Bedeutung der aussagenlogischen Junktoren »et«, »vel«,
»si« und »non« gleichzusetzen, auch wenn ihr Gebrauch mitunter
sehr verschieden ist.

Die bedeutungsminimalistische Position scheint damit aus unserer Diskussion als Sieger hervorgegangen zu sein.

Leider ist dieses Urteil aber immer noch etwas voreilig, denn
auch hier liegen die Dinge nicht so einfach, und ich möchte die
Untersuchung daher nicht abschließen, ohne auch auf diese
Schwierigkeiten einzugehen.

Die Probleme zeigen sich wieder bei der Verwendung von
»und« in komplexen Satzgefügen. Betrachten wir die Äußerung
eines Konditionalsatzes, der das Wort »und« im Vordersatz
enthält und damit Sukzessivität andeutet[31]:

(18) Wenn Anna geheiratet hat und ein Kind bekommen hat,
     wird sich der Großvater freuen.

Nehmen wir an, Satz (18) sei wahr. Die wahrheitsfunktionale
Analyse des Wortes »wenn« besagt, daß falls der Vordersatz wahr
ist, auch der Nachsatz wahr sein muß. Die wahrheitsfunktionale
Analyse des Wortes »und« besagt, daß der zusammengesetzte
Satz wahr ist, wenn beide Teilsätze wahr sind. Demnach müßte es
der Fall sein, daß der Großvater sich freut, wenn es der Fall ist,
daß Anna geheiratet hat, und wenn es außerdem der Fall ist, daß
Anna ein Kind bekommen hat. – So wird Satz (18) aber normalerweise nicht interpretiert. Auch falls (18) wahr ist, kann es nämlich

vorkommen, daß der Großvater ganz und gar nicht erfreut ist, wenn er erfährt, daß das Kind zuerst kam und die Hochzeit erst später erfolgte. Die Wahrheit des Nachsatzes ist hier also abhängig davon, daß nicht nur die wörtliche Bedeutung sondern auch die Reihenfolge-Andeutung des Vordersatzes erfüllt ist.

Gesprächsandeutungen der Teilsätze können somit in gewissen Fällen für die Wahrheitsbewertung des Gesamtsatzes ausschlaggebend sein. In diesen Fällen kann man dann nicht mehr von einem rein wahrheitsfunktionalen Gebrauch der Satzverknüpfer sprechen. Die Erklärungsalternativen sind wie eine Zwickmühle:
– Wer die Wahrheitsfunktionalität des »und« retten möchte, indem er behauptet, daß der Vordersatz von (18) wahr ist, weil seine Teilsätze wahr sind, der opfert die Wahrheitsfunktionalität des »wenn«, denn er muß zugeben, daß der Nachsatz trotzdem falsch sein kann.
– Wer die Wahrheitsfunktionalität des »wenn« retten möchte, indem er behauptet, daß der Nachsatz von (18) nur dann falsch sein kann, wenn der Vordersatz falsch ist, der opfert die Wahrheitsfunktionalität des »und«, denn er muß zugeben, daß der Vordersatz falsch sein kann, obwohl seine Teilsätze wahr sind.

Mit diesem Dilemma droht die Pointe einer wahrheitsfunktionalen Behandlung der Satzverknüpfer verloren zu gehen: Sie wäre nur theoretisch relevant, wenn sie allgemein für alle einschlägigen Satzverknüpfer Geltung beanspruchen könnte.

Eine Gleichbehandlung der betreffenden Satzverknüpfer ist nur zu erreichen, wenn wir die These, daß in der natursprachlichen Kommunikation der Wahrheitswert des Gesamtsatzes eine Funktion der Wahrheitswerte der Teilsätze ist, in ihrer strengen Form fallen lassen. Sie ist nicht in dem Sinne aufrechtzuerhalten, daß in komplexen Satzgefügen der Wahrheitswert des Gesamtsatzes *direkt* aus den Wahrheitswerten der kleinsten Teilsätze errechenbar ist. Vielmehr müssen nach jedem wahrheitsfunktionalen Rechenschritt die anfallenden Gesprächsandeutungen modifizierend einbezogen werden. Jede Zusammenfassung der Werteverteilungen zweier Teilaussagen zur Werteverteilung einer größeren Aussage muß anschließend für die Uminterpretation nach Maßgabe von Gesprächszweck und Gesprächsmaximen offenstehen.[32]

Dies ist zweifellos keine sehr elegante Lösung. Sie verkompliziert den Interpretationsvorgang in einem Maße, das einen erneut an den Voraussetzungen dieser Analyse, nämlich der Verteilung der Inhaltselemente auf Wortbedeutung und Wortgebrauch, zweifeln lassen könnte.

Eine andere Lösung ist in Anbetracht der vorhergegangenen Argumentation gegen den Bedeutungsmaximalismus aber nicht zu sehen. Außerdem gibt es eine Reihe zusätzlicher Gesichtspunkte, die diese Lösung plausibler erscheinen lassen als alle heute denkbaren Alternativen:

1. Vergleichen wir einmal die folgenden Versionen des Satzes (18) miteinander:

(18)   (a) Wenn Anna geheiratet und ein Kind bekommen hat, wird sich der Großvater freuen.

      (b) Wenn Anna geheiratet hat und ein Kind bekommen hat, wird sich der Großvater freuen.

      (c) Wenn Anna geheiratet hat und sie ein Kind bekommen hat, wird sich der Großvater freuen.

      (d) Wenn Anna geheiratet hat und wenn sie ein Kind bekommen hat, wird sich der Großvater freuen.

      (e) Wenn Anna geheiratet hat und wenn Anna ein Kind bekommen hat, wird sich der Großvater freuen.

Sie unterscheiden sich nur in den Vordersätzen. Die Zahl der syntaktischen Transformationen[33], denen die Teilsätze eines Vordersatzes jeweils gemeinsam unterworfen sind, ist in (a) am größten und nimmt bis zu (e) hin immer mehr ab. Bemerkenswert ist nun, daß in (18) auch die Stärke der Reihenfolge-Andeutung variiert. Sie ist in (a) am größten und nimmt bis hin zu (e) immer mehr ab. *Die Intensität der Mitteilung einer Konnexitäts-Andeutung hängt also offensichtlich vom Grad der syntaktischen Verklammerung der Teilsätze ab.* Dies ist ein Effekt, der sich, obgleich in geringerem Maße, auch schon beobachten läßt, wo »und« der einzige Satzverknüpfer ist[34]:

(17)   (a) Anna hat geheiratet und ein Kind bekommen.

      (b) Anna hat geheiratet und hat ein Kind bekommen.

      (c) Anna hat geheiratet, und sie hat ein Kind bekommen.

      (d) Anna hat geheiratet, und Anna hat ein Kind bekommen.

      (e) Anna hat geheiratet. Und Anna hat ein Kind bekommen.

2. Die Stärke einer Konnexitäts-Andeutung hängt außerdem auch von der Tiefe der Einbettung des betreffenden Satzes im

Gesamtsatz ab. Vergleichen wir (18) mit (17), (19) mit (18), (20) mit (19), sowie (20), (19) und (18) mit (17):

(19) Wenn der Großvater erfährt, daß Anna geheiratet

$$
\left.\begin{array}{l}
\text{und} \\
\text{hat und} \\
\text{hat und sie} \\
\text{hat und daß sie} \\
\text{hat und daß Anna}
\end{array}\right\} \quad \text{ein Kind bekommen hat,}
$$

wird er sich freuen.

(20) Wenn die Großmutter erfährt, daß Fritz dem Großvater gesagt hat, daß Anna geheiratet

$$
\left.\begin{array}{l}
\text{und} \\
\text{hat und} \\
\text{hat und sie} \\
\text{hat und daß sie} \\
\text{hat und daß Anna}
\end{array}\right\} \quad \text{ein Kind bekommen hat}
$$

wird sie sich freuen.

Die Probe aufs Exempel erhalten wir, wenn wir die Reihenfolge der mit »und« verknüpften Sätze umdrehen und formulieren:

(17′) Anna hat ein Kind bekommen

$$
\left.\begin{array}{l}
\text{und} \\
\text{und hat} \\
\text{und sie hat} \\
\text{und Anna hat} \\
\text{Und Anna hat}
\end{array}\right\} \quad \text{geheiratet.}
$$

(18′) Wenn Anna ein Kind bekommen

$$
\left.\begin{array}{l}
\text{und} \\
\text{hat und} \\
\text{hat und sie} \\
\text{hat und wenn sie} \\
\text{hat und wenn Anna}
\end{array}\right\} \quad \text{geheiratet hat, wird}
$$

der Großvater sich freuen.

(19′) Wenn der Großvater erfährt, daß Anna ein Kind bekommen

$$
\left.\begin{array}{l}
\text{und} \\
\text{hat und} \\
\text{hat und sie} \\
\text{hat und daß sie} \\
\text{hat und daß Anna}
\end{array}\right\} \quad \text{geheiratet hat,}
$$

wird er sich freuen.

(20′) Wenn die Großmutter erfährt, daß Fritz dem Großvater
    gesagt hat, daß Anna ein Kind bekommen

$$\left.\begin{array}{l} \text{und} \\ \text{hat und} \\ \text{hat und sie} \\ \text{hat und daß sie} \\ \text{hat und daß Anna} \end{array}\right\} \text{geheiratet hat,}$$

    wird sie sich freuen.

Auch *in diesen Sätzen nimmt die Stärke der Reihenfolge-Andeutung mit dem Einbettungsgrad ab,* und der Gebrauch der
Satzverknüpfer »wenn« und »und« nähert sich immer mehr ihrer
wahrheitsfunktionalen Bedeutung. In der ausführlichsten Version
von (20) dürfte es für die Freude der Großmutter bereits irrelevant sein, ob die Ereignisse in der einen oder in der anderen
Reihenfolge eingetreten sind.[35]

3. Die Intensität von eingebetteten Konnexitäts-Andeutungen
korreliert außerdem mit einer Reihe weiterer Faktoren. Genannt
sei hier nur noch die wörtliche Bedeutung des übergeordneten
Verbs:

(21) Wenn Fritz $\left\{\begin{array}{l} \text{dem Großvater berichtet} \\ \text{dem Großvater erzählt} \\ \text{dem Großvater mitteilt} \\ \text{den Großvater informiert} \end{array}\right\}$, daß

    Anna ein Kind bekommen hat und geheiratet hat, wird er
    sich freuen.

Für einen Bericht ist die Reihenfolge der mitgeteilten Ereignisse
wesentlich. Hier achtet der Berichterstatter darauf, daß seine
Sätze den Ereignissen folgen, Abweichungen von der natürlichen
Reihenfolge werden ausdrücklich vermerkt. Wenn es also heißt,
daß Fritz dem Großvater über etwas berichtet und der Großvater
sich darüber freut, ist die Reihenfolge der Ereignisse zweifellos
auch zum Gegenstand der Freude zu rechnen. – Bei bloßer
Informationsübermittlung dagegen kann die Reihenfolge der In-
formationen von irgendwelchen Zufällen abhängen, die keine
Rückschlüsse mehr auf die Reihenfolge der Ereignisse zulassen.
Hier wird die Reihenfolge der Ereignisse daher gar nicht zum
Gegenstand der Freude gerechnet. *Die Stärke der Reihenfolge-
Andeutung ist also durch die Wahl des übergeordneten Verbs
regulierbar.*

Diese drei Beobachtungen machen deutlich, daß Konnexitäts-

Andeutungen nicht nur durch beträchtliche Variabilität, sondern auch durch Intensitätsschwankungen gekennzeichnet sind, wie sie bei wörtlichen Bedeutungen nirgends vorkommen. In keiner Grammatik ist der Fall bekannt, daß die syntaktischen Eigenschaften des umgebenden Satzes einen so starken Einfluß auf den semantischen Wert eines Wortes haben, daß eines seiner Bedeutungsmerkmale entweder im Vordergrund der Mitteilung steht oder in wechselnder Stärke angedeutet wird oder aber ganz verschwindet.

Alles deutet also darauf hin, daß Konnexitäts-Andeutungen keine lexikalischen, sondern pragmatische Phänomene sind. Und da das so ist, führt kein Weg um die oben vorgeschlagene gemischte Prozedur bei der Interpretation komplexer Sätze herum.

Bemerkenswert bleibt nur die Feststellung, daß pragmatische Regeln an zentraler Stelle in Interpretationsprozesse eingreifen, deren Analyse jahrzehntelang zum Kern der Semantik gerechnet wurde.[36] –

Neben dieser allgemeinen Erkenntnis seien aber auch die Einzelergebnisse noch einmal genannt, zu denen die Diskussion der Satzverknüpfer uns geführt hat:

1. Die Abgrenzung von *Semantik* und *Pragmatik* in der Sprachbeschreibung hat dem Unterschied von *Bedeutung* und *Gebrauch* der Wörter in der Sprachverwendung zu folgen.

2. Bedeutung und Gebrauch eines Wortes sind nicht zwei Seiten ein und derselben Sache, sondern unterscheiden sich voneinander. Sprecher einer natürlichen Sprache beherrschen nicht nur feste *Wortbedeutungen,* sondern auch feste Regeln für den *Wortgebrauch.* Die einen wie die andern sind empirisch nachweisbar, auch wenn es keinen direkten experimentellen Zugang zu ihnen gibt.

3. Die Frage, welche Inhaltselemente einer Äußerung durch die wörtliche Bedeutung und welche durch den Gebrauch der Wörter in einer Kommunikationssituation ins Spiel kommen, ist mit Hilfe der *Kriterien Variabilität, Streichbarkeit* und *Unabtrennbarkeit* zu beantworten.

4. Für Satzverknüpfer wie »und«, »oder«, »wenn«, »nicht« gilt aufgrund dieser Kriterien: Ihre Bedeutung in den natürlichen Sprachen ist auf die Definitionsmerkmale der aussagenlogischen Junktoren »et«, »vel«, »si« und »non« zurückzuführen. Andere

Inhaltselemente dieser Satzverknüpfer entstehen in Abhängigkeit vom Kommunikationszweck und der Bedeutung der Teilsätze; diese Inhaltselemente treten als *Gesprächsandeutungen*, insbesondere als *Konnexitäts-Andeutungen* auf.

5. Die Unterscheidung zwischen Semantik und Pragmatik in der Sprachbeschreibung bzw. von Bedeutung und Gebrauch in der Sprachverwendung ist eine *theoretische* Unterscheidung; sie darf nicht in der Weise mißverstanden werden, daß im tatsächlichen Interpretationsprozeß *zunächst* alle und nur die semantischen Regeln und *dann erst* die pragmatischen Regeln *angewandt werden*. Denn Beispiele, in denen ein Satzverknüpfer im Geltungsbereich eines anderen Satzverknüpfers auftritt, zeigen, daß die Bedeutung eines zusammengesetzten Satzes nicht nur von den Bedeutungen seiner Teilsätze, sondern auch von deren Gesprächsandeutungen, also deren Gebrauch, abhängt.

6. Allgemein ist festzustellen:

a. Der Gebrauch aller sprachlichen Ausdrücke richtet sich nach deren Bedeutung.

b. Die Bedeutung vieler komplexer Ausdrücke richtet sich nicht nur nach der Bedeutung ihrer Teilausdrücke, sondern auch nach deren Gebrauch.

Kurz: Nicht nur Bedeutungen werden gebraucht, auch Gebrauchsweisen können bedeuten.

Anmerkungen

1 Eine implizite Gegenüberstellung dieser Redeweisen liefern alle historisch-systematischen Darstellungen der Linguistik; vgl. z. B. Lyons, 1968, und Ebneter, 1973. In exemplarischer Geschlossenheit wird die Bedeutungsterminologie angewendet in Schmidt, 1967, die Gebrauchsterminologie in Leisi, 1953, und in Brown, 1974.

2 Vgl. Grice, 1968, und Grice, 1975.

3 Vgl. Wundt, 1900, S. 596.

4 Vgl. Titchener, 1912, S. 367 ff. Siehe auch Hörmann, 1967, 2. Aufl. 1970, S. 166.

5 Vgl. Erdmann, 1900, 4. Aufl. 1925, S. 5.

6 Vgl. Watson, 1919, 2. Aufl. 1924, S. 354.

7 Vgl. Skinner, 1937. Siehe auch Hörmann, 1967, 2. Aufl. 1970, S. 165.

8 Vgl. Morris, 1938, deutsche Übersetzung 1972, S. 68-75.

9 Vgl. dazu Kutschera, 1971, 2. Aufl. 1975, S. 87 f.

10 Vgl. Alston, 1963, S. 84.

11 Vgl. Wittgenstein, 1953, Teil I, § 43.

12 Vgl. Leisi, 1953, 4. Aufl. 1971, S. 73 f. Zum Unterschied zwischen Bedeutung und Gebrauchsbedingungen in der Syntax vgl. Posner, 1972a, S. 12 ff.

13 Vgl. dazu Kempson, 1975, und Wilson, 1976.

14 Vgl. Grice, 1968.

15 Zu diesem Beispiel vgl. Gordon und Lakoff, 1971.

16 Vgl. dazu Dascal, 1976, S. 23.

17 Vgl. dazu Grice 1968, 2. Vorlesung.

18 Vgl. Wittgenstein, 1953, Teil I, § 293.

19 Vgl. Grice, 1968, 2. Vorlesung.

20 Vgl. Grice, 1968, 2. Vorlesung.

21 Vgl. Grice, 1968, 2. und 3. Vorlesung.

22 Cohen, 1971, spricht in einer ähnlichen Gegenüberstellung von »Lexikalisten« auf der einen und »Konversationalisten« auf der anderen Seite. Er trifft allerdings keine explizite Unterscheidung zwischen wörtlicher Bedeutung (eines Wortes oder Satzes) und Wortbedeutung.

23 Vgl. Cohen, 1971, S. 56.

24 Vgl. Cohen, 1971, S. 57.

25 Vgl. Wilson, 1976, S. 118 ff. Siehe auch Abraham, 1975.

26 Vgl. Lang, 1973, S. 298 ff.

27 Die Sätze (12d) und (12g) werden dabei allerdings zweideutig. (12d) kann nun sowohl sukzessiv als auch kausal interpretiert werden. (12g) kann nicht nur explanativ sondern auch begründend interpretiert werden: Im einen Falle dient der Primzahlcharakter als vorbereitende Erklärung für die ausschließliche Teilbarkeit durch 1, im andern Falle dient die ausschließliche Teilbarkeit durch 1 als nachträgliche Begründung für den Primzahlcharakter von 5.

28 Naess, 1961, hat zu einer ähnlichen Fragestellung eine empirische Testreihe durchgeführt, deren Ergebnisse klar zeigen, daß selbst die Entscheidung, ob der Satzverknüpfer »oder« exklusiv oder inklusiv zu interpretieren ist, eindeutig vom Inhalt der beteiligten Disjunkte abhängt. Vgl. dazu auch Seuren, 1977, S. 371 ff.

29 Wir behandeln hier natürlich nur das satzverknüpfende »und« und seine transformationellen Varianten, nicht aber das phrasenverknüpfende »und«, wie es in »Peter und Anna fuhren zusammen nach Saarbrücken« vorkommt.

30 Vgl. Morris, 1938, deutsche Übersetzung 1972, S. 31.

31 Vgl. Cohen, 1971, S. 58 f.

32 Selbstverständlich gelten auch für eingebettete Sätze die Kriterien der Variabilität, der Streichbarkeit und der Unabtrennbarkeit. Zur Streichung einer eingebetteten Gesprächsandeutung kommt es zum Beispiel in folgendem Kontext:

(i) Wenn Anna geheiratet und ein Kind bekommen hat, so wird der Großvater sich freuen. Aber es wird ihn auch nicht unberührt lassen, in welcher Reihenfolge das geschehen ist.

33 Es handelt sich um Reduktionsoperationen wie Pronominalisierung und Gapping.

34 Vgl. dagegen Boettcher und Sitta, 1972, wo Sätze wie die unter (17) als unterschiedliche Realisationsformen derselben (semantischen) Kategorie und desselben (pragmatischen) Strukturtyps bezeichnet werden. Eine solche Charakterisierung würde semantische und pragmatische Unterschiede zwischen den Sätzen von vornherein leugnen.

35 Bei all diesen Analysen sollte man selbstverständlich nicht die Augen vor der Tatsache verschließen, daß die Reihenfolge der Formulierungen auch andere Ge-

sichtspunkte als den der Ereignisabfolge mitteilen kann. In der Äußerung: »Jetzt ist Anna glückliche Mutter. Daß sie ein Kind bekommen hat und daß sie geheiratet hat, hat den Großvater sehr gefreut!«, ist die Reihenfolge zum Beispiel eher ein Zeichen dafür, daß die Mutterrolle der Anna im Vordergrund des Sprecherinteresses steht.

36 Vgl. die Praxis der Aussagenlogiker, die die betreffenden Satzverknüpfer rein wahrheitsfunktional definieren und damit im Verhältnis der Teilsätze zum Gesamtsatz pragmatische Aspekte ausschließen.

Bibliographie

Abraham, Werner (1975): Some Semantic Properties of Some Conjunctions. In: S. P. Corder und E. Roulet (eds.): Some Implications of Linguistic Theory for Applied Linguistics. Brüssel und Paris: Aimav und Didier 1975, S. 7-31.

Alston, William P. (1963): The Quest for Meanings. In: Mind 72 (1963), S. 79-87.

Berg, Wolfgang (1978): Uneigentliches Sprechen – Zur Pragmatik und Semantik von Metapher, Metonymie, Ironie, Litotes und rhetorischer Frage. Tübingen: Narr 1978.

Boettcher, Wolfgang und Sitta, Horst (1972): Zusammengesetzter Satz und äquivalente Strukturen (= Deutsche Grammatik III) Frankfurt: Athenäum 1972.

Brown, Cecil H. (1974): Wittgensteinian Linguistics. Den Haag und Paris: Mouton 1974.

Chao, Yuen Ren (1968): Language and Symbolic Systems. Cambridge: University Press 1968.

Cohen, Jonathan L. (1971): Some Remarks on Grice's Views about the Logical Particles of Natural Language. In Y. Bar-Hillel (ed.): Pragmatics of Natural Languages. Dordrecht: Reidel 1971, S. 50-68.

Creelman, Marjorie B. (1966): The Experimental Investigation of Meaning – A Review of Literature. New York: Springer 1966.

Dascal, Marcelo (1976): Conversational Relevance. Arbeitspapier, Kolloquium über »Meaning and Use«, Jerusalem 1976.

Douglas, Mary (ed.), (1973): Rules and Meanings – An Anthropology of Everyday Knowledge. Harmondsworth/England: Penguin 1973.

Ebneter, Theodor (1973): Strukturalismus und Transformationalismus – Einführung in Schulen und Methoden. München: List 1973.

Erdmann, Karl Otto (1900): Die Bedeutung des Wortes – Aufsätze aus dem Grenzgebiet der Sprachpsychologie und Logik. Leipzig: Avenarius 1900. Nachdruck der 4. Auflage von 1925, Darmstadt: Wissenschaftliche Buchgesellschaft 1966.

Gazdar, Gerald (1976): Formal Pragmatics for Natural Language. Phil. Diss. Reading/England 1976.

Gloy, Klaus (1975): Sprachnormen I. – Linguistische und soziologische Analysen. Stuttgart und Bad Cannstatt: Frommann-Holzboog 1975.

Gloy, Klaus und Presch, Gunter, (eds.) (1976): Sprachnormen III. Kommunikations-orientierte Linguistik – Sprachdidaktik. Stuttgart und Bad Cannstatt: Frommann-Holzboog 1976.

Gordon, David und Lakoff, George (1971): Conversational Postulates. In: Papers from the Seventh Regional Meeting of the Chicago Linguistic Society. Chicago: Chicago Linguistic Society 1971.

Grice, H. Paul (1968): The Logic of Conversation. Unveröffentlichtes Manuskript. Berkeley: University of California 1968.

Grice, H. Paul (1975): Logic and Conversation. In: P. Cole und J. L. Morgan (eds.): Syntax and Semantics. Bd. 3: Speech Acts. New York: Academic Press 1975.

Grimm, Hannelore und Wintermantel, Margret (1975): Zur Entwicklung von Bedeutungen – Forschungsberichte zur Sprachentwicklung II. Weinheim und Basel: Beltz 1975.

Heringer, Hans Jürgen (ed.) (1974): Der Regelbegriff in der praktischen Semantik. Frankfurt a. M.: Suhrkamp 1974.

Hörmann, Hans (1967): Psychologie der Sprache. Berlin, Heidelberg und New York: Springer 1967. Verbesserter Neudruck 1970.

Isenberg, Horst (1971): Überlegungen zur Texttheorie. In: J. Ihwe (ed.): Literaturwissenschaft und Linguistik. Bd. 1. Frankfurt a. M.: Athenäum 1971.

Kasher, Asa (1974): Mood Implicatures: A Logical Way of Doing Generative Pragmatics. In: Theoretical Linguistics 1 (1974), S. 6-38.

Kempson, Ruth M. (1975): Presupposition and the Delimitation of Semantics. Cambridge: University Press 1975.

Kutschera, Franz von (1971): Sprachphilosophie. München: Fink 1971. 2. Auflage 1975.

Kutschera, Franz von (1975): Conventions of Language and Intensional Semantics. In: Theoretical Linguistics 2 (1975), S. 255-283.

Lang, Ewald (1973): Studien zur Semantik der koordinativen Verknüpfung. Phil. Diss. Berlin (Ost): Akademie der Wissenschaften der DDR 1973.

Lehrer, Adrienne und Lehrer, Keith, (eds.) (1970): Theory of Meaning. Englewood Cliffs/N. J.: Prentice Hall 1970.

Leisi, Ernst (1953): Der Wortinhalt – Seine Struktur im Deutschen und Englischen. Heidelberg: Quelle und Meyer 1953. 4. Auflage 1971.

Lewis, David (1969): Convention – A Philosophical Study. Cambridge: Harvard College 1969. Deutsch von R. Posner und D. Wenzel: Konventionen – Eine sprachphilosophische Abhandlung. Berlin und New York: de Gruyter 1975.

Lorenzer, Alfred (1970): Sprachzerstörung und Rekonstruktion – Vorarbeiten zu einer Metatheorie der Psychoanalyse. Frankfurt a. M.: Suhrkamp 1970.

Lyons, John (1968): Introduction to Theoretical Linguistics. Cambridge: University Press 1968. Deutsch von W. und G. Abraham: Einführung in die moderne Linguistik. München: Beck 1971.

Mooij, Jan J. A. (1976): A Study of Metaphor – On the Nature of Metaphorical Expressions, with Special Reference to Their Reference. Amsterdam, New York und Oxford: North-Holland 1976.

Morris, Charles W. (1938): Foundations of the Theory of Signs. Chicago: University Press. 1938. Deutsch von R. Posner u. Mitarbeit von J. Rehbein: Grundlagen der Zeichentheorie. München: Hanser 1972. 2. Aufl. 1975.

Naess, Arne (1961): A Study of »or«. In: Synthese 13 (1961).

Posner, Roland (1972a): Theorie des Kommentierens – Eine Grundlagenstudie zur Semantik und Pragmatik. Frankfurt a. M.: Athenäum 1972. 2. Aufl. Wiesbaden 1979.

Posner, Roland (1972b): Zur systematischen Mehrdeutigkeit deutscher Lexeme. In: Linguistik und Didaktik 12 (1972), S. 268-276.

Presch, Gunter und Gloy, Klaus, (eds.) (1976): Sprachnormen II. Theoretische

Begründungen – außerschulische Sprachnormenpraxis. Stuttgart und Bad Cannstatt: Frommann-Holzboog 1976.

Raz, Joseph (1975): Practical Reason and Norms. London: Hutchinson 1975.

Richards, David A. J. (1971): A Theory of Reasons for Action. Oxford: Clarendon 1971.

Rollin, Bernard E. (1976): Natural and Conventional Meaning – An Examination of the Distinction. Den Haag und Paris: Mouton 1976.

Sadock, Jerrold M. (1974): Toward a Linguistic Theory of Speech Acts. New York: Seminar Press 1974.

Schmerling, Susan F. (1975): Asymmetric Conjunction and Rules of Conversation. In: P. Cole und J. L. Morgan (eds.): Syntax and Semantics. Bd. 3: Speech Acts. New York: Academic Press 1975.

Schmidt, Wilhelm (1967): Lexikalische und aktuelle Bedeutung – Ein Beitrag zur Theorie der Wortbedeutung. Berlin (Ost): Akademie Verlag 1967.

Searle, John R. (1969): Speech Acts – An Essay in the Philosophy of Language. Cambridge Univ. Press 1969. Deutsch von R. und R. Wiggershaus: Sprechakte – Ein sprachphilosophischer Essay. Frankfurt a. M.: Suhrkamp 1971.

Seuren, Pieter A. M. (1977): Zwischen Sprache und Denken – Ein Beitrag zur empirischen Begründung der Semantik. Wiesbaden: Athenaion 1977.

Skinner, Burrhus F. (1937): The Distribution of Associated Words. In: Psychol. Rec. 1 (1937), S. 71-76.

Slobin, Dan I. (1971): Psycholinguistics. Glenview/Ill. und London: Scott, Foresman and Comp. 1971. Deutsche Übersetzung von A. Becker: Einführung in die Psycholinguistik. Kronberg/Taunus: Scriptor 1974.

Titchener, Edward B. (1912): Lehrbuch der Psychologie. 2. Teil. Leipzig: Barth 1912.

Travis, Charles (1975): Saying and Understanding – A Generative Theory of Illocutions. Oxford: Basil Blackwell 1975.

Ulmann, Gisela (1975): Sprache und Wahrnehmung – Verfestigen und Aufbrechen von Anschauungen durch Wörter. Frankfurt und New York: Campus Verlag 1975.

Watson, John (1919): Psychology from the Standpoint of a Behaviorist. Philadelphia und London: Lippincott 1919. 2. Auflage 1924.

Wilson, Deirdre: Presuppositions and Non-truth-conditional Semantics. London, New York und San Francisco: Academic Press 1976.

Wittgenstein, Ludwig: Philosophische Untersuchungen. Ed. G. Anscombe u. R. Rhees. Oxford: Basil Blackwell 1953.

Dietmar Zaefferer
Sprechakttypen in einer Montague-Grammatik
Ein modelltheoretischer Ansatz
zur Behandlung illokutionärer Rollen*

> The problem (or at least an important problem) of the
> theory of language is to describe how we get from the
> sounds to the illocutionary acts.
>
> (Searle 1975:38)

0. Einleitung

In den letzten Jahren hat im Bereich der Sprachforschung eine
längst überfällige Entwicklung stattgefunden, die Fortschritte auf
diesem Gebiet nachhaltig zu fördern verspricht. Ich meine die
Annäherung und wechselseitige Befruchtung der beiden mit
Sprache befaßten Disziplinen Linguistik und formale Logik.
Bahnbrechend waren hier vor allem die Arbeiten von R. Montague[1], die gezeigt haben, daß das Hauptargument für eine strenge
Trennung der beiden Disziplinen, die Behauptung nämlich, daß
ein grundlegender theoretischer Unterschied zwischen formalen
und natürlichen Sprachen bestehe, durchaus angreifbar ist[2]. Die
prima facie-Plausibilität dieser Behauptung beruht nämlich auf
der, verglichen mit natürlichen Sprachen, schrecklichen Armut
der üblichen formalen Sprachen, doch ist diese dem Begriff der
formalen Sprache keineswegs inhärent. Wenn es gelingt, hinreichend komplexe und reiche formale Sprachen zu konstruieren,
die die Eigenschaften natürlicher Sprachen weitgehend nach-
zeichnen, so ist dieses Unterfangen wegen der expliziten Theoriebildung, zu der es führt, auch dann der Mühe wert, wenn sich
dabei doch noch verbleibende grundlegende theoretische Unterschiede zwischen formalen und natürlichen Sprachen herausstellen sollten.

Die Annäherung von Logik und Linguistik birgt freilich auch
Gefahren. Für den Linguisten besteht eine dieser Gefahren darin,
daß er in seinem Bemühen um Explizitheit und Präzision die

Vielschichtigkeit natürlicher Sprachen aus dem Blick verliert. So ist für den Logiker Semantik soviel wie die Theorie der Wahrheitswertdetermination, da er ja an korrekten Schlüssen, d. h. wahrheitswerterhaltenden Übergängen von einem Ausdruck zu einem anderen interessiert ist. Das Interesse des Linguisten ist umfassender. Der Beitrag zum Wahrheitswert ist sicher ein ganz fundamentaler Aspekt der Bedeutung natürlichsprachlicher Ausdrücke, daneben wird eine befriedigende Sprachtheorie aber mindestens zwei weitere wesentliche Bedeutungsaspekte mitbehandeln müssen: Zum einen den Beitrag, den ein Ausdruck zur Bestimmung der kommunikativen Funktion, oder, wie man seit Austin[3] präziser sagt, der illokutionären Rolle der Äußerung liefert, in der er vorkommt, zum anderen all das, was die kontextuelle Angemessenheit einer Äußerung mitbestimmt und gewisse Implikaturen induziert.

Ziel dieser Arbeit ist es, den Rahmen der nur mit dem wahrheitswertbezogenen Bedeutungsaspekt befaßten Montague-Grammatik so zu erweitern, daß der erste der beiden erwähnten zusätzlichen Aspekte der Bedeutung natürlichsprachlicher Ausdrücke, wenn auch vorläufig noch in groben Zügen, mitexpliziert werden kann. Die beiden behandelten Aspekte werde ich im folgenden häufig auch L-Bedeutung (lokutionär, wahrheitswertbestimmend) und Il-Bedeutung (illokutionär, rollenbestimmend) nennen.

Im ersten Abschnitt der Arbeit wird skizziert, inwieweit die geplante Erweiterung außer von linguistischem auch von sprachphilosophischem Interesse ist. Der zweite Teil formuliert das zentrale Problem und stellt den Ausschnitt vor, in dem es gelöst werden soll. Der dritte Abschnitt befaßt sich mit den Modifikationen, die die beabsichtigte Erweiterung in der Syntax notwendig macht. Daran anschließend wird dann im vierten Abschnitt der Modellbegriff so erweitert, daß er neben der L-Bedeutung auch noch die Il-Bedeutung natürlichsprachlicher Sätze mitexplizieren kann. Ein Argument für die Art, in der dies gemacht wird, läßt sich aus der Existenz der sogenannten explizit performativen Sätze ableiten. Diese bilden andererseits für die modelltheoretische Semantik ein Problem, dessen Lösung durch Theoretiker wie D. Lewis im fünften Abschnitt zurückgewiesen wird. Im sechsten Abschnitt wird schließlich eine aufgrund des vorher entwickelten eigenen Konzepts möglich gewordene alternative

Lösung vorgestellt. Um der leichteren Lesbarkeit willen wurde der technische Apparat ganz in den Anhang verlegt: Dort findet der interessierte Leser als Beispiel für das im Text skizzierte Konzept Definitionen für (a) ein interpretiertes Deutschfragment mit Illokutionen (ILD), (b) die Begriffe der Wahrheit, verschiedener Sprechakttypen und verschiedener Folgerungen, (c) das Sprechen und Verstehen von ILD und (d) die Existenz und den Gebrauch von ILD in einer Gruppe.

1. Sprachgebrauch als Verhaltensregularität

Was heißt es, daß bei einer bestimmten Gruppe von Individuen eine Sprache in Gebrauch ist? Die Antwort ist offenbar, daß es in dieser Gruppe gewisse Verhaltensregularitäten gibt, die das ihnen konforme Verhalten als sprachliches vor anderem Verhalten auszeichnet. Und was zeichnet sprachliches vor nicht-sprachlichem Verhalten aus? Grob gesagt die Art, in der das beobachtbare Verhalten mit dem verknüpft ist, worauf reagiert wird. Betrachten wir die folgenden drei Abfolgen von Verhalten und Reaktion: (a) Jemand kommt auf mich zu – ich weiche aus: Direkte Reaktion auf das beobachtete Verhalten. (b) Jemand niest – ich reiche ihm eine Decke: Reaktion auf den aus dem beobachteten Verhalten erschlossenen Sachverhalt, daß dem anderen kalt ist. (c) Jemand sagt zu mir: ›There is a snake behind you.‹ – ich drehe mich blitzschnell um: Reaktion auf den aus dem beobachteten Verhalten erschlossenen Sachverhalt, daß sich hinter mir eine Schlange befindet. Der Vergleich von (a) und (c) zeigt, daß auf sprachliches Verhalten offenbar vermittelte Reaktionen natürlich sind[4]. Der Fall (b) macht jedoch deutlich, daß dieses Kriterium nicht hinreichend ist: anscheinend kommt es auf die Art der Vermittlung an, und die ist bei (b) und bei (c) verschieden. Während es für den Schluß auf den vermittelnden Sachverhalt im Falle (b) irrelevant ist, ob der Agierende Mitglied einer bestimmten Gruppe ist, basiert der entsprechende Schluß in (c) auf der Annahme, daß der Agierende zu einer Gruppe gehört, deren Mitglieder bestimmte Verhaltensregularitäten befolgen, die unter anderem darin bestehen, daß sie Verhaltensweisen wie die in (c) nur dann zeigen, wenn sie damit bestimmte Absichten verfolgen, anders gesagt, wenn sie etwas damit meinen. Aus der Annahme der Gruppenzugehörigkeit läßt sich darauf schließen, *daß* etwas gemeint wurde, aus der Kenntnis der für die Gruppenmitgliedschaft konstitutiven Verhaltensregularität läßt sich erschließen, *was* gemeint wurde und daraus ergibt sich mit Hilfe einiger Zusatzprämissen im Beispielfall die Annahme, daß sich eine Schlange hinter mir befindet, und darauf reagiere ich. Es ist auch üblich, zu sagen, daß ich im Falle (b) das beobachtete Verhalten als natürliches Zeichen, im Falle (c) als konventionales Zeichen für den erschlossenen Sachverhalt gewertet habe. Es ist nun nicht meine Absicht, in dieser Arbeit zur Diskussion um die Abgrenzung von natürlichen und konventionalen Zeichen beizutragen,[5] noch möchte ich mich um eine Klärung dessen bemühen, was es heißt, daß jemand mit einem bestimmten Verhalten etwas Bestimmtes meint.[6] Es geht mir vielmehr um die explizite Angabe eines Beispiels für ein abstraktes System, mit Hilfe dessen sich die für eine Gruppenmitgliedschaft der erwähnten Art konstitutiven Verhaltensregularitäten präzise beschreiben lassen. Verhalten, das solchen Regularitäten entspricht, heißt Sprachverhalten, eine derartige Gruppe nennt man Sprachgemeinschaft und das betreffende abstrakte System ist nichts anderes als eine Sprache. Eine Sprache beschreiben heißt, eine Grammatik angeben, die in der Syntax die wohlgeformten Ausdrücke dieser Sprache definiert und in der Semantik diesen Ausdrücken bestimmte Entitäten, genannt Bedeutungen, zuordnet. Doch wie lassen sich nun die gesuchten Verhaltensregularitäten mit Hilfe einer solchen, Paare von Ausdrücken und Bedeutungen liefernden Grammatik beschreiben? Die Antwort, die D. Lewis darauf gibt[7], ist etwa die folgende: Zunächst muß die Grammatik so ergänzt werden, daß sie außer der Bedeutung jedem Satz auch noch einen Modus zuordnet. Dann besteht die Regularität des Gebrauchs der betreffenden Sprache in der Befolgung einer Wahrhaftigkeitskonvention bezüglich dieser Sprache, wobei diese je nach Modus verschiedene Formen annimmt. Beim Indikativ besteht sie darin, den fraglichen Satz nur zu äußern, wenn man versucht hat, sicherzustellen, daß er am Bezugspunkt wahr wäre, beim Imperativ darin, daß der Adressat einer entsprechenden Äußerung – vorausgesetzt, er ist sich mit dem Sprecher darin einig, sein Handeln innerhalb gewisser Grenzen von diesem lenken zu lassen – versucht, so zu handeln, daß der geäußerte Satz am Bezugspunkt wahr war, beim Kommissiv schließlich ist es der Sprecher, der versucht, so zu handeln, daß der geäußerte Satz am Bezugspunkt wahr war. Dieser Ansatz, so bahnbrechend und verdienstvoll er ist, scheint mir in zweifacher Hinsicht noch unbefriedigend: Zum einen wäre es interessant, zu wissen, wie die Grammatik aussieht, die jedem Satz neben der Bedeutung einen Modus zuordnet. (Offenbar handelt es sich hier nicht um Modus im Sinne von ›sentential mood‹, also Satzart.) Zum anderen ist Wahrhaftigkeit sicherlich ein für das Funktionieren der sprachlichen Kommunikation wesentlicher Faktor, dennoch erscheint es mir inadäquat, das Sprechen bzw. Verstehen einer Sprache direkt über die Wahrhaftigkeit zu definieren und auf diese Weise etwa notorische Scherzbolde oder Lügner per definitionem aus der Sprachgemeinschaft auszuschließen. Daß die Wahrhaftigkeitskonvention z. B. bei Indikativen weitgehend befolgt wird, sollte m. E. eine Konsequenz des weitverbreiteten Interesses sein, mit dem Adressaten gemeinsame Annahmen zu haben, sich keine Sanktionen als Lügner einzuhandeln etc., aber nicht bereits aus der Definition des Sprachgebrauchs folgen. Auch irreführender und leichtfertiger Gebrauch von indikativischen Sätzen ist genuiner Sprachgebrauch. Wer eine indikativische Äußerung macht, oder, wie wir sagen werden, einen Sprechakt des assertiven Typs vollzieht, handelt sich damit die Konsequenzen ein, die sich daraus ergeben, daß er einen solchen Akt vollzogen hat. Zu diesen Konsequenzen gehört wohl, daß er sich auf den Glauben an das Bestehen des ausgedrückten Sachverhalts festgelegt hat. Wenn er dies auf sich nimmt, ohne tatsächlich diesen Glauben zu haben, so mag man dies verwerflich finden, aber man sollte deswegen nicht seinen Status als Sprecher dieser Sprache in Frage stellen. (Wer dies tut, entzieht vielmehr solchem Vorwurf den Boden.) In meiner Definition des Begriffs ›x spricht ILD‹ (vgl. Anhang, C.(1); ILD ist der im Anhang unter A. definierte Deutschausschnitt) taucht daher der Begriff der Wahrhaftigkeit nicht auf, vielmehr ist es danach ein hinreichender Grund für das Hervorbringen eines bestimmten Ausdrucks, wenn man den damit am angenommenen Bezugspunkt verknüpften illokutionären Akt vollziehen will. Entsprechend geht in meine Formulierung der Interpretenstrategie[8] (›x versteht ILD‹, vgl. Anhang, C.(2)) nicht der Begriff des Vertrauens ein, wie Lewis es in einer späteren Modifikation seiner Wahrhaftigkeitskonvention vorschlägt,[9] ich fordere nur, daß die Beobachtung einer bestimmten Äußerung ein hinreichender

Grund dafür ist, zu der Überzeugung zu gelangen, daß der damit am angenommenen Bezugspunkt verknüpfte illokutionäre Akt vollzogen wurde. Ist dies ein assertiver Sprechakt, so ist der Übergang zu der Annahme, daß der ausgedrückte Sachverhalt tatsächlich besteht, möglich mit Hilfe des Glaubens an Aufrichtigkeit und Informiertheit des Sprechers (Vertrauen), aber dieser ist nicht konstitutiv für den Status eines kompetenten ILD-Interpreten, d. h. eines Individuums, das ILD versteht. Diese Gedanken liegen meinen Definitionen des aktiven und des passiven ILD-Benutzers zugrunde. Akzeptiert man sie, so wird man die im Anhang gegebene Definition D.(2) als exemplarische Antwort auf die zu Beginn dieses Abschnitts gestellte Frage betrachten können, was es heißt, daß bei einer bestimmten Gruppe von Individuen eine bestimmte Sprache in Gebrauch ist: Es heißt, grob gesprochen, daß für die Gruppenmitglieder die Absicht, eine bestimmte abstrakte Handlung zu vollziehen, ein hinreichender Grund dafür ist, einen mit dieser Handlung verknüpften Ausdruck hervorzubringen, und daß für sie die Beobachtung, daß ein bestimmter Ausdruck hervorgebracht wurde, ein hinreichender Grund für die Annahme ist, daß die damit verknüpfte abstrakte Handlung vollzogen wurde, und daß darüber hinaus diese Gründe bisweilen auch tatsächlich eintreten. In den nächsten Abschnitten werden wir uns der von Lewis offengelassenen Frage zuwenden, wie eine Grammatik aussieht, die eine solche Zuordnung von beobachtbarem Verhalten und abstrakten Handlungen zu leisten vermag.

2. Die Zuordnung von illokutionären zu Äußerungsakten

Ein Äußerungsakt ist ein beobachtbares Verhalten, bei dem ein bestimmter Ausdruck hervorgebracht wird. Ein illokutionärer Akt ist eine abstrakte Handlung, die ausgeführt wird, indem ein bestimmter Ausdruck unter bestimmten Umständen hervorgebracht wird. Seine Identität ist durch drei Faktoren bestimmt: (a) den geäußerten Ausdruck, (b) die L-Bedeutung dieses Ausdrucks,[10] (c) die Äußerungssituation. Das augenfälligste unter den illokutionär relevanten Merkmalen eines illokutionsfähigen Ausdrucks, also eines Satzes, ist wohl die Satzart. Im Deutschen, das

wir als nächstliegendes Beispiel für eine natürliche Sprache heranziehen wollen, lassen sich grob vier Satzarten unterscheiden:
(a) Deklarativsätze
(b) Imperativsätze
(c) Interrogativsätze
(d) Exklamativsätze[11]

Davon wollen wir (d) für unsere Beispielzwecke ausklammern,
da diese Kategorie recht heterogen und noch wenig erforscht ist.
Den Interrogativsätzen habe ich eine eigene Untersuchung ge-
widmet,[12] sie sollen daher hier ebenfalls unberücksichtigt bleiben.
Auf der anderen Seite läßt sich im Deutschen eine solche Menge
von illokutionären Akten unterscheiden, daß es angebracht erscheint, diese zu Typen zusammenzufassen. Meine Klassifikation
stützt sich auf die von J. R. Searle,[13] sie unterscheidet die folgenden sieben Sprechakttypen:
(a) assertiv
(b) kommissiv
(c) deklarierend
(d) direktiv
(e) erotetisch
(f) expressiv
(g) kommunikativ

Hiervon möchte ich (e) der oben erwähnten gesonderten Untersuchung vorbehalten, (f) möchte ich, da eng mit der exklamativen
Satzart verknüpft, ebenfalls ausklammern. Auch der Typ (g), dem
solche Sprechakte wie der des Adressierens zugehören,[14] bedürfte
erst umfänglicher Voruntersuchungen und soll daher hier vernachlässigt werden. Der Grammatik für unseren Deutschausschnitt verbleibt also die Aufgabe, folgende Zuordnungen zu
treffen:

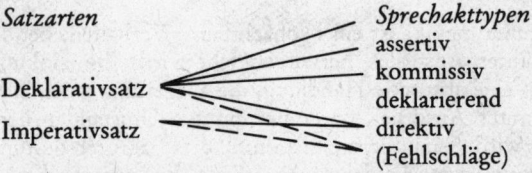

Satzarten	Sprechakttypen
	assertiv
Deklarativsatz	kommissiv
	deklarierend
Imperativsatz	direktiv
	(Fehlschläge)

Als Fehlschläge gelten Äußerungen unter Umständen, die keine
illokutionäre Interpretation gestatten. Während also ein Deklarativsatz im Prinzip fünf verschiedene Relate auf der Illokutionssei-

te hat, sind es beim Imperativsatz nur zwei: Direktiv oder Fehlschlag.[15] Ausschlaggebend für diese Zuordnung sind, wie oben erwähnt, die Faktoren L-Bedeutung und Äußerungssituation. Wie sind hier nun, bezogen auf unseren Deutschausschnitt, die Verhältnisse? Bei einem Imperativsatz ist es recht einfach: Wenn die Situation es gestattet, gilt seine Äußerung als direktiver Sprechakt, sonst als Fehlschlag. Anders bei einem Deklarativsatz. Betrachten wir zunächst den Fall der Deklarationen, d. h. derjenigen illokutionären Akte, deren Vollzug genau den im geäußerten Ausdruck bezeichneten Sachverhalt (seine L-Bedeutung) zu einer Tatsache macht. Offenbar ist dies nur bei einer sehr beschränkten Gruppe von Sachverhalten der Fall. So hängt es von der Situation ab, ob eine Äußerung von (1) die Tatsache schafft, daß der Sprecher protestiert.

(1) Ich protestiere.

Hingegen kann die Situation beschaffen sein, wie sie will, eine Äußerung von (2) wird den Sachverhalt, daß der Sprecher den Adressaten liebt, nicht zur Tatsache machen[16].

(2) Ich liebe dich.

Wir können sagen, daß eine notwendige Bedingung dafür, daß eine Äußerung als Deklaration gilt, darin liegt, daß die L-Bedeutung des geäußerten Ausdrucks ein deklarierbarer Sachverhalt ist. Deklarierbar sind nur nichtnegative, präsentische Sachverhalte. Hingegen muß bei einem kommissiven Sprechakt die L-Bedeutung des geäußerten Ausdrucks ein Sachverhalt sein, der vom Sprecher, bei direktiven Sprechakten einer, der vom Adressaten prinzipiell realisierbar ist, d. h. sie muß einer futurischen Aussage über den Sprecher bzw. den Adressaten entsprechen. Deklarationen, Kommissive und Direktive sind also bereits durch ihre L-Bedeutung voneinander geschieden. (1) kann (in seiner präsentischen Lesart[17]) keine kommissive oder direktive Rolle spielen, (3) keine deklarierende oder direktive, (4) keine deklarierende oder kommissive.

(3) Ich werde Bernd nicht schlagen.
(4) Du wirst kommen.

Hingegen können (1)-(4) alle als Assertionen fungieren. Unter welchen Bedingungen? Nach meiner Kenntnis des Deutschen

unter den folgenden: (1) gilt als Assertion nur dann, wenn es
keine Deklaration sein kann und kein Fehlschlag ist; (2) gilt als
Assertion, wo dies möglich ist, sonst als Fehlschlag; (3) gilt als
Assertion nur dann, wenn es nicht als Kommissiv oder als
Fehlschlag gilt; (4) gilt als Assertion und nur dort, wo dies
ausgeschlossen ist, aber auch kein Fehlschlag vorliegt, als Direktiv. (Die ganze Fallunterscheidung beruht natürlich auf der ideali-
sierenden Voraussetzung, daß jede Äußerung höchstens einem
Illokutionstyp zuzurechnen ist.) Gesetzt, diese Daten sind korrekt. Dann erhebt sich als nächstes die zentrale Frage dieser
Arbeit: Wie muß eine explizite, mathematisch präzise Sprachbeschreibung aussehen, die diesen Daten Rechnung zu tragen
vermag?

3. Bemerkungen zur Syntax

Die Syntax einer Grammatik, die wohlgeformten Ausdrücken der
betreffenden Sprache nicht nur L-Bedeutungen, sondern auch
Il-Bedeutungen, also illokutionäre Rollen zuordnet, kann im
Prinzip auf zweierlei Weisen aufgebaut werden. Entweder man
läßt die entsprechenden Funktionen auf überlappenden Argu-
mentbereichen operieren, macht also z. B. keinen syntaktischen
Unterschied zwischen einem Deklarativsatz als Wahrheitswert-
träger und als Träger einer illokutionären Rolle, oder man trennt
bereits syntaktisch zwischen dem Satzradikal (sentence radical),[18]
dem die L-Bedeutung zugeordnet ist und das den Wahrheitswert
determiniert, und dem Satz als Träger der Il-Bedeutung. Ich habe
mich für letztere Möglichkeit entschieden, da es m. E. eine ganze
Klasse von natürlichsprachlichen Ausdrücken und Oberflächen-
merkmalen gibt, die nur auf die Il-Bedeutung, nicht aber auf die
L-Bedeutung des Gesamtausdrucks Einfluß haben und die ich
daher reine Il-Indikatoren nennen möchte. Dazu gehören die in
der englischen Grammatik so genannten ›style disjuncts‹ wie
ehrlich gesagt, aber auch solche Partikel wie *bitte*.

(5) Ich habe nicht geglaubt, daß Lola Bernd liebt.
(6) Ich habe ehrlich gesagt nicht geglaubt, daß Lola Bernd liebt.
(7) Versuche, Jan zu überreden, zu kommen!
(8) Versuche bitte, Jan zu überreden, zu kommen!

(5) und (6) bzw. (7) und (8) sind bei Zugrundelegung eines brauchbaren Begriffs von L-Bedeutung L-, aber nicht Il-äquivalent. Dies sei jedoch nur zur Motivation der vorgeschlagenen Syntax angemerkt, es ist nicht das Ziel dieser Arbeit, eine Grammatik der reinen Il-Indikatoren zu erstellen. (So sind auch (6) und (8), im Gegensatz zu allen anderen angeführten Beispielsätzen – ausgenommen (17) und (18) –, nicht mit Hilfe der im Anhang angegebenen Grammatik ableitbar.) Der einzige reine Il-Indikator, der in dem Deutsch-Fragment ILD vorkommt, ist die Satzart. Sätze, also illokutionsfähige Ausdrücke der Objektsprache, werden in ILD in explikationssprachliche Ausdrücke des Typs f übersetzt, und diese bestehen aus einem Satzartoperator und einem Ausdruck vom Typ t. Letzterer ist Träger der L-Bedeutung des Satzes, der Gesamtsatz ist Träger seiner Il-Bedeutung. Technisch ist die L-Bedeutung (bezüglich einer Variablenbelegung g) eines Satzes der Form $\alpha\phi$ – wobei α ein Satzartoperator und ϕ ein wahrheitswertfähiger Ausdruck ist – der Wert der Referenzzuordnungsfunktionen $R\mathfrak{A}_g^i$ ($i\varepsilon I$, der Menge der Bezugspunkte) für die Intensionalisierung von ϕ, also $R\mathfrak{A}_g^i(^\wedge\phi)$; das L-Denotat von $\alpha\phi$ an i (bezüglich g) ist $R\mathfrak{A}_g^i(\phi)$, also ein Wahrheitswert. Betrachten wir zwei Beispielsätze.

(9) Du wirst kommen.
(10) Komm!

In ILD haben (9) und (10) die gleiche L-Bedeutung, aber verschiedene Il-Bedeutungen. Die L-Bedeutung ist in beiden Fällen der Sachverhalt, daß der Adressat an einem vom Bezugspunkt aus gesehen zukünftigen Zeitpunkt kommt, demzufolge ist das L-Denotat je nach Bezugspunkt Wahrheit oder Falschheit. Dagegen ist das Il-Denotat von (9) je nach Bezugspunkt einer der drei Fälle Assertion, daß der Adressat kommen wird, Direktiv an den Adressaten, zu kommen, oder Fehlschlag, während für (10) nur die beiden letzteren Fälle als Denotate möglich sind.

Mit der Entscheidung für eine syntaktische Trennung von Satzradikal und Satz (letzterer ist in LD durch Oberflächenglättung und Satzzeichen kenntlich gemacht) ist der wichtigste Unterschied zwischen der LD-Syntax und der als Vorbild dienenden Syntax des in Montague PTQ definierten Englisch-Fragments bereits festgelegt: Neben die beiden Basiskategorien e und v° (letztere entspricht der Kategorie t in PTQ) tritt f als neue

Basiskategorie. v°, die Kategorie der o-stelligen Verben oder wahrheitswertfähigen Ausdrücke, fällt nicht mehr mit der Kategorie der Deklarativsätze zusammen. Diese gehören vielmehr zusammen mit den Imperativsätzen zur Kategorie f der illokutionsfähigen Ausdrücke.

Ein weiterer augenfälliger Unterschied zwischen der LD-Syntax und der des in PTQ beschriebenen Englisch-Fragments beruht auf einer Eigenart des Deutschen. Der größere morphologische Reichtum dieser Sprache läßt es angezeigt erscheinen, den eigentlichen Syntaxregeln (Anhang A., (1.3), (S1)-(S8)) die Definitionen von einigen morphologischen Hilfsbegriffen vorauszuschicken, die es gestatten, die Formulierung der Regeln (S6)-(S8) übersichtlich zu gestalten.

Die Syntax der Logik-Sprache TILID (Anhang A., (2)) bietet keine Besonderheiten außer der analog zur Kategorienmenge aufgebauten und daher um den Basistyp f erweiterten Typenmenge. Die Übersetzungsrelation (Anhang A., (3)) hat im vorliegenden Fall die Form einer Funktion, da das Ausdruckssystem unseres Deutsch-Ausschnitts eine disambiguierte Sprache darstellt.

Wir wollen nun zum Zwecke der Illustration einen Beispielsatz ableiten und in den entsprechenden TILID-Ausdruck übersetzen. Zunächst wollen wir zeigen, daß *Jan hat geglaubt, daß ich nicht versuchen werde, Bernd zu bitten, Lola nicht zu schlagen.* ein LD-Satz, d. h. ein Element der Menge P_f gemäß der Syntax von LD ist. Es gilt: *Lola* $\varepsilon\ P_T$ und *schlagen* $\varepsilon\ P_{v^2}$(S1). Folglich, (a) *Lola schlagen* $\varepsilon\ P_{v^1}$(S3). *bitten* $\varepsilon\ P_{v^2/v^1}$(S1), also (b) *bitten, Lola nicht zu schlagen* $\varepsilon\ P_{v^2}$(S2,F_{4a}). *Bernd* $\varepsilon\ P_T$ (S1), demzufolge (c) *Bernd bitten, Lola nicht zu schlagen* $\varepsilon\ P_{v^1}$ (S3). *versuchen* $\varepsilon\ P_{v^1/v^1}$ (S1), folglich (d) *versuchen, Bernd zu bitten, Lola nicht zu schlagen* $\varepsilon\ P_{v^1}$ (S5,F_5). *ich* $\varepsilon\ P_T$ (S1), also (e) *ich tu$_{11}$ nicht versuchen$_{11}$, Bernd zu bitten, Lola nicht zu schlagen* $\varepsilon\ P_{v^0}$ (S2,F_{1a}). *glauben* $\varepsilon\ P_{v^1/v^0}$ (S1), demnach *glauben, daß ich nicht* Ii$_1$*(versuchen)* If$_{11}$*(versuchen), Bernd zu bitten, Lola nicht zu schlagen* $\varepsilon\ P_{v^1}$ (S6). Nach den Definitionen von Ii$_1$ und If$_{11}$: (f) *glauben, daß ich nicht versuchen werde, Bernd zu bitten, Lola nicht zu schlagen* $\varepsilon\ P_{v^1}$. *Jan* $\varepsilon\ P_T$ (S1), demzufolge (g) *Jan tu$_{32}$ glauben$_{32}$, daß ich nicht versuchen werde, Bernd zu bitten, Lola nicht zu schlagen* $\varepsilon\ P_{v^0}$ (S2,F_2). Nach (S7) gilt nun *Jan* If$_{32}$*(glauben)* Ii$_2$*(glauben), daß ich nicht versuchen werde, Bernd zu bitten, Lola nicht zu*

schlagen. ε P$_f$ und damit, gemäß den Definitionen von If$_{32}$ und Ii$_2$:
(h) *Jan hat geglaubt, daß ich nicht versuchen werde, Bernd zu bitten, Lola nicht zu schlagen.* ε P$_f$. Q.e.d.

Wir wollen diesen Satz nun in TILID übersetzen. tr(*Lola*) = l* (T1), tr(*schlagen*) = *schlagen'* (T0). Folglich (die Erfüllung der Kategorienbedingungen kann aus dem obigen Beweis abgelesen werden) tr((a)) = *schlagen'*(^l*) (T3, die eingeklammerten Kleinbuchstaben stehen für die entsprechenden Ausdrücke aus der obigen Ableitung). tr(*bitten*) = *bitten'* (T0), also tr((b)) = *bitten'* (^λx[¬ *schlagen'*(^l*)(x)]) (T4). tr(*Bernd*) = b* (T1), demzufolge tr((c)) = tr((b))(^b*) (T3). tr(*versuchen*) = *versuchen'* (T0), daher tr((d)) = *versuchen'*(^tr((c))) (T5). tr(*ich*) = sp* (T1), folglich tr((e)) = ¬W sp*(^tr((d))) (T2). tr(*glauben*) = *glauben'* (T0), daher tr((f)) = *glauben'*(^tr((e))) (T6). tr(*Jan*) = j* (T1), deshalb tr((g)) = H j*(^tr((f))) (T2). Und schließlich nach (T7): tr((h)) = dec tr((g)) = dec H j*(^*glauben'*(^¬W sp*(^*versuchen'*(^*bitten'*(^λx[¬*schla-gen'*(^l*)(x)])(^b*))))). Eine äquivalente, etwas übersichtlichere Formulierung ist die folgende: dec H *glauben'* (^¬W *versuchen* (^*bitten'*(^λx[¬*schlagen'*(^l*)(x)])(^b*))(^sp))(^j).

4. Eine modelltheoretische Behandlung von lokutionärer und illokutionärer Bedeutung

Wir haben in Abschnitt 2 gesehen, daß die illokutionäre Rolle, die einer Äußerung zukommt, wesentlich davon abhängt, welcher lokutionäre Akt mit dieser Äußerung vollzogen wird, anders ausgedrückt, welche L-Bedeutung dem betreffenden Ausdruck am Bezugspunkt zukommt. Wie bereits eingangs erwähnt, halte ich die intensionale oder indexikalische Spielart der Modelltheorie, wie sie unter anderem von R. Montague ausgearbeitet wurde, für die adäquateste derzeit verfügbare explizite Theorie der L-Bedeutung in natürlichen Sprachen. Die Antwort auf die Frage, wie daran eine Theorie der illokutionären Rollen bzw. der Il-Bedeutung angeschlossen werden kann, wird erleichtert durch die Tatsache, daß es in natürlichen Sprachen Ausdrücke gibt, deren L-Bedeutung an gewissen Bezugspunkten zusammenfällt mit dem illokutionären Akt, der mittels der Äußerung anderer Ausdrücke[19] an ihrem Bezugspunkt vollzogen wird. Daß dies möglich ist, liegt einfach daran, daß sowohl Illokutionen wie die

L-Bedeutungen von Deklarativsätzen Sachverhalte sind. Ein Bei
spiel: An einigen der Bezugspunkte mit Bernd als Sprecher und
Lola als Adressaten gilt eine Äußerung von (11) als illokutionärer
Akt einer Bitte von Bernd an Lola, zu versprechen, nicht zu
gähnen. Dieser illokutionäre Akt ist aber auch die L-Bedeutung
von (12):

(11) Versprich, nicht zu gähnen!
(12) Bernd bittet Lola, zu versprechen, nicht zu gähnen.

Kernstück jeder modelltheoretischen Semantik ist eine Funktion, die den Ausdrücken der Objektsprache typengerecht Relate
aus dem entsprechenden Denotatbereich zuordnet.[20] Analog läßt
sich nun für illokutionsfähige Ausdrücke eine Funktion definieren, die diesen in Abhängigkeit von der am jeweiligen Bezugspunkt gegebenen Situation illokutionäre Akte zuordnet. Nun
gibt es aber nicht für alle illokutionären Akte natürlichsprachliche
Ausdrücke, die jene bezeichnen. Z. B. haben unsere Termini
Deklaration, Kommissiv, Direktiv und Assertion keine Entsprechung im nicht-fachwissenschaftlichen Deutsch. Hier kommt uns
ein Trick bei der modelltheoretischen Interpretation der Objektsprache zu Hilfe, der von Montague nur zur Erzielung einer
besseren Verständlichkeit angewandt wurde, für uns aber zur
Notwendigkeit wird: nämlich die Zwischenschaltung einer Hilfssprache zwischen Objektsprache und Interpretation. Die Interpretation erfolgt dann indirekt: Objektsprachliche Ausdrücke
müssen zunächst in hilfssprachliche übersetzt werden und erst
diese erhalten dann ein Denotat zugeordnet. Die Hilfssprache
heißt im Falle unseres Deutsch-Fragments TILID, temporale
Index-Logik mit Illokutionen und Deutsch-Konstanten; sie enthält die speziellen Konstanten Kom, Dir und Ass, die in der
Objektsprache LD keine Entsprechung haben. Eine Beziehung
zwischen diesen abstrakten Konstanten und solchen, die direkte
Übersetzungen von objektsprachlichen Ausdrücken darstellen,
wird in den Bedeutungspostulaten BP1-BP3 hergestellt. BP1
stellt sicher, daß alle Behauptungen Assertionen, BP2, daß alle
Versprechen Kommissive, und BP3, daß alle Bitten Direktive
sind. BP4 trägt dem in Abschnitt 2 erwähnten Datum Rechnung,
daß die Äußerung eines Deklarativsatzes nur dann als Kommissiv
gelten kann, wenn er einer futurischen Aussage über den Sprecher
gleichkommt, BP5 garantiert analog für Direktiva, daß sie mit

Hilfe der Äußerung eines Deklarativsatzes nur dann realisierbar sind, wenn dieser eine futurische Aussage über den Adressaten darstellt. Wird ein Direktiv mit Hilfe eines Imperativsatzes vollzogen, so ist die Zukunfts- und Adressatenbezogenheit bereits durch die Übersetzung gesichert (vgl. Anhang, A.(3)(T8)). In BP6 ist festgehalten, was in Abschnitt 2 schon als Adäquatheitskriterium für eine Illokutionstheorie erwähnt wurde: daß nämlich nur solche Deklarativsätze für Deklarationen verwendet werden können, die deklarierbare Sachverhalte bezeichnen. Welche Sachverhalte im Rahmen unseres Deutsch-Fragments deklarierbar sind, wird dort explizit angegeben.

In BP7 schließlich findet eine weitere hilfssprachliche Konstante Verwendung, die in unserer Objektsprache keine Entsprechung hat und die darüber hinaus TILID in den Rang einer Metasprache für unsere Objektsprache LD erhebt, da sie Namen für LD-Ausdrücke als Argumente nimmt: die Konstante Äuss (für Äußern). Mit ihrer Hilfe wird der zentrale Zusammenhang einer jeden Sprachtheorie formuliert: der zwischen Äußerungsakt und illokutionärem Akt. Das Postulat besagt, daß, wenn an einem Bezugspunkt ein Ausdruck geäußert wird, dessen illokutionäres Denotat an diesem Bezugspunkt ein nichtleerer Sachverhalt ist, daß dieser Sachverhalt dann am Bezugspunkt Tatsache ist. Dieser Zusammenhang ist der Kern sowohl der Sprecher- wie der Interpretenstrategie: Beide Verhaltensregularitäten basieren sozusagen auf der Kenntnis von BP7.

5. Das Problem der explizit performativen Sätze

Es gibt in den meisten natürlichen Sprachen einen Typ von Sätzen, mittels deren Äußerung es unter angemessenen Umständen möglich ist, genau das zu tun, was diese Sätze besagen. Solche Äußerungen heißen explizit performative Äußerungen, die geäußerten Sätze explizit performative Sätze (e.p.S.). Diese stellen für die L-Semantik ein altes Problem dar,[21] das mit dem der nicht-deklarativen Satzarten eng zusammenhängt und das sich in der folgenden Frage formulieren läßt: In welcher Beziehung stehen explizit performative Sätze wie (13) oder (15) zu ihren implizit performativen Gegenstücken (14) bzw. (16)?

(13) Ich behaupte, daß Lola nicht kommt.
(14) Lola kommt nicht.

(15) Ich bitte dich, nicht zu gähnen.
(16) Gähne nicht!

Als Beleg dafür, daß diese Probleme auch in der neueren Semantik noch nicht ohne weiteres als gelöst gelten können, möge ein Blick auf den Lösungsvorschlag dienen, den D. Lewis in seinem Aufsatz ›General Semantics‹ präsentiert hat.²² Es handelt sich hierbei um eine etwas trickreichere Variante der seit Ross (1970) so genannten ›Performativen Analyse‹, die ›Methode der paraphrasierten Performative‹. Nach ihr gelten nicht-deklarative Sätze als Paraphrasen der entsprechenden e.p.S., d. h. sie haben die gleiche zugrundeliegende Struktur, die gleiche Bedeutung und den gleichen Wahrheitswert an einem Bezugspunkt. Deklarativsätze sind von dieser Behandlung ausgenommen; so gilt also nach Lewis zwar (16) als Paraphrase von (15), aber (14) nicht als Paraphrase von (13). Abgesehen davon, daß dies der Intuition widerspricht, daß die Beziehungen zwischen den Gliedern der beiden Satzpaare analog sind, und davon, daß die Beziehung zwischen (13) und (14) so völlig unerklärt bleibt, scheint mir die Methode der paraphrasierten Performative schlichtweg inadäquat. Ich möchte nicht sämtliche Argumente aufzählen, die gegen die ›Performative Analyse‹ bereits ins Feld geführt wurden,²³ sondern mich auf zwei m. E. besonders triftige Gründe für eine Ablehnung des Lewisschen Ansatzes beschränken. Beide beziehen sich auf die zentrale These, daß die Beziehung zwischen e.p.S. und ihren implizit performativen Gegenstücken (im Fall der Nicht-Deklarativsätze) eine Paraphrasebeziehung, also eine Äquivalenzrelation sei. Zur Illustration des ersten Grundes möchte ich die Sätze (17) und (18) heranziehen.

(17) Ich fordere dich auf, nicht zu gähnen.
(18) Ich befehle dir, nicht zu gähnen.

Warum sollte (16) eine Paraphrase von (15) und nicht auch von (17) und (18) sein? Wäre dem so, so wären auch (15), (17) und (18) untereinander äquivalent, was sicherlich nicht der Fall ist. Eine Festlegung auf einen der drei Sätze als Paraphrase für (16) wäre willkürlich, also ist die Beziehung zwischen (15) und (16) nicht symmetrisch, also keine Äquivalenz, sondern höchstens eine Folgerung. Doch auch dies ist noch zu stark. Nehmen wir eine Situation an, in der die Glückensbedingungen für eine explizit performative Äußerung von (15) nicht gegeben sind, eine

Äußerung von (16) aber durchaus als Direktiv gelten kann: Hier kann nicht einmal mehr von einer Folgerung zwischen (15) und (16) die Rede sein. Halten wir also fest: Die These, daß die Beziehung zwischen e.p.S. und ihren implizit performativen Gegenstücken eine Äquivalenzbeziehung ist, ist in zweifacher Hinsicht zu stark: Erstens ist diese Beziehung nicht symmetrisch und zweitens gilt sie nicht absolut, sondern nur unter bestimmten Bedingungen. Dennoch sagt uns unser Sprachgefühl, daß eine starke inhaltliche Beziehung zwischen den Gliedern solcher Satzpaare besteht. Welcher Art ist diese Beziehung dann?

6. Lokutionäre und illokutionäre Folgerung: Ein Vorschlag zur Lösung des Problems

Bevor wir explizit performative Sätze in unserem Deutsch-Fragment behandeln können, müssen wir zunächst klären, welchem Sprechakttyp wir die entsprechenden Äußerungen zurechnen wollen. Sollen wir (19) und (20) den Deklarationen, (21) den Kommissiven, (22) den Assertionen und (23) den Direktiven zuschlagen?

(19) Ich protestiere.
(20) Ich verfluche dich.
(21) Ich verspreche, nicht zu versuchen, Bernd zu schlagen.
(22) Ich behaupte, daß Jan kommen wird.
(23) Ich bitte dich, zu glauben, daß ich dich liebe.

Dies würde es aber unmöglich machen, allgemeine Aussagen über Sprechakte eines bestimmten Typs zu machen. So scheint das Wesen der Direktive darin zu liegen, daß sie als Versuch gelten, den Adressaten dazu zu bewegen, den bezeichneten Sachverhalt, d. h. die L-Bedeutung des geäußerten Ausdrucks, zu verwirklichen. Dies gilt aber für (23) nicht, da der angestrebte Sachverhalt hier von einem eingebetteten Teilausdruck bezeichnet wird. Was dann? Der Vorschlag, explizit performative Äußerungen als Assertionen zu behandeln, kann mit gutem Grund als zurückgewiesen betrachtet werden (vgl. G. Grewendorf, »Explizit performative Äußerungen und Feststellungen«, in diesem Band). In ihrer gründlichen Studie »Zum Verhältnis von Wahrheitsbedingungen-Semantik und Sprechakttheorie« hat I. Heim[24] einen

Vorschlag gemacht, der so naheliegend ist, daß man sich fragt, wieso er nicht längst schon Allgemeingut geworden ist. Sie schlägt vor, explizit performative Äußerungen durch die Bank als Deklarationen zu behandeln, da sie ja den bezeichneten Sachverhalt kraft der Äußerung zu einer Tatsache machen. Wo bleibt aber dann die intuitiv ja deutlich vorhandene Beziehung zwischen (21) und den Kommissiven, (22) und den Assertionen, (23) und den Direktiven? Die Antwort ist einfach: Eine Äußerung von (21) unter Umständen, in denen sie als Deklaration gilt, macht wahr, daß der Sprecher dieses Versprechen gibt. Nach BP2 sind alle Versprechen Kommissive. Also ist unter diesen Umständen eine Äußerung von (21) auch ein Kommissiv. Deklarationen und Kommissive sind eben keine disjunkten Mengen. Analoges gilt für die Fälle (22) und (23). Und nun können wir darangehen, im Rahmen unseres Deutsch-Fragments die Beziehung zwischen e.p.S. und ihren implizit performativen Gegenstücken präzise zu rekonstruieren. (Lewis hatte diese Beziehung im Falle der Deklarativsätze gar nicht, im Falle der anderen Sätze falsch erklärt.) Dazu benötigen wir zwei Modifikationen des in der Modelltheorie üblichen Folgerungsbegriffs, nach dem ein Satz ψ aus einem Satz ϕ genau dann folgt, wenn in allen Modellen, in denen ϕ wahr ist, ψ auch wahr ist. Die erste Modifikation findet sich bereits bei Montague.[25] Sie wird notwendig, wenn man klären will, in welchem Sinne (25), geäußert von Lola zu Bernd, aus (24), geäußert von Bernd zu Lola, folgt.

(24) Ich liebe dich.   (24') ich tu_{10} dich $lieben_{10}$
(25) Du liebst mich.   (25') du tu_{20} mich $lieben_{20}$

(Rechts stehen die zugrundeliegenden Satzradikale.)

Das technische Mittel hierzu ist die Relativierung auf Mengen von Paaren von Bezugspunkten. Ist J die Menge der Paare $\langle\langle x,w,t\rangle,\langle y,w,t\rangle\rangle$, so daß x und y Individuen, w eine Welt, t ein Zeitpunkt, y der mögliche Adressat von x in w an t und x der mögliche Adressat von y in w an t ist, so ist mit Hilfe unseres technischen Apparats beweisbar, daß (25') eine J-L-Folgerung aus (24') ist (und umgekehrt). Ich spreche hier von beschränkter L-Folgerung.

Die zweite Modifikation ergibt sich natürlicherweise daraus, daß wir in unserer Interpretation neben L-Bedeutungen auch Il-Bedeutungen erfassen. Wir können also neben den L-Folgerungen, definiert als Relationen zwischen wahrheitswertfähigen Ausdrücken, auch Il-Folgerungen als Relationen zwischen illokutionsfähigen Ausdrücken definieren. Da die Il-Denotate von Sätzen in ILD ja Propositionen, also Funktionen von Bezugspunkten in Wahrheitswerte sind, wird der Il-Folgerungsbegriff im Prinzip wie folgt bestimmt: Wenn der Wert des Prämissendenotats für einen Bezugspunkt i 1 ist, dann ist auch der Wert des Konklusionsdenotats für i 1. (Für die genaue Definition vgl. Anhang, B.(4.1).)

Nun die versprochene Explikation der Beziehung zwischen e.p.S. und ihren implizit performativen Gegenstücken:

Sei J die Menge der Paare $\langle i,i'\rangle$, so daß (26) eine mögliche Deklaration an i und (27) ein möglicher Direktiv an i' ist. Dann ist (27) eine J-Il-Folgerung aus (26):

(26) Ich bitte dich, zu kommen.
(27) Komm!

Sei J' die Menge der Paare $\langle i,i'\rangle$, so daß (28) eine mögliche Deklaration an i und (29) ein möglicher Kommissiv an i' ist. Dann ist (29) eine J'-Il-Folgerung aus (28).

(28) Ich verspreche, Jan zu schlagen.
(29) Ich werde Jan schlagen.

Sei J'' die Menge der Paare $\langle i,i'\rangle$, so daß (30) eine mögliche Deklaration an i und (31) eine mögliche Assertion an i' ist. Dann ist (31) eine J''-Il-Folgerung aus (30).

(30) Ich behaupte, daß Lola nicht gegähnt hat.
(31) Lola hat nicht gegähnt.

Bei entsprechender Wahl von J – ich kann das, glaube ich, jetzt dem Leser überlassen – läßt sich auch die wechselseitige J-Il-Folgerung von (32) und (33) beweisen:

(32) Du wirst nicht protestieren.
(33) Protestiere nicht!

Die Definition eines Begriffs der illokutionären Konsequenz (vgl. Anhang, B.(4.2)), der illokutionsfähige mit wahrheitswertfähigen Ausdrücken in Beziehung setzt, soll schließlich der Weiterentwicklung einer präzisen Sprechakttheorie dienen. Diese hätte dann die Form von Bedeutungspostulaten, die Konstanten wie

Dir, Kom und Ass mit Hilfe grundlegenderer Begriffe, vermutlich des Glaubens und der Obligation, definieren. Dies soll jedoch in dieser Arbeit nicht mehr versucht werden.

7. Anhang: Ein Deutsch-Fragment als Beispiel für eine semantisch und pragmatisch interpretierte Sprache; Wahrheit, Sprechakttypen und Folgerungen; Benutzerstrategien; Existenz und Gebrauch dieses Fragments in einer Gruppe

A. Ein interpretiertes Deutsch-Fragment mit Illokutionen

ILD sei dasjenige Quadrupel $\langle LD, tr, TILID, \mathfrak{B}\rangle$, für das die folgenden Bedingungen (1)-(4) gelten:

Das Ausdruckssystem der Objektsprache LD

(1)   LD := $\langle Kat, GA1, WA1\rangle$, wobei die Glieder von LD wie folgt bestimmt sind:

Die Kategorienmenge von LD

(1.1)   e, v° und f seien drei beliebige, aber fest gewählte und voneinander verschiedene Objekte, die weder geordnete Paare noch Tripel sind. (e soll an Entität, v° an nullstelliges Verb, d. h. wahrheitswertfähiges Gebilde, und f an ›force‹, d. h. illokutionäre Rolle erinnern.) Dann ist X gleich Kat gdw (genau dann, wenn) X die kleinste Menge ist, für die gilt:
(i) e, v°,f ε X, und
(ii) wenn A,B ε X, dann A/B ε X.

Die Menge der Grundausdrücke (Lexikon) von LD

(1.2)   GA1 := $_A\cup_{Kat}$ B_A (die Vereinigung der Mengen der Basisausdrücke der Kategorie A), wobei

B_{v^1} := $B_{v^\circ/e}$:= {*kommen, gähnen, protestieren*}
B_T := B_{v°/v^1} := {*ich, du, Bernd, Jan, Lola*}
B_{v^2} := $B_{v^1/T}$:= {*lieben, schlagen, verfluchen*}
B_{v^2/v^1} := {*überreden, bitten*}
B_{v^1/v^1} := {*versuchen, versprechen*}
B_{v^1/v° := {*glauben, behaupten*}
B_A := $\emptyset$ für jedes andere A ε Kat.

Die Menge der wohlgeformten Ausdrücke von LD (Syntax von LD)

(1.3) Hilfsbegriffe: *Basisverben von LD*
BV := GA1\B$_T$ (GA1 ohne die Menge B$_T$)
Morphologie der Basisverben von LD
Für alle m ε {1,2,3} und alle n ε {0,1,2} seien If$_{mn}$, Ii$_n$ sowie
Ip Funktionen mit dem Argumentbereich BV. (Die Namen stehen für Indikativ, finiter bzw. infiniter Verbteil,
m-te Person, n-tes Tempus bzw. Imperativ.) Die Werte
dieser Funktionen sind wie folgt bestimmt:
(a) *Indikativ, finiter Verbteil*
(a.a) Wenn αen ε BV\{*überreden, bitten, schlagen*}, βen
ε {*überreden, bitten*} und γ = *schlagen*, dann gilt:

$$\text{If}_{mo}(\alpha en) = \begin{cases} \alpha e, \\ \alpha st, \\ \alpha t, \end{cases} \text{If}_{mo}(\beta en) = \begin{cases} \beta e, \\ \beta est, \\ \beta et, \end{cases} \text{If}_{mo}(\gamma) =$$

$$\begin{cases} schlage, & \text{falls } m=1 \\ schlägst, & \text{falls } m=2 \\ schlägt, & \text{falls } m=3 \end{cases}$$

(a.b) Wenn α ε BV, dann gilt:

$$\text{If}_{m1}(\alpha) = \begin{cases} werde, & \text{falls } m=1 \\ wirst, & \text{falls } m=2 \\ wird, & \text{falls } m=3 \end{cases}$$

(a.c) Wenn α ε BV\{*kommen*}, dann gilt:

$$\text{If}_{m2}(\alpha) = \begin{cases} habe, \\ hast, \\ hat, \end{cases} \text{If}_{m2}(kommen) = \begin{cases} bin, & \text{falls } m=1 \\ bist, & \text{falls } m=2 \\ ist, & \text{falls } m=3 \end{cases}$$

(b) *Indikativ, nicht-finiter Verbteil*
Wenn α ε BV, dann gilt:
(b.a) Ii$_0$(α) = ⎵ (d. h. der leere Ausdruck)
(b.b) Ii$_1$(α) = α
(b.c) Wenn α ε {*gähn, lieb, glaub*}, β ε {*komm, schlag*},
γ ε {*protestier, versuch*}, δ ε {*überred, behaupt*},
dann gilt:
Ii$_2$(α) = geαt,
Ii$_2$(β) = geβen,
Ii$_2$(γ) = γt,
Ii$_2$(δ) = δet,
Ii$_2$(*bitten*) = gebeten,
Ii$_2$(*versprechen*) = versprochen
(c) *Imperativ*
Wenn αen ε BV\{*kommen, versprechen*}, dann gilt:

$\text{Ip}(\alpha en) = \alpha e,$

$\text{Ip}(kommen) = komm,$

$\text{Ip}(versprechen) = versprich$

$\text{WA}1 := \bigcup_{A \, \varepsilon \, \text{Kat}} P_A$ (die Vereinigung der Mengen der Phrasen der Kategorie A), wobei die Mengen P_A die kleinsten Mengen sind, die den syntaktischen Bedingungen (S1)-(S8) genügen:

(S1) Wenn A ε Kat und α ε B_A, dann α ε P_A.

(S2) Wenn n ε $\{0,1,2\}$, dann F_n, F_{na}: $P_T \times P_{v^1} \mapsto P_{v^0}$,

$$\langle\alpha,\beta\rangle \mapsto F_n(\alpha,\beta) = \begin{cases} \ulcorner\alpha\ tu_{1n}\beta_{1n}\urcorner, \text{ wenn } \alpha = ich, \\ \ulcorner\alpha\ tu_{2n}\ \beta_{2n}\urcorner, \text{ wenn } \alpha = du, \\ \ulcorner\alpha\ tu_{3n}\ \beta_{3n}\urcorner, \text{ sonst,} \end{cases}$$

$$\langle\alpha,\beta\rangle \mapsto F_{na}(\alpha,\beta) = \begin{cases} \ulcorner\alpha\ tu_{1n}\ \beta'_{1n}\urcorner, \text{ wenn } \alpha = ich, \\ \ulcorner\alpha\ tu_{2n}\ \beta'_{2n}\urcorner, \text{ wenn } \alpha = du, \\ \ulcorner\alpha\ tu_{3n}\ \beta'_{3n}\urcorner, \text{ sonst,} \end{cases}$$

wobei β_{mn} bzw. β'_{mn} das Resultat der Ersetzung von γ, dem ersten Vorkommnis eines Elements von BV in β, durch γ_{mn} bzw. $\ulcorner nicht\ \gamma_{mn}\urcorner$ ist.

(S3) F_3: $P_T \times P_{v^2} \mapsto P_{v^1}$,

$$\langle\alpha,\beta\rangle \mapsto F_3(\alpha,\beta) = \begin{cases} \ulcorner mich\ \beta\urcorner, \text{ wenn } \alpha = ich, \\ \ulcorner dich\ \beta\urcorner, \text{ wenn } \alpha = du, \\ \ulcorner\alpha\beta\urcorner, \text{ sonst.} \end{cases}$$

(S4) F_4, F_{4a}: $P_{v^2/v^1} \times P_{v^1} \mapsto P_{v^2}$,

$$\langle\alpha,\beta\rangle \mapsto F_4(\alpha,\beta) = \begin{cases} \ulcorner\alpha, \gamma\ zu\ \delta\urcorner, \text{ wenn } \beta = \gamma\delta, \\ \qquad \gamma\ \varepsilon\ \{mich, dich\} \cup P_T, \\ \ulcorner\alpha, zu\ \beta\urcorner, \text{ sonst,} \end{cases}$$

$$\langle\alpha,\beta\rangle \mapsto F_{4a}(\alpha,\beta) = \begin{cases} \ulcorner\alpha, \gamma\ nicht\ zu\ \delta\urcorner, \text{ wenn } \beta \text{ wie oben,} \\ \ulcorner\alpha, nicht\ zu\ \beta\urcorner, \text{ sonst.} \end{cases}$$

(S5) F_5, F_{5a}: $P_{v^1/v^1} \times P_{v^1}$,

$$\langle\alpha,\beta\rangle \mapsto F_4(\alpha,\beta) = \begin{cases} \ulcorner\alpha, \gamma\ zu\ \delta\urcorner, \text{ wenn } \beta = \gamma\delta, \\ \qquad \gamma\ \varepsilon\ \{mich, dich\} \cup P_T, \\ \ulcorner\alpha, zu\ \beta\urcorner, \text{ sonst,} \end{cases}$$

$$\langle\alpha,\beta\rangle \mapsto F_{4a}(\alpha,\beta) = \begin{cases} \ulcorner\alpha, \gamma\ nicht\ zu\ \delta\urcorner, \text{ wenn } \beta \text{ wie oben,} \\ \ulcorner\alpha, nicht\ zu\ \beta\urcorner, \text{ sonst.} \end{cases}$$

(S6) F_6: $P_{v^1/v^0} \times P_{v^0} \mapsto P_{v^1}$

$\langle\alpha,\beta\rangle \mapsto F_6(\alpha,\beta) = \ulcorner\alpha, da\beta\ \beta'\urcorner$, wobei β' aus β dadurch entsteht, daß jedes Vorkommnis von tu_{mn} in β getilgt und jedes Vorkommnis von γ_{mn} in β durch $\ulcorner \text{Ii}_n(\gamma)\ \text{If}_{mn}(\gamma)\urcorner$ ersetzt wird.

(S7) F_7: $P_{v^\circ} \mapsto P_f$

$\alpha \mapsto F_7(\alpha) = \ulcorner\alpha'.\urcorner$, wobei α' wie folgt bestimmt ist:
Für jedes α gibt es je genau ein β, γ, δ, m, n, so daß
$\alpha = \ulcorner\beta\ tu_{mn}\ \gamma\urcorner$ und δ_{mn} in γ vorkommt. Dann gilt:
$\alpha' = \ulcorner\beta\ \text{If}_{mn}(\delta)\ \gamma'\urcorner$, wobei γ' das Resultat der Ersetzung von δ_{mn} in γ durch $\text{Ii}_n(\delta)$ ist.

(S8) F_8, F_{8a}: $P_{v'} \mapsto P_f$,

$\alpha \mapsto F_8(\alpha) = \ulcorner\text{Ip}(\beta)\ \alpha'.\urcorner$,

$\alpha \mapsto F_{8a}(\alpha) = \ulcorner\text{Ip}(\beta)\alpha''.\urcorner$, wobei β das erste Vorkommnis eines Elements von BV in α, α' das Resultat
der Tilgung von β in α und α'' das Resultat der
Ersetzung von β in α durch *nicht* ist.

Das Ausdruckssystem der logischen Explikations- und Metasprache zu LD (Eine temporale Index-Logik mit Illokutionen und
Deutschkonstanten)

(2)   TILID := ⟨Typ, GA₀, WA₀⟩, wobei die Glieder von
TILID wie folgt bestimmt sind:

Die Typenmenge von TILID

(2.1)   e, t und f seien drei beliebige, aber fest gewählte und
voneinander verschiedene Objekte, die weder geordnete
Paare noch Tripel sind. (t soll an Wahrheitswert – ›truth
value‹ – erinnern.) Dann ist X gleich Typ gdw X die
kleinste Menge ist, für die gilt:

(i) e, t, f ε X,
(ii) wenn A, B ε X, dann ⟨A, B⟩ ε X,
(iii) wenn A ε X, dann ⟨s, A⟩ ε X.

Die Menge der Grundausdrücke von TILID

(2.2)   GA₀ := $\bigcup_{a\,\varepsilon\,\text{Typ}}$ (Var$_a$ ∪ Kon$_a$), wobei Var$_a$:= {$v_{n,a}$: n ε ℕ}
(Menge der Variablen vom Typ a) und Kon$_a$:= {$c_{n,a}$:
n ε ℕ} (Menge der Konstanten vom Typ a); $v_{n,a}$ ist die
n-te Variable des Typs a, $c_{n,a}$ die n-te Konstante dieses
Typs.

Die Menge der wohlgeformten Ausdrücke von TILID

(2.3)   WA₀ := $\bigcup_{a\,\varepsilon\,\text{Typ}}$ WA$_a$, wobei WA$_a$:= {γ:γ Q a} und Q ist
die kleinste Relation, für die folgenden Bedingungen
(a)-(k) gelten:

(a) Wenn α ε Kon$_a$, dann α Q a.
(b) Wenn α ε Var$_a$, dann α Q a.
(c) sp Q e, ad Q e.

(d) Wenn γ ε WA$_1$, dann ''γ'' Q e.

(e) Wenn α Q a und u ε Var$_b$, dann λuα Q $\langle$b, a$\rangle$.

(f) Wenn α Q $\langle$a, b$\rangle$ und β Q a, dann $\alpha(\beta)$ Q b.

(g) Wenn α, β Q a, dann $\alpha \equiv \beta$ Q t.

(h) Wenn ϕ, ψ Q t und u ε Var$_a$, dann $\neg\phi$, $\phi \wedge \psi$, $\phi \rightarrow \psi$, $\bigvee$uϕ, $\bigwedge$uϕ, H ϕ, W ϕ Q t.

(i) Wenn α Q a, dann $[^\wedge\alpha]$ Q $\langle$s, a$\rangle$.

(j) Wenn α Q $\langle$s, a$\rangle$, dann $[^\vee\alpha]$ Q a.

(k) Wenn ϕ Q t, dann decϕ, impϕ Q f.

Die Übersetzungsfunktion

(3) Sei k eine Funktion mit dem Argumentbereich Kat, deren Werte in Typ liegen und wie folgt bestimmt sind:

(i) k(e) = e, (ii) k(v$^\circ$) = t, (iii) k(f) = f,

(iv) k(A/B) = $\langle\langle$s, k(B)$\rangle$, k(A)$\rangle$. Seien b := $c_{o,e}$, j := $c_{1,e}$, l := $c_{2,e}$; P := $v_{o,\langle s, k(v')\rangle}$, x := $v_{o,\langle s,e\rangle}$,

$\mathfrak{P}$:= $v_{o,\langle s, k(T)\rangle}$, p := $v_{o,\langle s,t\rangle}$; α^* := λ P$[^\vee$P$]$ $(^\wedge\alpha)$, falls α ε WA$_e$.

Dann ist tr diejenige Funktion mit dem Argumentbereich WA$_1$, deren Werte wie folgt bestimmt sind:

(T0) Wenn α ε B$_A$ (A ε Kat\{T}), dann tr(α) = α', wobei α' die 2n-te Konstante vom Typ k(A) ist, wenn α an n-ter Stelle in der alphabetischen Ordnung der Elemente von B$_A$ steht.

(T1) tr(*ich*) = sp*, tr(*du*) = ad*, tr(*Bernd*) = b*, tr(*Jan*) = j*, tr(*Lola*) = l*.

(T2) Wenn α ε P$_T$, β ε P$_{v'}$, tr(α) = α', tr(β) = β', dann tr(F$_o$(α, β)) = $\alpha'(^\wedge\beta')$, tr(F$_{oa}$(α, β)) = $\neg\alpha'(^\wedge\beta')$, tr(F$_1$($\alpha$, β)) = W$\alpha'(^\wedge\beta')$, tr(F$_{1a}$(α, β)) = $\neg$W$\alpha'(^\wedge\beta')$, tr(F$_2$(α, β)) = H$\alpha'(^\wedge\beta')$, tr(F$_{2a}$(α, β)) = $\neg$H$\alpha'(^\wedge\beta')$.

(T3) Wenn α ε P$_T$, β ε P$_{v^2}$, tr(α) = α', tr(β) = β', dann tr(F$_3$(α, β)) = $\beta'(^\wedge\alpha')$.

(T4) Wenn α ε P$_{v^2/v'}$, β ε P$_{v'}$, tr(α) = α', tr(β) = β', dann tr(F$_4$(α, β)) = $\alpha'(^\wedge\beta')$, tr(F$_{4a}$(α, β)) = $\alpha'(^\wedge\lambda$x$[\neg\beta'(x)])$.

(T5) Wenn α ε P$_{v'/v'}$, β ε P$_{v'}$, tr(α) = α', tr(β) = β', dann tr(F$_5$(α, β)) = $\alpha'(^\wedge\beta')$, tr(F$_{5a}$(α, β)) = $\alpha'(^\wedge\lambda$x$[\neg\beta'(x)])$.

(T6) Wenn $\alpha \; \varepsilon \; P_{v^1/v^\circ}$, $\beta \; \varepsilon \; P_{v^\circ}$, $tr(\alpha) = \alpha'$, $tr(\beta) = \beta'$,
   dann $tr(F_6(\alpha, \beta)) = \alpha'(^\wedge\beta')$.

(T7) Wenn $\alpha \; \varepsilon \; P_{v^\circ}$, $tr(\alpha) = \alpha'$, dann $tr(F_7(\alpha)) = dec\alpha'$.

(T8) Wenn $\alpha \; \varepsilon \; P_{v^1}$, $tr(\alpha) = \alpha'$, dann $tr(F_8(\alpha)) = imp$
   $W\alpha'(^\wedge ad)$, $tr(F_{8a}(\alpha)) = imp \neg W\alpha'(^\wedge ad)$.

Die zu ILD gehörige Interpretation

(4) $\mathfrak{B} := \langle \mathfrak{A}, (R\mathfrak{A}^{(i)}_g)^{i\,\varepsilon\,I}_{g\,\varepsilon\,G}, (F\mathfrak{A}^{(i)}_g)^{i\,\varepsilon\,I}_{g\,\varepsilon\,G}, \rangle$, wobei die Glieder von
$\mathfrak{B}$ wie folgt bestimmt sind:

Die Basis der Interpretation

(4.1) $\mathfrak{A} := \langle E, W, T, \leq, MD, sit, F\rangle$, wobei die Glieder von
$\mathfrak{A}$ wie folgt bestimmt sind:

Die Mengen der Entitäten, Welten und Zeitpunkte

E, W und T sind fest gewählte, nichtleere Mengen, WA_1
$\subseteq E$, $\leq$ ist eine konnexe, antisymmetrische und transitive
Relation, d. h. eine lineare Ordnung auf T.

Die Menge der möglichen Denotate in $\mathfrak{B}$[26]

$MD := \bigcup_{a\,\varepsilon\,Typ} D_a$, wobei

 (i) $D_e = E$

 (ii) $D_t = \{o, 1\}$

 (iii) $D_f = D_t^{E \times W \times T}$

 (iv) $D_{\langle a,\,b\rangle} = D_b^{D_a}$

 (v) $D_{\langle s,\,a\rangle} = D_a^{E \times W \times T}$

Die Situationszuordnungsfunktion von $\mathfrak{B}$

sit ist eine fest gewählte Funktion[27] mit dem Argumentbe-
reich $E \times W \times T$, deren Wertebereich in $E \times P(D_f)$ liegt.[28]

Die Konstantenbelegungsfunktion für TILID

F ist eine fest gewählte Funktion[29] mit dem Argumentbe-
reich $\bigcup_{a\,\varepsilon\,Typ} Kon_a$, deren Wertebereich in MD liegt und für
die gilt:

 (i) für alle $a \; \varepsilon \; Typ$ und $\alpha \; \varepsilon \; Kon_a$, $F(\alpha) \; \varepsilon \; D_{\langle s,\,a\rangle}$ und

 (ii) für alle $e, e' \; \varepsilon \; E$, $w \; \varepsilon \; W$, $t \; \varepsilon \; T$, $F(\alpha)(e, w, t) = F(\alpha)(e',$
$w, t)$.

Die Denotatzuordnungen für TILID

$I := E \times W \times T$ (Menge der Bezugspunkte)

G ist die Menge aller Funktionen g mit dem Argumentbe-
reich $\bigcup_{a\,\varepsilon\,Typ} Var_a$, deren Wertebereich in MD liegt und für
die gilt: Wenn $a \; \varepsilon \; Typ$ und $\alpha \; \varepsilon \; Var_a$, dann $g(\alpha) \; \varepsilon \; D_a$ (Menge
der Variablenbelegungen). Notationskonvention: Wenn

α ein n-Tupel ist, so ist $(\alpha)_i$ ($0<i\leq n$) das i-te Glied von α.
Die Referenzzuordnungen für TILID (bezüglich der Modelle ⟨ 𝔄, ⟨i, g⟩⟩ mit i ε I, g ε G)

(4.2) Für alle i ε I und g ε G ist $R\mathfrak{A}_g^i$ eine Funktion mit dem Argumentbereich $WA_0\setminus WA_f$, deren Wertebereich in MD liegt und deren Werte wie folgt bestimmt sind:

(a) Wenn α ε $\overline{a\,\varepsilon\,Typ}$ Kon_a, dann $R\mathfrak{A}_g^i(\alpha) = F(\alpha)(i)$.

(b) Wenn α ε $\overline{a\,\varepsilon\,Typ}$ Var_a, dann $R\mathfrak{A}_g^i(\alpha) = g(\alpha)$.

(c) $R\mathfrak{A}_g^i(sp) = (i)_1$, $R\mathfrak{A}_g^i(ad) = (sit(i))_1$.

(d) Wenn ''γ'' ε WA_e, dann $R\mathfrak{A}_g^i('' \gamma '') = \gamma$.

(e) Wenn α ε WA_a und u ε Var_b, dann ist $R\mathfrak{A}_g^i(\lambda u\alpha)$ diejenige Funktion h, für die gilt: $h: D_b \mapsto D_a,\ x \mapsto h(x) = R\mathfrak{A}_{g_x^u}^i(\alpha)$, wobei $g_x^u = ((g\setminus\{\langle u, g(u)\rangle\}) \cup \langle u, x\rangle)$.

(f) Wenn α ε $WA_{\langle a, b\rangle}$ und β ε WA_a, dann $R\mathfrak{A}_g^i(\alpha(\beta)) = R\mathfrak{A}_g^i(\alpha)(R\mathfrak{A}_g^i(\beta))$.

(g) Wenn α, β ε WA_a, dann $R\mathfrak{A}_g^i(\alpha\equiv\beta) = 1$ gdw $R\mathfrak{A}_g^i(\alpha) = R\mathfrak{A}_g^i(\beta)$.

(h) Wenn φ, ψ ε WA_t und u ε Var_a, dann
$R\mathfrak{A}_g^i(\neg\phi) = 1 - R\mathfrak{A}_g^i(\phi)$,
$R\mathfrak{A}_g^i(\phi\wedge\psi) = 1$ gdw $R\mathfrak{A}_g^i(\phi) = 1$ und $R\mathfrak{A}_g^i(\psi) = 1$,
$R\mathfrak{A}_g^i(\phi\rightarrow\psi) = 1$ gdw $R\mathfrak{A}_g^i(\phi) = 0$ oder $R\mathfrak{A}_g^i(\psi) = 1$,
$R\mathfrak{A}_g^i(\bigvee u\phi) = 1$ gdw für mindestens ein g' ε G, $R\mathfrak{A}_{g'}^i(\phi) = 1$,
$R\mathfrak{A}_g^i(\bigwedge u\phi) = 1$ gdw für alle g' ε G, $R\mathfrak{A}_{g'}^i(\phi) = 1$,
$R\mathfrak{A}_g^i(H\phi) = 1$ gdw für mindestens ein t' ε T, $t'\leq(i)_3$, $t' \neq (i)_3$ und $R\mathfrak{A}_g^{i'}(\phi) = 1$, wobei $i' = \langle(i)_1, (i)_2, t'\rangle$,
$R\mathfrak{A}_g^i(W\phi) = 1$ gdw für mindestens ein t' ε T, $(i)_3\leq t'$, $(i)_3 \neq t'$ und $R\mathfrak{A}_g^{i'}(\phi) = 1$, wobei $i' = \langle(i)_1, (i)_2, t'\rangle$.

(i) Wenn α ε WA_a, dann ist $R\mathfrak{A}_g^i([^\wedge\alpha])$ diejenige Funktion h mit dem Argumentbereich I, für die gilt: Wenn i ε I, dann $h(i) = R\mathfrak{A}_g^i(\alpha)$.

(j) Wenn α ε $WA_{\langle s, a\rangle}$, dann $R\mathfrak{A}_g^i([^\vee\alpha]) = R\mathfrak{A}_g^i(\alpha)(i)$.

Die Rollen-(›force‹-)zuordnungen für TILID (bezüglich der Modelle ⟨ 𝔄, ⟨i, g⟩⟩ mit i ε I, g ε G)
Spezielle Konstanten: Kom := $c_{0,k(v^2/v^0)}$, Ass := $c_{1,k(v^2/v^0)}$, Dir := $c_{3,k(v^2/v^0)}$.

(4.3) Für alle i ε I und alle g ε G ist $F\mathfrak{A}_g^i$ eine Funktion mit dem Argumentbereich WA_f, deren Wertebereich in D_f liegt und deren Werte wie folgt bestimmt sind[30]:

Wenn ϱ ε WA$_f$, so sind nach (2.3) (k) zwei Fälle zu unterscheiden:

(a) ϱ hat die Form decφ, wobei φ ε WA$_t$. Dann gilt:

$$F\mathfrak{A}_g^i(\varrho) = \begin{cases} \bar{p}, \text{ falls } (i) \ \bar{p} \ \varepsilon \ (\text{sit}(i))_2, \text{ wobei } \bar{p} = R\mathfrak{A}_g^i(^\wedge\varphi); \\ \bar{q}, \text{ falls } (ii) \ \bar{q} \ \varepsilon \ (\text{sit}(i))_2, \text{ wobei} \\ \bar{q} = R\mathfrak{A}_g^i(^\wedge\text{Kom}(^\wedge\text{sp},{}^\wedge\text{ad}^*,{}^\wedge\varphi)); \\ \bar{r}, \text{ falls } (i) \text{ und } (ii) \text{ nicht gelten und } (iii) \\ \bar{r} \ \varepsilon \ (\text{sit}(i))_2, \text{ wobei } \bar{r} = R\mathfrak{A}_g^i(^\wedge\text{Ass}(^\wedge\text{sp},{}^\wedge\text{ad}^*,{}^\wedge\varphi)); \\ \bar{s}, \text{ falls } (iii) \text{ nicht gilt und } (iv) \ \bar{s} \ \varepsilon \ (\text{sit}(i))_2, \text{ wobei} \\ \bar{s} = R\mathfrak{A}_g^i(^\wedge\text{Dir}(^\wedge\text{sp},{}^\wedge\text{ad}^*,{}^\wedge\varphi)); \\ \bar{\emptyset}, \text{ sonst, wobei } \bar{\emptyset} = \{\langle i, o \rangle: i \ \varepsilon \ I\}. \end{cases}$$

(b) ϱ hat die Form impφ, wobei φ ε WA$_t$. Dann gilt:

$$F\mathfrak{A}_g^i(\varrho) = \begin{cases} \bar{p}, \text{ falls } \bar{p} \ \varepsilon \ (\text{sit}(i))_2, \text{ wobei } \bar{p} = R\mathfrak{A}_g^i(^\wedge\text{Dir}(^\wedge\text{sp}, \\ {}^\wedge\text{ad}^*,{}^\wedge\varphi)); \\ \bar{\emptyset}, \text{ sonst, wobei } \bar{\emptyset} = \{\langle i, o \rangle: i \ \varepsilon \ I\}. \end{cases}$$

Bedeutungspostulate für ILD

Für alle i ε I und alle g ε G von ILD gilt:

BP1 $R\mathfrak{A}_g^i(\bigwedge x \bigwedge p \bigvee \mathfrak{P}[(\textit{behaupten}' \ (p) \ (x) \rightarrow \text{Ass}(p) \ (\mathfrak{P}) \ (x)) \wedge (x \equiv {}^\wedge\text{sp} \rightarrow \mathfrak{P} \equiv {}^\wedge\text{ad}^*)] \ ) = 1.$

BP2 $R\mathfrak{A}_g^i(\bigwedge x \bigwedge P \bigvee \mathfrak{P}[(\textit{versprechen}' \ (P) \ (x) \rightarrow \text{Kom}$ $(^\wedge\text{W}[^\vee P](x))(\mathfrak{P}) \ (x)) \wedge (x \equiv {}^\wedge\text{sp} \rightarrow \mathfrak{P} \equiv {}^\wedge\text{ad}^*)] \ ) = 1.$

BP3 $R\mathfrak{A}_g^i(\bigwedge x \bigwedge P \bigwedge \mathfrak{P}[\textit{bitten}' \ (P) \ (\mathfrak{P}) \ (x) \rightarrow \text{Dir}(^\wedge\text{W}[^\vee\mathfrak{P}](P)) \ (\mathfrak{P})$ $(x)]) = 1.$

BP4 Für alle φ ε WA$_t$ gibt es ein δ ε P$_{v'}$, so daß gilt: Wenn $F\mathfrak{A}_g^i(\text{dec}\varphi) = R\mathfrak{A}_g^i(^\wedge\text{Kom}(^\wedge\text{sp}, \ {}^\wedge\text{ad}^*, \ {}^\wedge\varphi))$, dann $R\mathfrak{A}_g^i(^\wedge\varphi \equiv {}^\wedge\text{W tr}(\delta) \ (^\wedge\text{sp})) = 1.$

BP5 Für alle φ ε WA$_t$ gibt es ein δ ε P$_{v'}$, so daß gilt: Wenn $F\mathfrak{A}_g^i(\text{dec}\varphi) = R\mathfrak{A}_g^i(^\wedge\text{Dir}(^\wedge\text{sp}, {}^\wedge\text{ad}^*, {}^\wedge\varphi))$, dann $R\mathfrak{A}_g^i(^\wedge\varphi \equiv {}^\wedge\text{W}$ $\text{tr}(\delta) \ (^\wedge\text{ad})) = 1.$

BP6 Für alle φ ε WA$_t$ und alle ψ ε {$\textit{protestieren}'(^\wedge\text{sp})$, $\textit{verflu-}$ $\textit{chen}'(^\wedge\text{sp}, {}^\wedge\text{ad}^*)$} $\cup$ {$\textit{bitten}'(^\wedge\text{sp}, {}^\wedge\text{ad}^*, \alpha): \alpha \ \varepsilon \ \text{WA}_{\langle s,k(v')\rangle}$} $\cup$ {$\textit{versprechen}'(^\wedge\text{sp}, \alpha): \alpha \ \varepsilon \ \text{WA}_{\langle s,k(v')\rangle}$} $\cup$ {$\textit{behaupten}'$ $(^\wedge\text{sp}, \beta): \beta \ \varepsilon \ \text{WA}_{\langle s, t \rangle}$}:

Wenn $R\mathfrak{A}_g^i(\psi \rightarrow \varphi) = o$, dann $F\mathfrak{A}_g^i(\text{dec}\varphi) \neq R\mathfrak{A}_g^i(^\wedge\varphi).$

BP7 Spezielle Konstante: Äuss := c$_{o,\langle e,k(v^2)\rangle}$

Für alle γ ε P$_f$ und alle φ ε WA$_t$:

Wenn $R\mathfrak{A}_g^i(\text{Äuss}(^\wedge\text{sp}, \ {}^\wedge\text{ad}^*, \ ''\gamma'')) = 1$ und $F\mathfrak{A}_g^i(\text{tr}(\gamma))$ $= R\mathfrak{A}_g^i(^\wedge\varphi) \neq \bar{\emptyset}$, dann $R\mathfrak{A}_g^i(\varphi) = 1.$

(1) *Wahrheit*[31]
(1.1) Für alle ϕ ε WA_t und alle i ε I:
ϕ ist wahr in ILD an i gdw $R\mathfrak{A}_g^i(\phi) = 1$ für alle g ε G.
(1.2) Für alle ψ ε P_{v° und alle i ε I:
ψ ist wahr in ILD an i gdw $tr(\psi)$ ist wahr in ILD an i.

(2) *Sprechakttypen*
Für alle σ ε P_f und alle i ε I, g ε G:
(2.1) σ ist eine mögliche *Deklaration* an i gdw
$F\mathfrak{A}_g^i(tr(\sigma)) = R\mathfrak{A}_g^i(^\wedge\phi)$, wobei $tr(\sigma) = dec\phi$;
(2.2) σ ist ein möglicher *Kommissiv* an i gdw
$F\mathfrak{A}_g^i(tr(\sigma)) = R\mathfrak{A}_g^i(^\wedge Kom(^\wedge sp, \, ^\wedge ad^*, \, ^\wedge\phi))$, wobei $tr(\sigma)$ $= dec\phi$;
(2.3) σ ist ein möglicher *Direktiv* an i gdw
$F\mathfrak{A}_g^i(tr(\sigma)) = R\mathfrak{A}_g^i(^\wedge Dir(^\wedge sp, \, ^\wedge ad^*, \, ^\wedge\phi))$, wobei $tr(\sigma)$ $= imp\phi$ oder $tr(\sigma) = dec\phi$;
(2.4) σ ist eine mögliche *Assertion* an i gdw
$F\mathfrak{A}_g^i(tr(\sigma)) = R\mathfrak{A}_g^i(^\wedge Ass(^\wedge sp, \, ^\wedge ad^*, \, ^\wedge\phi))$, wobei $tr(\sigma)$ $= dec\phi$.

(3) *Lokutionäre Folgerungen (L-Folgerungen)*
(3.1) *Beschränkte L-Folgerung*
Für alle ϕ, ψ ε P_{v° und alle $J \subseteq I \times I$ von ILD:
ψ ist eine J-L-Folgerung aus ϕ gdw für alle $\langle i, i'\rangle$ ε J gilt:
wenn ϕ wahr in ILD an i ist, so ist ψ wahr in ILD an i'.
(3.2) *Unbeschränkte L-Folgerung*
Für alle ϕ, ψ ε P_{v° von ILD: ψ ist eine L-Folgerung aus ϕ gdw ψ eine J-L-Folgerung aus ϕ ist, wobei $J = \{\langle i, i\rangle$: i ε I$\}$.

(4) *Illokutionäre Folgerung und Konsequenz*
(4.1) *Beschränkte Il-Folgerung*
Für alle σ, ϱ ε P_f und alle $J \subseteq I \times I$ von ILD:
ϱ ist eine J-Il-Folgerung aus σ gdw für alle $\langle i, i'\rangle$ ε J, g, g' ε G, i'' ε I gilt: Wenn $F\mathfrak{A}_g^i(tr(\sigma))(i'') = 1$, dann $F\mathfrak{A}_g^{i'}(tr(\varrho))(i'') = 1$.
(4.2) *Beschränkte Il-Konsequenz*
Für alle σ ε P_f, ϕ ε P_{v° und $J \subseteq I \times I$ von ILD:
ϕ ist eine J-Il-Konsequenz von σ gdw für alle $\langle i, i'\rangle$

ε J und alle g ε G gilt: Wenn $F\mathfrak{A}_g^i(tr(\sigma))(i) = 1$, dann ist
φ wahr in ILD an i'.

C. Strategien für ILD-Benutzer

Seien ILD das unter A definierte interpretierte Deutsch-Fragment, x ε E, w ε W und T' ⊆ T von ILD. Dann gilt:

(1) x ist in w während T' ein *aktiver Benutzer von* (oder *spricht*)
    ILD gdw für beliebige t ε T', σ ε P_f und p̄ ε D_f gilt: Wenn

    (a) x in w zu t annimmt, daß seine aktuelle Welt zu den
        Welten w' gehört, für die $F\mathfrak{A}_g^{\langle x,w',t\rangle}(tr(\sigma)) = \bar{p}$ für alle
        g ε G und

    (b) x in w zu t alle Welten w'', für die p̄(x, w'', t) = 1, allen
        alternativen Welten vorzieht, dann

    (i) ist Äuss(^sp, ^ad*, ''σ'') wahr in ILD an ⟨x, w, t⟩ und
    (ii) x nimmt in w zu t an, daß seine aktuelle Welt zu
        denjenigen Welten w' gehört, für die p̄(x, w', t) = 1.

(2) x ist in w während T' ein *passiver Benutzer von* (oder
    versteht) *ILD* gdw für beliebige y ε E, t ε T', t' ε T, σ ε P_f
    und p̄ ε D_f gilt:
    Wenn x in w zu t annimmt, daß seine aktuelle Welt zu
    denjenigen Welten w' gehört, für die gilt:

    (i) Äuss(^sp, ^ad*, ''σ'') ist wahr in ILD an ⟨y, w', t'⟩ und
    (ii) $F\mathfrak{A}_g^{\langle y,w',t'\rangle}(tr(\sigma)) = \bar{p}$ für alle g ε G,

    dann nimmt x in w zu t an, daß seine aktuelle Welt zu
    denjenigen Welten w' gehört, für die p̄(y, w', t') = 1.

Bemerkungen: Nimmt man zusätzlich an, (a) daß jeder ILD-Sprecher (in w während T') auch ILD (in w während T') versteht, sowie (b) daß jeder ILD-Sprecher, der etwas äußert, auch annimmt, daß er dies äußert, so erübrigt sich Klausel (ii) im Konsequens der Sprecherstrategie, da sie dann mit Hilfe der Definition der Interpretenstrategie ableitbar ist. Letztere ist übrigens insofern naiv, als sie jedem, der einen LD-Ausdruck äußert, unterstellt, daß er ILD-Sprecher ist.

D. Existenz und Gebrauch von ILD in einer Gruppe

Seien ILD das unter A definierte interpretierte Deutsch-Fragment, Gr ⊆ E, w ε W und T' ⊆ T von ILD. Dann gilt:
(1) ILD ist in w während T' eine in Gr *vorhandene Sprache* gdw

für alle x ε Gr gilt: x spricht ILD in w während T' oder x versteht ILD in w während T'.

(2) ILD ist in w während T' eine in Gr *gebrauchte Sprache* gdw ILD ist in w während T' eine in Gr vorhandene Sprache und für mindestens ein σ ε P_f, x ε Gr, t ε T' gilt:
Äuss(^sp, ^ad*, ''σ'') ist wahr in ILD an <x, w, t>.

Anmerkungen

* Ein Vorläufer dieser Arbeit mit einem Englisch-Fragment als Beispielsprache wurde im Rahmen des von E. von Savigny geleiteten DFG-Projekts »Zur Abhängigkeit der Benutzung einer Sprache von inhaltlichen Überzeugungen der Sprachteilnehmer« fertiggestellt und unter dem Titel »Speech acts as ›signals‹. A game- and model-theoretical approach to illocutionary forces« den Teilnehmern der von J. R. Searle moderierten Arbeitsgruppe »Sprechakte« des XIIten Internationalen Linguisten-Kongresses (Wien, 28. 8.-2. 9. 1977) zugänglich gemacht. Ich möchte an dieser Stelle Eike von Savigny, Wolfgang Spohn, Theo Vennemann, Joachim Jacobs und Roland Hausser für Kommentare zur vorläufigen Fassung sowie Irene Heim und Helmut Frosch für kritische Bemerkungen zur englischen wie zur vorliegenden deutschen Version meinen Dank aussprechen. Leider konnten aus Raum- und Zeitgründen nicht alle Anregungen, die zweifellos zu einem höheren Adäquatheitsgrad der vorgeschlagenen Theorie geführt hätten, in dieser Arbeit berücksichtigt werden.

1 Insbesondere EFL, UG und PTQ (vgl. Bibliographie).

2 »I reject the contention that an important theoretical difference exists between formal and natural languages.« (Montague EFL: 188) – »There is in my opinion no important theoretical difference between natural languages and the artificial languages of logicians.« (Montague UG: 222).

3 Vgl. vor allem Austin 1962.

4 Natürlich sind auf sprachliches Verhalten auch direkte Reaktionen möglich; so könnte ich im Beispielfall, wenn ich unter einem überempfindlichen Gehörsinn leide, mir schnell die Ohren zuhalten, statt hinzuhören.

5 Vgl. Grices (1957) Unterscheidung von ›natural‹ und ›non-natural meaning‹, sowie von Savigny 1974: 258-262.

6 Vgl. dazu A. Kemmerling, »Was Grice mit ›Meinen‹ meint«; in diesem Band.

7 In Lewis 1969.

8 Ich verwende hier den Strategiebegriff in einem erweiterten Sinne, der die Herausbildung von Überzeugungen als ›inneres Verhalten‹ (covert behaviour) mit umfaßt. Strategie fasse ich allgemein als Zuordnung von Verhaltensweisen zu bestimmten Bedingungen.

9 In Lewis 1975.

10 Wie in der Einleitung erwähnt, verstehe ich unter der L-Bedeutung oder lokutionären Bedeutung eines Ausdrucks denjenigen Teil seiner Bedeutung, der seinen Wahrheitswert (bzw. den des ihn enthaltenden Gesamtausdrucks) an einem

gegebenen Bezugspunkt (mit-)bestimmt. Für eine genauere Charakterisierung siehe unten, Abschnitt 3.

11 Es ist notwendig, klar zu unterscheiden zwischen Satzart (englisch ›sentential mood‹) und Verbalmodus: Die Satzart ›Imperativ‹ ist nicht identisch mit dem gleichnamigen Verbalmodus, obwohl das Hauptverb in Standard-Imperativsätzen im Imperativ steht. In Deklarativ-, Interrogativ- und Exklamativsätzen kann das Hauptverb im Deutschen sowohl im Indikativ wie im Konjunktiv II stehen.

12 Zaefferer (in Vorbereitung).

13 In Searle 1975a.

14 Vgl. Zaefferer/Frenz (1979).

15 Dies bezieht sich natürlich nur auf den behandelten Ausschnitt. Imperativsätze werden sonst häufig auch zum Vollzug expressiver Sprechakte verwendet, man denke für ein krasses Beispiel an das bekannte Götz-Zitat.

16 Es ist natürlich der Fall nicht auszuschließen, daß die Tatsache der Äußerung von (2) latente Gefühle des Sprechers zum Erblühen bringt; eine genaue Definition des Begriffs ›Deklaration‹ muß also eine kausale Relation zwischen Äußerungsakt und Wahrmachen der L-Bedeutung ausschließen. Vgl. Heim 1977: 60.

17 Es ist an dieser Stelle vielleicht nützlich, darauf hinzuweisen, daß ILD auch insofern nur einen Ausschnitt des Deutschen wiedergibt, als es die Ambiguität des syntaktischen Merkmals ›Präsens‹ bezüglich der semantischen Eigenschaften ›präsentisch‹ und ›futurisch‹ nicht erfaßt, da es jenem nur die erstere zuordnet. Demgemäß müssen als Direktive fungierende Deklarativsätze im Futur stehen.

18 Der Terminus ›Satzradikal‹ geht auf Wittgenstein (1958:11) zurück. Stenius (1967), dem auch Lewis (1969, 1972) viel verdankt, übersetzt ihn mit ›sentence radical‹.

19 Wie wir im nächsten Abschnitt sehen werden, müssen diese Ausdrücke nicht notwendig verschieden sein: Es gibt Ausdrücke, bei denen L-Bedeutung und Il-Denotat an gewissen Bezugspunkten zusammenfallen.

20 Im Falle unseres Deutsch-Ausschnitts ist das, für jeden Bezugspunkt i und jede Variablenbelegung g, die Referenzzuordnung $R\mathfrak{A}^i_g$.

21 Vgl. G. Grewendorf, »Haben explizit performative Äußerungen einen Wahrheitswert?«; in diesem Band.

22 Lewis 1972: 205-212.

23 Für einen neueren Überblick über die einschlägige Diskussion vgl. Gazdar 1976.

24 Heim 1977.

25 Montague UG: 230.

26 Zur Notation: Wenn A und B Mengen sind, so ist A^B die Menge der Funktionen von B in A.

27, 29 Die Wahl dieser Funktionen unterliegt gewissen Beschränkungen, die sich aus den Bedeutungspostulaten (s. u.) ergeben. Die Definition von $\mathfrak{P}$ ist also in diesen Punkten nicht ausformuliert. Dies ist jedoch auch nicht nötig; es genügt, wenn sit und F so gewählt sind, daß BP1-BP7 gelten.

28 Wenn A eine Menge ist, so ist P(A) die Menge aller Teilmengen oder Potenzmenge von A. Intuitiv gesprochen liefert sit für jeden Bezugspunkt i in der ersten Komponente den möglichen Adressaten (wir unterstellen für ILD also, daß es an jedem Bezugspunkt genau einen möglichen Adressaten gibt) und in der zweiten Komponente den illokutionären Spielraum des Sprechers an i, d. h. die Menge der illokutionären Akte, die er an i vollziehen könnte (dies ist das formale Pendant zu Austins ›happiness conditions‹).

30 Im folgenden wird des öfteren von der folgenden Notationskonvention Gebrauch gemacht: Wenn $\delta(\gamma)(\beta)(\alpha)$, $\eta(\beta)(\alpha) \, \epsilon \, \text{WA}\circ$, dann $\delta(\alpha, \beta, \gamma) := \delta(\gamma)(\beta)(\alpha)$ und $\eta(\alpha, \beta) := \eta(\beta)(\alpha)$. Angemerkt sei hier ferner, daß die Formulierung der Wertzuweisungsbedingungen die Gültigkeit der Bedeutungspostulate BP4-BP6 voraussetzt. Dies ist insofern legitim, als hier, im Gegensatz etwa zu PTQ, die Bedeutungspostulate nicht die Funktion haben, eine Teilklasse aus der Klasse der möglichen Interpretationen zu bestimmen, sondern dazu dienen, die partielle Charakterisierung der in unserer interpretierten Sprache ILD enthaltenen einen Interpretation soweit zu präzisieren, wie es für die benötigten Folgerungen notwendig ist.

31 Der mit dem PTQ-Wahrheitsbegriff vertraute Leser wird hier vielleicht die Relativierung auf eine Interpretationsbasis $\mathfrak{A}$ vermissen. Diese ist jedoch unnötig, da für ILD die Existenz von genau einem $\mathfrak{A}$ gefordert ist.

Literatur

Austin 1962: J. L. –, »How to do things with words«, Cambridge/Mass.

Gazdar 1976: G. –, »On performative sentences«, Semantikos 1/3, 37-62.

Grewendorf 1979: G. –, »Haben explizit performative Äußerungen einen Wahrheitswert?«; in diesem Band.

Grewendorf 1979: G. –, »Explizit performative Äußerungen und Feststellungen«; in diesem Band.

Grice 1957: H. P. –, »Meaning«, Philosophical Review 66, 377-388.

Gunderson 1975: K. – (ed.), »Language, mind, and knowledge«, Minnesota studies in the philosophy of science VII, Minneapolis.

Heim 1977: I. –, »Zum Verhältnis von Wahrheitsbedingungen-Semantik und Sprechakttheorie«, Nr. 17 der Papiere des SFB 99, Konstanz.

Kemmerling 1979: A. –, »Was Grice mit ›Meinen‹ meint«; in diesem Band.

Lewis 1969: D. K. –, »Convention. A philosophical study«, Cambridge/Mass.

Lewis 1972: ders., »General semantics«, in: Davidson/Harman (eds.), Semantics of natural language, Dordrecht/Boston, 169-218.

Lewis 1975: ders., »Languages and language«, in: Gunderson 1975, 3-35.

Montague EFL: R. –, »English as a formal language«, in: Thomason (ed.), Formal philosophy. Selected papers of R. M., New Haven (1974) 188-221.

Montague UG: ders., »Universal grammar«, a.a.O. 222-246.

Montague PTQ: ders., »The proper treatment of quantification in ordinary English«, a.a.O. 247-270.

Ross 1970: J. R. –, »On declarative sentences«, in: Jacobs/Rosenbaum (eds.), Readings in English transformational grammar, Waltham/Mass., 222-277.

von Savigny 1974: E. –, »Die Philosophie der normalen Sprache«, Frankfurt/Main.

Searle 1975: J. R. –, »Speech acts and recent linguistics«, in: Aaronson/Reiber (eds). Developmental psycho-linguistics and communication disorders, New York, 27-38.

Searle 1975a: ders., »A taxonomy of illocutionary acts«, in: Gunderson 1975, 344-369.

Stenius 1967: E. –, »Mood and language game«, in: Synthese 17, 254-274.

Wittgenstein 1958: L. –, »Philosophical Investigations«, Oxford.

Zaefferer (in Vorbereitung): D. –, »Frageausdrücke und Fragen im Deutschen. Zu ihrer Syntax, Semantik und Pragmatik«.

Zaefferer/Frenz (1979): D. – /H.-G. –, »Sprechakte bei Kindern. Eine empirische Untersuchung zur Entwicklung der sprachlichen Handlungsfähigkeit im Vorschulalter«, in: Linguistik und Didaktik 38.

Joseph Needham
Wissenschaftlicher Universalismus

*Über Bedeutung und Besonderheit der chinesischen
Wissenschaft
Herausgegeben, eingeleitet und übersetzt
von Tilman Spengler
stw 264. 416 Seiten*

Die in diesem Band vereinigten Arbeiten Joseph Needhams
stehen in enger thematischer Beziehung zu seinem Haupt-
werk *Science and Civilization in China,* der ersten maß-
geblichen Gesamtdarstellung des chinesischen Beitrags zur
Universalgeschichte von Wissenschaft und Technik. Needham begreift das Zustandekommen der neuzeitlichen Wissenschaft als einen universalen Vorgang, zu dessen Entstehen Beiträge aus vielen Zivilisationen zusammenkommen
mußten, der aber erst durch die Entdeckungen und sozio-
kulturellen Neuausrichtungen im Europa der Renaissance
die für ihn bestimmende Dynamik erhielt. »Wissenschaftlicher Universalismus« als konkretes Forschungsprogramm
zielt demnach ebenso auf die Beschreibung einzelner Komponenten wie auf eine Kennzeichnung des Milieus, innerhalb dessen eine Kombination der Einzelteile das Unternehmen »moderne Wissenschaft« in Gang setzte.
Wenn der Durchbruch zur modernen Wissenschaft allein in
Europa gelang, in anderen Kulturen dazu aber die kognitiven Voraussetzungen genauso vorhanden waren, dann
müssen, folgert Needham, sozio-kulturelle Unterschiede die
entscheidenden Hemm- bzw. Beschleunigungsfaktoren bezeichnen.
Der Aufsatz »Wissenschaft und Gesellschaft in Ost und
West« geht auf einige dieser Unterschiede ein. »Die Einheit der Wissenschaft, Asiens unentbehrlicher Beitrag«, der
zweite Aufsatz der Auswahl, liefert eine faktische Erhär-
tung der These von der Universalität des Vorgangs, an
dessen Ende die neuzeitliche Wissenschaft stand. Daß es
sich bei diesen Beiträgen um mehr als nur die ständig zitierten Beispiele des Schießpulvers, der Druckkunst und
des magnetischen Kompasses handelt, wird dabei ebenso
deutlich wie die zentrale Rolle des arabischen Kultur-
raums für die Übermittlung der Erfindungen und Erkennt-
nisse. »Der chinesische Beitrag zu Wissenschaft und Technik« greift das Thema aus chinesischer Perspektive auf.

Needham beschränkt sich hier nicht auf die Aufzählung vieler Einzelfälle, er schildert auch die chinesische Einstellung zu Fragen der sozialen Verfügbarkeit von Wissenschaft und Technik.

Als Beispiele für Needhams Geschick, Problemzusammenhänge global und gleichzeitig detailgetreu in den Griff zu bekommen, dienen die Aufsätze »Der Zeitbegriff im Orient« und »Das fehlende Glied in der Entwicklung des Uhrenbaus: ein chinesischer Beitrag«.

Zunächst räumt Needham mit dem vulgär-philosophischen Klischee des »zeitlosen Orients« auf und zeigt sehr genau, wie konkret sich die Chinesen der Realität zeitlicher Abläufe in der Geschichte bewußt waren. Und zum Nachweis, daß sich derlei Gedanken nicht nur auf den mageren Weiden der Spekulation bewegten, zeigt Needham in seiner Geschichte des chinesischen Uhrenbaus gleichsam das handwerkliche Komplement: mehr noch, die Unruh, die zentrale Vorrichtung der mechanischen Zeitmessung, ist eine chinesische Erfindung.

Die traditionelle chinesische Medizin steht seit einigen Jahren im Brennpunkt nicht nur medizin-historischen Interesses. Das rührt zum einen aus sozio-politischen Begleitumständen ihrer Wiedergeburt im sozialistischen China her, zum anderen aus dem erklärten Unvermögen westlicher Mediziner, gewisse therapeutische Effekte dieser Medizin in den Begriffen ihrer eigenen Deutungssysteme nachzuvollziehen. In »Medizin und chinesische Kultur« klärt Needham zunächst die Entstehungs- und Entwicklungsbedingungen der traditionellen Medizin Chinas, die wie keine andere wissenschaftliche Disziplin von der sie umlagernden Kultur geprägt wurde, und schlägt dann einige Interpretationen zu ihrer Wirkungsweise vor.

Norbert Elias
Über den Prozeß der Zivilisation

Soziogenetische und psychogenetische Untersuchungen

Erster Band: Wandlungen des Verhaltens in den weltlichen
Oberschichten des Abendlandes
stw 158. 350 Seiten

Zweiter Band: Wandlungen der Gesellschaft.
Entwurf zu einer Theorie der Zivilisation
stw 159. 508 Seiten

Die Soziologie des 20. Jahrhunderts konzentriert sich vor
allem auf Zustände. Die langfristigen Transformationen
der Gesellschaft und Persönlichkeitsstrukturen hat sie weitgehend aus den Augen verloren. Im Werk von Norbert
Elias bilden diese langfristigen Prozesse das zentrale Interesse: Wie ging eigentlich die »Zivilisation« im Abend-
lande vor sich? Worin bestand sie? Und welches waren ihre
Antriebe, ihre Ursachen oder Motoren?
Bei Elias' Arbeit handelt es sich weder um eine Untersuchung über eine »Evolution« im Sinne des 19. Jahrhunderts noch um eine Untersuchung über einen unspezifischen
»sozialen Wandel« im Sinne des 20.; seine Arbeit ist grund-
legend für eine undogmatische, empirisch fundierte soziologische Theorie der sozialen Prozesse im allgemeinen und
der sozialen Entwicklung im besonderen.

Materialien zu
Norbert Elias' Zivilisationstheorie

Herausgegeben von Peter Gleichmann,
Johan Goudsblom und Hermann Korte
stw 233. 448 Seiten

Dieser Materialienband möchte zur Verbreiterung und In-
tensivierung der Auseinandersetzung mit dem soziologi-
schen Arbeitsprogramm von Norbert Elias beitragen.
Die in ihm enthaltenen Beiträge zeigen u. a., daß für die
Untersuchung langfristiger gesellschaftlicher Entwicklungen
und die Struktur ungeplanter Prozesse in der Zivilisationstheorie von Norbert Elias eine fruchtbare Ausgangsposition
vorliegt.

Edgar Zilsel
Die sozialen Ursprünge der neuzeitlichen
Wissenschaft

Herausgegeben und übersetzt von Wolfgang Krohn
Mit einer biobibliographischen Notiz
von Jörn Behrmann
stw 152. 288 Seiten

Edgar Zilsel (1891–1944) hat in Wien Mathematik, Physik
und Philosophie studiert. Mit Otto Neurath gehörte er zum
linken Flügel des Wiener Kreises. Einer Universitäts-
karriere zog er die Arbeit an der Wiener Volkshochschule
vor. 1934 Haft. 1938 Ausreise nach England, 1939 in die
USA. Dort dank eines Stipendiums Forschungsarbeiten;
lehrte zunächst am Hunter College der City University of
New York, dann am Mills College in Oakland.

Jörn Behrmann und Wolfgang Krohn sind Mitarbeiter des
Max-Planck-Institutes zur Erforschung der Lebensbedin-
gungen der wissenschaftlich-technischen Welt in Starnberg.

Edgar Zilsel hat im amerikanischen Exil eine zusammen-
hängende Studie über die Entstehung der Naturwissen-
schaften begonnen, deren Ergebnisse (wegen seines Todes
im Jahre 1944) nur fragmentiert als Aufsatzveröffent-
lichungen vorliegen. Diese Aufsätze folgen aber einer
inneren Systematik, die ihre gemeinsame Veröffentlichung
nahelegt.

Die allgemeine These Zilsels: zwischen 1 300 und 600 existieren drei Schichten von Intellektuellen, die institutionell
und ideologisch voneinander getrennt waren: die Gelehrten, die literarischen Humanisten und die Künstler-Ingenieure. Während die letzte Gruppe Experiment, Sektion
und das wissenschaftlich-technische Instrumentarium entwickelt, bleiben die sozialen Vorurteile der Gelehrten und
Humanisten gegen Handarbeit und experimentelle Verfahren in der Wissenschaft bis ins 16. Jahrhundert stabil.
Erst mit der Generation Bacon, Galilei, Gilbert wird das
kausale Denken der plebejischen Künstler-Ingenieure mit
dem theoretischen Denken der Naturphilosophie verknüpft.

Das Vorwort des Herausgebers rekonstruiert den theoretischen Zusammenhang der Aufsätze und geht auf die
empirischen und begrifflichen Probleme ein, die sich einer
Soziologie der Wissenschaftsgeschichte in der heutigen For-
schung stellen.